Springer-Lehrbuch

Springer
Berlin
Heidelberg
New York
Barcelona
Budapest
Hongkong
London
Mailand
Paris
Santa Clara
Singapur
Tokio

Wilhelm Pompl

Touristik-management 1

Beschaffungsmanagement

Zweite, aktualisierte
und erweiterte Auflage

Mit 68 Abbildungen
und 18 Tabellen

Prof. Dr. Wilhelm Pompl
Fachhochschule Heilbronn
Max-Planck-Str. 39
D-74081 Heilbronn

Die Deutsche Bibliothek - CIP-Einheitsaufnahme

Pompl, Wilhelm:
Touristikmanagement / Wilhelm Pompl. - Berlin ; Heidelberg ; New York ; Barcelona ; Budapest ; Hongkong ; London ; Mailand ; Paris ; Santa Clara ; Singapur ; Tokio : Springer
 (Springer-Lehrbuch)

1. Beschaffungsmanagement. - 2., aktualisierte und erw. Aufl. - 1997
 ISBN 3-540-62757-X brosch.

ISBN 3-540-62757-X Springer-Verlag Berlin Heidelberg New York
ISBN 3-540-57734-3 1. Auflage, Springer-Verlag Berlin Heidelberg New York

Dieses Werk ist urheberrechtlich geschützt. Die dadurch begründeten Rechte, insbesondere die der Übersetzung, des Nachdrucks, des Vortrags, der Entnahme von Abbildungen und Tabellen, der Funksendung, der Mikroverfilmung oder der Vervielfältigung auf anderen Wegen und der Speicherung in Datenverarbeitungsanlagen, bleiben, auch bei nur auszugsweiser Verwertung, vorbehalten. Eine Vervielfältigung dieses Werkes oder von Teilen dieses Werkes ist auch im Einzelfall nur in den Grenzen der gesetzlichen Bestimmungen des Urheberrechtsgesetzes der Bundesrepublik Deutschland vom 9. September 1965 in der jeweils geltenden Fassung zulässig. Sie ist grundsätzlich vergütungspflichtig. Zuwiderhandlungen unterliegen den Strafbestimmungen des Urheberrechtsgesetzes.

© Springer-Verlag Berlin Heidelberg 1994, 1997
Printed in Italy

Die Wiedergabe von Gebrauchsnamen, Handelsnamen, Warenbezeichnungen usw. in diesem Werk berechtigt auch ohne besondere Kennzeichnung nicht zu der Annahme, daß solche Namen im Sinne der Warenzeichen- und Markenschutz-Gesetzgebung als frei zu betrachten wären und daher von jedermann benutzt werden dürften.

SPIN 10547949   42/2202-5 4 3 2 1 0 - Gedruckt auf säurefreiem Papier

Vorwort zur zweiten Auflage

Die Neuauflage des Buches erforderte infolge der raschen Entwicklungen in der Touristik eine Aktualisierung des präsentierten Zahlenmaterials und vieler Fakten. Neu aufgenommen wurde ein Kapitel (2.9) über interkulturelles Management; dies ist ein Bereich, der trotz der immer wieder betonten Internationalität der Branche in der Praxis ebenso wie in der Theorie noch wenig beachtet wird.

Den Kollegen Prof. Dr. T. Kirstges und Prof. Dr. R. Taesler danke ich für ihre kritischen Anregungen, den Damen Christiane Müller und Ellen Rohrbeck sowie Herrn Marco Jahn für die Bearbeitung des Manuskripts.

Heilbronn, im Dezember 1996   Wilhelm Pompl

Vorwort zur ersten Auflage

Die Veröffentlichung Touristikmanagement befaßt sich in zwei Bänden mit ausgewählten Problemen des Managements von Touristikbetrieben, insbesondere von Reiseveranstaltern und veranstaltenden Reisebüros.

Im vorliegenden Band 1 werden in den einleitenden Kapiteln zunächst das System des Tourismus, die Grundlagen des Managements sowie die betriebliche Funktion Beschaffung dargestellt. In den folgenden Kapiteln werden dann die einzelnen Leistungsträger aus der Perspektive des Reiseveranstalters behandelt. Band 2 wird sich mit grundlegenden Problemen des Servicemanagements sowie der Produkt- und Preispolitik befassen.

Die Schwerpunktsetzung innerhalb der einzelnen Kapitel in beiden Bänden wurde von folgenden drei Leitgedanken geprägt:

- Weil die Touristikbranche vorwiegend aus kleinen und mittelständischen Unternehmen besteht, hat sich die Darstellung nicht nur an den erfolgreichen Großveranstaltern zu orientieren, sondern auch an der besonderen Situation der kleineren Unternehmen.

- Weil touristische Produkte jeweils einen hohen Anteil an Dienstleistungen enthalten, können die anhand von Sachgütern entwickelten Modelle, Theorien und Handlungsanleitungen nicht ohne Modifikation auf die Touristik übertragen werden. Zugleich ist zu berücksichtigen, daß bei touristischen Dienstleistungen auch die zu ihrer Erstellung notwendigen materiellen Hilfsmittel (man denke nur an ein Hotel oder einen Bus) einen hohen Stellenwert für die Qualität des Produkts und die Zufriedenheit der Kunden besitzen.

- Weil zur allgemeinen Theorie von Management und Marketing bereits eine Fülle von Veröffentlichungen vorliegt, die sich aber vorwiegend mit strategischen Problemen befassen, scheint es angebracht, operative Aspekte in den Vordergrund zu stellen. Daß diese Schwerpunktsetzung durch die eigene zehnjährige Tätigkeit in der touristischen Praxis beeinflußt wurde, soll dabei nicht geleugnet werden. Weil aber auch gilt, daß Theorie ohne Praxis belanglos bleibt und Praxis ohne Theorie blind agiert, wird eine Verbindung beider Dimensionen angestrebt: Den praxisorientierten Kapiteln (4 - 10) werden eher analytisch-abstrahierende Kapitel (1 - 3) vorangestellt.

Zielgruppe dieses Buches sind Studenten der wirtschaftswissenschaftlichen Touristikstudiengänge an Hochschulen und Universitäten, aber auch "Umschuler", die aus anderen Studienrichtungen und Branchen kommend sich mit den Managementaufgaben von Touristikunternehmen vertraut machen wollen. Für beide Gruppen erscheint es mir wichtig, darauf hinzuweisen, daß eine begleitende Lektüre von Fachzeitschriften nicht nur das Verständnis der in diesem Buche abgehandelten Inhalte fördert und notwendige Bezüge zur aktuellen Situation einer sich schnell wandelnden Branche herstellt, sondern auch eine unerläßliche Voraussetzung für eine (spätere) berufliche Tätigkeit in der Touristik darstellt. Ebenso soll die ausführliche Literaturdokumentation Anstoß und Hilfe für eine weiterführende Beschäftigung mit den hier behandelten Themen sein.

Mein Dank geht an alle Personen, die an der Erstellung dieses Buches mitgewirkt haben. Das sind zunächst einmal die Mitarbeiter der Bibliothek der Fachhochschule Heilbronn, also Herr Schanbacher und sein Team, sowie die der Bournemouth University. Kritische Anmerkungen verdanke ich Prof. Dr. Walter Freyer und Frau Dipl. Betriebswirtin (FH) Renate Schilling. Frau Ulrike Bruns und Frau Kerstin Wahl übernahmen mit Sachverstand, Fachkenntnis und Geduld die redaktionelle Bearbeitung des Manuskripts und die Anfertigung der Verzeichnisse, Frau Christiane Müller erstellte die Schaubilder. Ihnen allen sei für ihre Mühen und ihr Verständnis gedankt.

Heilbronn, im November 1993   Wilhelm Pompl

INHALTSVERZEICHNIS

Abkürzungsverzeichnis — XV

1 Einführung — 1

1.1 Das System Tourismus — 1
- 1.1.1 Begriff Tourismus — 1
- 1.1.2 Tourismus als System — 5
- 1.1.2.1 Systemkomponenten — 5
- 1.1.2.2 Systemumwelt — 9
- 1.1.2.3 Systemziele — 13
- 1.1.2.4 Exkurs: Systemtheorie — 17

1.2 Touristikmarkt — 20
- 1.2.1 Urlaubsreisemarkt — 20
- 1.2.2 Geschäftsreisemarkt — 23
- 1.2.3 Charakteristische Strukturkriterien des Touristikmarktes — 24

1.3 Reiseveranstalter — 27
- 1.3.1 Definition — 27
- 1.3.2 Rechtliche Stellung — 30
- 1.3.3 Produkte — 33
- 1.3.4 Branchenstruktur — 34
- 1.3.5 Funktionen des Reiseveranstalters — 39

1.4 Reisemittler — 42
- 1.4.1 Definition — 42
- 1.4.2 Unternehmenstypen — 44
- 1.4.3 Geschäftsbereiche von Reisebüros — 45
- 1.4.4 Rechtliche Stellung — 49

1.5	**Wettbewerbssituation in der Touristik**	**50**
1.5.1	Wettbewerbsumfeld	50
1.5.2	Wettbewerbssituation der Reiseveranstalter	54
1.5.3	Wettbewerbssituation der Reisemittler	58
2	**Managementaufgaben in der Touristik**	**62**
2.1	**Begriffsabgrenzung**	**62**
2.2	**Normatives Management**	**67**
2.2.1	Bereiche	67
2.2.2	Die soziale Verantwortung der Unternehmen	70
2.3	**Strategisches Management**	**71**
2.3.1	Aufgaben des strategischen Managements	71
2.3.2	Funktionsbereiche	72
2.3.3	Zielplanung	74
2.3.4	Strategietypen	77
2.4	**Operatives Management**	**79**
2.5	**Management von Funktionsbereichen**	**81**
2.6	**Management in kleinen und mittleren Unternehmen**	**84**
2.6.1	Unternehmensstruktur in der Touristik	84
2.6.2	Managementbereiche	86
2.6.2.1	Unternehmensführung	86
2.6.2.2	Planung	88
2.6.2.3	Organisation	88
2.6.2.4	Kontrolle	89
2.6.2.5	Funktionsbereiche	89
2.7	**Management von Dienstleistungen**	**91**
2.7.1	Null-Fehler-Ergebnis	91
2.7.2	Bedeutung des Marketings	92
2.7.3	Wettbewerbsvorteile durch Mehrwertschaffung	93

2.8	**Umweltmanagement**	**94**
2.8.1	Umweltmanagement als strategische Option	94
2.8.2	Strategien des Umweltmanagements	95
2.8.3	Umwelt-Wertschöpfungskette	97
2.9	**Interkulturelles Management**	**102**
2.9.1	Kulturstandards und ihre Dimensionen	102
2.9.2	Interkulturelle Kontakte der Reisenden	105
2.9.3	Zusammenarbeit mit ausländischen Vertrags- partnern	108
2.9.4	Auslandseinsätze von Mitarbeitern	111
2.9.5	Einrichtung von Auslandsniederlassungen	111
2.9.6	Multinationale Belegschaft	113
2.9.7	Schlüsselqualifikationen	114
3	**Beschaffung**	**119**
3.1	**Definition und Bedeutung**	**119**
3.2	**Beschaffungsprozeß**	**121**
3.3	**Ziele der Beschaffungspolitik**	**126**
3.3.1	Versorgungsziele	126
3.3.2	Finanzziele	128
3.3.3	Marktziele	128
3.4	**Beschaffungspolitische Strategien**	**130**
3.4.1	Beschaffungsstrategische Optionen	130
3.4.2	Eigenerstellung oder Fremdbezug	133
3.4.3	Leistungsträgerpolitik	133
3.4.4	Kooperationsstrategien	135
3.5	**Instrumente des Beschaffungsmarketings**	**135**
3.5.1	Programmpolitik	137
3.5.2	Entgeltpolitik	138
3.5.3	Konditionenpolitik	139
3.5.4	Kommunikationspolitik	140

4	Beherbergungs- und Verpflegungsbetriebe	143
4.1	**Das Produkt**	143
4.1.1	Beherbergungsarten	143
4.1.2	Betriebsformen	147
4.2	**Qualität von Beherbergungsleistungen**	149
4.2.1	Aspekte der Qualität	149
4.2.2	Hotelklassifikationen	151
4.2.3	Exkurs: Das Modell Deutsche Hotelklassifizierung	156
4.2.4	Erstellung eines Hotelklassifikationssystems	160
4.2.5	Qualitätskriterien	162
4.2.6	Behindertenfreundlichkeit	164
4.2.7	Umwelt- und Sozialverträglichkeit	165
4.3	**Beschaffungsplanung**	167
4.3.1	Kapazität und Kontingente	167
4.3.2	Mengenpolitische Überlegungen	170
4.3.3	Beschaffungszeitpunkt	172
4.3.4	Beschaffungswege	173
4.3.5	Einkaufsvorbereitung	176
4.4	**Hotelvertrag**	177
4.4.1	Vertragsarten	177
4.4.2	Grundinhalte eines Hotelvertrags	180
4.4.3	Weitere Inhalte des Hotelvertrags	182
4.5	**Preise und Konditionen**	183
4.5.1	Preispolitik	183
4.5.2	Zahlungsbedingungen	185
4.5.3	Belegungsgarantien	189
4.5.4	Stornierungsbedingungen	189
4.5.5	Freistellungsvereinbarungen	190

5	**Flug**	**194**
5.1	**Flugreisemarkt**	**194**
5.1.1	Bedeutung für die Touristik	194
5.1.2	Marktsegmentierung nach Reiseanlaß	195
5.1.3	Marktaufteilung nach Verkehrsarten	198
5.1.3.1	Fluglinienverkehr	198
5.1.3.2	Charterflugverkehr	199
5.2	**Das Produkt**	**200**
5.2.1	Produktelemente	200
5.2.2	Qualitätskriterien	201
5.2.3	Service als Wettbewerbsvorteil	206
5.3	**Charterflugreisen**	**208**
5.3.1	Marktregulierung	208
5.3.2	Charterkategorien	209
5.3.3	Kostenvorteile des Charterverkehrs	212
5.3.4	Beschaffung	215
5.3.5	Chartervertrag	218
5.4	**Linienflugreisen**	**220**
5.4.1	Marktregulierung	220
5.4.2	Flugtarife	223
5.4.3	Pauschalreisen mit Linienbeförderung	228
5.4.4	Beschaffung	231
6	**Bus**	**236**
6.1	**Busreisemarkt**	**236**
6.1.1	Nachfrage	236
6.1.2	Angebot	238
6.2	**Arten von Busreisen**	**241**
6.2.1	Busreisen nach dem Personenbeförderungsgesetz	241

6.2.1.1	Linienverkehr	242
6.2.1.2	Gelegenheitsverkehr	242
6.2.2	Busreisen nach Produktart	245
6.3	**Genehmigungen**	**247**
6.3.1	Genehmigungen im innerdeutschen Verkehr	247
6.3.2	Genehmigungen im EG-Binnenverkehr	248
6.3.3	Genehmigungen im sonstigen internationalen Verkehr	250
6.4	**Qualitätskriterien**	**251**
6.4.1	Imageprobleme des Busses	251
6.4.2	Busspezifische Produktvorteile	252
6.4.3	Qualitätskriterien für Buskomfort	254
6.4.4	Bordservice	258
6.5	**Anmietung eines Busses**	**259**
7	**Bahn**	**266**
7.1	**Bahnreisemarkt**	**266**
7.2	**Produktpalette der Bahn**	**267**
7.2.1	Beförderung	267
7.2.2	Serviceangebote	269
7.2.3	Die touristischen Aktivitäten der Deutschen Bahn AG	271
7.3	**Qualitative Aspekte der Bahnbeförderung**	**271**
7.4	**Fahrpreise**	**274**
7.4.1	Touristikrelevante Normaltarife	274
7.4.2	Ermäßigungen	276
7.4.3	Sondertarife für Reiseveranstalter	281
7.5	**Sonderverkehr**	**282**
7.6	**DB - Lizenz**	**283**

8	Schiff	287

8.1	Schiffsreisen	287
8.2	**Kreuzfahrten**	288
8.2.1	Entwicklung	288
8.2.2	Produkttypen	291
8.2.3	Produktelemente einer Kreuzfahrt	292
8.2.4	Fahrgebiete und Routen	296
8.2.5	Organisation	298
8.3	**Fährverkehr**	299
8.3.1	Allgemein	299
8.3.2	Pauschalreiseprodukte	300
8.4	**Bootscharter**	301
8.5	**Liberalisierung im Seereiseverkehr**	302

9	Gästebetreuung	305

9.1	Einführung	305
9.2	Gästeführung	306
9.3	Reiseleitung	306
9.3.1	Arten der Reiseleitung	306
9.3.2	Aufgaben der Reiseleitung	307
9.3.3	Arbeitsverhältnisse	308
9.4	**Animation**	309
9.4.1	Begriff	309
9.4.2	Betriebswirtschaftliche Ziele der Animation	310
9.4.3	Inhaltliche Ziele der Animation	311
9.4.4	Animationsbereiche	312
9.4.5	Prinzipien der Animation	313
9.4.6	Zur Kritik der Animation	315

9.5	Voraussetzungen qualifizierter Gästebetreuung	316
10	Sonstige Leistungsträger	320
10.1	Zielgebietsagentur	320
10.2	Versicherungen	321
10.2.1	Versicherungen für Kunden	321
10.2.2	Versicherungen für Touristikunternehmen	325
10.3	Mietfahrzeugunternehmen	329
10.4	Kreditkartenunternehmen	330
Literaturverzeichnis		334
Stichwortverzeichnis		366
Abbildungsverzeichnis		370
Tabellenverzeichnis		373

ABKÜRZUNGSVERZEICHNIS

ADL	Arbeitsgemeinschaft Deutscher Luftfahrtunternehmen
AEA	Association of European Airlines
APEX	Advanced Purchase Excursion-Fare
ASOR	Accord relatif aux services occansionels internationaux de voyageurs par rout effectués par autocars
ASR	Bundesverband mittelständischer Reiseunternehmen e. V.
BTX	Bildschirmtext
CRS	Computerreservierungssystem
DB	Deutsche Bahn AG
DEHOGA	Deutscher Hotel- und Gaststättenverband e. V.
DER	Deutsches Reisebüro GmbH
DRV	Deutscher Reisebüro-Verband e. V.
FIT	Foreign Individual Tour
FVW	Fremdenverkehrswirtschaft International
F.U.R.	Forschungsgemeinschaft Urlaub + Reisen
GBK	Gütegemeinschaft Buskomfort e. V.
GIT	Group Inclusive Tour
IATA	International Air Transport Association
ICAO	International Civil Aviation Association
IIT	Individual Inclusive Tour
ITS	International Tourist Services Länderreisedienste GmbH KG
IT	Inclusive Tour
LBA	Luftfahrt-Bundesamt
LTT	LTU Touristik Reiseveranstalter GmbH & Co BetiebsKG
LTU	Lufttransport Unternehmen
NAC	Nordatlantik Charterflug
NUR	Neckermann und Reisen GmbH
ÖPNV	Öffentlicher Personennahverkehr
PEX	Purchase Excursion-Fare
Rdnr.	Randnummer
RIT	Rail Inclusive Tour
SPNV	Schienenpersonennahverkehr
TUI	Touristik Union International GmbH & Co KG
UATP	Universal Air Travel Plan
USP	Unique Selling Proposition

1 Einführung

1.1 Das System Tourismus

1.1.1 Begriff Tourismus

Die gegenwärtig in Literatur und Praxis verwendeten Tourismusdefinitionen zeichnen sich durch einen hohen Grad an Abstraktion aus, begründet in dem Bemühen, möglichst alle touristischen Erscheinungsformen einzuschließen. Eine weithin akzeptierte, d. h. von vielen Autoren zugrundegelegte Definition wurde von KASPAR (1975, S. 13) in Anlehnung an HUNZIKER/KRAPF (1942, S. 11) und AIEST (1954, zitiert in FREYER, 1993, S. 15) getroffen:

> "Fremdenverkehr oder Tourismus (ist) die Gesamtheit der Beziehungen und Erscheinungen, die sich aus der Reise und dem Aufenthalt von Personen ergeben, für die der Aufenthaltsort weder hauptsächlicher und dauernder Wohn- noch Arbeitsort ist."

Ähnlich formuliert die englische Tourism Society (1979, S. 70): "Tourism is deemed to include any activity concerned with the temporary short-term movement of people to destinations outside the places where they normally live and work, and their activities during their stay at these destinations."

Eine Analyse dieser und weiterer Definitionen (vgl. dazu OGLIVIE, 1933, S. 190; COHEN, 1974, S. 533; SCHERRIEB, 1975, S. 17-32; ARNDT, 1978; KOSTERS, 1985, S. 27-54; KRIPPENDORF/KRAMER/MÜLLER, 1987, S. 33ff.; FREYER, 1993, S. 6, 16) ergibt folgende **konstitutive Elemente des Tourismus**:

- Ortswechsel vom normalen Wohnort zum Zielort;
- vorübergehender Aufenthalt an einem fremden Ort;
- Aktivitäten am Reiseziel;
- Beziehungen, die aus den vorgenannten Aktivitäten resultieren.

Dieser weite Tourismusbegriff versucht, alle Reiseformen zu umfassen. Die die konkreten Erscheinungsformen touristischen Verhaltens **differenzierenden Merkmale** führen zu Typologien von Reisearten, die sich je nach erkenntnisleitendem Interesse nach folgenden Kriterien bestimmen:

Zweck der Reise:

- Freizeitreisen
- Geschäftsreisen
- Privatreisen

Reisemotive:

- Erholungsreisen
- Sportreisen
- Bildungsreisen
- Geselligkeitsreisen
- Gesundheitsreisen
- Religionsreisen
- Abenteuerreisen

Operative Kriterien:

- Organisationsform: Individual-, Pauschalreisen
- Beförderungsmittel: Flug-, Bahn-, Bus-, Schiffsreisen
- Beherbergungsart: Campingreisen, Clubreisen, Hotelreisen
- Zahl der Reiseteilnehmer: Einzelreisen, Gruppenreisen, Massentourismus
- Reisedauer: Ausflüge, Kurz-, Langzeitreisen
- Reiseentfernung: Naherholung, Fernreisen, Inlands-, Auslandsreisen
- Reisezeit: Sommer-, Winterreisen
- Reiseziel: Reisen ans Meer, in die Berge, Rundreisen

Sozio-demographische Kriterien:

- Alter der Reiseteilnehmer: Kinder-, Jugend-, Seniorenreisen
- Familienstand: Single-, Familienreisen

Qualität der Auswirkungen:

- Massentourismus, Alternativer Tourismus, Sanfter Tourismus, Intelligenter Tourismus, Tourismus mit Einsicht

Diese Ordnungskriterien treten in der Realität in den verschiedensten Kombinationsmöglichkeiten auf, z. B. Geschäftsreisen ins Ausland mit Bahn und Hotelunterkunft oder Studienreisen, bei denen die Anreise mit dem Flugzeug und die Beförderung im Zielgebiet mit dem Bus erfolgt. Zudem sind Reisen oft nicht nur durch ein einziges Motiv, sondern durch ein ganzes Bündel von Motiven verursacht: ein Urlauber möchte sich beispielsweise nicht nur erholen, sondern auch Land und Leute kennenlernen (Bildung), Sport treiben und Geselligkeit erleben.

Das Ergebnis dieser touristischen Tätigkeiten führt zu vielfältigen **Erscheinungen**, zu denen der Reisende in seiner Touristenrolle, die touristischen Unternehmen und deren Produktionsstätten, die den Tourismus regulierenden Institutionen, die vom Tourismus direkt (als Arbeitnehmer) oder indirekt (als Bereiste) betroffenen Einwohner der durch die Reise berührten Orte sowie touristisch verursachte Umweltveränderungen zählen. Die **Beziehungen** zwischen diesen Erscheinungen können wirtschaftlicher, rechtlicher, politischer, ökologischer und sozialer Art sein. In diese Richtung weist auch die Definition von FOSTER (1985, S. 5): "Tourism is an activity involving a complex mixture of material and psychological elements. The material ones are accommodation, transportation, the attractions and the entertainments available. The psychological factors include a wide spectrum of attitudes and expectations."

Gerade der Aspekt der sozialen Beziehungen ist eine auch aus betriebswirtschaftlicher Sicht des Tourismusmanagements bedeutsame Dimension des Tourismus. Strukturell betrachtet können hier drei Arten sozialer Beziehungen unterschieden werden:

- **Beziehungen zwischen Produzenten und Kunden:**
  Viele touristische Leistungen sind Dienstleistungen, die direkt "von Personen an Personen" erbracht werden, so daß nicht nur die Art der erbrachten Leistung, sondern auch die Art, **wie** die Leistung erbracht wurde, für die Qualität der Leistung und damit für die Kundenzufriedenheit wichtig ist. Das Management dieser Service-Beziehungen rückt daher zunehmend ins Interesse der Produzenten von Dienstleistungen (vgl. Bd. 2, Kap. 3).

- **Beziehungen zwischen den Touristen:**
  Touristische Leistungen werden häufig zusammen mit anderen Reisenden (z. B. eigene Reisegruppe des Freundes- oder Familienkreises oder andere Touristen) konsumiert, deren Verhalten auf die Leistungsqualität ebenso Einfluß haben kann wie auf deren Wahrnehmung und Beurteilung.

- **Beziehungen zwischen der einheimischen Bevölkerung und den Touristen:**
  Einerseits sind die Beziehungen der Touristen zu den Einheimischen eine Determinante der Reisezufriedenheit (z. B. ob von herzlicher Gastfreundschaft, von Gleichgültigkeit, von Ablehnung oder gar von Feindseligkeit geprägt), andererseits haben Vorhandensein und Verhalten der Touristen Auswirkungen auf die Lebensqualität der Menschen im durch- oder bereisten Land.

Ein so umfassend definierter Tourismus erweist sich also als ein komplexes Phänomen mit vielen Dimensionen, mit einer starken Binnendifferenzierung und mit einem dichten, interdependenten Beziehungsgeflecht. Als notwendige Konsequenz für die Analyse dieses Untersuchungsgegenstands ergibt sich, daß dazu nicht nur unterschiedliche wissenschaftliche Disziplinen involviert sein müssen, sondern daß auch jede Einzeldisziplin die Auswirkungen des von ihr untersuchten Teilaspekts auf die Gesamtheit des Tourismus in die Betrachtung einbeziehen muß. Jede touristische Forschung muß daher nicht nur interdisziplinär, sondern auch ganzheitlich ausgerichtet sein.

Mit der Entwicklung des Reisens zum Massenphänomen aber hat sich ebenfalls gezeigt, daß auch Unternehmen der Tourismuswirtschaft nicht mehr nur eindimensional betriebswirtschaftlich denken und handeln können, sondern daß sie zunehmend die ökologischen und sozialen Nebenfolgen von Produktion und Konsum ihrer Produkte in die Unternehmenspolitik einbeziehen müssen. Konkret bedeutet dies etwa: während früher die kostengünstigste Abfallbeseitigung eines Hotels die betriebswirtschaftlich sinnvollste Lösung war, werden zukünftig noch mehr als schon heute neben den einzelwirtschaftlichen auch die ökologischen Kosten den Produktionsprozeß beeinflussen. Nicht nur, weil Abfallvermeidung Kosten spart, sondern auch, weil politische Institutionen ebenso wie die Öffentlichkeit darauf drängen und durch Gesetze einfordern, daß externe (d. h. bei der Produktion entstehende, aber von der Allgemeinheit zu tragende) Kosten internalisiert, also von den sie verursachenden Unternehmen selbst getragen werden müssen. Und auch Reiseveranstalter werden überlegen müssen, inwieweit Hotels, die ohne jegliche Rücksicht auf die Umwelt agieren, von ihren Kunden noch länger akzeptiert werden und weiterhin in die Veranstalterprogramme aufgenommen werden können.

Die somit sowohl aus analytischer als auch aus unternehmerischer Notwendigkeit geforderte ganzheitliche Betrachtungsweise des Tourismus benötigt Denkansätze, Instrumente und Begriffe, die in der Lage sind, den Tourismus in all seinen Erscheinungen und Beziehungen zu beschreiben und in seinen Wirkungen zu erklären, um Zielrichtungen seiner Entwicklungen formulieren und beeinflussen zu können. Dazu bietet sich der methodische Ansatz der Systemtheorie an (KASPAR, 1989, S. 443; HÖMBERG, 1977, S. 55ff.; KRIPPENDORF/KRAMER/MÜLLER, 1987, S. 42ff.; MILL/MORRI-

SON, 1985, S. 2f.; FISCHER, 1985, S. 30ff.; LANQUAR, 1987, S. 100; LAWS, 1991, S. 6f.; FREYER, 1993, S. 42ff.). Die Systemtheorie ermöglicht die Analyse des Gesamtsystems Tourismus ebenso wie die Untersuchung auch einzelner Subsysteme, wie etwa einer Unternehmung.

1.1.2 Tourismus als System

1.1.2.1 Systemkomponenten

Vom Erkenntnisinteresse, ausgewählte Managementprozesse der Touristikunternehmen darzustellen, ausgehend, setzt sich bei institutioneller Betrachtung das Kernsystem des Tourismus, das "Touristiksystem", aus den Elementen Reiseveranstalter, Reisemittler und Reisende zusammen. **Touristik umfaßt damit in der institutionellen Definition neben der Gruppe der Nachfrager auch alle Betriebe, deren Zweck in der Veranstaltung und/oder Vermittlung von Reisen besteht** (zur mehrdeutigen umgangssprachlichen Verwendung des Worts Touristik vgl. FREYER, 1991, S. 8). Dieses Kernsystem Touristik ist Teil des Tourismussystems und steht in interdependenten Beziehungen zu den anderen Subsystemen Leistungsträger, Zulieferer, Attraktionen und Institutionen (vgl. Abb. 1.1). Ähnliche Ansätze zur systemischen Analyse des Tourismus finden sich bei LANQUAR (1987, S. 100ff.), der zwischen den Subsystemen "touristes (caractéristiques et motivations), système d'information/promotion/facilitation, transports et sites touristiques/équipments touristiques" unterscheidet; KASPAR (1993, S. 15) teilt ein in die Subsysteme Tourismussubjekt, Tourismusort, Tourismusbetriebe und Tourismusorganisationen; ähnlich verfahren auch TOQUER/ZINS (1987, S. 9).

Leistungsträger:

Darunter fallen alle Unternehmen der Tourismusbranche, deren Leistungen von Reiseveranstaltern zur Erstellung einer Pauschalreise verwendet oder über Reisemittler an die Kunden verkauft werden, also Beförderungs-, Unterkunfts- und Verpflegungsbetriebe, Zielortagenturen, Kur- und Bäderbetriebe, Sportunternehmen (z. B. Veranstalter von Tauchkursen oder Klettertouren), Unterhaltungsbetriebe (z. B. Theater, Shows), Fahrzeugvermietungen, tourismusspezifische Kreditkartenorganisationen sowie die Betreiber von Reservierungs- und Vertriebssystemen.

Abb. 1.1: Tourismus als System

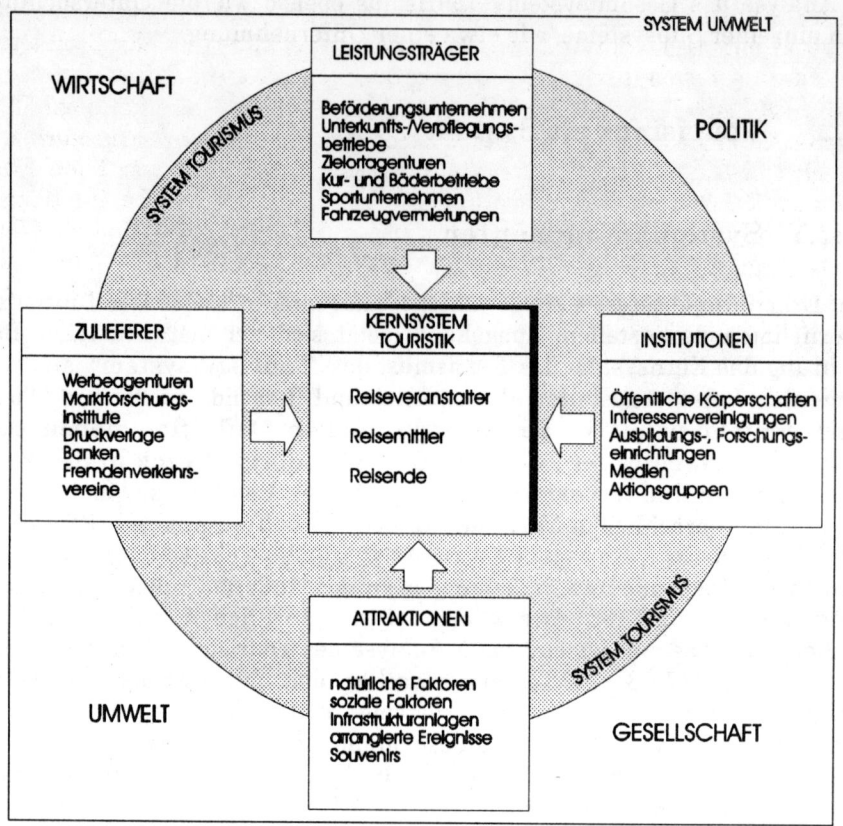

Während ein Teil dieser Unternehmen ihre Leistungen fast ausschließlich über Touristikbetriebe absetzt (z. B. Charterfluggesellschaften), ist für andere Leistungsträger (z. B. Stadthotels) der Direktvertrieb der wichtigere Distributionskanal. Dem System der Leistungsträger sind auch Unternehmen zugeordnet, deren touristische Produkte nur einen Teil ihres gesamten Leistungsprogramms ausmachen, also z. B. Versicherungen, die unter anderen auch Reiseversicherungen anbieten.

Zulieferer:

In diesem Subsystem sind alle Unternehmen zusammengefaßt, deren hauptsächliche Tätigkeit nicht in der Erstellung von touristischen Leistungen liegt, deren Produkte aber auch von Reisenden und von Reiseunternehmen nachgefragt werden. Sie liefern "support services" (FOSTER, 1985, S. 51) sowohl an Touristikunternehmen (z. B. Marktforschungsunternehmen, Unternehmensberater, Werbeagenturen) wie auch an Reisende (z. B.

Hersteller von Reisegepäck, Automobilclubs) oder an beide Nachfragergruppen (z. B. Buch- und Zeitschriftenverlage, Banken zur Devisenbeschaffung und als Kapitalgeber). Die Zuordnung von Verkehrsbüros, Fremdenverkehrsvereinen oder Touristik-Informationsbüros zum System der Zulieferer ist insofern problematisch, als sie mitunter auch als Reiseveranstalter auftreten, wenn sie Teilpauschalreisen (z. B. Ferienwohnungen) katalogmäßig anbieten. Manche dieser kommunalen Einrichtungen fungieren insofern zudem als Leistungsträger für Reiseveranstalter, indem sie diese beim Einkauf von Unterkunftsleistungen vermittelnd unterstützen. Da ihr Tätigkeitsschwerpunkt aber zweifelsohne schwerpunktmäßig auf Kommunikationsleistungen gegenüber Individualreisenden ausgerichtet ist, zählen sie aus dem Blickwinkel der Touristik jedoch eher zu den Zulieferern. Ähnliches gilt für ausländische Fremdenverkehrsbüros, die zumindest in der Bundesrepublik nicht als Reiseveranstalter auftreten.

Attraktionen:

Der üblichen Unterscheidung nach primären oder ursprünglichen und sekundären oder abgeleiteten Angebotsfaktoren folgend, zählen die **primären Faktoren** sowohl zur Umwelt des Tourismussystems wie zu diesem selbst. Sie umfassen nach MONTEFORTE (1973, S. 36ff.) alle Faktoren, die zunächst keinen direkten Bezug zum Tourismus haben, durch ihre Anziehungskraft auf die Besucher aber zu touristischen Objekten werden. Zu den ursprünglichen Faktoren zählen die natürlichen Gegebenheiten wie geographische Lage, Topographie der Landschaft, Vegetation, Klima, Luftreinheit und Tierwelt, die sozio-kulturelle Situation mit Brauchtum, Lebensstilen, Kultur, Kulturdenkmälern und Freundlichkeit im Umgang mit den Besuchern sowie die allgemeine Infrastruktur wie Verkehrswege, Energie- und Wasserversorgung, Entsorgungssysteme, Einkaufsmöglichkeiten und das Image eines Orts oder einer Region.

Sekundäre oder abgeleitete Faktoren des touristischen Angebots sind alle Einrichtungen und Veranstaltungen, die von Unternehmen speziell für touristische Zwecke erstellt werden. Dazu zählen neben den hier dem Subsystem Leistungsträger zugeordneten Tourismusbetrieben auch die Attraktionen. Diese können entweder per se zum Auslöser touristischen Verhaltens werden, weil sie in der Lage sind, einen Hauptzweck der Reise zu erfüllen (wie z. B. eine Tauchschule oder ein traditionelles Fest), oder als zusätzliche Infrastruktur den Aufenthalt der Besucher bequemer, interessanter oder abwechslungsreicher gestalten. Solche ergänzenden Attraktionen sind etwa für den Tourismus

- als Folklore wiederbelebte Traditionen, wie z. B. der "Heimatabend" des Verkehrsvereins, der mehrmals für die Touristen durchgeführte Karneval auf Kuba oder eine Flamencoshow in einem spanischen Ferienort. MacCANNELL (1973, S. 592) spricht in diesem Zusammenhang von "arrangierter Authentizität" (staged authenticity) solcher Ereignisse, deren Sinngehalt sich nicht mehr aus Religion oder Überlieferung ergibt, sondern in der Unterhaltung der Zuschauer liegt. Gegenüber dem gelebten Brauchtum sind diese Ereignisse zeitlich planbar, beliebig wiederholbar und vom Ablauf her dramaturgisch auf die Erwartungen der Zielgruppe Touristen abgestellt;

- neu kreierte Veranstaltungen wie das Kurkonzert, Festivals, ein mittelalterliches Festbankett oder die Klippenspringer von Acapulco;

- Infrastrukturanlagen wie Informationsbüros, Skilifte, Langlaufloipen, Erlebnisbäder, Freizeitparks, Kurparks, Minigolfanlagen oder Bootsverleih, die von den Einheimischen nur sporadisch genutzt werden (vgl. SCHERRIEB, 1993, S. 601f.);

- im Hinblick auf die Touristen besonders eingerichtete Museen, restaurierte Produktionsanlagen (z. B. Bauerndorfmuseum, Bergwerk), Kriegsschauplätze (z. B. Verdun), Sportstätten (z. B. Olympia-Anlagen) oder Spielkasinos (vgl. JEFFERSON/LICKORISH, 1988, S. 233-243);

- die Souvenirproduktion, die dem Wunsch der Besucher nach Erinnerungsobjekten nachkommt: "Die Eigenart des Souvenirs ist die Verbindung eines realen, oft banalen Gegenstandes mit unsichtbaren Aufladungen sinnlicher, geistiger und emotionaler Erinnerungen. Der Gegenstand wird Vehikel verklärter Vergangenheit und träumerischer Beziehung [...] In vielen Wohnungen wird es als Identifikationsobjekt, als Bestandteil der persönlichen Inszenierung liebevoll in das Wohnensemble eingeordnet" (POLLIG, 1987, S. 11). Die massenhafte Nachfrage nach Souvenirs bedingt deren massenhafte Produktion und führt vom (Kunst-)Handwerk zur manufakturellen oder gar industriellen Reproduktion.

Institutionen:

Dem Subsystem Institutionen werden alle Organisationen zugeordnet, deren Tätigkeit direkt oder indirekt Auswirkungen auf den Tourismus hat. Die bei KASPAR (1975, S. 108) genannten "Träger der Fremdenverkehrspolitik" sind daher um Ausbildungseinrichtungen und die öffentlichen Medien zu erweitern:

- öffentliche Körperschaften: staatliche Institutionen, die auf internationaler (z. B. Europäische Gemeinschaft), nationaler (z. B. Bundesministerien), regionaler (z. B. Landkreistag) und örtlicher (z. B. Gemeinderat) Ebene tourismuspolitische Entscheidungen treffen; ebenso die staatliche Verwaltung, soweit sie mit der Abwicklung touristischer Aktivitäten (z. B. Ein- und Ausreiseformalitäten) befaßt ist (vgl. dazu ausführlich FREYER, 1993, S. 281ff.);

- organisierte Interessenvereinigungen: Verbände der Tourismusindustrie auf nationaler (z. B. Deutscher Reisebüroverband DRV oder Deutscher Hotel und Gaststättenverband DEHOGA) und internationaler (z. B. European Commission of Travel Agents' Associations ECTAA) Ebene, lokale Organisationen wie Verkehrsverein oder Touristikinformationsbüro; auch zunächst nicht unbedingt tourismusbezogene Vereinigungen wie etwa der Bund Naturschutz oder die Deutsche Gesellschaft für Umwelterziehung gewinnen zunehmend an Bedeutung;

- Interessengruppen als Aktionsgemeinschaften: Ziel ist hier die meist vorübergehende Verfolgung einer bestimmten Aufgabe wie der Bau/die Verhinderung einer Flughafenvergrößerung oder einer Umgehungsstraße;

- Ausbildungs- und Forschungseinrichtungen: tourismusspezifische Berufs- oder Hochschulausbildung, Grundlagenforschung (z. B. Studienkreis für Tourismus);

- öffentliche Medien: sie wirken über ihre Informations- und Verbraucheraufklärungsfunktionen auf das Tourismussystem ein und beeinflussen tourismusbezogene politische Entscheidungen.

1.1.2.2 Systemumwelt

Die Systemumwelt definiert sich nach dem Grad der Reaktionsverbundenheit mit dem touristischen System; es umfaßt also alle Organisationen und Institutionen, die von touristischen Aktivitäten betroffen werden und/oder deren Tätigkeit Auswirkungen auf den Tourismus hat. Sie werden üblicherweise zusammengefaßt in die Bereiche Wirtschaft, Gesellschaft, Politik und natürliche Umwelt.

Wirtschaft:

Das Ergebnis der wirtschaftlichen Tätigkeit eines Landes legt über Einkommen, Einkommensverteilung, Freizeit und Auslandskaufkraft der Währung die materiellen und monetären Rahmenbedingungen für die Möglichkeiten des Verreisens fest. In den Zielgebieten bestimmt die allgemeine wirtschaftliche Situation sowohl die für den Tourismus notwendige Infrastruktur (Flughäfen, Straßen) wie auch das Ausmaß der touristischen Entwicklung. Die wirtschaftlichen Auswirkungen des Tourismus sowohl in den Quell- wie auch in den Zielländern liegen in seinem Beitrag zu Volkseinkommen und Einkommensverteilung, zur Beschäftigung, zum Zahlungsbilanzgleichgewicht und zur regionalen Wirtschaftentwicklung (vgl. POMPL, 1976, S. 167-219).

Gesellschaft:

Gesellschaftliche Faktoren bestimmen als Umwelt des Tourismussystems dessen Ausmaß und Erscheinungsformen in den Quell- und Zielgebieten. Die gesellschaftliche Situation in den Quellgebieten des Tourismus beeinflußt über Werte (positive Einstellung zum Tourismus, Prestige des Reisens), Problembewußtsein (für umwelt- und sozialverträglichen Tourismus), Wohn- und Arbeitssituation, welcher Teil der Bevölkerung wie verreist. Den psychischen, sozialen und ökologischen Folgen von Modernisierung und Industrialisierung (Verstädterung, Entfremdung, Rationalisierung der Lebensführung) setzt Tourismus den temporären Auszug aus dem Alltag entgegen: den reisend verbrachten Urlaub.

Die gesellschaftlichen Verhältnisse in den Zielgebieten, d. h. die dort vorherrschenden Lebensweisen und Einstellungen gegenüber Fremden können Attraktionen für die Touristen darstellen.

Politik:

Im Rahmen der allgemeinen Politik bestimmen die staatlichen und privaten Entscheidungsträger die Rahmenbedingungen des Tourismus. In Unterscheidung zur direkten Tourismuspolitik der zum Subsystem Institutionen zusammengefaßten Organisationen "werden hierzu jene Maßnahmen gezählt, die nicht in erster Linie den Tourismus zum Gegenstand haben, diesen aber - über bloße Einzelprobleme hinausgehend - als Wirtschaftszweig maßgeblich tangieren. Indirekte Tourismuspolitik kann somit Konjunkturpolitik, Währungspolitik, regionale Strukturpolitik, Verkehrspolitik, Bodenpolitik, Umweltpolitik, Kulturpolitik und anderes mehr sein" (KRIPPENDORF/KRAMER/MÜLLER, 1987, S. 117f.). Darüber hinaus wurde immer wieder versucht, den Tourismus in den Dienst herrschender politischer Ideologien zu stellen (POMPL, 1992c, S. 124f.):

- Die nationalsozialistische Gemeinschaft "Kraft durch Freude" (KdF) der dreißiger Jahre war Bestandteil einer Politik, die durch Wiederherstellung der Arbeitskraft den wirtschaftlichen und militärischen Aufbau des Deutschen Reichs ermöglichen und gleichzeitig die Arbeiterschaft von der Tatkraft der nationalsozialistischen Volksgemeinschaft überzeugen sollte. So wurde KdF nicht nur zum größten damaligen Reiseveranstalter, sondern gleichzeitig auch zu einem Instrument, "den inneren Frieden zu sichern, um die geplante äußere Aggression zu ermöglichen" (SPODE, 1991, S. 80).

- In den totalitären sozialistischen Staaten war Tourismus nicht nur ein Regenerationsinstrument für das gesellschaftliche Arbeitsvermögen, sondern auch Propagandist der sozialistischen Innen- und Außenpolitik.

- Jugendreisen in der Form staatlich geförderter Jugendbegegnungen sind in die Außenpolitik vieler Staaten eingebunden, so z. B. durch das Deutsch-Französische Jugendwerk (von beiden Ländern jährlich mit jeweils 20 Mio. DM gefördert) und das Deutsch-Polnische Jugendwerk.

Natürliche Umwelt:

Umweltfaktoren bilden das primäre Grundpotential an Ressourcen eines Tourismusgebiets und stellen damit auch Grundelemente der Pauschalreise dar. Urlaubsmotive wie "Tapetenwechsel" oder "Land (und Leute) kennenlernen" beziehen sich genuin auf einen Unterschied zwischen Alltagswelt und Urlaubswelt: Zusammen mit gesellschaftlichen Faktoren begründen sie die Grundstruktur touristischer Motivation des "weg von" (Push-Faktoren) und des "hin zu" (Pull-Faktoren); (vgl. dazu DECHÊNE, 1961; SCHADE/HAHN, 1969).

Andererseits führen touristische Aktivitäten zu Auswirkungen auf die natürliche Umwelt und können sogar ihre Funktion als Ressource für eben diesen Tourismus gefährden. Ein Kennzeichen dieser Umweltfaktoren ist nun, daß sie für das Tourismussystem meist gratis zur Verfügung gestellt werden; es sind sogenannte freie (nicht bewirtschaftete, da im Überfluß vorhandene) oder öffentliche (der einzelne kann nicht von der Nutzung ausgeschlossen werden, daher ist er auch nicht bereit, direkt dafür zu bezahlen, z. B. für die Straßenbeleuchtung) Güter. Ihren ökonomischen Wert erhalten sie erst auf dem Umweg der Kombination mit anderen touristischen Leistungen: Der zunächst freie Meerblick wird in Verbindung mit einem Hotelzimmer kommerzialisierbar und erlaubt einen höheren Preis für ein Zimmer mit Meerblick. Eine Nebenfolge dieser öffentlichen Güter mit touristischer Attraktivität besteht in einer zu starken Inanspruchnahme durch die Touristen: "Because they are available gratis it is impossible, or at least very difficult, to control entry by pricing [...] which causes the built-in problem of congestion or saturation" (SEEKINGS, 1989, S. 61). Weil hier der marktwirtschaftliche Steuerungsmechanismus über den Preis Angebot und Nachfrage nicht regeln kann, ergibt sich aufgrund von Kapazitäts- und Abnutzungsproblemen die Notwendigkeit der Steuerung durch die staatliche Tourismuspolitik auf den unterschiedlichen politischen Ebenen.

Mit dem heuristischen Modell einer "Tourismuswachstumsmaschine" hat KRIPPENDORF (1986, S. 54-61) versucht, die integrale Vernetzung der Systemeinheiten untereinander und in ihrer Beziehung zur Umwelt darzustellen (vgl. Abb. 1.2). Ausgangspunkt des Modells ist die Erkenntnis, daß sich Entwicklungen im System Tourismus nicht als einfache Wechselbeziehungen von zwei oder mehr Faktoren darstellen, sondern als ein interdependentes System ineinandergreifender Einflüsse, die nicht isoliert betrachtet werden können.

Abb. 1.2: "Die Tourismuswachstumsmaschine"

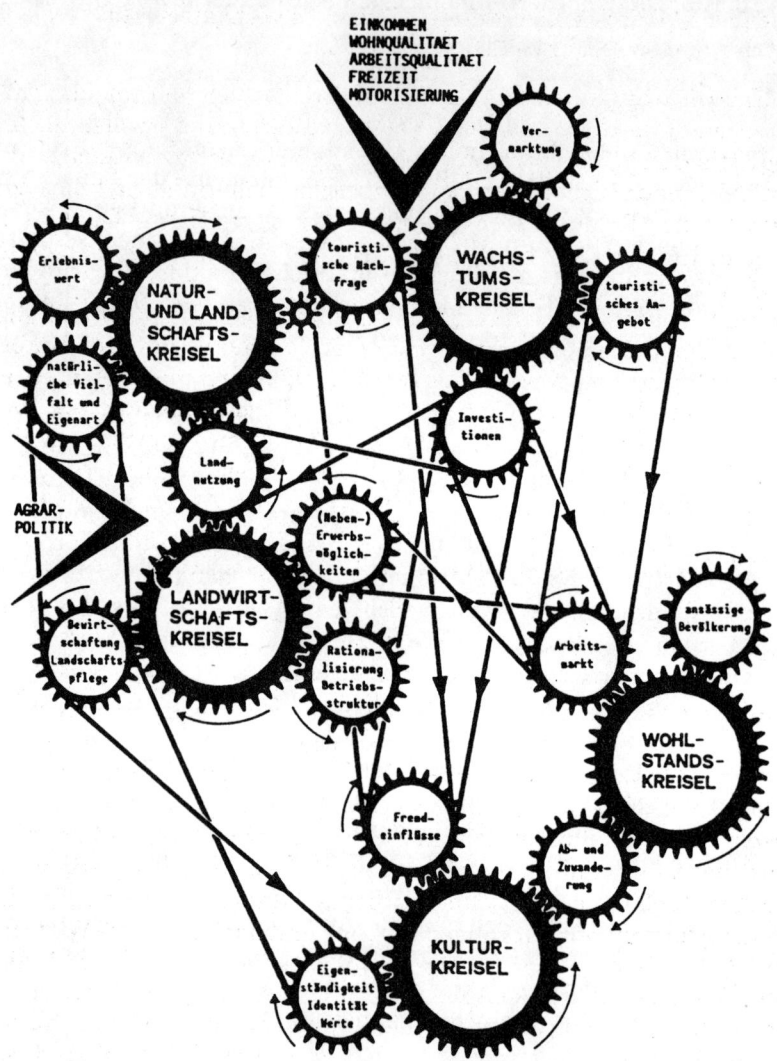

Quelle: KRIPPENDORF, 1986, S. 61

1.1.2.3 Systemziele

In ganzheitlicher, d. h. nicht bloß ökonomischer Betrachtung lassen sich - ohne jegliche Prioritätszuordnung - vier "Zweckkategorien" (vgl. Kap. 1.1.2.4) des Systems Tourismus unterscheiden:

Die **Befriedigung touristischer Bedürfnisse** zielt darauf ab, daß die Touristen einen möglichst hohen Nutzen aus ihrer Reise ziehen, d. h. daß die touristischen Unternehmen ein aus Kundensicht optimales Preis-Leistungs-Verhältnis realisieren. Aus wirtschaftlicher Sicht ist dies sowohl aus rechtlichen (Produzentenhaftung für die zugesicherte Qualität ihrer Leistungen) wie auch aus marketingpolitischen Gründen für die beteiligten Unternehmen und Institutionen eine entscheidene Zielgröße. Denn wenn Marketing bedeutet, Kunden zu gewinnen und zu behalten, dann ist die Zufriedenheit der Reisenden eine unabdingbare Voraussetzung für ein erfolgreiches Marketing. Es gibt in diesem Zielzusammenhang aber noch einen weiteren, über das bloße ökonomische Kalkül hinausgehenden Aspekt, nämlich die "Zufriedenheit" der Menschen mit ihren Chancen, am Phänomen des Reisens überhaupt teilnehmen zu können. Damit ist die gesellschaftspolitische Dimension der Einkommensverteilung angesprochen, denn noch immer sind weite Teile der Bevölkerung - insbesondere in den meisten Zielländern des Tourismus - aus materiellen Gründen vom Reisen ausgeschlossen.

Die **wirtschaftliche Wertschöpfung** ist das aus dem Einsatz touristischer Produktionsfaktoren resultierende Nettoergebnis (d. h. unter Wahrung von Substanz und Leistungsfähigkeit des Produktionsapparats) der wirtschaftlichen Tätigkeit. Einzelwirtschaftlich zeigt sich die Wertschöpfung bei den Unternehmen in der Höhe der erzielten Faktorerträge (Arbeits-, Kapitalerträge, Steuern). Volkswirtschaftlich müssen bei der Ermittlung der Wertschöpfung die durch Produktion und Konsum der Güter entstandenen Kosten für die Allgemeinheit (externe Kosten) berücksichtigt werden. Sichtbarster Ausdruck der gesamtwirtschaftlichen Wertschöpfung des Tourismus und seiner Multiplikatorwirkungen auf vor- und nachgelagerte Wirtschaftszweige ist der Beitrag zum Bruttosozialprodukt und damit zum Volkseinkommen. Weitere Effekte sind die Schaffung von Arbeitsplätzen und Ausbildungsstellen, Auswirkungen auf die Zahlungsbilanz und regionale Ausgleichs- oder Konzentrationsprozesse. Neben der Höhe der Wertschöpfung umfaßt dieses Ziel aber auch deren Verteilung im nationalen und internationalen Kontext. Zielgröße ist hier eine angemessene Einkommensverteilung auf alle im Tourismus beschäftigten Personen und Regionen unter Vermeidung einseitiger Abhängigkeiten ("Monokultur der Sonne"). Zudem soll im Sinne einer ganzheitlichen Qualität des Tourismus die Art, wie diese Wertschöpfung erzielt wird, nicht allein durch gebietsfremde Promotoren und Kapitalgeber, sondern auch durch Mitbestimmung der betroffenen einheimischen Bevölkerung entschieden werden (FISCHER, 1985, S. 213).

Das **Umweltverträglichkeitskriterium** ergibt sich aus der Tatsache, daß jede touristische Aktivität die natürliche Umwelt beeinflußt. Es kommt daher darauf an, die ökologische Stabilität durch Schonung der natürlichen Ressourcen wie Landschaft, Wasser, Luft, Ruhe, Tier- und Pflanzenwelt zu sichern, um eine dauerhafte Entwicklung der Tourismusregionen zu ermöglichen. Die Begründung durch das rein kommerzielle Nützlichkeitskalkül, die Umwelt erhalten zu müssen, weil sie die Produktionsfaktoren liefert, ohne die Tourismus nicht stattfinden kann, erscheint dabei als unzureichendes Legitimationskriterium: Sie weist in ihrer Eindimensionalität den Menschen in den Zielgebieten einen "Warencharakter" zu, indem sie sie nur in ihren Funktionen als Produktionsfaktor Arbeit und folkloristische Statisten erfaßt, und sie reduziert den Reisenden auf seine Funktion als zahlenden Konsumenten. Die auf die wirtschaftliche Dimension beschränkte Argumentation vernachlässigt auch eine - aus philosophischer oder religiöser Ethik abgeleitete - Verantwortung des wirtschaftenden oder reisenden Menschen gegenüber seinen Nachkommen, aus der heraus die Einsicht in die Notwendigkeit eines umweltschonenden Tourismus gefordert ist. Die Renditeoptimierung des eingesetzten Kapitals ist zwar ein legitimes betriebswirtschaftliches Ziel, garantiert aber über den bloßen Marktmechanismus nicht eine gesamtwirtschaftliche Optimierung, weder die optimale Güterversorgung der Bevölkerung noch die Sicherung und Steigerung von Lebensqualität in Arbeit und Freizeit.

Mitweltverträglichkeit (TRENSKY, 1991, S. 36) ist neben der Umweltverträglichkeit der zweite Aspekt von Lebensqualität als Zielvorgabe für das touristische System; sie berücksichtigt dessen Auswirkungen auf den sozialen Lebensraum fremder Menschen. Keine auch noch so sanfte, intelligente oder einsichtige Form des Tourismus ist ohne Einfluß auf die sozialen und kulturellen Strukturen der bereisten Region. Ob Entwicklungsländer, in denen der Tourismus nur einer unter vielen Faktoren der Modernisierung ist, wie z. B. Massenmedien, Motorisierung, Militär, Industrialisierung, oder entwickelte Industriestaaten, Tourismus greift in bestehende soziale Strukturen (Erwerbsweise, Arbeitsorganisation, Familienbeziehungen, Lebensstile; vgl. am Beispiel eines Entwicklungslandes POMPL, 1976, S. 220-265), Wertgefüge (zwischengeschlechtliche Rollenbeziehungen, religiöse, moralische und profane Werte) und kulturelle Bestände (Brauchtum, Medien, Kunst, Folklore) ein, instrumentalisiert sie für seine Zwecke und verändert sie. Da Gesellschaften aber nicht stillstehen, sondern sich entwickeln, kann eine mitweltverträgliche Gestaltung des Tourismus weder in der Konservierung des Bestehenden (Einrichtung "menschlicher Zoos" zum Lifeseeing für Touristen) noch in der folkloristische Revitalisierung des Vergangenen (in der Art des alpenländischen Jodlerbarocks) liegen. Kriterium der erwünschten Wirkungen sozialer Kontakte durch den Tourismus "ist dann nicht eine verselbständigte 'Identität' oder kulturelle Integrität, sondern die Fähigkeit einer Gesellschaft, im globalen Kontext (unter Berücksichtigung heutiger und perspektivistischer globaler Probleme) ihren Angehörigen eine subjektiv befriedigende, objektiv überlebens- und friedensfähige Lebensweise anzubieten" (KRAMER, 1990, S. 56).

Abb. 1.3: Zielsystem des Tourismus

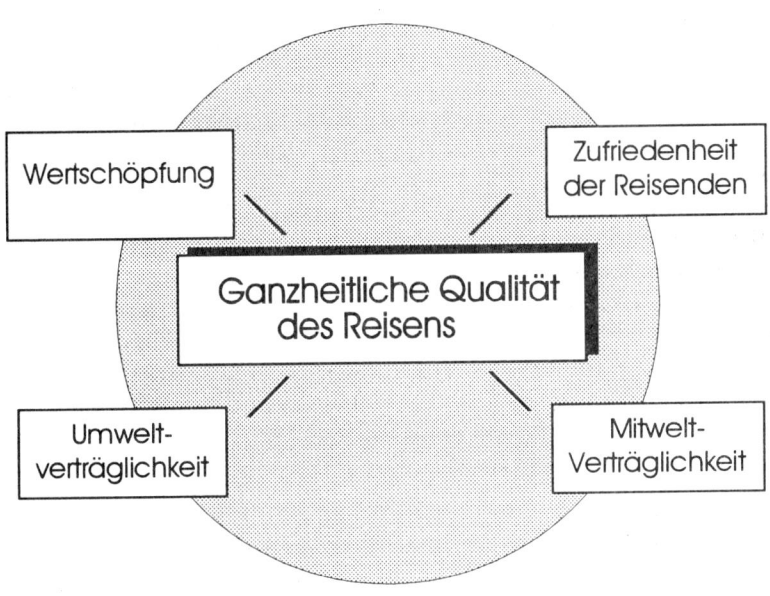

Die hier postulierten Ziele des Systems Tourismus stimmen mit den in der Realität verfolgten Zielen nur bedingt überein. KRIPPENDORF (1983, S. 50ff.) nennt als Gründe für eine solche unbefriedigende Entwicklung die Unverbindlichkeit der Ziele mit dem Charakter bloßer Empfehlungen statt verpflichtender Weisungen, die Interessenkongruenz zwischen Behörden und Tourismusgewerbe, den Vorrang der wirtschaftlichen Betrachtung und die dabei vorherrschende Dominanz der kurzfristigen Gewinnoptik sowie fehlende oder unzweckmäßig angewandte Steuerungsinstrumente. Hinzuzufügen ist die mangelnde Einsicht vieler am Tourismus beteiligten Produzenten, Institutionen und Reisenden in die Tatsache, daß Tourismus mehr ist als eine einfache ökonomische Transaktion (KRAMER, 1990, S. 91), für die der einzelne nur unmittelbare Verantwortung trägt, sondern eine Erscheinung mit zeitlich wie geographisch weitreichenden sozialen, politischen und kulturellen Konsequenzen.

Zudem stehen die verschiedenen Ziele untereinander in Konkurrenz (z. B. Umweltschutz versus privatwirtschaftliche Gewinnmaximierung) und sind für die einzelnen im Tourismus handelnden Subjekte von ganz unterschiedlicher Bedeutung.

Abb. 1.4: Thesen des Bundesministers für Wirtschaft zur umweltorientierten und marktwirtschaftlichen Tourismuspolitik

These 1:	Die Tourismuswirtschaft ist eine dynamische Wachstumsbranche. Ihre Dynamik beruht auf zunehmender Freizeit bei wachsendem Realeinkommen der Bürger.
These 2:	Eine intakte Umwelt - das Kapital der Tourismuswirtschaft - ist nur begrenzt verfügbar. Ein ungehemmtes Mengenwachstum gefährdet die Existenzgrundlage der Tourismuswirtschaft.
These 3:	Die Tourismuswirtschaft ist wie die Gesamtwirtschaft auf eine gute allgemeine Umweltpolitik angewiesen. Die Tourismuswirtschaft braucht ein umweltverträgliches Angebotssortiment.
These 4:	Eine intakte Umwelt hat ihren Preis auch für die Tourismuswirtschaft. Die Kosten für Umweltmaßnahmen müssen für Unternehmen und Touristen spürbar werden.
These 5:	Staat, Unternehmen, Touristen und die einheimische Bevölkerung haben ihren Anteil an der Verantwortung für einen umweltgerechten Tourismus zu übernehmen. Der Staat - Bund, Länder und Gemeinden - schafft die erforderlichen Rahmenbedingungen und bedient sich geeigneter Instrumente.
These 6:	Die Raumordnungspolitik muß stärker in den Dienst einer umweltverträglichen Tourismuspolitik gestellt werden. Touristische Entwicklungspläne und Pilotprojekte sind dafür wichtige Schrittmacher und besonders in den Neuen Bundesländern von großer Wichtigkeit.
These 7:	Mehr Tourismus verursacht mehr Verkehr, mehr Verkehr bedeutet mehr Umweltbelastung. Deshalb brauchen wir umweltschonende Verkehrskonzepte gerade auch für den Tourismus.
These 8:	Der rasch expandierende Ferntourismus exportiert Umweltprobleme. Wir dürfen die Länder, in denen die Zielgebiete liegen, damit nicht allein lassen. Lösungen müssen sowohl vor Ort als auch auf internationaler Ebene gefunden werden.
These 9:	Der Konflikt um die Nutzung in Räumen mit hoher Fremdenverkehrsdichte und zugleich hoher ökologischer Sensibilität muß nach dem Prinzip der Verhältnismäßigkeit ausgetragen werden. Vor der Regulierung, insbesondere dem Verbot als der schärfsten Eingriffsart, sind die Steuerungsmöglichkeiten über Planung, Infrastrukturinvestitionen sowie Information und Aufklärung auszuschöpfen.
These 10:	Investitionen zur Verstärkung des Umweltbewußtseins sowie in umweltorientierte Aus- und Fortbildung lohnen sich.

Quelle: BUNDESMINISTERIUM FÜR WIRTSCHAFT, 1992

Aber weder die staatliche Tourismuspolitik (vgl. Abb. 1.4) noch die private Unternehmenspolitik können ihre ganz spezifischen Zwecke optimieren, ohne die konkurrierenden Ziele außer acht zu lassen. Weil jede touristische Tätigkeit Auswirkungen auf mehrere Zielbereiche und andere Systemkomponenten hat, sind ihre Folgewirkungen zu berücksichtigen. Daher können Reiseveranstalter sich eben nicht mehr als bloße "Vermittler" von Beförderungs- und Unterkunftsleistungen verstehen und für die Folgen die Leistungsträger und Zielgebiete selbst verantwortlich machen, wie dies in der Vergangenheit der Fall war. So stellt ROTH (1992, S. 57) fest: "Der Reiseveranstalter hat mehrfache Verantwortung: Gegenüber dem Reisenden, den er informieren muß über Vorhandensein/Nichtvorhandensein von Umweltproblemen am Zielort; gegenüber dem Zielgebiet/Zielort, indem er den Reisenden zum schonenden Umgang mit der Natur anhält; im Rahmen einer generellen gesellschaftsorientierten Verantwortung als Unternehmen, das zusammen mit den Partnern (im Zielgebiet) darauf einwirken muß, daß die natürlichen Ressourcen, die Grundlage jeglicher Tourismustätigkeit sind, geschont werden."

1.1.2.4 Exkurs: Systemtheorie

Die theoretische Abbildung der Realität kann grundsätzlich auf drei verschiedenen Wegen erfolgen (KÜHNE, 1982): Der Reduktionismus unterteilt die Totalität in verschiedene Segmente, die als eigenständige Einheiten systematisch untersucht werden; der Schwerpunkt liegt dabei auf der Binnenstruktur, Beziehungen, insbesondere nach außen, werden vernachläßigt. Der Holismus versucht, in einer Gesamtschau die Wirklichkeit zu interpretieren. Die Systemtheorie als dritter Weg ist ein seit der Mitte des 20. Jahrhunderts entwickelter formaler Denkansatz, der auf hohem Abstraktionsniveau versucht, einen Ausschnitt der Realität durch Ermittlung der wesentlichsten Akteure (Instutionen und Personen), ihrer Beziehungen zueinander und der Austauschprozesse mit der Umwelt nachzuzeichnen und mit empirischen Beobachtungen zur Deckung zu bringen. Die Wirklichkeit wird nicht in toto abgebildet, sondern durch Reduktion ihrer Komplexität begreifbarer gemacht (LUHMANN, 1975, S. 11). Diese Analysemethode ist aufgrund ihres formalen Charakters disziplinenübergreifend, so daß sie in ganz unterschiedlichen Wissenschaften (Biologie, Kybernetik, Soziologie, Politik- und Wirtschaftswissenschaften) zur Anwendung gelangt. Dementsprechend ist der allgemeine Begriff des Systems zunächst ohne besonderen Situations- oder Zeitbezug. **"Ein System ist ein dynamisches Ganzes, das als solches bestimmte Eigenschaften und Verhaltensweisen besitzt. Es besteht aus Teilen, die so miteinander verknüpft sind, daß kein Teil unabhängig ist von anderen Teilen und das Verhalten des Ganzen beeinflußt wird vom Zusammenwirken aller Teile"** (ULRICH/PROBST, 1991, S. 30). Als Teile des Systems können Personengruppen, Organisationen, Institutionen sowie deren Zusammenfassungen zu

Subsystemen, die wegen der Interdependenzen des Systems partiell ineinander verschachtelt sind, genommen werden. Subsysteme spezialisieren sich auf bestimmte Systemfunktionen. Zusammen mit den institutionalisierten und dadurch relativ stabilen Handlungsweisen und Beziehungsmustern bilden sie die Grundstruktur des Sytems. Die Systemtheorie versucht nun, die relevanten, d. h. für das Bestehen und Überleben des Systems notwendigen Institutionen und Interaktionen zu ermitteln und die funktionalen Beziehungen zwischen ihnen festzustellen.

Systeme werden als "dynamische Ganzheiten" begriffen, in denen die Veränderung einer Variablen durch die interdependente Vernetzung zu Auswirkungen auf und Rückwirkungen durch andere Systemteile führt. "Das Verhalten eines Systems als Ganzes wird nicht verursacht durch das Verhalten bloß eines Teils, sondern ist das Ergebnis des Zusammenwirkens aller Teile" (ULRICH/PROBST, 1991, S. 30).

Da Systeme gedanklich als offene Einheiten konzipiert sind, erlaubt dieser Ansatz die Analyse der Wechselwirkungen mit der natürlichen, gesellschaftlichen, wirtschaftlich-technischen und politischen Umwelt, wobei diese Verbindungen als zirkuläre Wirkungsbeziehungen und nicht mehr als lediglich lineare Input-Output-Relationen interpretiert werden. Für die Abgrenzung zwischen sozialen Systemen und der jeweiligen Umwelt schlägt LUHMANN (1975, S. 10) den "Sinnbegriff" vor: "Soziale Systeme sind sinnhaft identifizierte Systeme. Ihre Grenzen sind nicht physischer Natur (obgleich natürlich physische Grenzen, etwa solche territorialer Art, Sinngrenzen sein können), sondern sind Grenzen dessen, was in Sinnzusammenhängen relevant sein kann [...]. Durch sinnhafte Identifikation ist es möglich, eine im einzelnen unübersehbare Fülle von Verweisungen auf andere Erlebnismöglichkeiten zusammenzufassen und zusammenzuhalten, Einheit in der Fülle des Möglichen zu schaffen und sich von da aus dann selektiv an einzelnen Aspekten des Verweisungszusammenhangs zu orientieren." Als Selektionshilfen können Werte, Gesetzmäßigkeiten oder Reaktionsverbundenheiten dienen.

Neben der Abgrenzung des Systems von der Umwelt ergeben sich als weitere zentrale Fragestellungen der strukturell-funktionalen Systemtheorie:

- **Zielsetzungen des Systems:** Systeme bestehen aus einem bestimmten Zweck heraus, doch reicht dieser allein nicht aus, die Zielsetzungen generell zu bestimmen: Die Erreichung der Zwecksetzung (Lokomotionsfunktion) setzt voraus, den andauernden Bestand des Systems zu sichern (Kohäsionsfunktion).

- **Funktionen der Systemteile:** Welchen Beitrag zum Erreichen (Funktion) oder Verfehlen (Dysfunktion) der Ziele von Systemen und Subsystemen leisten die Strukturkomponenten? Als quasi flankierende Funktionen zur Bestandssicherung sind die Aufgaben der Anpassung von Zwecken an eine sich verändernde Umwelt, die Integration neuer Mitglieder und Techniken ebenso wie die interne Konfliktlösung sowie die Sicherung der Kooperation der "Mitarbeiter" zu erfüllen, um über das Überleben des Systems hinaus auch seine Entwicklung und Erweiterung zu ermöglichen.

- **Steuerungskonzept des Systems:** In sozialen Systemen, und dazu zählt der Tourismus, wird die Zielerreichung nicht durch eigenkybernetische oder biologische Prozesse gesteuert, sondern durch Handlungen von Menschen. Dabei kann die "private" ökonomische Rationalität nicht das alleinige Steuerungskriterium darstellen, da rational geplante Individualhandlungen zu dysfunktionalen Wirkungen für das System führen können. So braucht die zunächst private Veranstaltung Wirtschaften eine Ergänzung durch politisch erreichte Gesetze und eine selbstbestimmte Unternehmensethik schon deswegen, weil jede Produktion mit externen Effekten verbunden ist, die die Interessenlagen der nichtbeteiligten Öffentlichkeit kurz- und langfristig berühren. Weil die Produktion mit Umweltbeeinflussung verbunden ist, bedarf es externer Restriktionen für Managementhandeln. Produkte können die Allgemeinheit gefährden, daher die Produkthaftung und Umweltschutzregelungen als Auflagen für das Management; Machtstrukturen können dysfunktionale Ergebnisse zeitigen, daher Allgemeine Geschäftsbedingungen für den Kaufabschluß, arbeitsrechtliche Schutzvorschriften und Gesetze gegen die Wettbewerbsbeschränkung; übertriebenes Eigeninteresse kann zu irreführender Werbung (Täuschung der Nachfrager) führen, daher Gesetze gegen unlauteren Wettbewerb (vgl. STEINMANN/SCHREYÖGG, 1991, S. 77-90).

Was nun inhaltlich-konkret als (biologisches, politisches, soziales oder touristisches) System erkannt und untersucht wird, bestimmt sich aus dem jeweiligen spezifischen Erkenntnisinteresse. Das erlaubt, die Erscheinungen und Beziehungen des Tourismus als System zu interpretieren; der gleiche Ansatz erlaubt aber auch, eine Unternehmung unter dem Systemcharakter zu betrachten: "Eine bestimmte Unternehmung stellt zum Beispiel nicht alles her, was auf dem Markt verkauft werden könnte, sondern wählt bestimmte Produkte und Märkte aus, für die es produziert. Diese Funktion macht ihre Grenze zur Umwelt aus, macht sie als System im Verhältnis zur Umwelt identifizierbar, unterscheidet sie von anderen Unternehmungen, die mit anderen Selektionsvorgängen ihre Grenze definiert haben" (STEINMANN/SCHREYÖGG, 1991, S. 58). Bei Betrachtung des Gesamtsystems Tourismus ist also eine Unternehmung ein Subsystem, das seinerseits in das Subsystem Touristik, ein Subsystem des Tourismussystems, integriert ist. Der Zielsetzung dieser Arbeit entsprechend wird der systemtheoretische Ansatz zunächst einmal dazu verwendet, den Tourismus aus ökonomischer Sicht zu gliedern, dann eine Marktanalyse des Subsystems Touristikindustrie zu erstellen und auch die Managementfunktionen in Tourismusunternehmen zu analysieren.

1.2 Touristikmarkt

1.2.1 Urlaubsreisemarkt

Daten über den Urlaubsreisemarkt der Bundesrepublik Deutschland werden durch folgende kontinuierliche Befragungen erhoben:

- die **Reiseanalyse** wurde von 1970 bis 1992 vom Studienkreis für Tourismus Starnberg durchgeführt und nach dessen Konkurs von der Forschungsgemeinschaft Urlaub und Reisen e. V. (F.U.R.) zunächst als "Urlaub + Reisen" modifiziert weitergeführt; sie erscheint seit 1996 als "Die Reiseanalyse Urlaub + Reisen",

- der **Deutsche Reisemonitor** (seit 1988), der als deutscher Teil des EUROPEAN TRAVEL MONITORS vom Institut für Planungskybernetik (IPK) betreut wird,

- der **TouristScope** (seit 1986), dessen Datenerhebung im Auftrag einiger Großunternehmer der Touristik durch das Infratest-Institut für Sozialforschung erfolgt,

- die **Tourismusanalyse** (seit 1986) des BAT-Freizeitforschungsinstitutes (seit 1986),

- das **Reisepanel** (seit 1994) des Marktforschungsunternehmens A. C Nielsen Single Source,

- die tourismusbezogenen Erhebungen des Statistischen Bundesamts, die jährlich unter dem Titel **Tourismus in Zahlen** veröffentlicht werden.

Die Ergebnisse dieser Untersuchungen weichen trotz der Gültigkeit und Zuverlässigkeit der angewandten Methoden zum Teil erheblich voneinander ab, da sie auf unterschiedlichen Grundgesamtheiten der Befragten und Befragungszeitpunkten beruhen; zur Darstellung der Methoden siehe DUNDLER, 1993, S. 155; KUCHLBAUER, 1993, S. 161; WEISSBARTH/TROGER, 1993, S. 169; SEITZ/MEYER 1995, S. 191-215. Die Forschungsinstitute stellen ihre Ergebnisse nur den beteiligten Unternehmen zur Verfügung und geben lediglich sehr sporadisch Informationen in der Form von Pressemitteilungen oder Kurzfassungen an die Öffentlichkeit.

Da die Reiseanalyse bereits seit 1970 jährlich durchgeführt wird, ist sie zusammen mit den Nachfolgeerhebungen von F.U.R. die für die Darstellung der Entwicklung des Reiseverhaltens geeignetste Untersuchung. Nach Ermittlungen der Reiseanalyse Urlaub + Reisen für das Jahr 1995

- haben 49 Mio. Bundesdeutsche eine Urlaubsreise von fünf oder mehr Tagen unternommen;

- betrug die Gesamtzahl der Urlaubsreisen 64,5 Mio., da 19% der Bevölkerung zwei oder mehr Urlaubsreisen machten;

- wurden zusätzlich zu den Urlaubsreisen 51 Mio. Kurzreisen unternommen.

Die langfristige Entwicklung des Reiseverhaltens kann anhand der Reiseintensität dargestellt werden, die den prozentualen Anteil der Bevölkerung über 14 Jahre, der im Laufe eines Kalenderjahres mindestens eine Urlaubsreise von fünf Tagen oder länger macht, mißt. Mit 78,1% erreichte die Reiseintensität im Jahre 1994 ihren bisher höchsten Wert (vgl. Tab. 1.1).

Für die Touristik ist neben der Entwicklung von Reiseintensität und Reisehäufigkeit die Organisationsform der Reise von Bedeutung. Hier zeigt sich, daß die Pauschalreise ihren Marktanteil kontinuierlich vergrößern konnte. Waren 1970 erst 13% der Urlaubsreisen Pauschalreisen, so stieg dieser Wert bis zum Jahre 1995 auf 40,2% (vgl. Abb. 1.5): Rund 26 Mio. Urlaubsreisen (5 Tage oder länger) wurden direkt beim Reiseveranstalter oder über einen Reisemittler gebucht.

Abb. 1.5: Anteil der Pauschalreisen/Individualreisen

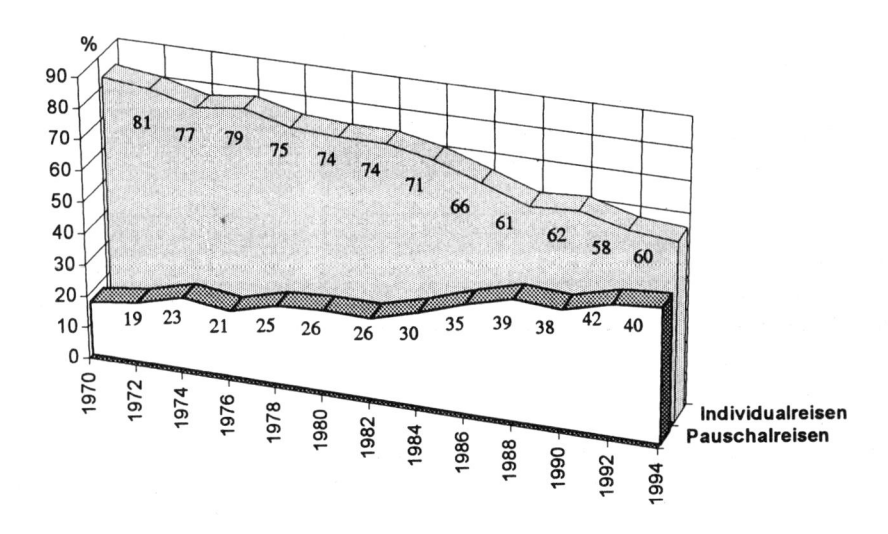

Quelle: STUDIENKREIS FÜR TOURISMUS, 1992, Tab. 9; ders. 1993, S. 28; Urlaub + Reisen 1996

Tab. 1.1: Reiseintensität 1954 - 1995

Jahr	Bevölkerung in Mio.	Anteil der Reisenden in %	Anzahl der Reisenden in Mio.
1954	39,1	24,0	9,3
1955	37,9	24,0	9,1
1956	38,0	26,0	9,9
1957	38,8	27,0	10,5
1958	41,3	28,0	11,5
1959	41,6	30,0	12,6
1960	42,2	28,0	11,8
1961	42,3	31,0	13,1
1962	42,7	32,0	13,7
1963	43,0	35,0	15,1
1964	43,2	39,0	16,8
1965	43,4	45,0	19,1
1966	44,3	42,0	18,7
1967	42,9²	41,0	16,7
1968	43,1	39,0	16,8
1969	42,7	40,0	17,1
1970	44,5	41,6	18,5
1971	44,4	47,2	20,9
1972	44,5	49,0	21,8
1973	44,7	50,1	22,2
1974	44,7	52,5	23,5
1975	44,9	55,9	25,1
1976	45,2	53,0	24,0
1977	45,3	53,7	24,3
1978	45,9	56,2	25,8
1979	46,4	57,0	26,5
1980	47,0	57,7	27,1
1981	47,5	55,9	26,5
1982	47,9	55,0	26,3
1983	48,1	54,4	26,2
1984	48,3	55,3	26,7
1985	48,3	57,1	27,6
1986	48,3	57,0	27,6
1987	48,2	64,6	31,1
1988	48,7	64,9	31,6
1989	48,8	66,8	32,6
1990	62,4	69,2	43,2
1991	62,1	66,9	41,5
1992	62,9	71,7	44,7
1993	62,6	75,4	47,2
1994	62,7	78,1	49,0
1995	63,0	77,8	49,0

[1] bis 1966: nur Erwachsene von 18 - 79 Jahre
[2] ab 1967: ab 14 Jahre
[3] ab 1990: einschließlich Neue Bundesländer

Quellen: Bis 1969 DIVO Institut, 1970-1992 Reiseanalyse , ab 1993 U+R

Tab. 1.2: Entwicklung des deutschen Urlaubsreisemarktes 1991 - 1995

Kennziffern	1991	1992	1993	1994	1995
Reiseintensität	67%	71%	75%	78%	78%
Reisehäufigkeit (Reisen pro Reisender)	1,3	1,3	1,4	1,4	1,3
Anzehl der Reisenden (Mio.)	41,5	44,7	47,2	49	48,98
Anzahl Haupturlaubsreisen (Mio.)	41,5	44,7	47,2	49	49
Anzahl zusätzl. Urlaubsreisen (Mio.)	10,2	13,9	16,2	18,2	15,5
Kurzurlaubsreisen (Mio.)	59,4	48,2	63,8	59,5	50,7
Anzahl Urlaubsreisen insgesamt (Mio.)	51,7	57,6	63,4	67,2	64,5
Zuwachsrate gegenüber Vorjahr		12%	10%	6%	-6%
Inlandsreise-Anteil insg. (% aller Urlaubsreisen)	38%	36%	35%	35%	34%
Auslandsreise-Anteil insg. (% aller Urlaubsreisen)	62%	64%	65%	65%	66%
Anzahl der Inlandsreisen (Mio.)	19,6	20,9	22,4	23,5	22
Anzahl der Auslandsreisen (Mio.)	32,1	36,7	41	43,7	42,5
Index:					
Reisende	100	108	114	118	118
Haupturlaubsreisen	100	108	114	118	118
Zusätzliche Reisen	100	136	159	178	152
Urlaubsreisen insgesamt	100	111	123	130	125
Inlandsreisen	100	106	114	120	112
Auslandsreisen	100	114	128	136	132

Quelle: Reiseanalysen des STUDIENKREIS FÜR TOURISMUS 1991, 1992; U+R 94, U+R 95, RA 96. Zitiert nach Lohmann, 1996, S. 75.

1.2.2 Geschäftsreisemarkt

Beruflich bedingte und kostenmäßig vom Unternehmen getragene Reisen werden verallgemeinert als Geschäftsreisen bezeichnet; der mitunter noch verwendete Ausdruck Dienstreisen bezieht sich auf einen Teilmarkt der Geschäftsreisen, nämlich die beruflich veranlaßten Reisen von Beamten und Angestellten des öffentlichen Dienstes. Das Volumen des deutschen Geschäftsreisemarktes umfaßt nach dem Reisemonitor (1995) ca. 14 Mio., nach dem Reisepanel ca. 13 Mio Reisen mit mindestens einer Übernachtung sowie ca. 130 Mio. eintägige Reisen (vgl. FREYER 1995, S. 80).

Der Geschäftsreisemarkt läßt sich in folgende Segmente einteilen:

- "klassische Geschäftsreisen" im Sinne von Reisen zu Zwecken der Geschäftsanbahnung und des Geschäftsabschlusses, der Leistungserstellung (z.B. Monteure), Reparatur- und Wartungsarbeiten, Firmenbesprechungen und internen Schulungen; dieses Segment umfaßt ca. 59% des gesamten Marktes (GRUNER + JAHR, 1992, S. 72);

- Kongresse-, Tagungen und Fortbildungsseminare unternehmensfremder Veranstalter (19%);

- Ausstellungs- und Messebesuch (17%);

- Incentive-Reisen, die ein Unternehmen im Rahmen eines Leistungswettbewerbs als Anreiz und Prämie für eigene Mitarbeiter oder selbständige Absatzhelfer ausschreibt (5%).

Für Reiseveranstalter haben Geschäftsreisende nur insofern Bedeutung, als sie zu bestimmten Destinationen katalogmäßig angebotene Pauschalreisen buchen, die für sie organisatorisch oder kostenmäßig günstiger sind als Individualreisen (z. B. Städtereisen), oder als Nachfrager von Transportleistungen wie etwa Einzelplatzbuchungen im Charterflugverkehr. Die Bedeutung des Geschäftsreiseverkehrs für Reisebüros ist dagegen wesentlich höher. Im Branchendurchschnitt liegt der Anteil der Geschäftsreisen am Umsatz der Reisebüros bei ca. 30%.

1.2.3 Charakteristische Strukturkriterien des Touristikmarktes

Der deutsche Touristikmarkt ist durch folgende Strukturkriterien gekennzeichnet:

- In der Touristik dominiert das Outgoing-Geschäft: Nur ca. 10% des Umsatzes der gesamten kommerziellen Touristik werden durch die Nachfrage ausländischer Reisender nach Touristikleistungen in Deutschland erzielt, 90% dagegen mit Reisen inländischer Nachfrager zu ausländischen Reisezielen. Tab. 1.3 zeigt die wichtigsten Reiseziele.

- Reisen innerhalb Deutschlands spielen für die Touristik eine untergeordnete Rolle: 34% aller Haupturlaubsreisen, aber nur ca. 8% aller Pauschalreisen führten 1995 zu inländischen Reisezielen. Bei Inlandsreisen besteht wesentlich weniger Bedarf, die Organisationshilfen eines Reiseveranstalters in Anspruch zu nehmen, da keine Sprachbarrieren und bessere geographische und reisetechnische Kenntnisse vorhanden sind; bei Inlandsreisen ist der private PKW das meistgenutzte Beförderungsmittel, es besteht ein vergleichsweise hoher Anteil von Übernachtungen bei Verwandten, Freunden und in eigenen Ferienwohnungen.

Tab. 1.3: Hauptzielländer 1995:

	1995		1994	1972[1]
	%	Mio.	%	%
Inland	**34,1**	**22**	**34,9**	**47,3**
Bayern	8,6	5,5	8,6	12,5
Schleswig-Holstein	5,3	3,4	4,5	6,1
Mecklenburg-Vorpommern	3,6	2,3	3	-
Baden-Württemberg	3,5	2,3	3,8	9,5
Niedersachsen	3,5	2,3	3,7	5,7
Nordrhein-Westfalen	2,1	1,4	2,3	3,9
Rheinland-Pfalz/Saar	1,4	0,9	1,8	2,2
Sachsen	1,3	0,8	1,7	-
Hessen	1,3	0,8	1,6	2,7
Thüringen	1,1	0,7	0,9	-
Brandenburg	0,6	0,4	0,8	-
Sachsen-Anhalt	0,5	0,3	0,6	-
DDR				2,4
Ausland	**65,9**	**42,5**	**65,1**	**52,7**
Spanien	12,6	8,1	12	6,7
Italien	8,3	5,4	9	10,2
Österreich	7,3	4,7	7,5	13,8
Frankreich	4,3	2,8	4,4	2,9
Griechenland	3,8	2,5	3,6	1,1
Niederlande	2,2	1,4	2,4	2,2
Schweiz	2,1	1,4	2,2	2,8
Osteuropa	5,3	3,4	4,9	2,2
Außereurop. Länder	11,4	7,4	10,7	2
Türkei	2,6	1,7	2	-
Nordamerika	2,3	1,5	2,5	-
Süd/Mittelamerika	1,9	1,2	1,6	-
Urlaubsreisen insges.		**64,5**	**67,2**	**24,8**
[1] nur alte Bundesländer; - = nicht ausgewiesen				

Quelle: Reiseanalyse 1996

- Mit steigender Reiseentfernung nimmt auch der Anteil der Pauschalreisen zu; ihr Anteil beträgt für Österreich 28%, Italien 37%, für außereuropäische Mittelmeerländer 70%, für außereuropäische Länder 73%; die klassischen Destinationen für die Vollpauschalreise sind jedoch Spanien, Griechenland und die Türkei mit einem Anteil von jeweils über 80% an den Haupturlaubsreisen (unveröffentlichte Dokumentation des Studienkreises für Tourismus für 1991).

- Das Hauptprodukt der Touristik ist die Pauschalreise ans Meer ("Warmwassertourismus") oder ins (Mittel-)Gebirge. Trotz der sich aus der zunehmenden Ausdifferenzierung der Zielgruppenorientierung ergebenden wachsenden Zahl von Spezialreisen hat dieses Hauptprodukt einen Marktanteil von ca. 80% aller Pauschalreisen.

- Im inländischen Geschäftsreiseverkehr stellen die Tagesreisen den höchsten Anteil (32%; Wirtschaftswoche, 1991, S. 16ff.); der PKW ist das bedeutendste Verkehrsmittel sowohl bei Inlandsreisen (Anteil PKW ca. 82%) als bei Auslandsreisen (Anteil PKW ca. 50%).

- Es besteht traditonell eine funktionelle Arbeitsteilung zwischen Leistungsträgern, Reiseveranstaltern und Reisemittlern. Sie ist in weiten Teilen des Marktes weiterhin gültig, obwohl vor allem größere Reiseveranstalter sich durch Beteiligung an Unternehmen in vor- und nachgelagerten Bereichen in Richtung multifunktionaler Freizeitkonzerne bewegen und auch Beförderungsunternehmen (Deutsche Bundesbahn; Busunternehmen, Fluggesellschaften) als Reiseveranstalter tätig sind. Bei den Großunternehmen der Veranstalter- und Mittlerbranche bestehen zum Teil sehr enge kapitalmäßige Verflechtungen zwischen den Unternehmen verschiedener Funktionsstufen sowie zu Banken und Kaufhauskonzernen.

- Der Pauschalreisemarkt ist durch die überragende Stellung der kommerziellen Reiseveranstalter gekennzeichnet; gemeinnützige oder staatliche Unternehmen des Sozialtourismus sind insgesamt nur von marginaler Bedeutung, ihr Marktanteil liegt zwischen 5 und 10% (WEINHOLD, 1992, S. 38).

- Die Branche der Reiseveranstalter und Reisemittler ist eine fast ausschließliche Domäne einheimischer Unternehmen. Ausländische Reiseveranstalter sind auch bis auf einzelne Ausnahmen (z. B. Ferienwohnungen) nur auf Randmärkten tätig. Lediglich Veranstalter, die von ausländischen Inhabern (z. B. Öger Tours, Fischer Reisen) in der Bundesrepublik gegründet wurden, waren langfristig erfolgreich. Zudem sind ausländische Reisebüroketten nur auf dem Geschäftsreisesektor von Bedeutung (z. B. Kuoni oder, 1992 von LTT übernommen, Thomas Cook).

1.3 Reiseveranstalter

1.3.1 Definition

Gemeinhin wird bei der Definition des Begriffs Reiseveranstalter auf die von HEBESTREIT 1975 (S. 11) in Anlehnung an KLATT/FISCHER (1961, S. 32) formulierte Begriffsbestimmung verwiesen: "Wir verstehen unter einem Reiseveranstalter einen Fremdenverkehrsbetrieb, der im Rahmen eines eigens hierzu gegründeten Unternehmens überwiegend Leistungen Dritter zur Befriedigung des zeitweiligen Ortsbedürfnisses und damit zusammenhängender anderer Bedürfnisse zu einer neuen, eigenständigen Leistung verbindet und diese im Namen und auf Rechnung des Reiseveranstalter-Unternehmens anbietet."

Diese Definition erscheint insofern problematisch, als danach zwar richtigerweise Kleinstunternehmen bis hin zum Ein-Personen-Betrieb als Reiseveranstalter gelten, solange sie selbständig sind und sich hauptsächlich mit der Veranstaltung von Pauschalreisen beschäftigen, nicht aber (rechtlich natürlich unselbständige) Touristikabteilungen von Leistungsträgern, in denen mehrere Dutzend Mitarbeiter die ausschließliche Aufgabe haben, Pauschalreisen, die im eigenen Namen und auf eigene Rechnung angeboten werden, zu produzieren.

Zumindest teilweise sachfremd ist der Ausschluß von sozial oder gemeinnützig tätigen Organisationen wie Gewerkschaften, Kirchen oder Vereinen, solange diese ihre Reiseveranstaltung nicht "unternehmensmäßig" betreiben. Da HEBESTREIT dieses "unternehmensmäßig" nicht konkretisiert, muß aus seiner sonstigen Argumentation darauf geschlossen werden, daß damit die Gründung eines separaten Unternehmens gemeint ist. Auch hier erscheint es wenig einleuchtend, die Einstufung als Reiseveranstalter von der bloßen Rechtsform abhängig zu machen; entscheidender sind sowohl die durch Beschaffung, Produktion und Absatz bestimmten Tätigkeiten eines Reiseveranstalters, die nichts mit der rechtlichen Unternehmensform zu tun haben, als auch die Einstufung durch die Kunden, denen die Rechtsform meist gar nicht bekannt ist. Natürlich gibt es auch hier Grenzbereiche, etwa die von der Volkshochschule durchgeführte Studienreise oder das Sommercamp der Stadtjugendpflege, die bei diesen Organisationen eher als Nebentätigkeit einzustufen sind; es erscheint aber sachgerechter, solche Tätigkeiten als atypische Reiseveranstaltung einzustufen, als sie schlicht und gänzlich hinauszudefinieren. Nicht zuletzt weisen auch Verbände der Reiseveranstalter und Reisemittler wie DRV und ASR immer wieder auf die Bedeutung von sozial tätigen Unternehmen und gemeinnützigen Vereinen hin, die, obwohl sie ihr Gelegenheitsgeschäft ohne gewerbeamtliche Genehmigung betreiben, mit ihrer "Schwarztouristik" eine Konkurrenz für die gewerbsmäßigen Reiseveranstalter darstellen. Denn vom Markt her gesehen konkurrieren beide Veranstaltergruppen zumindest teilweise um denselben Kundenkreis der Pauschalreisenden. Zudem ist im juristischen Sinne jeder Produzent von Pauschalreisen als Reiseveranstalter zu behandeln, ungeachtet der vorherrschenden Unternehmensziele oder der Rechtsform.

Nicht nachvollziehbar ist schließlich, die Unterscheidung zwischen Reisemittler und Reiseveranstalter davon abhängig zu machen, ob die Eigenveranstaltung eines "Reisebüros [...] einen größeren Umfang annimmt und entsprechend risikobehaftet ist, (so daß) die damit befaßte Betriebsabteilung in ein separates Unternehmen umgewandelt (wird)" (HEBESTREIT, 1992, S. 15). Weder entscheidet der Umfang - unabhängig von der Problematik, "größer" zu quantifizieren - über die Reiseveranstalterfunktion, noch kann die Risikobehaftung ein Unterscheidungskriterium sein, denn das unternehmerische Risiko ist entscheidend von den im Rahmen der Beschaffung bei den Leistungsträgern eingegangenen Vertragsverpflichtungen bestimmt. So ist, von den (leicht prognostizierbaren) Werbekosten abgesehen, das Risiko eines "größeren" Veranstalters von IT-Reisen (Inklusive Tours), der keinerlei Auslastungsverpflichtungen bei den Verkehrsträgern und Hotels eingegangen ist, wesentlich geringer als das eines "kleinen" Veranstalters, der über die ganze Saison hinweg ein festes Flugkontingent unabhängig von der tatsächlichen Inanspruchnahme bezahlen muß und vielleicht auch gegenüber Hotels Belegungsgarantien vereinbart hat.

Die Festlegung darauf, daß ein Reiseveranstalter "überwiegend Leistungen Dritter" zu einem eigenständigen Produkt verbindet, mag zwar gegenwärtig für die weitaus überwiegende Zahl deutscher Unternehmen zutreffen, ist aber generell so nicht gültig. So gibt es beispielsweise in England eine Reihe von Großveranstaltern, zu deren Unternehmensbereich eine eigene Charterfluggesellschaft gehört: Zum Unternehmen des Marktführers Thomson (34% Marktanteil 1991) gehört die Fluggesellschaft Britannia, zu Owners Abroad (17% Marktanteil 1991) die Fluggesellschaft Air 2000 und zum drittgrößten englischen Reiseveranstalter Airtours (13% Marktanteil 1991) die Fluggesellschaft Airtours International. In der Bundesrepublik verfügen mittelständische deutsche Busreiseveranstalter häufig über einen eigenen Fahrzeugpark und führen beide Unternehmensbereiche unter dem gleichen Firmendach; Großveranstalter beteiligen sich im Rahmen ihrer Diversifikationsstrategien zunehmend an Hotels und Zielgebietsagenturen. Im Extremfall wäre also ein Unternehmen, das mit eigenen Beförderungsmitteln Pauschalreisen in eigene Hotels durchführt und dort eine eigene Reiseleitung unterhält, kein Reiseveranstalter, weil es vorwiegend eigene Leistungen bündelt.

Fazit: HEBESTREITS Definition trifft zwar den Kern der gegenwärtigen Tätigkeit bundesdeutscher Reiseveranstalter, ist aber, da zu sehr auf die "industrielle" Produktion von Reisen, die rechtliche Situation vor Einführung des Reisevertragsgesetzes und die bundesdeutschen Marktverhältnisse abgestellt, zu eng gefaßt, um allgemeingültig zu sein. Es erscheint daher nicht nur mit juristischer, sondern auch mit betrieblicher und marktmäßiger Begründung angebracht, die einschränkende Begriffsfestlegung HEBESTREITS durch Weglassung der Formulierung "im Rahmen eines eigens hierzu gegründeten Unternehmens überwiegend Leistungen Dritter" inhaltlich zu erweitern und damit gleichzeitig auch sprachlich zu kürzen. Die Ersetzung des Begriffs "Unternehmen" durch den des "Betriebs" erlaubt es, mit der Reiseveranstaltung befaßte Unternehmensteile oder Abteilungen zu berücksichtigen, auch wenn sie keine rechtlich oder wirtschaftlich selbständige Einheiten bilden; gleichzeitig umfaßt der Begriff auch jene Institutionen und Personen des nichtkommerziellen Veranstalterbereichs, die nur gelegentlich Reisen veranstalten, und die sich selbst nicht als Reiseveranstalter begreifen, im Extremfall also dem nebenamtlichen, nichtgewerbsmäßigen Organisator einer einzigen Reise pro Jahr. Da Pauschalreisen mitunter auch Sachleistungen wie Reiseführer, Umhängetaschen oder Präsente enthalten, ist dies in der Definition zu berücksichtigen. Und im Hinblick auf die im Umgangs- wie im wissenschaftlichen Sprachgebrauch verbreitete Gleichsetzung von Fremdenverkehr mit Inlandsreisen bzw. Incomingtourismus (vgl. FREYER, 1991, S. 7) erscheint es angebracht, in der Definition diesen Ausdruck gänzlich wegfallen zu lassen. Daher:

Ein Reiseveranstalter ist ein Betrieb, der eigene und fremde touristische Leistungen sowie gegebenenfalls Sachleistungen zu einem neuen, eigenständigen Produkt (= Pauschalreise) verbindet und dieses in eigenem Namen, auf eigenes Risiko und auf eigene Rechnung anbietet.

Das Hauptergebnis der Tätigkeit eines Reiseveranstalters sind also Pauschalreisen. Der semantische Gehalt des Wortteils "Pauschal-" weist darauf hin, daß

- ein Gesamtpreis für ein aus mehreren Leistungen bestehendes Paket verlangt wird und

- es sich insofern um ein seriengefertigtes Einheitsprodukt handelt, als allen Kunden der gleichen Pauschalreise im Prinzip gleiche Leistungen angeboten werden. Zumindest für Teile der Bevölkerung hat das Wort "pauschal" aber insofern eine negative Bedeutung, als damit Nivellierung auf unterem Niveau und Massenabfertigung ohne Berücksichtigung von Einzelwünschen assoziiert werden.

Da diese Definition nun sehr verschiedene Unternehmenstypen einschließt, bedarf es zur näheren Präzisierung einer ergänzenden Einteilung der Reiseveranstalter nach Geschäftsfeldern, Größe, Angebotsregionen und unternehmerischen Zielsetzungen (vgl. Kap. 1.4.1).

1.3.2 Rechtliche Stellung

Die juristische Definition des Reiseveranstalters ist seit 1979 in §§ 651a-l BGB (sog. Reisevertragsgesetz) festgelegt und durch eine umfassende Rechtsprechung konkretisiert. In § 651 BGB wird zwar nicht der Begriff des Reiseveranstalters definiert, sondern lediglich der Begriff der Pauschalreise, doch ergibt sich die Stellung als Reiseveranstalter aus der Tatsache des Angebots von Pauschalreisen. Danach erfüllt ein Unternehmen dann die **Kriterien eines Reiseveranstalters**, wenn

- es eine Gesamtheit von Reiseleistungen erbringt und/oder

- nach den sonstigen Umständen der Anschein begründet wird, daß die vertraglich vorgesehenen Reiseleistungen in eigener Verantwortung des Anbieters erbracht werden.

Die **"Gesamtheit von Reiseleistungen"** meint ein Leistungsbündel, das mindestens zwei entgeltliche Einzelleistungen enthält. Bei diesen Einzelleistungen muß es sich um eine Hauptleistung mit erheblicher Bedeutung für die Reise und um eine nicht unbedeutende Nebenleistung handeln. Während dies bei der "klassischen Pauschalreise" mit Beförderung und Unterkunft inklusive Verpflegungsleistungen unproblematisch ist, ergeben sich bei bestimmten Reisearten Abgrenzungsschwierigkeiten. "Maßgebliches Kriterium für die erhebliche Einzelleistung," so FÜHRICH (1990, Rdnr. 90), "muß die Frage sein, ob eine einzelne Leistung tatsächlich einen losgelösten Eigenwert hat oder einer anderen funktionell zugeordnet ist. Gleichgeordnete erhebliche Leistungen sind daher anzunehmen bei Beförderung und Unterkunft, Unterkunft und Hobbykurs, Unterkunft und Sport, Beförderung und Mietwagen [...]". Reiseleistungen mit unbedeutenden Nebenleistungen wurden angenommen bei Flug mit Bordverpflegung, Unterkunft mit örtlicher Reiseleitung, Fähre mit Unterkunft, Beförderung im Schlafwagen (vgl. FÜHRICH, 1990, Rdnr. 92).

Weiterhin muß es sich um Einzelleistungen handeln, die

- aufeinander bezogen sind, also gemeinsam Bestandteile einer Reise bilden;

- ein vorfabriziertes Leistungsbündel bilden, d. h. nicht nach den Wünschen des Kunden individuell zusammengestellt, sondern vom Veranstalter im voraus konkret durch die Ausschreibung in einem Katalog oder Prospekt festgelegt wurden. Bei Anlegung eines engen Maßstabs ist eine im Auftrag des Kunden nach seinen Wünschen erstellte Reise keine Pauschalreise im Sinne des Gesetzes. Gleichwohl hat die Rechtsprechung mitunter auch bei individuell erstellten Arrangements eine Veranstalterstellung angenommen (vgl. etwa das Jamaika-Urteil des BGH, NJW 82, 1251).

- zu einem nicht aufgespaltenen Gesamtpreis angeboten werden; der Gesamtpreis allein ist allerdings noch keine notwendige Voraussetzung für das Vorliegen einer Pauschalreise. Bei nach dem Baukastenprinzip vom Kunden aus dem Katalog kombinierbaren Teilleistungen spricht die notwendige Addition der Einzelpreise solange nicht gegen eine Reiseveranstaltung, als das Angebot vom Veranstalter ausgewählt und vororganisiert ist und der Kunde außer der Auswahl keine Einflußnahme ausüben kann.

Reisen, die auf der Basis sog. Einzelplatzbuchungen (z. B. HIT-Reisen der TUI) durchgeführt werden, sind ebenfalls als Pauschalreisen zu betrachten. Hier kombiniert eine Agentur einen in einem Katalog ausgeschriebenen Flug mit einem ebenfalls in einem Katalog ausgeschriebenen Hotel zu einem Leistungsbündel. In diesem Falle ist die Agentur Reiseveranstalter, nicht dagegen bei der Kombination eines Linienfluges mit einem Hotel nach Wahl des Kunden.

Das eigenverantwortliche Anbieten einer Reise als weiteres Merkmal des Reiseveranstalters wird durch das tatsächliche Auftreten des Anbieters und nicht durch seine Allgemeinen Reisebedingungen bestimmt. Wenn durch Formulierungen wie "unsere Reise", "unser Katalog" oder "unser Vertragshotel" oder durch Verwendung eigener Formulare für Buchungsbestätigung und Rechnungstellung der Anschein erweckt wird, daß der Anbieter die Reise im eigenen Namen durchführt, dann ist er Reiseveranstalter. "Die Rechtsprechung - insbesondere des Bundesgerichtshofs - läßt sich auf die Faustformel bringen: Wer auftritt wie ein Veranstalter, muß sich als solcher behandeln lassen" (TAESLER, o. J., S. 288). Auf sonstige Merkmale des Veranstalters wie etwa Gewerbsmäßigkeit oder Regelmäßigkeit der Veranstaltung kommt es nicht an; auch Kirchengemeinden, Kommunen, Tageszeitungen oder Volkshochschulen sind Veranstalter, wenn sie Leistungsbündel eigenverantwortlich anbieten.

Es kann jedoch schon beim Anbieten von nur einer Leistung durch den Reiseveranstalter das Reisevertragsrecht zur Geltung kommen. So ist nach gefestigter Rechtsprechung (Enscheidung des BGH, NJW 1985, S. 906) auch auf katalogmäßig angebotene Ferienwohnungen das Reisevertragsrecht analog anzuwenden. Dies gilt auch für andere Einzelleistungen wie Bootscharter, Planwagenfahrten, Wohnmobile und reine Aufenthaltsleistungen, soweit diese vom Reiseveranstalter eigenverantwortlich angeboten werden.

Konsequenz der eigenverantwortlichen Reiseveranstaltung ist eine Haftung für alle geschuldeten Leistungen, auch wenn diese zum Teil von unternehmensfremden Leistungsträgern erbracht werden. Der Veranstalter hat für Verschulden dieser "Erfüllungsgehilfen" einzustehen. Ohne Bedeutung sind dabei die Eigenbezeichnung oder die gesellschaftsrechtliche Stellung des Reiseveranstalterunternehmens. Wer also auch immer im oben dargestellten Sinne Reisen anbietet, ob kommerzielles oder gemeinnütziges Unternehmen, ob mit gewinnorientierter oder sozialpflegerischer Absicht, ob einmalig, gelegentlich oder gewerbsmäßig, erfüllt den Tatbestand der Reiseveranstaltung und haftet damit als Reiseveranstalter.

Zu den Pflichten eines Reiseveranstalters zählen (vgl. STRANGFELD, 1993, S. 119 f.):

- Die **gewissenhafte Vorbereitung der Reise** im Rahmen der Sorgfaltspflicht eines ordentlichen Kaufmanns. Der Veranstalter hat für die angebotene Reise termingerechte vertragliche Vereinbarungen mit den einzelnen Leistungsträgern zu treffen und die Einzelleistungen aufeinander abzustimmen.

- Die **Auswahl und Überwachung der Leistungsträger**. Der Reiseveranstalter hat die Leistungsträger sorgfältig auszusuchen und sie auf ihre Geeignetheit und Zuverlässigkeit hin zu überprüfen. Darüber hinaus ist der Veranstalter nach der - umstrittenen - Rechtsprechung des BGH (Balkonsturzurteil, NJW 88, 1380) verpflichtet, auch die Verkehrssicherheit etwa der Hotels regelmäßig zu überprüfen; er darf sich insoweit nicht darauf verlassen, daß der Hotellier für die Einhaltung der entsprechenden Sicherheitsvorschriften selbst sorgt. Allerdings ist dies in der Praxis vielfach nicht einzulösen.

- Die **Informationspflicht**. Der Veranstalter ist verpflichtet, dem Kunden die für die gebuchte Reise wesentlichen Informationen zu geben; dazu zählen die sorgfältige und wahrheitsgemäße Beschreibung der Leistungen, Informationen über Einreisebestimmungen, Aufklärung über Besonderheiten einer Reise, wenn diese für den Reisenden bedeutsam sind (z. B. besondere gesundheitliche Belastungen) sowie Informationen über besondere Umstände am Urlaubsort, die nach der Buchung auftreten (z. B. Baumaßnahmen im gebuchten Hotel).

- Die Pflicht zur **vertragsgerechten Leistungserbringung**. Der Veranstalter hat die im Reisevertrag vereinbarten Leistungen vertragsgerecht zu erfüllen. Er hat darüber hinaus dem Reisenden gegenüber auch die Sorgfaltspflicht, ihm während der Reise die gebotene Unterstützung (z. B. durch Informationen über den Zielort oder durch Hilfe gegenüber Behörden) zukommen zu lassen.

Die juristische Definition des Reiseveranstalters unterscheidet sich von der wirtschaftlichen insofern, als sie eine Reihe von Reisen ausschließt, die sich von der Pauschalreise im juristischen Sinne nur graduell unterscheiden. Dazu zählen etwa die Gruppenreisen, bei denen der - für die schon bestehende Reisegruppe - Verantwortliche mit dem Reiseveranstalter die Gestaltung der Reise abspricht. Juristisch wird man hier nicht von einer vorfabrizierten Reise sprechen können, sofern die beiden Hauptleistungen nicht aus dem Katalog eines Veranstalters ausgewählt werden. Der organisatorische Unterschied liegt hier lediglich darin, daß die Abnehmer schon feststehen. Ansonsten fallen betriebswirtschaftlich und organisatorisch die gleichen Vorgänge wie bei einer vorfabrizierten Pauschalreise an.

1.3.3 Produkte

Das formale Produkt des Reiseveranstalters ist die Pauschalreise, bei der nach dem Kriterium Leistungsumfang die nachfolgenden Produkttypen unterschieden werden können (POMPL, 1993a, S. 73). Wie bei jeder Typologie ist es aber auch hier so, daß in der mannigfaltigen Praxis die Übergänge zwischen den Produkttypen fließend sind.

- **Teilpauschalreise:** Das Angebot besteht aus nur einer vorgefertigten Leistung, die katalogmäßig angeboten wird, z. B. eine Ferienwohnung oder ein Charterflug.

- **Standardreise (Inclusive Tour, IT):** Das Paket enthält lediglich die Grundelemente Beförderung und Unterkunft, kann aber auch um zusätzliche Leistungen - bei Rundreisen etwa Reiseleitung, Verpflegung oder Eintrittsgebühren - erweitert werden.

- **Alles-inklusiv-Reise (All Inclusive Tour, AIT):** Im Reisepreis eingeschlossen sind alle Leistungen, die der Kunde während der Anreise und des Aufenthalts in Anspruch nehmen kann, also zusätzlich zu den Elementen der Standardreise grundsätzlich alle Verpflegungsleistungen (alle Haupt- und Nebenmahlzeiten wie Nachmittagskaffee und Mitternachtssnack), Sport- und Freizeitangebote. All Inclusive Tours werden in unterschiedlicher Ausprägung angeboten: so sind bei den meisten Clubreisen viele Sportarten im Pauschalpreis inbegriffen, lediglich teure (z. B. Reiten oder Golf) müssen extra bezahlt werden; andererseits gibt es auch einige Clubanlagen, bei denen der Reisepreis sogar alle Getränke und Rauchwaren einschließt.

- **Individuelle Pauschalreise:** Der Kunde hat die Möglichkeit, sich nach dem Baukastenprinzip seine individuelle Reise aus katalogmäßig angebotenen Einzelelementen selbst zusammenzustellen und als Paket beim Reiseveranstalter zu buchen (z. B. das HIT-Programm der TUI oder Jet & Bett bei THR).

- **Kundenspezifische Reise:** Der Kunde läßt sich die von ihm selbst ausgewählten Einzelleistungen durch einen Reisemittler reservieren. Im Gegensatz zur individuellen Pauschalreise werden hier die Leistungen nicht aus dem Katalog eines Veranstalters ausgewählt. Aus rechtlicher Sicht stellt dieses Arrangement keine Pauschalreise dar, aus organisatorischer Sicht kommt es ihr aber sehr nahe. Im internationalen Sprachgebrauch wird eine solche Reise auch als Foreign Independent Tour (FIT) bezeichnet (vgl. POYNTER, 1989).

1.3.4 Branchenstruktur

Nach der Arbeitsstättenzählung des STATISTISCHEN BUNDESAMTES (1989, S. 20f.) gab es 1987 in Westdeutschland ca. 2.000 Unternehmen, die sich selbst als Reiseveranstalter einstuften (vgl. Kap. 2, Tab. 2.1). Davon waren ca. 800 sog. "klassische" Reiseveranstalter und 1.200 Busbetriebe mit Schwerpunkt Reiseveranstaltung. Nicht erfaßt wurden hierbei Unternehmen, die ihre hauptsächliche Tätigkeit nicht in der Reiseveranstaltung sehen, unter reiserechtlichen Gesichtspunkten aber als solche zu bezeichnen wären, wie etwa veranstaltende Reisebüros oder Gelegenheitsveranstalter aus dem nichtkommerziellen Bereich. KIRSTGES (1996b, S. 3) ermittelte für 1995 ca. 1.300 Haupterwerbsreiseveranstalter, zu denen nach Erhebungen des Bundesverbandes noch ca. 1.200 Busreiseveranstalter kommen.

Einen guten, wenngleich nicht vollständigen Einblick in den deutschen Veranstaltermarkt vermittelt eine jährlich von der Fachzeitschrift FVW International erstellte Dokumentation, die nahezu 50 Reiseveranstalter und damit ca. 70% des Flugreisemarktes und ca. 50% des Nicht-Flugmarktes erfaßt (vgl. Tab. 1.4). Da bei dieser auf freiwilliger Teilnahme beruhenden Erhebung nicht alle Unternehmen ihre Daten zur Verfügung stellen, können einige nicht berücksichtigt werden.

Tab. 1.4: Die größten deutschen Reiseveranstalter 1996

Rang	Reiseveranstalter	Umsatz in Mio.	Teilnehmer in Tausend
1.	TUI KG (ohne Beteiligungen)	4.900,0	3.993
2.	NUR	3.618,4	3.474
3.	LTU-Touristik	2.871,0	2.160
4.	DER	1.466,5	2.148
5.	ALLTOURS	938	780
6.	ITS	877	925
7.	ÖGER	757,1	734
8.	FTI	736,5	k.A.
9.	KREUTZER	630	463
10.	AIRTOURS	470,4	259
11.	AIR MARIN	349	280
12.	FISCHER	325	327
13.	STUDIOSUS	323,6	92
14.	NAZAR	286,8	304
15.	OLIMAR	217,8	215

Quelle: FVW International, Beilage zu Heft Nr. 28/1996, S. 2

Nach der Vereinigung der beiden deutschen Staaten kam es in Ostdeutschland nur in geringem Ausmaß zu Neugründungen von Reiseveranstaltern, da die bestehenden westdeutschen Reiseveranstalter den Markt durch Übernahme der staatlichen und gewerkschaftlichen Touristikunternehmen schnell fast vollständig besetzten. Im Jahre 1993 konnten nur vier der in den Neuen Bundesländern gegründeten Reiseveranstalter eine Größe von mehr als 10.000 Teilnehmern erreichen (PAHLKE, 1993, S. 14).

Die deutschen Reiseveranstalter zählen auch im europäischen Vergleich zu den Großveranstaltern. Die TUI ist sowohl nach Teilnehmern als auch nach dem Umsatz der größte europäische Reiseveranstalter, und mit NUR und LTU befinden sich zwei weitere deutsche Reiseveranstalter auf den Rangplätzen zwei und vier (vgl. Tab. 1.5).

Tab. 1.5: Die 15 größten Reiseveranstalter in Europa 1995

Rang	Name	Umsatz in Mio DM	Teilnehmer in Tausend	Land
1.	TUI inkl. Ausland	6.262,0	5.511	D
2.	NUR inkl. Ausland	4.365,0	4.371	D
3.	Thompson Tour Operations	2.929,1	4.800	GB
4.	LTU-Touristik	3.199,5	2.336	D
5.	Club Med	2.432,1	2.386[1]	F
6.	Airtours	2.675,5	3.500[1]	GB
7.	Nouvelle Frontieres	2.067,7	2.210	F
8.	Kuoni	1.565,2	---	CH
9.	First Choice	1.348,8	2.046	GB
10.	DER Tour	1.354,3	2.007	D
11.	Hotelplan	1.304,5	1.621	CH
12.	Nordpool	966,5	1.087	S
13.	Cosmos Group	735,2	1.350	GB
14.	ITS	925	1.036	D
15.	Alltours	905	748	D

[1] Zahlen aus 1994

Quelle: FVW International, Beilage zu Heft Nr. 10/1996, S. 11

Konzentration

Je nach zugrundegelegtem Gesamtmarkt kommen verschiedene Autoren zu höchst divergierenden Ergebnissen: WEINHOLD (1992, S. 39) errechnete für die vier größten Veranstalter (TUI, NUR, LTT, ITS) einen Marktanteil von 67,4% (1991), KIRSTGES (1992b, S. 25) von 37,7% (1990), MUNDT (1993, S. 55) von 24,8% (1989).

Im Verlauf des letzten Jahrzehnts konnten die vier größten Veranstalter zunächst ihren Marktanteil vergrößern, fielen aber am Ende der achtziger Jahre wieder hinter ihre Ausgangsposition zurück, da ihre Wachstumsraten mit einer Steigerung von 64,5% unter der des Gesamtmarkts von 73,3% in diesem Jahrzehnt lag. Zu Beginn der neunziger Jahre allerdings konnten sie ihren Marktanteil wieder vergrößern, bedingt durch ihre rasche Durchdringung der neuen Bundesländer.

Nimmt man nicht nur die Teilnehmerzahlen als Konzentrationsmaß, sondern zusätzlich auch Umsätze und Beschäftigte, dann ergibt sich für die Großveranstalter zwar eine starke Marktstellung, aber keine Marktbeherrschung. Dies wird bestätigt durch ein erfolgreiches Vordringen von früher eher kleineren Unternehmen und Unternehmensneugründungen, die, wie z. B. Alltours, innerhalb eines Jahrzehnts zu Großveranstaltern werden konnten.

Reiseveranstaltertypen

Um einen Überblick über den touristischen Angebotsmarkt zu erhalten, kann die Vielzahl und Mannigfaltigkeit der in der Touristik tätigen Reiseveranstalter-Unternehmen zunächst einmal nach den Kriterien Größe, Angebotsregion, Programmumfang und kommerzieller Status geordnet werden (vgl. Abb. 1.6).

Größe:

- **Großveranstalter:** Hierzu werden branchenüblich die "Großen Fünf" mit mehr als 1 Mio. Teilnehmer gezählt: Touristik Union International (TUI), NUR Touristik GmbH (NUR), Lufttransport Touristik (LTT/LTU), Deutsches Reisebüro (DER) und International Tourist Services (ITS). Sie haben einen Marktanteil von etwas mehr als ein Drittel an den Veranstalterreisen insgesamt.

- **Große mittelständische Veranstalter** mit jährlich zwischen 200.000 und 1 Mio. Teilnehmern; dazu zählen ca. 50 Unternehmen wie Alltours, Öger, Ameropa oder Frosch.

- **Kleine mittelständische Veranstalter** mit jährlich zwischen 10.000 und 200.000 Teilnehmern. Dabei handelt es sich meist um regionale (z. B. Berliner Flugring), auf bestimmte Reisearten spezialisierte (z. B. Studiosus als Studienreiseveranstalter) oder junge, stark expandierende Veranstalter.

- **Kleinveranstalter** mit jährlich weniger als 10.000 Teilnehmern. Diese Kategorie umfaßt ein breites Spektrum ganz unterschiedlicher Unternehmenstypen, vom stark spezialisierten Wander- oder Jugendreiseveranstalter über veranstaltende Reisebüros bis zum Busreiseunternehmen, das vom Öffentlichen Personennahverkehr herkommend in die Touristik expandiert.

- **Gelegenheitsveranstalter**: Die Veranstaltung von Reisen ist für diese Unternehmen nur eine Nebentätigkeit: Entweder werden nur Mitglieder der eigenen Organisation (z. B. Beamtenbund) angesprochen, oder sie sehen in den Reisen eher ein Instrument ihrer Öffentlichkeitsarbeit denn ein zusätzliches Profit-Center, wie etwa Zeitungsverlage, die durch Leserreisen die Leserbindung an das Blatt festigen wollen.

Abb. 1.6: Klassifikation von Reiseveranstaltern

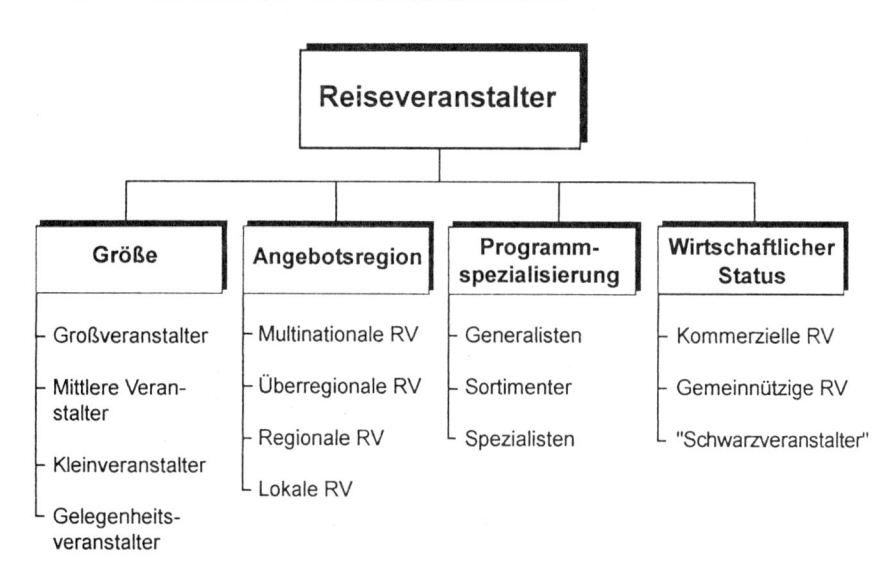

```
                         Reiseveranstalter
            ┌───────────────┬──────────────┬──────────────┐
          Größe        Angebotsregion   Programm-     Wirtschaftlicher
                                      spezialisierung      Status

   ─ Großveranstalter   ─ Multinationale RV   ─ Generalisten   ─ Kommerzielle RV
   ─ Mittlere Veran-    ─ Überregionale RV    ─ Sortimenter    ─ Gemeinnützige RV
     stalter            ─ Regionale RV        ─ Spezialisten   ─ "Schwarzveranstalter"
   ─ Kleinveranstalter  ─ Lokale RV
   ─ Gelegenheits-
     veranstalter
```

Geographisches Angebotsgebiet:

- **Multinationale Veranstalter**: Nur wenige große Reiseveranstalter bieten ihre Reisen in mehreren Ländern an. Meist haben sie dort eigene Niederlassungen gegründet (z. B. NUR in den Niederlanden) oder sich an bestehenden nationalen Unternehmungen beteiligt (z. B. ITS in Belgien).

- **Überregionale Veranstalter:** Hier sind zwei grundsätzlich unterschiedliche Unternehmenstypen zu unterscheiden. Zum einen die Veranstalter, die in einem großen Gebiet (mehrere Bundesländer, bundesweit) mit Agenturen vertreten sind und für ihre Reisen mehrere Abreiseorte (Abflughäfen, Zusteigeorte) anbieten, zum anderen sind es die auf den "Versandabsatz" spezialisierten Reiseveranstalter, bei denen der Kunde seine Buchung schriftlich oder telefonisch vornimmt.

- **Regionalveranstalter:** Sie bieten ihre Reisen nur in einem geographisch begrenzten Gebiet an, können aber nach Teilnehmerzahl und Umsätzen durchaus auch zu den Großveranstaltern gerechnet werden (z. B. Hetzel in Stuttgart oder Unger in Berlin).

- **Lokale Veranstalter:** Reiseveranstalter dieser Gruppe operieren nur im Einzugsgebiet ihres Niederlassungsortes, wie z. B. ein Busreiseveranstalter, der nur in der örtlichen Zeitung wirbt und auch nur in deren Verbreitungsgebiet zu buchen ist.

Programmumfang:

- **Generalisten:** Das Angebot der Generalisten ist durch ein breites und tiefes Programm gekennzeichnet. Die Programmbreite bezieht sich dabei auf die Zahl der angebotenen Reisearten (z. B. Bade-, Städte-, Rund-, Studienreisen), die Programmtiefe auf die für jede Reiseart angebotenen Produkte (z. B. Badereisen mit mehreren Verkehrsmitteln und einer Vielzahl von Zielorten und Unterkunftsformen). Generalisten wollen also den Markt umfassend abdecken.

- **Sortimenter:** Die Programmbreite dieser Reiseveranstalter ist geringer als bei den Generalisten, aber größer als bei den Spezialisten. Mehrere große Marktsegmente werden mit einem selektiven Angebot unterschiedlicher Tiefe bedient, z. B. Angebot von Linienflugreisen in viele Länder in Form von Bade-, Städte- und Rundreisen oder Erholungsreisen nur in Zielgebiete, die mit dem Verkehrsmittel Bahn oder PKW noch leicht erreicht werden können.

- **Spezialreiseveranstalter:** Diese Veranstalter verfolgen eine Strategie der hohen Zielgruppenorientierung; sie wird erreicht durch eine Spezialisierung auf Marktnischen, basierend auf bestimmten speziellen Kundenbedürfnissen wie etwa Konzertreisen, Sprachreisen oder ornithologischen Studienreisen, auf weniger stark nachgefragte Zielgebiete (z. B. Alaska oder Nepal) oder auf eine Verkehrsträgerorientierung (z. B. starke Stellung der lokalen Busreiseveranstalter gegenüber den überregionalen Großveranstaltern). Ihr Programm ist von der Reiseart her immer eng, kann aber eine beträchtliche Tiefe erreichen, z. B. wenn ein Studienreiseveranstalter viele Länder mit unterschiedlichen Verkehrsmitteln anbietet.

Kommerzieller Status:

- **Kommerzielle Reiseveranstalter:** Der Unternehmenszweck besteht in der dauerhaften Erwirtschaftung eines Gewinns durch die Veranstaltung von Reisen.

- **Gemeinnützige Reiseveranstalter:** Bei allem Bestreben nach Wirtschaftlichkeit haben gemeinnützige Veranstalter nicht das kommerzielle Interesse der Gewinnmaximierung, sondern verfolgen mit der Durchführung von Reisen ihre Organisationsziele, die sozialpolitischer (z. B. Arbeiterwohlfahrt oder die Jugendämter der Kommunen), ideologischer (z. B. die Reisedienste der Kirchen, Gewerkschaften oder politischen Parteien) oder bildungspolitischer (z. B. Volkshochschulen) Art sein können. Mitunter werden diese Unternehmen verallgemeinernd als "sozialtouristische Reiseveranstalter" bezeichnet.

- **Veranstalter der "Schwarztouristik":** Damit sind jene Gelegenheitsveranstalter gemeint, die ihre Tätigkeit als Reiseveranstalter - meist aus Unkenntnis heraus - nicht wie vorgeschrieben dem Gewerbeamt gemeldet haben und somit auch steuerlich nicht erfaßt werden.

1.3.5 Funktionen des Reiseveranstalters

Die Bedeutung der Tätigkeit des Reiseveranstaltungsgewerbes für das System Tourismus wird deutlich, wenn man seine Funktionen im Rahmen des touristischen Systems analysiert. Dazu zählen die

- **Produktionsfunktion:** Der Reiseveranstalter erstellt durch die Kombination von Teilleistungen ein eigenständiges Produkt mit Nutzenvorteilen gegenüber der selbstorganisierten Reise (Mehrwert). Ein Ergebnis der Produktion von Reisen durch Veranstalter liegt im Kostenvorteil für den Kunden. Die Abnahme großer Kontingente ermöglicht den Leistungsträgern eine wesentlich niedrigere Preisgestaltung gegenüber Einzelbuchungen von Individualreisenden. Dieser grundsätzliche Tatbestand wird auch nicht dadurch widerlegt, daß es in Einzelfällen möglich ist, durch die separate Buchung der Teilleistungen einen günstigeren Preis zu erzielen. Bei diesen Teilleistungen handelt es sich in aller Regel um überschüssige Kapazitäten, also um Leistungen, die nur in kleinen Mengen und auch nur deswegen auf dem Markt sind, weil Reiseveranstalter große Kapazitäten unter Vertrag genommen haben. Zudem muß bei einer realistischen Betrachtung auch berücksichtigt werden, daß das Pauschalreisepaket Leistungen enthält, die der Individualreisende in der Regel nicht in seine Kostenbetrachtung einschließt. Dazu zählen die Planung der Reise, die Reservierung der Leistungen, die Beratung im Reisebüro und die Reiseleitung.

- **Handelsfunktion:** Reiseveranstalter buchen einen Teil der Kapazitäten von Leistungsträgern über längere Zeit zu einem festen Preis, vermarkten das Angebot und übernehmen oft auch noch das Auslastungsrisiko. Sie stellen damit ein Bindeglied zwischen den Anbietern und den Nachfragern dar. Viele Leistungsträger wären ohne sie gar nicht in der Lage, mit wirtschaftlich vertretbaren Maßnahmen genügend Kunden zu finden, denn die Nachfrager kommen aus einem geographisch großen Einzugsgebiet und sind meist nur einmalige Kunden. MIDDLETON (1988, S. 274) formuliert dazu ein Beispiel aus dem Hotelbereich: "A resort hotel in Cyprus may draw most of its customers from only four or five countries, yet their addresses may be geographically spread across half the land mass of Europe and the Middle East". Im Charterflugbereich schreibt zumindest in Deutschland der Gesetzgeber sogar vor, daß Flüge für die meisten und wichtigsten Charterkategorien (Pauschalreise-, Gastarbeiter-, Nordatlantik-Charter) nur über Reiseveranstalter und Reisemittler abgesetzt werden dürfen, ein Direktvertrieb der Fluggesellschaften also nicht möglich ist. Die Erfüllung dieser Handelsfunktion setzt eine Produktstandardisierung voraus; nur wenn eine größere Zahl von Kunden das gleiche Produkt kauft, kann es in kostenreduzierender Serien- statt als Einzelfertigung hergestellt werden. Die unternehmerische Innovation des als Vater der Pauschalreise geltenden Thomas Cook und der Erfolg seiner Idee lagen ja darin, durch die Organisation von Sonderzügen Fahrpreise zu erzielen, die auch den weniger wohlhabenden Bevölkerungsschichten das Reisen erlaubte (vgl. POMPL, 1992a, S. 150f.). Das dahinterliegende Prinzip der Bündelung von Einzelnachfrage durch Vorgabe eines konkreten Angebots gilt natürlich auch dann noch, wenn die einzelnen Reisenden nicht mehr das Gefühl haben, in einer "Gruppe" im sozialpsychologischen Sinne zu reisen. Die Gruppen sind lediglich nicht mehr geschlossen, sondern offen mit den reduzierten Gruppenmerkmalen der gleichen organisatorisch-technischen Reisedaten und des Veranstalternamens als übergreifender Klammer.

- **Riskoübernahmefunktion:** Reiseveranstalter entlasten mit ihren Pauschalpaketen den Urlauber vom Risiko, unbekannte Produkte von fremden Herstellern beziehen zu müssen. Die Erfahrung und die Fachkompetenz des Veranstalters - unterstützt durch die Beratung im Reisebüro - bieten die Gewähr für ein richtiges Produkt; sollte die Reise dennoch Mängel aufweisen, haftet der Reiseveranstalter dafür. Beim Einkauf von Festkontingenten übernimmt der Reiseveranstalter das Absatzrisiko der Leistungsträger.

- **Informationsfunktion:** Die Kataloge der Reiseveranstalter sind zwar zuallererst ein Werbeinstrument für das Angebot des Unternehmens, sie erfüllen aber auch die Funktion, über die dort ausgeschriebenen Zielgebiete zu informieren. Die hohe Zahl der jährlich verbreiteten Kataloge (ca. 200 Mio.) ebenso wie die dort enthaltene verbrauchergerecht aufbereitete Information führen im Ergebnis wohl dazu, daß die Werbetätigkeit der Reiseveranstalter für ein bestimmtes Land wirksamer ist als die Anstrengungen der Fremdenverkehrsbüros des betreffenden Landes. Diese Wirkung wird noch dadurch verstärkt, daß auch Individualreisende die Veranstalterkataloge als Anregung und Informationsquelle für die Planung ihrer Reise nutzen.

- **Zielgebietserschließungsfunktion:** Die Informationsfunktion der Reiseveranstalter führt zu einer kommunikativen Erschließung der Zielgebiete. Für die meisten Urlaubsgebiete trifft zu, daß sie sich erst durch die Tätigkeit der Reiseveranstalter zu größerer Bedeutung entwickeln konnten. Turnuspauschalreisen setzen eine bestimmte touristische Infrastruktur bezüglich Verkehr und Energie ebenso voraus wie eine touristische Suprastruktur des Beherbergungsgewerbes. Diese Investitionen können nur vor dem Hintergrund einer sicheren Prognose hoher Gästezahlen getätigt werden, und das Einsetzen des veranstalterorganisierten Tourismus induziert wiederum solche Investitionen, die dann auch von Individualreisenden genutzt werden können. Und von der Vermarktungsseite her "ist es Wunschdenken, daß Zielgebiete sich allein durch Direktverkauf oder direkten Verkauf über Agenturen finanzieren und erschließen lassen" (FÄRBER, 1990, S. 70). Ausnahmen finden sich lediglich in jenen Ländern und Regionen, die von den Urlaubern mit dem privaten PKW einigermaßen leicht erreichbar sind und die schon vor dem Einsetzen des Pauschaltourismus als klassische Urlaubsgebiete galten, wie die sich aus den Sommerfrischen entwickelten Feriengebieten in den Alpen und an der See oder Länder wie Österreich, Italien, Frankreich oder die Niederlande. Mit dieser Erschließung verbunden war und ist natürlich auch ein Beitrag zur Umweltveränderung. Daß dies aber eher eine Funktion des Massentourismus als eine der Reiseveranstalter ist, zeigen beispielsweise jene Feriengebiete in deutschsprachigen Ländern, in denen die Pauschalreisenden die absolute Minderheit darstellen. Die Zubetonierung mancher Ostseestrände, die Möblierung der Mittelgebirge, die Umweltzerstörung in den Alpen resultiert zwar aus touristischen Aktivitäten, aber dort sind es vorwiegend Individualreisende, die dies verursachen.

- **Emanzipatorische Funktion:** Gesamtgesellschaftlich betrachtet haben die Reiseveranstalter einen großen Beitrag zur Demokratisierung des Reisens geleistet. Zum einen, weil sie durch die Organisationsform der Pauschalreise zur Entwicklung touristischer Leistungsträger im Beförderungs- und Unterkunftsbereich beitrugen, die durch hohe Auslastung ihrer Kapazitäten Preise anbieten, die auch weniger kaufkraftstarken Bevölkerungsschichten das Reisen erlauben. Zum anderen, weil sie mit der Pauschalreise ein Produkt anbieten, daß das Reisen wesentlich vereinfachte und auch jenen Personengruppen Reisen ermöglicht, die ansonsten wegen mangelnder organisatorischer und sprachlicher Fähigkeiten sich vor der individuellen Durchführung einer Reise scheuen würden. Die Reiseveranstalter machten Reisen zum "convenience product"; und durch die Werbung in Katalogen, Postwurfsendungen von Prospekten an alle Haushalte und in den Medien machten sie die Möglichkeiten des Reisens bewußt und populär. Das von Kulturkritikern analog zur Konfektionskleidung ("prêt à porter") als "Pauschalglück aus dem Katalog" ("prêt à partir") verunglimpfte Reiseerlebnis, bei dem von der Organisationsform vorschnell auf die individuelle Bedeutung geschlossen wurde, erwies sich historisch als eine Hilfe zur touristischen Emanzipation der Massen. In den kaufkraftstarken und reiseerfahrenen Nachfragesegmenten aber "leistete" man sich den Service der Reiseveranstalter, nicht weil man unbedingt Geld sparen wollte oder mußte, sondern weil seine Vorbereitungen und seine Serviceleistungen während der Durchführung Reisen luxuriöser machte. Inkonsequenterweise wurden Reisearten wie Kreuzfahrten, Jagdsafaris oder Golfurlaub, ebenfalls vom Reiseveranstalter organisiert und dort pauschal gebucht, nie in die Kritik am Pauschaltourismus einbezogen. Dies ist allerdings insofern verständlich, als die Kritik am Pauschaltourismus vorwiegend aus jenen Kreisen kam, die ihre Reiseprivilegien bedroht sahen.

1.4 Reisemittler

1.4.1 Definition

Reisemittler sind Handelsbetriebe, deren hauptsächliche Tätigkeit darin besteht, einzelne touristische Leistungen und Pauschalreisen von den Erstellern an die Endverbraucher zu vermitteln. Endverbraucher können sowohl Privatreisende als auch Firmen zur Nutzung der vermittelten Leistungen bei Geschäftsreisen sein.

Grundsätzlich stehen einem Reiseveranstalter eine Vielzahl unterschiedlicher Vertriebswege für seine Produkte zur Verfügung (vgl. Abb. 1.7).

Im Rahmen des **Eigenvertriebs** werden Pauschalreisen entweder direkt oder indirekt vertrieben:

- Der direkte Vertrieb, d. h. ohne Einschaltung des Handels (vgl. NIESCHLAG/DICHTL/HÖRSCHGEN, 1988, S. 380), erfolgt entweder über eine zentrale Buchungsstelle am Unternehmenssitz des Veranstalters oder über den "Versandabsatz", also durch schriftliche Bestellung des Kunden nach Katalog, per Brief, den Telefonverkauf oder - noch selten - über Bildschirmtext (BTX) der Telekom. Andere, von STEINDL (1972, S. 45f.) aufgeführte, im Konsumgüterbereich häufig anzutreffende Organe des Eigenvertriebs wie etwa "Reisende" - hier verstanden als Mitarbeiter der Reiseveranstalter, die im Rahmen des persönlichen Verkaufs ("personal selling") den Kunden zuhause aufsuchen - haben in der Touristik nur marginale Bedeutung. Buchungsautomaten (ähnlich den Fahrkartenautomaten im Öffentlichen Personen-Nahverkehr) befinden sich noch in der Experimentierphase.

- Der indirekte Vertrieb erfolgt über unternehmenseigene Buchungsstellen und Reisebüros; hier spielen bei konzernzugehörigen Großveranstaltern zunehmend Reisebüros in konzerneigenen Verkaufsstätten ("Kaufhausreisebüros") eine wichtige Rolle (vgl. WEINHOLD, 1992, S. 75).

Abb. 1.7: Vertriebswege in der Touristik

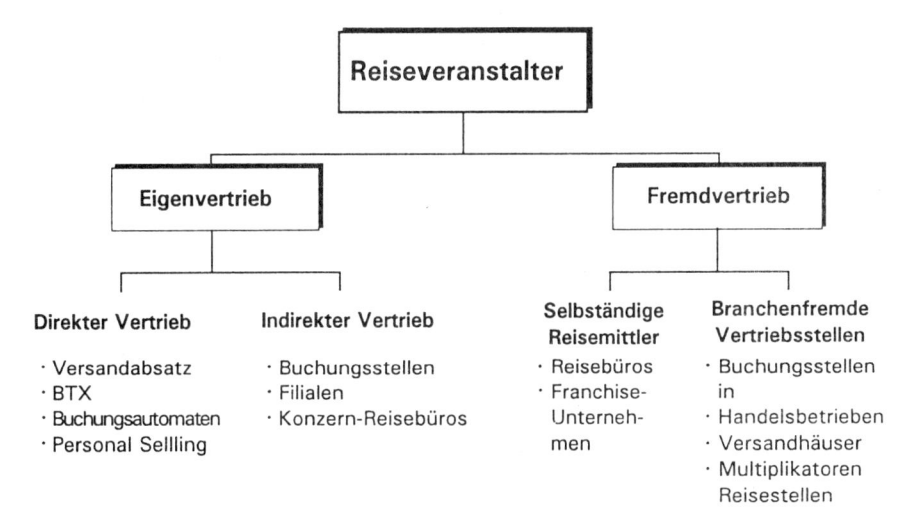

```
                         ┌──────────────────┐
                         │ Reiseveranstalter│
                         └──────────────────┘
                ┌────────────────┴────────────────┐
          ┌───────────┐                      ┌──────────────┐
          │Eigenvertrieb│                    │ Fremdvertrieb│
          └───────────┘                      └──────────────┘
           ┌─────┴──────┐                     ┌──────┴──────┐
```

Direkter Vertrieb	Indirekter Vertrieb	Selbständige Reisemittler	Branchenfremde Vertriebsstellen
· Versandabsatz · BTX · Buchungsautomaten · Personal Sellling	· Buchungsstellen · Filialen · Konzern-Reisebüros	· Reisebüros · Franchise-Unternehmen	· Buchungsstellen in · Handelsbetrieben · Versandhäuser · Multiplikatoren Reisestellen

Der **Fremdvertrieb** erfolgt naturgemäß indirekt über unternehmensfremde Reisemittler. Hier stellen das selbständige "Reisebüro" und die "Buchungsstelle" die bedeutendsten Vertriebsorgane dar.

- Reisebüros betreiben in ihrer reinen Form lediglich die Vermittlung der Angebote von Reiseveranstaltern und einzelnen Leistungsträgern; daneben handeln sie oft auch mit "reisenahen" Waren und organisieren als "veranstaltende Reisebüros" eigene Pauschalreisen (Eigentouristik).

- Buchungsstellen beschränken ihre Tätigkeit auf den Verkauf von Reisen eines einzigen Veranstalters. Sie sind sowohl im direkten Vertrieb als unternehmenseigene Buchungsstellen (z. B. Verkaufsbüro am Sitz des Reiseveranstalters) als auch im indirekten Vertrieb, dann meist als Abteilungen branchenfremder Unternehmen (z. B. Banken, Supermärkte, Lottoannahmestellen, Tankstellen, Buchclubs, Automobilclubs), zu finden (vgl. dazu ausführlich HEBESTREIT, 1992, S. 305-329).

- Versandhäuser, Buchclubs etc., die in ihren Katalogen auch Reisen anbieten.

- Multiplikatoren sind ehemalige Reiseteilnehmer, Vereinsvorstände, Jugendgruppenleiter, Pfarrer oder Lehrer (z. B. bei Sprachreisen für Jugendliche), die in ihrem Bekanntenkreis als Sammelbesteller für einen Reiseveranstalter tätig sind.

Da die Ausübung einer Tätigkeit als Reisemittler in der Bundesrepublik keiner staatlichen Lizenzvergabe sondern lediglich einer Gewerbeanmeldung unterliegt und auch sonst nirgends zentral erfaßt wird, beruhen Angaben über die Zahl der existierenden Reisebüros lediglich auf mehr oder minder begründeten Schätzungen. Nach Angaben des DRV (zitiert nach FVW International 23/1996, S. 5) existierten 1995 in der Bundesrepublik 17.352 Reisebüros. "Von den Büros sind 14.200 als 'Reisegeschäfte' einzustufen. Die Differenz sind Lotto/Toto-Annahmen und DB-Fahrkartenausgaben mit Reiseverkauf sowie Implants". Eine Erhebung des ASR hat 18.987 Reisebüros ermittelt, allerdings ohne Lotto/Toto-Annahmen (a.a.O.).

1.4.2 Unternehmenstypen

Reisemittler können einmal eingeteilt werden nach ihrer rechtlichen und wirtschaftlichen Selbständigkeit. Hier ist zu unterscheiden zwischen

- **unternehmenseigenen** Buchungsstellen, Filialen und Reisebüros;
- **konzerneigenen** Reisemittlern, die ihre Verkaufsräume in Betrieben des Konzerns haben, z. B. ITS in Kaufhof-Warenhäusern;
- **Franchise**-Reisebüros, die als selbständige Unternehmen die Marketingkonzeption eines Franchisegebers übernehmen;
- **selbständige** Reisemittler als Einzel- oder Kettenreisebüros, die auf der Basis von Agenturverträgen für eine Vielzahl von Reiseveranstaltern tätig sind.

Weiterhin ist nach dem Kriterium "dominierende Geschäftsbereiche" (vgl. dazu auch SCHRAND, 1992, S. 339) zu unterscheiden in:

- **Voll-Reisebüros:** In der Regel Lizenzen der IATA (International Air Transport Association) für den Verkauf von Linienflugscheinen, der DB (Deutsche Bundesbahn) für den Verkauf von Bahnwerten und eines Großveranstalters sowie vieler kleinerer Veranstalter; Ausnahmen: eine Reihe von Reiseveranstaltern haben die DB - Lizenz nicht beantragt oder zurückgegeben;
- **Touristik-Reisebüros:** Lediglich Vermittlung von Pauschalreisen, ohne IATA und DB - Lizenz;
- **Billigflug-Reisebüros:** Auf die Vermittlung von sog. Billigflug- oder Graumarkttickets und Last-Minute-Reisen beschränkt; kooperieren im

Zuge der Sortimentsausweitung um Linienflüge aber oft mit IATA-Agenturen;

- **Spezial-Reisebüros:** Spezialisiert auf die Vermittlung einer bestimmten Reiseart, für die es hohe Fachkompetenz besitzt, z. B. Studentenreisen, Frauenreisen, Seereisen;

- **Incoming-Reisebüros:** In touristischen Zielgebieten angesiedelt, vermitteln sie Reiseleistungen der Standortregion an ortsfremde Reiseveranstalter und Gäste;

- **Firmenreisebüros:** Arbeitet vorwiegend mit Unternehmen im Rahmen des Geschäftsreiseverkehrs zusammen; als "Implant" ist es eine Filiale eines Reisemittlers in einem fremden Unternehmen zur Abwicklung der dort anfallenden Geschäfts- und eventuell auch Urlaubsreisen der Mitarbeiter;

- **Reisestellen:** Abteilung eines nichttouristischen Unternehmens, die die Organisation der Geschäftsreisen der Mitarbeiter abwickelt. Da Reisestellen bisher keine IATA- und DB - Lizenz erwerben können, beziehen sie die Beförderungsdokumente entweder direkt von den Verkaufsbüros der Verkehrsträger oder über die Firmendienste von Reisemittlern.

1.4.3 Geschäftsbereiche von Reisebüros

Zu den Kernbereichen der Tätigkeit eines Reisebüros zählen:

- Vermittlung von Pauschalreisen;
- Verkauf von Bahnfahrkarten, Flugscheinen, Schiffs- und Fährpassagen;
- Reservierung von Hotels und Mietwagen;
- Vermittlung von Reiseversicherungen;
- Vorverkauf von Eintrittskarten;
- Besorgung von Reisedokumenten (und selten Fremdwährungen und Reiseschecks);
- Information über Reiseländer (klimatische Verhältnisse, Zoll- und Einreisebestimmungen, Devisenbestimmungen).

Daneben wird mitunter auch der Verkauf von reisenahen Komplementärangeboten wie Reiseliteratur, Landkarten, Reisevideos, Reisegepäck, Strandartikel oder Fotozubehör betrieben.

Faktisch allerdings sind die sich auf die bloße Vermittlung von Fremdleistungen beschränkenden Unternehmen in der Minderzahl, da die Mehrheit der Reisebüros gleichzeitig im Rahmen der Eigentouristik auch Pauschalreisen organisiert (vgl. Abb. 1.8). Hierbei handelt es sich meist um

- auf der Basis von Einzelplatzbuchungen bei Verkehrsträgern (Charterfluggesellschaften, Turnussonderzüge) erstellte individuelle Pauschalreisen;

- Reisen für bereits bestehende Teilnehmergruppen im Auftrag eines Vereins oder einer Organisation (z. B. Volkshochschule oder Verlag der lokalen Tageszeitung);

- gelegentliche Reisen, die als Sonderveranstaltungen eine besondere Kundennähe dokumentieren sollen (z. B. mit Sondertransfer vom Heimatort zum Flughafen) und daher auch meist von einem Mitarbeiter des Reisebüros als Reiseleiter begleitet werden.

Abb. 1.8: Tätigkeitsbereiche von Reisebüros und Reisemittlern

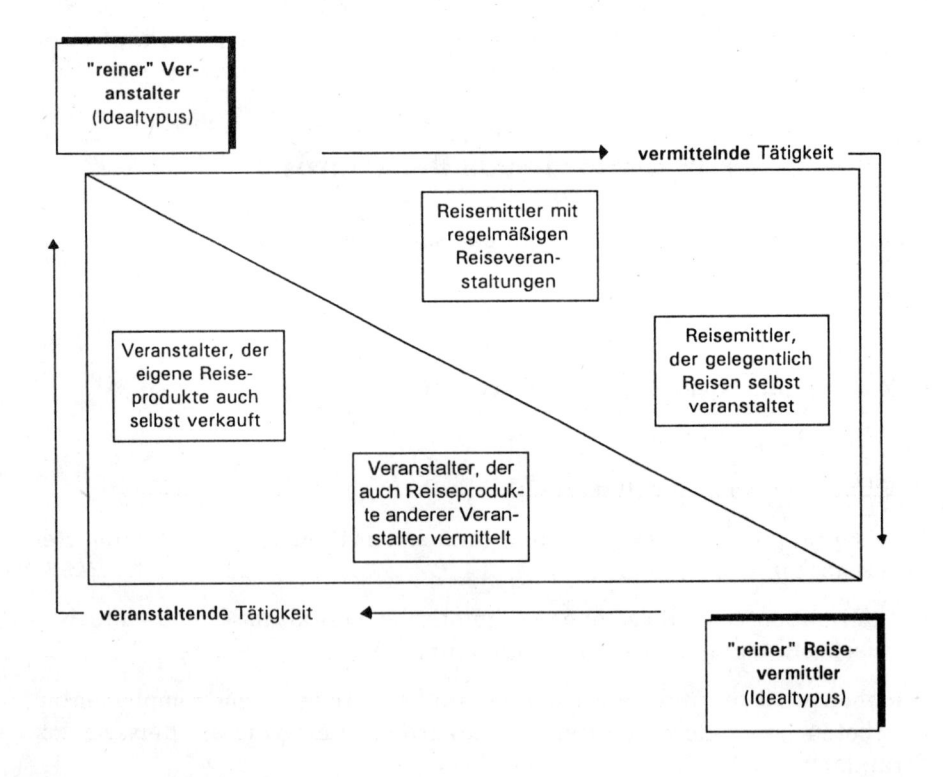

Quelle: TUPY, 1984, S. 14

Zudem expandieren im Sinne einer Strategie der Vorwärtsintegration auch Leistungsträger (z. B. Busunternehmer, die bisher nur im Öffentlichen Personen-Nahverkehr tätig waren oder Hotels) in die Touristik. Um den Absatz ihrer originären Leistung zu fördern, veranstalten sie Pauschalreisen und erweitern die Tätigkeit der dafür notwendigen Verkaufsorganisation um die Vermittlung von Veranstalterreisen, d.h. sie erwerben Agenturlizenzen von Reiseveranstaltern.

Der Vertrieb über Reisemittler ist der in Deutschland wichtigste Distributionsweg der Reiseveranstalter: im Branchendurchschnitt werden auf diesem Wege ca. 85% der Pauschal- und Teilpauschalreisen verkauft. Historisch, wie etwa bei der TUI (die im Grunde aus von Reisebüros gegründeten Veranstaltern, die sich 1968 zur Touristik Union International zusammenschlossen, hervorging), oder unternehmenspolitisch bedingt, wie bei den LTT-Veranstaltern, nutzen manche Reiseveranstalter auschließlich den indirekten Vertriebsweg, während andere einen unterschiedlich hohen Anteil ihrer Reisen über unternehmens- oder konzerneigene Reisemittler vertreiben (vgl. Tab. 1.6).

Tab. 1.6: Vertriebsstruktur der größten deutschen Reiseveranstalter 1996

Reiseveranstalter	Zahl der eigenen Büros	Anteil an den Teilnehmern in %	Zahl der fremden Reisebüros	Anteil am Umsatz in %
TUI	-	-	9.600	100
NUR [1]	151	9,3	9.500	89,7
DER	408	12	5.800	88
Alltours	70	-	9.000	-
Jahn	-	-	9.900	100
ITS	-	-	8.500	100
Tjaereborg	43	7,9	8.200	91
Öger	9	-	7.200	100
Kreutzer	8	-	7.000	99
Airtours	-	-	4.500	100
THR	-	-	8.999	100
Air Marin	36	1,5	10.600	98
Fischer	13	14	6.700	90
- = trifft nicht zu, [1] = Zahlen aus 1995				

Quelle: FVW International, Beilage zu Heft Nr. 28/1996, S. 32

Der Vorteil des Femdvertriebs, für den Provisionen zwischen 8 und 15% bezahlt werden müssen, liegt für den Reiseveranstalter vor allem in der Möglichkeit, flächendeckend auf dem Markt vertreten zu sein, ohne selbst in Vertriebsstellen zu investieren. Die Reisemittler übernehmen hier die wesentlichen Vermarktungsaufgaben - Verteilung der Kataloge, Werbung im Schaufenster, durch Displaymaterial und in den Medien, Verkauf sowie gemeinsame Verkaufsförderungsaktionen mit den Reiseveranstaltern. Vertriebskosten in der Form von Provisionen fallen nur an, wenn der Reisemittler auch tatsächlich für den Veranstalter ein Geschäft erfolgreich abgeschlossen hat (zur Diskussion der Vor- und Nachteile der einzelnen Vertriebswege siehe ausführlich HEBESTREIT, 1992, S. 326-336).

Die meisten Reisemittler sind an einen Großveranstalter gebunden, der als Leitveranstalter bevorzugt angeboten wird. Dies begründet sich sowohl in der Tatsache, daß die Marken bekannter Branchenführer überdurchschnittlich hohe Umsätze versprechen (Transfer von Marktanteilen), wie in den praktizierten Formen der Staffelprovisionen (vgl. Bd. 2, Kap. 5), deren Höhe mit der für einen Reiseveranstalter getätigten Buchungen (Umsätze, Teilnehmerzahlen) steigt. Zudem sind Großveranstalter eher in der Lage, Verkaufshilfen zu geben und Werbekostenzuschüsse zu zahlen.

Bei der Beurteilung dieses Vertriebswegs sind allerdings die sog. "Filterfunktionen" (THIES, 1976, S. 63; IRRGANG, 1989, S. 1-7) zu berücksichtigen:

- Distributionsfilter: Der Handelsbetrieb entscheidet, ob ein bestimmtes Produkt bei ihm verkauft wird. Von dieser Sortimentspolitik der Reisemittler sind vorwiegend kleinere Veranstalter betroffen;
- Imagefilter: Das Image des Reisemittlers bestimmt das Image eines Reiseprodukts teilweise mit;
- Plazierungsfilter: Der Reisemittler entscheidet, ob und wie das Produkt, hier Kataloge und Werbematerial als "Produktsurrogate", am Point of sale präsentiert wird;
- Beratungsfilter: Die vom Reisemittler geleistete Beratung bestimmt Reiseentscheidung und Produkterwartung und damit die Kundenzufriedenheit mit;
- Servicefilter: Auch die Qualität des After-sales-Service bezieht sich nicht nur auf die Leistung des Reisemittlers, sondern ebenfalls auf das Produkt des Reiseveranstalters.

Die Ausgestaltung dieser Filterfunktionen kann also die Wirkung des Reiseveranstaltermarketings mindern oder verstärkend unterstützen.

Aus **Kundensicht** bietet die Buchung im Reisebüro eine Reihe von Vorteilen. Zunächst besteht die Möglichkeit, aus einem breiten Sortiment verschiedener Reisen unterschiedlicher Veranstalter auswählen zu können. Im

Gegensatz zur Direktbuchung, bei der sich der Kunde selbst um die Angebote bemühen muß, und zu den Buchungsstellen, die in aller Regel nur einen Veranstalter vertreten, sind in den Reisebüros die Kataloge von 100 bis 250 Veranstaltern zur Einsicht präsent. Allerdings vertreten die meisten Reisebüros wegen der noch bestehenden Vertriebsbindung nur einen der drei Großveranstalter (TUI, NUR, ITS), so daß ein Kunde, der zumindest die Angebote der Branchenführer vergleichen will, gezwungen ist, mehrere Agenturen aufzusuchen. Durch die Bindung an den Leitveranstalter besteht zumindest die Möglichkeit, daß durch die unterschiedlichen Provisionsaussichten die Loyalität des Reisemittlers gegenüber dem Kunden gefährdet wird und die Beratung eher an der Provision statt an den Kundenwünschen ausgerichtet wird.

Die Hauptleistung eines Reisebüros liegt in der Beratung der Kunden: ausgebildetes Fachpersonal informiert in persönlichen Gesprächen über Reisemöglichkeiten, hilft bei der Konkretisierung der Urlaubswünsche, gibt Empfehlungen zu Hotelauswahl, Reisezeiten oder Versicherungsschutz. Moderne Kommunikationstechniken wie computergestütze Reservierungssysteme (CRS) ermöglichen Verfügbarkeitsangaben für die ins Auge gefaßte Reise, zeigen alternative Buchungsmöglichkeiten und garantieren für eine schnelle und korrekte Reisepreisberechnung.

Zu den Dienstleistungsfunktionen des Reisemittlers zählen weiterhin die Erledigung aller Buchungsformalitäten (Anmeldung, Übergabe der Reisedokumente, Inkasso) und gegebenenfalls Hilfe bei Reklamationen oder Versicherungsfällen.

1.4.4 Rechtliche Stellung

Bei der Tätigkeit als bloßer Reisemittler handelt das Reisebüro/die Buchungsstelle als Erfüllungsgehilfe des vermittelten Reiseveranstalters (§ 288 HGB) und haftet daher nicht für die Leistungen der Pauschalreise als solche. Der Reisemittler kann also für Mängel beispielsweise bei der Beförderung oder der Unterkunft nicht verantwortlich gemacht werden. Geschuldet wird lediglich die ordnungsgemäße Vermittlung, d. h. dem Reisenden gegenüber muß nur für eigene Fehler aus mangelnder Sorgfaltspflicht eingestanden werden, z. B. für (vgl. dazu FÜHRICH, 1990, Rdnr. 531-537)

- unrichtige Auskunftserteilung (z. B. Fahrplanauskünfte, Visavorschriften);

- Unterlassung der Benachrichtigung des Kunden über vom Reiseveranstalter mitgeteilte Änderungen der Reise (z. B. Ausfall des Swimmingpools);

- fehlende Aufklärung über die Möglichkeit der Reise-Rücktrittskosten-Versicherung;

- irrtümliche Preisberechnung;

- fehlerhafte oder unterlassene Weiterleitung von Reisedaten und Reiseunterlagen;

- fahrlässige Nichtweiterleitung von Sonderwünschen;

- unzutreffende Zusicherung qualitativer Elemente der Reise, die nicht vom Veranstalter gedeckt sind (z. B. Zusicherung eines nicht vorhandenen Balkons).

Im **Rechtsverhältnis zum Reiseveranstalter** hat das Reisebüro den Status eines Handelsvertreters, der als selbständiger Gewerbetreibender ständig damit betraut ist, für einen anderen Unternehmer Geschäfte zu vermitteln oder in dessen Namen abzuschließen (§ 84 Abs. 1 HGB). "Im Unterschied zum Eigenhändler trägt der Handelsvertreter kein Lagerhaltungs-, kein Vorausdispositions- und kein Preisrisiko. Aus dieser Risikoverteilung resultiert das sehr weitgehende Weisungsrecht des Unternehmers gegenüber den Handelsvertretern." (THIESING/DEGOTT, 1993, S. 532)

In der Regel werden zwischen dem Reiseveranstalter und dem Reisemittler Handelsvertreter-Verträge abgeschlossen; lediglich kleinere Veranstalter verzichten aufgrund des jeweils geringen Buchungsaufkommens der einzelnen Agenturen auf solche besonderen Verträge. In den Agenturverträgen werden geregelt:

- Preisbindung, d. h. Verkauf der Reisen nur zu den im Katalog ausgewiesenen Preisen;

- Vermittlungsprovisionen;

- Zulassungsvoraussetzungen wie Mindestumsätze, Qualifikation des Verkaufpersonals, Lage und Ausstattung der Geschäftsräume;

- Buchungs-, Abrechnungs- und Inkassoverfahren;

- Verkaufsunterstützung (Werbekostenzuschüsse, Displaymaterial, Kataloge, Schaufensterdekoration) durch den Reiseveranstalter.

1.5 Wettbewerbssituation in der Touristik

1.5.1 Wettbewerbsumfeld

Zur Beschreibung der Wettbewerbssituation auf dem Touristikmarkt kann auf ein von PORTER (1992b) entwickeltes Modell zurückgegriffen werden. Wie die Abbildung 1.9 zeigt, wird hier zunächst zwischen dem globalen Umfeld und der Wettbewerbsumwelt einer Branche unterschieden. Zu den globalen Umfeldfaktoren zählen politische, technologische, gesellschaftliche und wirtschaftliche Entwicklungen (vgl. dazu auch KIRSTGES, 1992a, S. 58-184; WEINHOLD, 1992, S. 40-138; SCHNEIDER, 1990, S. 48-59; DRV 1991, S. 10-27).

Abb. 1.9 : Modell zur Analyse der Wettbewerbssituation in der Touristik

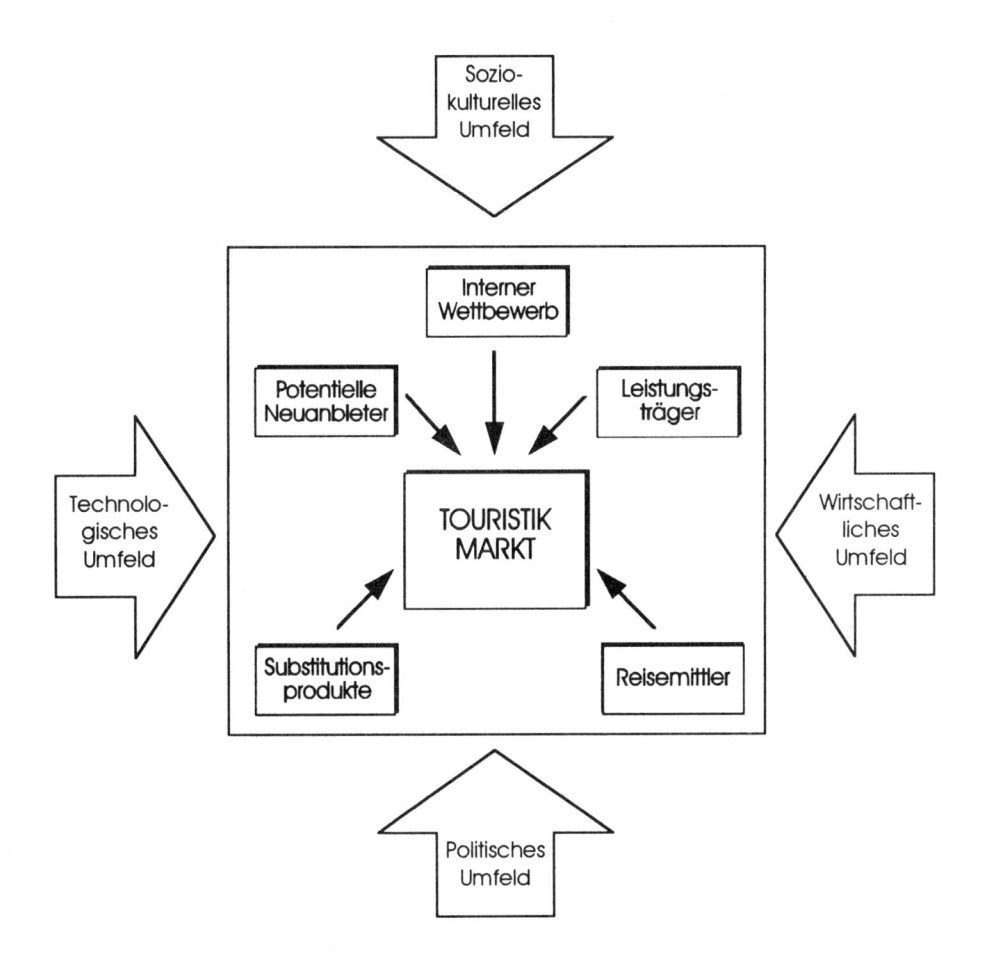

Quelle: in Anlehnung an PORTER, 1992b, S. 26

Die Entwicklungen im **politischen Umfeld**, die den Tourismus insgesamt direkt beeinflussen, sind vor allem folgende:

- Der 1990 erfolgte Zusammenschluß der beiden deutschen Staaten hat den Reiseveranstaltern und Reisebüroketten neue Märkte in Ostdeutschland eröffnet. Die bisherigen Erfahrungen zeigen, daß sich das Reiseverhalten der ostdeutschen Bevölkerung schnell dem der westdeutschen angeglichen hat.

- Der Wandel der Wirtschaftssysteme in Osteuropa hat zur Folge, daß dort die früheren Staatsbetriebe in Privatunternehmen umgewandelt werden. Nach einer durch Versorgungsengpässe und Organisationsschwierigkeiten geprägten Übergangsperiode aber dürften sich Qualität und Preisniveau (die osteuropäischen Staaten waren bisher ausgesprochene Billigurlaubsländer) wesentlich erhöhen. Der Incomingtourismus aus Osteuropa wird für den kommerziellen Tourismus erst langfristig größere Bedeutung erhalten, da er eine erhebliche Kaufkraftsteigerung der dortigen Bevölkerung voraussetzt.

- Die fortschreitende Realisierung eines gemeinsamen Marktes in Europa, sowohl durch die Europäische Union als auch durch die Assoziierung der EFTA-Staaten, führte zu einem Wandel des regulativen Umfelds der Tourismusunternehmen, insbesondere zu einer Liberalisierung der Verkehrsmärkte. Zudem zeigen die Harmonisierungsbestrebungen der EG-Kommission (z. B. die Verabschiedung eines Verhaltenskodexes für den Betrieb von Computerreservierungssystemen, die Einführung einer europäischen Pauschalreiserichtlinie oder die Vereinheitlichung der Mehrwertsteuer), daß nationale Vorschriften zunehmend von europäischen Regelungen abgelöst werden.

- Militärische Auseinandersetzung und terroristische Anschläge haben nachhaltige Auswirkungen auf den Tourismus. Sie zwingen die Unternehmen immer wieder zu strategischen Umorientierungen, wenn ganze Zielgebiete (z. B. das frühere Jugoslawien) ausfallen und zu kurzfristigen operativen Reaktionen, wenn die Nachfrage gerade zur traditionellen Hauptbuchungszeit drastisch zurückgeht (z. B. während des Golfkriegs Anfang 1991, Türkei im Frühjahr 1993).

Auswirkungen **technologischer Entwicklungen** sind weniger im Bereich der Verkehrsträger und Hotels, wo es lediglich zu qualitativen Verbesserungen (mehr Ab- und Zielflughäfen, komfortablere Züge und Kreuzfahrtschiffe, Themenhotels als "Erlebniswelten") kommt, als im Bereich der Informationssysteme relevant. Auf der Anbieterseite führt die Fortentwicklung der Computerreservierungssysteme (CRS) zu Globalen Distributionssystemen (GDS): Jedes angeschlossene Reisebüro hat weltweit Zugriff auf alle Leistungsträger und Reiseveranstalter und ist, ebenfalls weltweit, mit allen Partnerbüros zur Betreuung multinationaler Geschäftsreiseetats verbunden.

Die Computerreservierungssysteme ermöglichen den Agenturen den direkten Zugriff auf die Leistungsträger und bieten neue Möglichkeiten, individuelle Pauschalreisen nach Kundenwunsch zusammenzustellen. Insbesondere die Einzelplatzbuchungen bei den Charterfluggesellschaften haben dazu geführt, daß immer mehr Reisebüros auch Veranstalterfunktionen übernehmen. Allerdings beschränkt sich das Geschäft bisher vorwiegend auf sog. Nur-Flug-Buchungen; eine Ausweitung in Richtung Vollpauschalreisen dürfte aber aus Preis- und Risikogründen viele Reisemittler überfordern.

Die Informationtechnologie wird zudem über Managementinformationssysteme und Destinationsinformationssysteme sowohl die Wettbewerbsstruktur in der Branche als auch die Wettbewerbsposition des einzelnen Unternehmens beeinflußen (vgl. SCHERTLER 1994). War sie bisher vorwiegend auf eine administrative Verbesserung der bestehenden Abläufe ausgerichtetet, so wird sie zukünftig verstärkt für die Schaffung strategischer Wettbewerbsvorteile genutzt werden. Einerseits um durch die Integration bisher nicht vernetzter Informationen Unternehmensprozesse neu zu gestalten, wie etwa Kostensenkung durch Auslastungsoptimierung, Ertragsoptimierung durch computergestütztes Ertragsmanagement (Yield Management) oder Individualisierung der Reiseprodukte durch "Dynamic Packaging" (KRUPKA/TIELEMANN 1996, S. 214). Andererseits sind Elektronischen Märkte im Entstehen, auf denen die Endverbraucher direkt mit den Leistungsträgern und Reiseveranstaltern in Beziehung treten können (vgl. SCHULZ/FRANK/SEITZ 1996, S. 16 - 172).

Im **sozio-kulturellen Umfeld** wird das Urlaubserlebnis seinen zentralen Stellenwert als Kontrapunkt zur Arbeitswelt behalten. Aber die individuellen Ansprüche an Freizeit und Urlaub werden noch umfangreicher und vielfältiger werden und auch das Verhalten der Pauschalreisenden verändern: Die Nachfrage wird individualisierter und damit komplexer. Zwar bleibt die Nachfrage nach dem preisgünstigen Standardpaket, sozusagen der Pauschalreise als Mitnahmeartikel, bestehen, so daß sich auf dem Massenmarkt wenig verändert. Dennoch aber zeigt sich verstärkt als Trend: Weil die Nachfrager reiseerfahrener und zielgebietskundiger werden, können sie ihre Wünsche exakter formulieren; das bedeutet die Forderung nach variabler Aufenthaltsdauer (also Abkehr vom starren 8- oder 14-Tage-Rhythmus), nach zusätzlichen Dienstleistungen (Mietwagen, Babysitting, Reservierung von Konzertkarten etc.), nach persönlicher Beratung und Betreuung. Diese Nachfragergruppe verlangt im Reisebüro den individuellen Qualitätsurlaub und ist auch bereit, für diesen Service zu bezahlen. Sie wird zudem in ihrem Verhalten unsteter und damit weniger planbar. Dies zeigt sich in einer Zunahme des hybriden Verbraucherverhaltens: da wird das eine Mal ein qualitativ hochwertiges Angebot gebucht, das andere Mal ein preiswertes Schnäppchen auf dem Wühltisch des Reisemarktes gesucht.

Die graduelle Verstärkung des Umweltbewußtseins führt dazu, daß Reiseangebote, die hinsichtlich ihrer ökologischen und sozialen Verträglichkeit bedenklich sind, weniger nachgefragt werden. Hier entsteht ein neuer Bereich für den Qualitätswettbewerb unter den Reiseveranstaltern und zwischen den Zielgebieten.

Das **wirtschaftliche** Umfeld beeinflußt in hohem Maße die Nachfrage nach touristischen Leistungen. Die tarifrechtliche Absicherung eines mehrwöchigen Jahresurlaubs stellt ebenso wie das Vorhandensein frei verfügbaren Einkommens eine Grundvoraussetzung für das Reisen dar. Die wirtschaftliche Situation in der Bundesrepublik führte zu einem mengenmäßig hohen Niveau der Reisetätigkeit: Jedes Jahr unternehmen ca. zwei Drittel der Bevölkerung eine längere Urlaubsreise, 15% sogar mehrere. Wirtschaftlich begründete Nachfrageschwankungen resultieren daher vorwiegend aus konjunkturellen Entwicklungen; Veränderungen der Kaufkraft durch Preissteigerungsraten und Wechselkursveränderungen wirken sich vor allem auf die Wahl der Reiseziele aus.

1.5.2 Wettbewerbssituation der Reiseveranstalter

Der Wettbewerb innerhalb einer Branche wird bestimmt vom internen Wettbewerb, der Bedrohung durch neue Wettbewerber, dem Wettbewerbsdruck der Lieferanten (hier der Leistungsträger), der Substitutionsgefahr durch andere Produkte und dem Wettbewerbsdruck des Vertriebs.

Der **interne Wettbewerb**, also die Konkurrenz der Reiseveranstalter untereinander, stellt den bedeutendsten Wettbewerbsfaktor dar. Während die Großveranstalter zwar im Sinne einer oligopolistischen Reaktionsverbundenheit miteinander konkurrieren, haben sie bisher auf offene Preiskämpfe untereinander verzichtet; sie konnten zudem ihre Wachstumspotentiale bei der Erschließung der neu eröffneten Märkte in Ostdeutschland einsetzen. Für die vergangenen zwanzig Jahre stellt Kirstges (1996a, S. 75) fest, daß in absoluten Zahlen alle Veranstalterblöcke Teilnehmerzuwächse verzeichnen konnten.

Abb. 1.10: Entwicklung der Marktanteile der Veranstaltergruppen

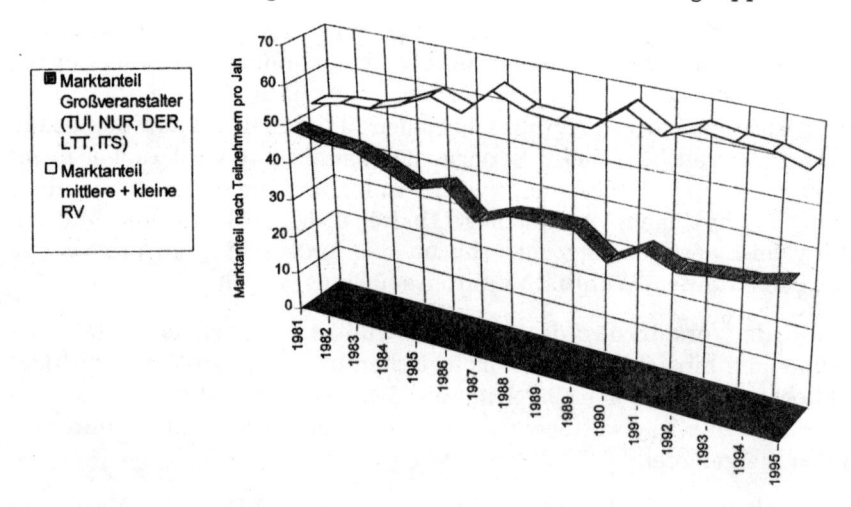

Quelle: Kirstges 1996a, S. 74

Allerdings ist der prozentuale Marktanteil der Großen über die Jahre hinweg gesunken, der der mittleren und kleineren Reiseveranstalter gestiegen (vgl. Abb. 1.10): "Unter den fünf Großveranstaltern herrscht ein oligopolistischer Wettbewerb: Aktionen des einen (z. B. in der Preispolitik) führen zu Reaktionen der anderen. Dennoch geht die wesentliche Konkurrenz für einen Großveranstalter nicht jeweils von den vier anderen Großveranstaltern aus. Es sind vielmehr gerade die kleineren und mittleren Reiseveranstalter, die den 'großen Fünf' Marktanteile abjagen" (a.a.O.).

Die Tatsache, daß mittlere und kleine Veranstalter in ihrer Gesamtheit höhere Wachstumsraten als die Großveranstalter erzielen konnten, darf allerdings nicht daüber hinwegtäuschen, daß sich gerade für diese Unternehmen Wachstumsfallen auftun. Hatten sie bisher ihre Marktanteile vorwiegend durch die Vermehrung ihrer Abflugorte, also durch "den Gang in die Fläche" gesteigert, so ist dieses Potential jetzt weitgehend ausgeschöpft. Sie müssen nun ihre Zuwächse aus bestehenden Märkten holen und geraten damit in direkte Konkurrenz zu den Großveranstaltern, gegenüber denen sie Kostennachteile haben. Neben der Fixkostendegression durch den Mengenvorteil ("economies of scale") setzen die Großveranstalter verstärkt ihre Einkaufsmacht beim Hotel- und Flugeinkauf ebenso ein wie ihre starke Stellung als Leitveranstalter bei den Reisemittlern. Ihre Wettbewerbsposition wird zudem durch eine verstärkte internationale Orientierung, die sich in der Beteiligung an ausländischen Reiseveranstaltern und Leistungsträgern zeigt, weiter verbessert (vgl. SÜLBERG, 1993, S. 487). Hinzu kommt ihre starke Verflechtung zum einen mit deutschen Großbanken und zum anderen mit ihren Vertriebsorganen (vgl. Abb. 1.11).

Als Wachstumsfallen bei der Entwicklung zu überregionalen Veranstaltern haben sich ergeben

- zu viele Abflughäfen und zu viele Zielgebiete führen zu vergleichsweiser geringeren Flugauslastung und erhöhten Personalkosten mit den Folgen, daß die Produktionskosten überproportional zum Ertrag steigen und die Kapitalverfügbarkeit zur Finanzierung des Wachstumsprozesses nicht gegeben ist,
- der Preiswettbewerb mit den Großen bei direkt vergleichbaren Produkten ist nur möglich bei erfogreicher Kostenkontrolle und Mindestgrößen beim Einkauf, um gleiche Konditionen wie die Großen zu erhalten,
- auch erfolgreiche Nischen können risikoreich sein, wie z. B. Spezialisierung auf bestimmte Länder wie das frühere Jugoslawien oder Sri Lanka,
- wird ein Segment wirklich interessant, steigen die Großveranstalter ein,
- beim Vertrieb über Reisebüro ergeben sich Wettbewerbsnachteile, wenn das Wachstum mit Produkten angestrebt wird, die auch die Großveran-

stalter im Programm haben, da diesen mit der Staffelprovision ein wirksamer Wettbewerbsparameter zur Verfügung steht (vgl. Band 2, Kap. 5.6).

Abb. 1.11: Verflechtungen in der Reisebranche

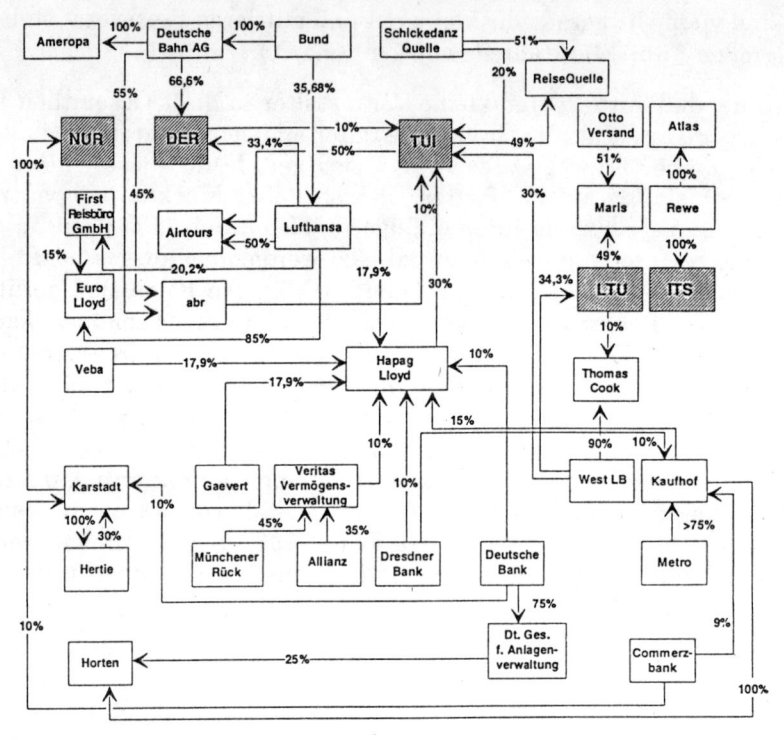

Quelle: DRV 1995, S.109

Die Überlebensfähigkeit der mittleren Reiseveranstalter als selbständige Unternehmen erscheint immer dann gefährdet, wenn es ihnen nicht gelingt, ihre Wettbewerbsvorteile zu halten. Solche Potentiale können in einer speziellen Kompetenz für das Produkt (z. B. Angelreisen, Studienreisen), in großer Sortimentstiefe oder in der Konzentration auf ein risikoarmes Wachstumsfeld liegen. Daneben steht zumindest für einige mittlere Veranstalter die Option des Wachstums durch Akkumulation von Nischenveranstaltern.

Eine **Bedrohung durch neue Wettbewerber** ist tendenziell insofern gegeben, als die Eintrittsbarrieren in den Reiseveranstaltermarkt gering sind. Es besteht keine Lizenzierung, die Investitionskosten sind aufgrund der "Vermittlungstätigkeit" gering, der Zugang zu den Reservierungssystemen ist offen und die Käuferloyalität im Sinne einer Stammkundenbindung an den Reiseveranstalter wenig ausgeprägt. Trotz dieses offenen Marktzugangs kann die Gefahr des Markteintritts ausländischer Großveranstalter als Folge des gemeinsamen EU-Markts als gering angesehen werden, da diese sicherlich beim Vertrieb ihrer Reisen auf große Schwierigkeiten stoßen dürften, weil besonders die etablierten Reisebüros kaum auf die Umsätze und Staffelprovisionen mit dem bisherigen Leitveranstalter zugunsten eines unbekannten Newcomers verzichten würden. Unternehmensneugründungen haben nur dann eine Erfolgschance, wenn sie in Marktnischen mit neuen Produkten neue Problemlösungen bieten oder wenn sie finanzkräftig genug sind, um schnell in die Dimension eines Großveranstalters vorzustoßen. Für solche Unternehmen (Tochtergesellschaften von Verkehrsträgern, Warenhäusern oder ausländischen Touristikunternehmen) aber ist es der einfachere und billigere Weg, sich an einem bestehenden Veranstalter oder einer Reisebürokette zu beteiligen, als gegen die gesamte Reisebranche anzukämpfen.

Der **Wettbewerbsdruck durch die Leistungsträger** kann im allgemeinen als gering angesehen werden. Der Urlaubshotelmarkt ist atomisiert und die Entwicklung verläuft eher so, daß die großen Reiseveranstalter durch Beteiligung an und Erwerb von Hotels in diesen Markt eindringen. Eine mögliche Vorwärtsintegration der Fluggesellschaften durch das Anbieten eigener Pauschalreisen ist im Lininenflugbereich nur in Ansätzen zu sehen, z. B. durch das Touristikprogramm der Lufthansa (das allerdings vom DER produziert wird) oder durch den Ausbau der Stop-over Programme durch Fluggesellschaften wie Thai International (Royal Orchid Holidays) oder Quantas (Jetabout). Im Charterflugbereich versucht die Condor durch den Ausbau ihrer Veranstalterbeteiligungen (Air Marin Bonn 30%, Kreutzer Touristik München 37,5%, Fischerreisen Düsseldorf 100%, Öger Tours Hamburg 10%) Absatzmärkte zu sichern.

Eine **Substitutionsgefahr** durch Produkte anderer Märkte, die im Grunde den selben Bedarf befriedigen können, besteht lediglich durch die Individualreise. Der Urlaub zuhause oder andere Freizeitangebote stellen keine Alternative zur Urlaubsreise dar.

Der **Wettbewerbsdruck durch den Vertrieb** geht für die Reiseveranstalter vor allem von den Reisebüroketten und Reisebürokooperationen aus, die ihre gebündelte Nachfragemacht insbesondere zur Erzielung höherer Provisionssätze einsetzen; er wird sich zukünftig noch verstärken, wenn im Zuge der weiteren Liberalisierung in der EG die Preisbindung abgeschafft wird. An die Stelle des bisher für alle Agenturen eines Veranstalters geltenden Provisionsschemas tritt dann die Aushandlung von Nettopreisen.

Kleinere Reiseveranstalter werden im Zuge der Sortimentsstraffung durch die Reisemittler dann nicht mehr angeboten, wenn ihre Bedeutung für das Unternehmen gering ist. War es bisher durchaus die Regel, daß in einem einzigen Reisebüro zwischen 100 und 250 Reiseveranstalter vertreten waren, so konzentrieren nun die Reisebüroketten zunehmend ihr Angebot auf 30 bis 50 Reiseveranstalter.

1.5.3 Wettbewerbssituation der Reisemittler

Auch die zukünftige Entwicklung der Reisemittlerbranche wird von einer Verschärfung der Wettbewerbssituation geprägt sein.

Der **interne Wettbewerb** ist zunächst durch eine steigende Zahl von Reisemittlerunternehmen gekennzeichnet. Wurden in (Westdeutschland) 1970 ca. 3.100 Reisebüros gezählt, waren es 1994 bereits ca. 15.000 (DRV 1995, S. 152). Allerdings ist die Durchsetzungskraft neugegründeter Reisebüros schwach: Mehr als die Hälfte aller neu gegründeten Unternehmen mußte nach fünf Jahren wieder schließen (DRV, Geschäftsbericht 1992, S. 61). Dies ist nicht nur auf das gesteigerte Reisevolumen zurückzuführen, sondern auch auf eine Senkung der Kriterien für eine Agenturzulassung. So wurde im Zuge der Liberalisierung des Luftverkehrs die Erlangung einer IATA - Lizenz erheblich erleichtert, was dazu führte, daß die Zahl der Agenturen von 1.372 im Jahre 1986 auf 3.833 im Jahre 1994 stieg. Im gleichen Zeitraum erhöhte sich die Zahl der Agenturen mit DB-Lizenz von 977 auf 2.440 Da somit die Zahl der Verkaufsstellen stärker wuchs als die Umsätze, ging der durchschnittliche Ertrag pro Agentur zurück. Die Großveranstalter verfolgen zunehmend eine Strategie des "Gangs in die Fläche" und setzen die Mindestumsätze für Agenturen herab. Damit sollen zwar vorwiegend neue Nachfragerschichten in ländlichen Regionen erschlossen werden, der Nebeneffekt ist aber, daß dort die bereits bestehenden Reisebüros einen Teil ihrer bisherigen Kunden an die neu zugelassenen Agenturen verlieren.

Die Aufhebung der Vertriebsbindung 1994 hatte zur Folge, daß Reisebüros nun beide Großveranstalter TUI und NUR in ihrem Sortiment führen können. Dies führte jedoch nicht zu einer höheren Zahl von Reisevermittlern, sondern lediglich zu einer Umsatzverschiebung zwischen den Agenturen.

Durch den Zusammenschluß zu und die Expansion (auch durch Firmenaufkäufe) von bestehenden Reisebüroketten kam es schon bisher zu erheblichen **Konzentrationstendenzen**. 1993 erreichten die ungebundenen Einzelbüros nur noch einen Anteil von ca. 41% am Gesamtreisebüroumsatz, Reisebüroketten und Kooperationen haben damit die Majorität im Reisevermittlungsmarkt übernommen. Dies trifft insbesondere für den Geschäftsreisesektor zu, auf dem die großen Ketten sich auch international zusammengeschlossen haben (z. B. Hapag Lloyd/Business Travel International) und, durch die globalen Reservierungssysteme verbunden, weltweit vertreten sind.

Reisebüroketten und -kooperationen haben in zweifacher Hinsicht Wettbewerbsvorteile: Auf der Einkaufsseite verschaffen ihnen ihre konsolidierten Umsätze eine erhöhte Marktmacht gegenüber den Reiseveranstaltern und Leistungsträgern, und auf der Verkaufsseite sind sie den Einzelbüros infolge der ihnen für Marketingaktivitäten zur Verfügung stehenden Budgets ebenso überlegen wie durch die Professionalität in der Konzeption und Durchführung der Maßnahmen.

Im Rahmen des Gemeinsamen Marktes wird es zu einer Veränderung des Handelsvertreterstatus kommen. Die EG-Kommission beabsichtigt, nur noch diejenigen Reisemittler als Handelsvertreter anzuerkennen, die fest in den Betriebsablauf eines Reiseveranstalters eingebunden sind. Die nichtintegrierten Eigenhändler sind dann als unabhängige Vermittler von der Preis- und Vertriebsbindung ebenso befreit wie vom Verbot der Weitergabe von Provisionsanteilen. Dies wird zu einem Preiswettbewerb auf der Handelsstufe führen und jene Kooperations- und Kettenreisebüros begünstigen, die aufgrund ihrer gebündelten Umsatzstärke niedrigere Nettopreise mit den Veranstaltern aushandeln können. Der Wettbewerbsdruck auf die ungebundenen und hier vor allem auf die kleinen Einzelbüros wird daher auch von dieser Seite her weiter zunehmen.

Der **Wettbewerbsdruck durch neue Konkurrenten** besteht darin, daß zunehmend branchenfremde Unternehmen in den Reisemittlermarkt eindringen. Dazu zählen insbesondere Kauf- und Warenhäuser, Banken, Zeitungsverlage sowie Toto- und Lottoannahmestellen. Es ist zu erwarten, daß vor allem standardisierte und wenig erklärungsbedürftige Reiseprodukte vermehrt über Online-Dienste direkt bei den Leistungsträgern oder Reiseveranstaltern gebucht werden, auch wenn keine kurzfristigen Veränderungen des Kundenverhaltens zu erwarten sind. Wettbewerbsrelevant sind auch "zahlreiche private und öffentliche Vereine und Verbände bis hin zu den Gewerkschaften und Kirchen, die als Veranstalter und Reisemittler großteils als Schwarz-Touristiker den Reiseveranstaltern und Reisebüros Konkurrenz machen" (DRV, 1990, S. 17).

Der **Wettbewerbsdruck seitens der Lieferanten**, d. h. der Großveranstalter ebenso wie der Verkehrsträger, wird durch deren Strategie, durch Vorwärtsintegration die Wertschöpfungskette zu verlängern und eine direkte Vertriebssteuerung zu ermöglichen, verstärkt. Neben dem Ausbau bestehender Filialnetze und dem Aufkauf von bestehenden Reisebüros versuchen sie, den Vertrieb durch Kooperationsmodelle stärker an sich zu binden, wie etwa die TUI mit dem Franchisesystem UrlaubCenter oder die Lufthansa mit ihrem Partnersystem. Da hier eine Teilnahme jeweils an bestimmte Mindestkriterien hinsichtlich Umsatz und Ausstattung der Geschäftsstelle gebunden ist, sind es wiederum die kleineren selbständigen Reisebüros, die davon Wettbewerbsnachteile haben.

Die Weiterentwicklung und -verbreitung der elektronischen Kommunikationsmöglichkeiten birgt andererseits die Gefahr, daß durch eine mögliche Ausbreitung der Direktbuchungen (über Buchungsautomaten, interaktives TV oder Online-Dienste für Endverbraucher wie "Elektronisches Reisebüro" in T-Online; vgl. dazu Schulz/Frank/Seitz 1996, S. 102 - 128) seitens der Reisenden bei den Leistungsträgern ein Teil der bisherigen Umsätze am Reisebüro vorbeigeleitet werden.

Die Auswirkungen der verschärften Wettbewerbssituation lassen die in einer vom DRV in Auftrag gegebenen Studie zur zukünftigen Entwicklung des Reisemittlermarkts denn auch als realistisch erscheinen: "Die Anzahl der ungebundenen Einzelbüros und deren Marktanteile werden bis zum Jahre 2000 deutlich zurückgehen. Der Marktanteil der Einzelbüros und kleineren Ketten, der 1989 noch 60,5% betrug, wird bis zum Jahre 2000 auf ca. 36% zurückgehen. Profitieren davon werden die Kooperationen (freiwillige Ketten) sowie die großen Reisebüroketten, die ihren Marktanteil auf jeweils 35% steigern" (DRV, 1991, S. 26). Im Gefolge dieses Konzentrationsprozesses werden also als jene kleinen Unternehmen ihre Unabhängigkeit verlieren oder ganz aus dem Markt ausscheiden, denen es nicht gelingt, gangbare strategische Wachstumsalternativen zu entwickeln und umzusetzen.

Vertiefende Literatur zur Einführung in die Touristik:

DEUTSCHER REISEBÜRO-VERBAND (Hrsg.):
- Strategische Partnerschaften zur Sicherung erfolgreicher Unternehmensexistenz im beschleunigt wachsenden Wettbewerb, Frankfurt (Main) 1991
- Auswirkungen des EG-Binnenmarktes auf mittelständische Reiseveranstalter und Reisemittler, Frankfurt (Main) 1992
- DRV (Hrsg.): Tourismusmarkt der Zukunft, Frankfurt/M 1995

HOLLOWAY, J.C., PLANT, R.V.:
Marketing for Tourism, 2. Aufl., London 1992

FREYER, W.:
Tourismus - Einführung in die Fremdenverkehrsökonomie, 5. Aufl., München 1995

HAEDRICH, G., KASPAR, C., KLEMM, K., KREILKAMP, E. (Hrsg.):
Tourismus -Management, 2. Aufl., Berlin 1993

HAHN, H., KAGELMANN, J. (Hrsg.).:
Tourismuspsychologie und Tourismussoziologie: ein Handbuch zur Tourismuswissenschaft, München 1993

KIRSTGES, T.:
Expansionsstrategien im Tourismus, 2. Aufl., Wiesbaden 1996

KIRSTGES, T.:
Management von Tourismusunternehmen: Organisation, Personal- und Finanzwesen, München 1994

LAWS, E:
Tourism Marketing, Cheltenham 1991

MEZZASALMA, R.:
Öko-Management für Reiseveranstalter, Bern 1994

MIDDLETON, V.T.C.:
  Marketing in Travel and Tourism, London 1988
MUNDT, J. (Hrsg.):
  Reiseveranstaltung, 3. Aufl., München/Wien 1993
ROTH, P., SCHRAND, A. (Hrsg.):
  Touristik-Marketing, 2. Aufl., München 1995
SCHULZ,A., FRANK, K., SEITZ, E.:
  Tourismus und EDV, München 1996
TOCQUER, G., ZINS, M.:
  Marketing du Tourisme, Québec 1987

2 Managementaufgaben in der Touristik

2.1 Begriffsabgrenzung

Die Bezeichnung Management für die zielgerichtete Gestaltung von Unternehmen und Organisationen wird in zwei Bedeutungsvarianten verwendet; Management kann als **Funktion** und als **Institution** verstanden werden (STAEHLE, 1985, S. 51).

Management als **Funktion** umfaßt die Planung der generellen Ziele und Verhaltensweisen einer Unternehmung sowie die Koordination und Integration aller Aufgaben und Prozesse, die in und zwischen Organisationen ablaufen. BOVÉE (1993, S. 5) beschreibt Management als "the process of achieving organizational goals through planning, organizing, leading, and controlling the human, physical, financial, and information resources of the organization in an effective and efficient manner".

Abb. 2.1: Management im Überblick

Managementfunktionen

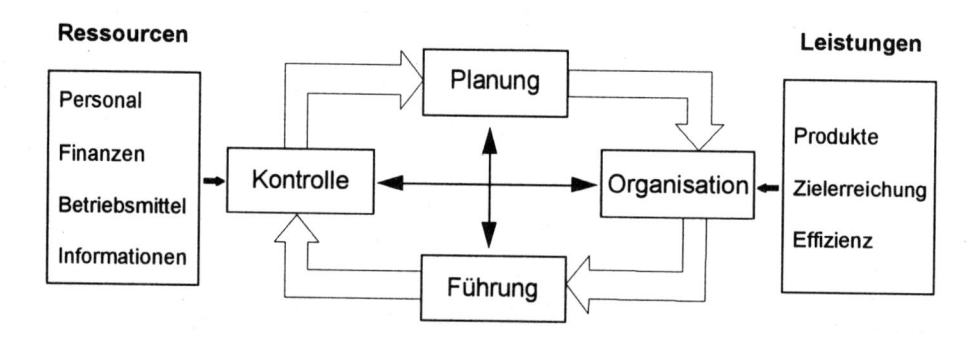

Ressourcen		Leistungen
Personal	Planung	Produkte
Finanzen	Kontrolle ↔ Organisation	Zielerreichung
Betriebsmittel	Führung	Effizienz
Informationen		

Diese Definition von BOVÉE enthält die folgenden vier konstituierenden Elemente des Managements (vgl. Abb. 2.1):

- die speziellen Managementfunktionen Planung, Organisation, Führung und Kontrolle;

- den zielgerichteten Einsatz der menschlichen, materiellen, finanziellen und informativen Ressourcen einer Unternehmung;

- die Anforderungen der Effektivität (Grad der Zielerreichung) und Effizienz (Wirtschaftlichkeit der Ressourcennutzung) sowie

- den Prozeßcharakter des Managements, also die inhaltliche, zeitliche und organisatorische Verknüpfung der speziellen Managementfunktionen.

Der funktionale Ansatz versteht Management also "als eine Art von Querschnittsfunktion, die den Einsatz der Ressourcen und die Koordination der Sachfunktionen steuert. Managementfunktionen fallen demzufolge in jedem Bereich des Unternehmens an, gleichgültig ob es sich nun um den Einkaufs-, Finanzierungs-, Vertriebs- oder einen sonstigen betrieblichen Bereich handelt" (STEINMANN/SCHREYÖGG, 1991, S. 6f.; vgl. Abb. 2.2).

Abb. 2.2: Management als Querschnittsfunktion

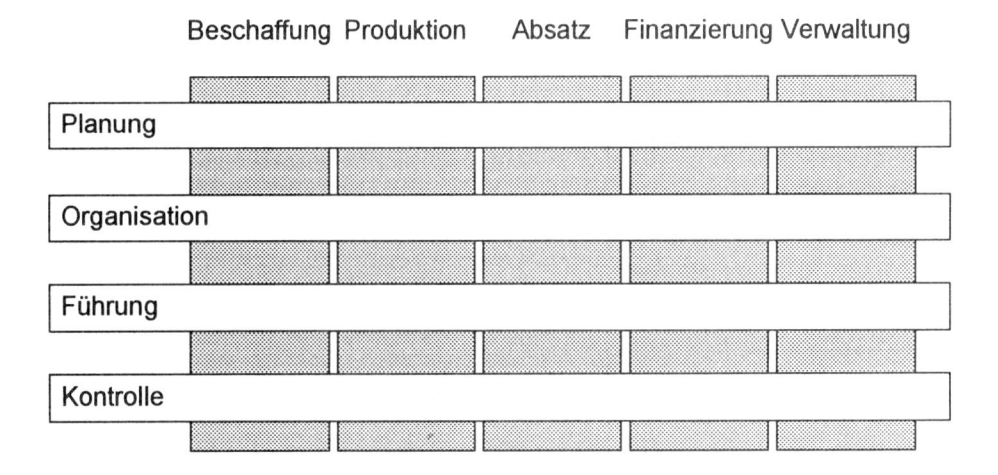

	Beschaffung	Produktion	Absatz	Finanzierung	Verwaltung
Planung					
Organisation					
Führung					
Kontrolle					

Quelle: STEINMANN/SCHREYÖGG, 1991, S. 7

Management als **Institution** umfaßt alle Positionen einer Unternehmenshierarchie, die mit Führungsaufgaben betraut sind; in diesem Zusammenhang spricht man beispielsweise vom Management des Unternehmens XY. Dabei ist allerdings zu berücksichtigen, daß insbesondere in kleineren Unternehmen nicht alle Positionsinhaber, die nach dem institutionellen Ansatz als zum Management gehörend bezeichnet werden, ausschließlich Managementaufgaben durchführen. So ist z. B. ein Gruppenleiter in einem Reisebüro auch mit vielen Sachaufgaben beschäftigt, die die gleichen sind wie die seiner Untergebenen, so etwa wenn er Kunden berät und Reisen verkauft.

Hinsichtlich der strukturellen und inhaltlichen Dimensionen des Managements wurde eine Vielzahl von Konzepten, Modellen und Lehrmeinungen auf unterschiedlichsten Abstraktionsniveaus entwickelt, ebenso eine Fülle von Begriffen, die nur teilweise das gleiche bezeichnen, so daß ihre Verwendung eher willkürlich als systematisch erfolgt. Die folgenden Ausführungen orientieren sich stark am St.-Gallener-Management-Konzept (vgl. ULRICH/FLURIE, 1986; PÜMPIN, 1986; GÄLWEILER, 1987; SCHWANINGER, 1989a; BLEICHER, 1991), da dies zu den am weitesten entwickelten Systemtheorien und auch zu den in der Tourismusliteratur zur Anwendung kommenden Ansätzen (vgl. etwa SCHWANINGER, 1989b; KASPAR, 1978, 1990) zählt. Das Kernelement dieses Systemkonzepts ist "die Ganzheitlichkeit der Betrachtung bei einer Integration vielfältiger Einflüsse in einem Netzwerk von Beziehungen" (BLEICHER, 1991, S. 50). Dabei werden die drei Dimensionen des normativen, strategischen und operativen Managements unterschieden (vgl. Abb. 2.3). Damit lassen sich logisch voneinander abgrenzbare Problemfelder, die durch das Management zu lösen sind, analysieren, die sich in der Unternehmensrealität aber gegenseitig durchdringen.

Das **normative Management** "beschäftigt sich mit den generellen Zielen der Unternehmung, mit Prinzipien, Normen und Spielregeln, die darauf ausgerichtet sind, die Lebens- und Entwicklungsfähigkeit der Unternehmung sicherzustellen" (BLEICHER, 1991, S. 53). Zentraler Inhalt ist das unternehmenspolitische Handeln, das seine Legitimität aus der Nutzenstiftung für die inner- und außerbetrieblichen Anspruchsgruppen (vgl. S. 65) bezieht. Das **strategische Management** ist auf den Aufbau, die Pflege und die Nutzung von Erfolgspositionen ausgerichtet. Hier werden "Strukturentscheidungen" getroffen, die sich primär auf die Ebene Unternehmen - Umwelt (Stellung gegenüber Abnehmern, Lieferanten, gesellschaftlich und politisch relevanten Gruppen) beziehen, aber vor allem in den Bereichen Organisation und Produktion auch nach innen notwendig werden. Das **operative Management** vollzieht die normativen und strategischen Konzepte. Diese "laufenden" Managementaufgaben sind solche der Koordination des Alltagsgeschäfts; sie umfassen sowohl den "Realgüterprozeß" (STEINMANN/SCHREYÖGG, 1991, S. 224; in der Touristik den Dienstleistungsprozeß), d. h. das Produktionsprogramm und seine Konsequenzen für die betrieblichen Funktionsbereiche, als auch den Wertumlauf, also die monetären Konsequenzen der Unternehmenstätigkeiten. Als flankierende Aufgabe kommt die Bestandssicherung des Unternehmens durch Integration und Motivation der Mitarbeiter hinzu.

Im Rahmen der weiteren Betrachtungen wird Management im funktionalen Sinne verstanden und auf den realen Dienstleistungsprozeß bezogen.

Abb. 2.3: Managementkriterien

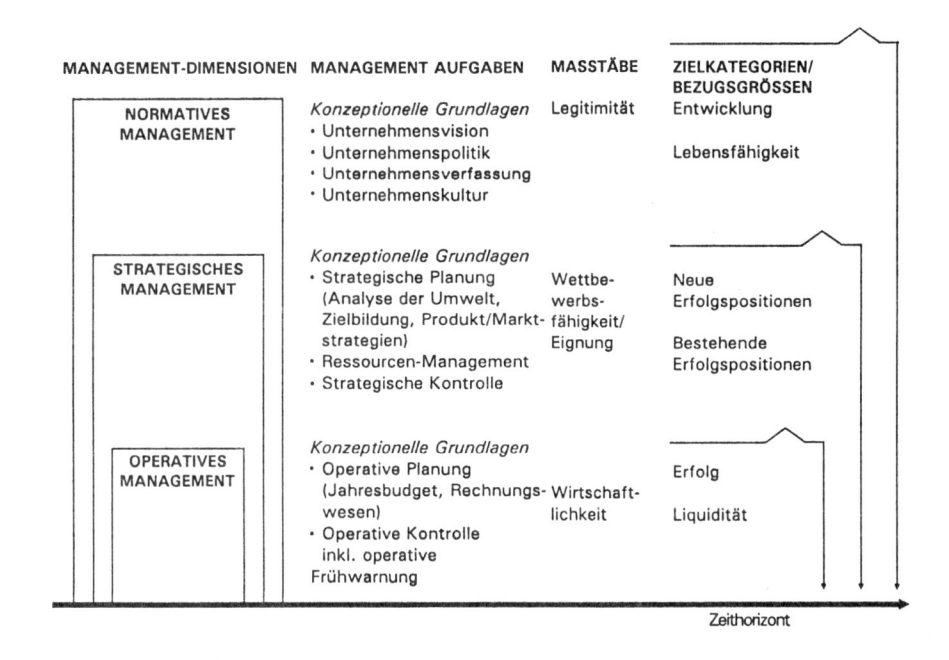

MANAGEMENT-DIMENSIONEN	MANAGEMENT AUFGABEN	MASSTÄBE	ZIELKATEGORIEN/ BEZUGSGRÖSSEN
NORMATIVES MANAGEMENT	*Konzeptionelle Grundlagen* • Unternehmensvision • Unternehmenspolitik • Unternehmensverfassung • Unternehmenskultur	Legitimität	Entwicklung Lebensfähigkeit
STRATEGISCHES MANAGEMENT	*Konzeptionelle Grundlagen* • Strategische Planung (Analyse der Umwelt, Zielbildung, Produkt/Marktstrategien) • Ressourcen-Management • Strategische Kontrolle	Wettbewerbsfähigkeit/ Eignung	Neue Erfolgspositionen Bestehende Erfolgspositionen
OPERATIVES MANAGEMENT	*Konzeptionelle Grundlagen* • Operative Planung (Jahresbudget, Rechnungswesen) • Operative Kontrolle inkl. operative Frühwarnung	Wirtschaftlichkeit	Erfolg Liquidität

Zeithorizont

Quelle: SCHWANINGER, 1989, S. 173

Managemententscheidungen werden auf mehreren **hierarchischen Ebenen** getroffen. Im allgemeinen wird unterschieden zwischen

- der Unternehmensstrategie als integrierte Gesamtstrategie für das Unternehmen, in der amerikanischen Literatur auch als "grand strategy" bezeichnet;
- den Geschäftsbereichsstrategien für homogene Produkt-Markt-Kombinationen (auch Strategische Geschäftseinheiten, SGE, genannt); in Touristikunternehmen werden SGE meist entweder nach Zielgebieten oder Produktarten gebildet;
- den Funktionsbereichsentscheidungen für die einzelnen betriebswirtschaftlichen Sachfunktionen innerhalb der Strategischen Geschäftseinheiten, z. B. für Beschaffung oder Absatz;
- den operativen Entscheidungen über die Durchführung und Kontrolle der einzelnen Aktivitäten innerhalb der jeweiligen Funktionsbereiche.

In der betrieblichen Praxis sind die hier analytisch vorgenommenen Abgrenzungen fließend. Die hierarchische Anordnung der einzelnen Ebenen stellt auch keine Wertung hinsichtlich ihrer Bedeutung für den Unternehmenserfolg dar (vgl. LANGER, 1993, S. 4).

Für alle Dimensionen und auf allen Ebenen gilt, daß Management nicht im Fällen punktueller Entscheidungen besteht, sondern ein zeitlich und inhaltlich vielfältig verknüpfter Prozeß ist. "Die einzelnen Phasen dieses Prozesses zeigen dabei einen logisch-genetischen Zusammenhang und bilden so einen komplexen, sich ständig wiederholenden Managementzyklus, der durch Vor- sowie Rückkoppelungsbeziehungen gekennzeichnet ist" (SCHIERENBECK, 1986, S. 73). So ist die Vorgabe von Zielen zwar die Voraussetzung für die Problemerkenntnis und damit auch für die Planung, andererseits werden Ziele erst in der Planung genauer konkretisiert.

Abb. 2.4: Phasendarstellung des Managementprozesses

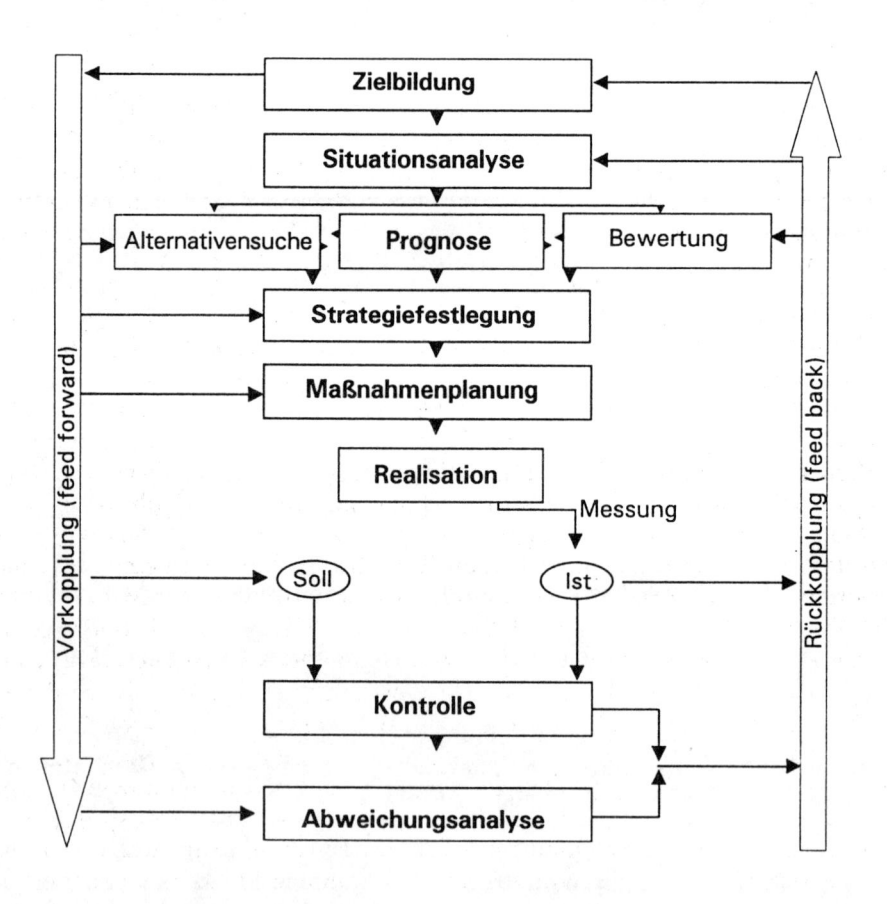

```
                    ┌──────────────────┐
         ┌─────────│   Zielbildung    │◄─────────┐
         │          └────────┬─────────┘          │
         │                   ▼                    │
         │          ┌──────────────────┐          │
         │          │ Situationsanalyse │◄────────┤
         │          └────────┬─────────┘          │
         │    ┌──────────────┼──────────────┐     │
         │    ▼              ▼              ▼     │
         │ ┌─────────┐  ┌─────────┐  ┌──────────┐ │
         │ │Alternativ│◄─│ Prognose│─►│Bewertung │◄┤
         │ │ensuche  │  └────┬────┘  └──────────┘ │
         │ └────┬────┘       │                    │
         │      └──►┌──────────────────┐          │
         │          │Strategiefestlegung│         │
         │          └────────┬─────────┘          │
         │                   ▼                    │
         │          ┌──────────────────┐          │
         │          │ Maßnahmenplanung │          │
         │          └────────┬─────────┘          │
         │                   ▼                    │
         │          ┌──────────────────┐          │
         │          │   Realisation    │          │
         │          └────────┬─────────┘          │
         │                   │  Messung           │
         │                   ▼                    │
         │         (Soll)        (Ist)────────────┤
         │           │             │              │
         │           ▼             ▼              │
         │          ┌──────────────────┐          │
         │          │    Kontrolle     │          │
         │          └────────┬─────────┘          │
         │                   ▼                    │
         │          ┌──────────────────┐          │
         └─────────►│ Abweichungsanalyse│─────────┘
                    └──────────────────┘
   Vorkopplung (feed forward)      Rückkopplung (feed back)
```

Quelle: in Anlehnung an WILD, 1982, S. 37

Die Phasendarstellung (vgl. Abb. 2.4) beschreibt einen Grundablauf als Soll-Vorstellung. Aber nur in der Welt betriebswirtschaftlicher Lehrbücher verläuft dieser Prozeß sequenziell in der dargestellten Reihenfolge. In der Unternehmenspraxis zeigen sich schon bei normalem Geschäftsverlauf durch Interdependenzen und Überlappungen zeitliche Überschneidungen; oft müssen außerordentliche Entscheidungen ohne die Möglichkeit vorheriger Planung getroffen werden; einzelne Prozeßstufen können übersprungen werden, "etwa bei ausgeprägten Routineaufgaben oder um im Sinne einer Vorkopplung (feed forward) rechtzeitig mögliche Störungen des Prozeßablaufs vorherzubestimmen" (SCHIERENBECK, 1986, S. 74).

2.2 Normatives Management

2.2.1 Bereiche

Die normative Dimension des Managements, die grundsätzliche Entscheidungen über Zweck und Legitimitätsgrundlagen (gesellschaftlicher Nutzen und Unternehmensethik) der Unternehmung sowie deren Leitlinien zur Umsetzung zum Inhalt hat, ist durch die vier grundlegenden Bereiche unternehmerische Vision, Unternehmenspolitik, Unternehmensverfassung und Unternehmenskultur bestimmt (BLEICHER, 1991, S. 73).

Die **unternehmerische Vision** stellt als generelle Leitidee ein konkretes Zukunftsbild der Unternehmung dar und beantwortet die Frage danach, warum eine Unternehmung überhaupt existiert. Sie umfaßt den Unternehmenszweck und die Wege zu dessen Erreichung. Wichtigster Ansatzpunkt ist dabei, zu erkennen, welchen gesellschaftlichen Nutzen ein Unternehmen stiften kann, weil davon die langfristige Existenz abhängt. "Der Zweck soll so formuliert werden, daß er sich auf eine Leistung außerhalb des Unternehmens bezieht. Formulierungen wie 'Geldverdienen' oder 'Marktführer werden' umreißen kein ausreichendes Konzept. Gewinne und eine führende Position sind das Ergebnis einer erfolgreichen Erfüllung des Zwecks, nicht der Zweck selbst" (KOTLER, 1989, S. 70; DRUCKER, 1993, S. 144f.). Ähnlich wie die kleinen Lebensmittelgeschäfte zunehmend aus dem Markt ausscheiden mußten, weil ihr Zweck, die Versorgung der Wohnbevölkerung mit Lebensmitteln, von den konkurrierenden Supermärkten der Handelsketten besser (d. h. mit höherem Nutzen für die Verbraucher) erfüllt wird, muß auch jedes Touristikunternehmen seinen Zweck im Kundennutzen finden. Kein Urlauber bucht eine Pauschalreise nur um dem Reiseveranstalter oder dem Reisebüro zur Gewinnmaximierung zu verhelfen; er bucht sie, weil er sich davon einen höheren Nutzen verspricht als von der selbstorganisierten Reise.

Die **Unternehmenspolitik** hat die prinzipielle Aufgabe, generelle Ziele und Grundorientierungen für das strategische und operative Verhalten zu definieren und damit einen Entwicklungspfad für die Zukunft der Unternehmung abzustecken. Aus systemtheoretischer Sicht geht es hierbei darum, "eine Harmonisierung externer, zweckbestimmter Interessen an der Unternehmung und intern verfolgten Ziele vorzunehmen" (BLEICHER, 1991, S. 73). Die zweckbestimmten Interessen ergeben sich aus den Erwartungen der Anspruchsgruppen Konsumenten, Kapitalgeber, Kommunen, Fiskus, Geschäftspartner und Mitarbeiter. Da die Mitglieder der Unternehmung sowohl aufgrund ihrer persönlichen Vorstellungen über ihre Tätigkeit als auch durch die innerbetriebliche Arbeitsteilung bedingt (z. B. unterschiedliche Bewertung der Programmstruktur durch Einkauf und Verkauf) differenzierte Interessen und Ziele einbringen, besteht auch hier die Notwendigkeit der Harmonisierung und Integration.

Die **Unternehmensverfassung** "läßt sich als Grundsatzentscheidung über die gestaltete Ordnung der Unternehmung verstehen" (BLEICHER, 1991, S. 116). Ihr Ergebnis besteht formal in der Struktur und Organisation der Unternehmung, materiell wird dadurch das Herrschaftsgefüge der Beziehungen zwischen den Organisationsmitgliedern geregelt. Die Unternehmensverfassung stellt also ein Regelungssystem dar, das aus der für die Unternehmung relevanten Gesetzgebung (z. B. Mitbestimmungsgesetze) und aus intern definierten Normen besteht.

Die **Unternehmenskultur** umfaßt verhaltensbezogene Werte und Normen. Sie bezeichnet nach BLEICHER (1991, S. 148) "allgemein die kognitiv entwickelten Fähigkeiten einer Unternehmung sowie die affektiv geprägten Einstellungen ihrer Mitarbeiter zur Aufgabe, zum Produkt, zu den Kollegen, zur Führung und zur Unternehmung". Dazu zählen (vgl. DAFT, 1991, S. 75-79; HAX/MAJLUF, 1991, S. 120-126; BOVÉE, 1993, S. 86ff.):

- die grundsätzlichen Wertvorstellungen der Unternehmensführung, die quasi das "Grundgesetz" für das Verhalten der Organisationsmitglieder darstellen. Diese Unternehmensgrundsätze sind entweder in Leitbildern schriftlich formuliert (vgl. Abb. 2.5) oder bestehen, was häufiger der Fall ist, nur latent in der Gedankenwelt des Chefs;

- die Verhaltensweisen als gelebte Unternehmensphilosophie für den Umgang zwischen Unternehmensmitgliedern, mit Kunden und mit Geschäftspartnern; eine besondere Bedeutung kommt hier dem formellen und informellen Verhalten der Vorgesetzten zu, die die Unternehmenskultur modellhaft vorleben, vermitteln und verstärken können (CERTO/PETER, 1990, S. 130);

- die Symbole, die das Erscheinungsbild prägen ("Corporate Design"), also Firmenzeichen, Hausfarben, Typographie, Uniformen, Gebäude- und Innenarchitektur, aber auch Stil der Werbung oder Art der PR-Maßnahmen (z. B. Kultur-, Sport- oder Umweltsponsoring);

Abb. 2.5: Unternehmensgrundsätze am Beispiel der TUI

> WO WIR HINWOLLEN:
>
> Wir haben uns immer vorausschauender und engagierter als andere darum bemüht, die Wünsche der Gäste zu erfüllen. Das hat die TUI zur Nummer 1 im Reisemarkt gemacht. Uns ist aber bewußt, daß diese Position immer wieder neu erkämpft werden muß. Dabei ist dem Gast gleichgültig, was die TUI will, ihn interessiert nur, was die TUI ihm bietet! Daß wir uns dieser Herausforderung stellen, zeigen unsere fünf Kernsätze für die Zukunft:
>
> **1. Der Gast bestimmt unser Handeln.**
>
> Tourismus ist eine Dienstleistung. Daher müssen wir dem Kunden noch mehr dienen. Wir müssen ihm die ganze Welt des Tourismus öffnen. Seine individuellen Wünsche sind die Meßlatte.
>
> **2. Unsere Mitarbeiter sind die Seele des Geschäfts.**
>
> Wir bauen auf einen qualifizierten Mitarbeiterstamm, der entscheidend mitgeholfen hat, uns zur Nummer 1 zu machen. In Zukunft wollen wir noch mehr die Ideen unserer Mitarbeiter einbinden, sie stärker motivieren durch mehr Verantwortung für den einzelnen, mehr Teamgeist, mehr Schulung.
>
> **3. Ohne Partner geht es nicht.**
>
> Es jedem Gast recht zu machen, ist eine ungeheuer schwere Aufgabe. Sie ist nur gemeinsam zu bewältigen. Darum tut die TUI alles, um die Zusammenarbeit mit allen Reisebüros und Geschäftspartnern vor Ort weiter zu verbessern.
>
> **4. Der Preis zeigt, was wir können.**
>
> Bei allem, was die TUI sich vorgenommen hat: Der Preis muß marktgerecht bleiben. Denn schöne Ferien sind nur schön, wenn man sie auch bezahlen kann. Darum müssen wir mit allen Ressourcen geschickt umgehen, Rationalisierung nutzen, wo es geht.
>
> **5. Umweltschutz fängt bei uns selbst an.**
>
> Bei der TUI wird der Schutz der Umwelt in Zukunft eine besondere Rolle spielen. Schulung des TUI-Service, Umweltgutachten für Hotelneubauten oder Rückzug aus gefährdeten Gebieten sind nur einige Beispiele der künftigen Strategie.
>
> Wir wollen uns auch in Zukunft nicht auf dem ausruhen, was wir erreicht haben, sondern weiterhin versuchen, besser zu sein als die Wettbewerber. Nichts belohnt uns dafür mehr, als schöne Ferien für zufriedene Gäste. Sollte das dazu führen, daß wir die Nummer 1 bleiben, so haben wir keineswegs etwas dagegen.

Quelle: TOURISTIK UNION INTERNATIONAL

- die tradierte Geschichte des Unternehmens, zu der Legenden, Mythen, Traditionen, historisch gewachsene Denkschemata und Problemlösungsmuster sowie überlieferte Geschäftspraktiken gehören.

Die Unternehmenskultur formt die Identität eines Unternehmens, wie sie im Selbstbild und im Image kommuniziert, wahrgenommen und erfahren wird. Sie repräsentiert nach innen die "konzeptionelle Welt" (STEINMANN/SCHREYÖGG, 1991, S. 533) des Unternehmens, die als weitgehend gemeinsames Grundverständnis Orientierungs- und Entscheidungsmuster vorgibt, und sie prägt nach außen die für das Unternehmen charakteristischen Erscheinungsformen.

2.2.2 Die soziale Verantwortung der Unternehmen

Gesellschaftlicher Wertewandel ebenso wie dramatische wirtschaftliche Fehlentwicklungen (Ressourcenvergeudung, Umweltzerstörung, Gesundheitsgefährdung) führten im letzten Jahrzehnt zu einer Intensivierung der Diskussion darüber, ob technische Machbarkeit und ökonomische Profitabilität unter Einhaltung der gesetzlichen Bestimmungen weiterhin die einzigen Kriterien für unternehmerisches Verhalten sein können. Vertreter der klassischen und der neoliberalen Wirtschaftstheorie verneinen jede soziale Verantwortung der Unternehmen, wie FRIEDMANN (1962, S. 133) deutlich formuliert: "There is one and only one social responsibility of business - to increase its profits so long as it stays within the rules of the game." Im Gegensatz dazu fordert DRUCKER (1993, S. 147f.): "Der wirtschaftliche Erfolg ist nicht die einzige Verantwortung eines Unternehmens [...]. Eine Organisation ist für ihre Auswirkungen auf das Gemeinwesen, in dem sie ansässig ist, und auf die Gesellschaft insgesamt verantwortlich. Sie muß für die Abwässer, die sie in lokale Gewässer einleitet, ebenso geradestehen wie für den Verkehrsstau, den ihre Arbeitszeiten mitverursachen."

Akzeptiert ein Unternehmen diese über die Gewinnerzielung hinausgehende gesellschaftliche Verantwortung, dann erwächst hieraus für das Management "die Aufgabe, die Aktivitäten auf langfristige außerökonomische Wirkungen hin zu überprüfen und damit auch die soziale Verantwortung für die Erhaltung der Grundlagen der gesellschaftlichen Ordnung wahrzunehmen. Unter der sozialen Verantwortung wird dabei die freiwillige Koordination der Unternehmenspolitik mit gesellschaftlichen Wertvorstellungen subsumiert" (MEFFERT, 1988, S. 138).

Hintergrund dieser Einstellung ist die Überzeugung, daß eine Unternehmung nicht nur eine wirtschaftliche Einheit darstellt, sondern gleichzeitig auch

- ein soziales Gebilde, in dem die Mitarbeiter nicht nur als Produktionsfaktoren, sondern ganzheitlich als Personen mit über die Lohnerzielung hinausgehenden Ansprüchen an das Unternehmen (Arbeitsplatzsicherheit, Aufstiegsstreben, persönliche Entwicklung) gesehen werden, und

- eine gesellschaftliche Einheit, die auch auf die Außenwirkung ihrer Tätigkeit zu achten hat, insbesondere, weil die ökonomische Rationalität eines Betriebs nicht immer mit dem gesamtgesellschaftlichen Optimum zusammenfällt.

Ein erweiterter Begriff der sozialen Verantwortung fordert von den Unternehmen zudem eine Mithilfe bei der Lösung gesellschaftlicher Probleme, z. B. Integration von Ausländern, Schaffung von Lehr- und Ausbildungsstellen, Beschäftigung von Behinderten oder Frauenquoten für Führungspositionen (vgl. BOVÉE, 1993, S. 104). WALLE (1995) begründet die Notwendigkeit einer umfassenden ethischen Verpflichtung (social responsiveness statt social obligation) für Tourismusunternehmen damit, daß Tourismus mit meist nicht rückgängig zu machenden Veränderungen der natürlichen und sozialen Umwelt verbunden ist und zudem Auswirkungen auf nichtbeteiligte Dritte hat, die damit ebenfalls als "stakeholder" zu betrachten sind.

Das Konzept der sozialen Verantwortung erweitert die klassischen Verpflichtungen des Managements gegenüber den Eigentümern und Gläubigern um neue Anforderungen in bezug auf Verantwortung gegenüber den Arbeitnehmern, den Verbrauchern sowie der sozialen und natürlichen Umwelt. Zwar sind Teilbereiche gesellschaftlicher Verantwortung durch rechtlich verbindliche Normen (Mitbestimmung, Produzentenhaftung, Umweltauflagen) institutionell geregelt, für die ungeregelten Bereiche aber sind zur Wahrnehmung der sozialen Verantwortung interne Grundsätze und Normen zu entwickeln und in Kraft zu setzen, die als Unternehmensethik im Sinne einer Selbstbindung die Auswirkungen des am bloßen wirtschaftlichen Erfolg orientierten Handelns kontrollieren und begrenzen. Damit ist "die Unternehmensethik also [...] letztlich von ihrer Wirkung her auf eine Begrenzung des Gewinnprinzips in solchen Handlungssituationen ausgerichtet, wo das Streben nach Gewinn zu einem ethisch verwerflichen Tun führt oder führen würde" (STEINMANN/SCHREYÖGG, 1991, S. 95). Kein Zweifel besteht allerdings an der auch gesellschaftlichen Notwendigkeit des Gewinns, da nur dadurch der Fortbestand des Unternehmens und damit die Grundlage für die Wahrnehmung sozialer Verantwortung gewährleistet ist.

2.3 Strategisches Management

2.3.1 Aufgaben des strategischen Managements

Das strategische Management ist auf die Zukunftssicherung der Unternehmung ausgerichtet und verfolgt den Aufbau, die Pflege und die Ausbeutung von Erfolgspositionen, für die Ressourcen langfristig gesichert und ökonomisch eingesetzt werden müssen. Bei einer strategischen Erfolgsposition handelt es sich, so PÜMPIN (1986, S. 34), "um eine in einer Unternehmung durch den Aufbau von wichtigen und dominierenden Fähigkeiten bewußt geschaffene Voraussetzung, die es dieser Unternehmung erlaubt, im Vergleich zur Konkurrenz langfristig überdurchschnittliche Ergebnisse zu erzielen".

Nach BIRCHER (1976, S. 94f.) ergeben sich drei strategische Aufgabenfelder, die im wesentlichen durch folgende Fragen beschrieben werden können:

• Produkt-Markt-Strategien: Mit welchen Produkten und auf welchen Märkten kann langfristig das Gesamtziel der Unternehmung erreicht werden?

• Mittelstrategie: Welchen Anforderungen müssen die Leistungspotentiale, die der Unternehmung als Ressourcen langfristig zur Verfügung stehen, gerecht werden, um die geforderten Gesamtziele erreichen zu können?

• Verfahrensstrategien: Wie sind Art und Zeitpunkt des Planungsprozesses zu bestimmen, um die Entwicklung einer wirksamen Unternehmensstrategie zu gewährleisten?

Nach der Häufigkeit ihres Auftretens lassen sich Managementtätigkeiten in sporadische und laufende Aufgaben unterscheiden (STAEHLE, 1985, S. 53). Sporadische Managementaufgaben sind vorwiegend Gegenstand des strategischen Managements. Der Ausdruck sporadisch impliziert nicht, daß solche Entscheidungen einmal getroffen und langfristig unverändert vollzogen werden. Sie unterliegen einem Management Audit, einer "periodischen Überprüfung der Planungs-, Organisations- Durchführungs- und Controlling-Maßnahmen einer Unternehmung in bezug auf ein bestimmtes Anspruchsniveau[...]. Dies im Hinblick auf die Vergangenheit, Gegenwart und Zukunft des Unternehmens" (TERRY, 1977, S. 521). Da davon allerdings Strukturentscheidungen betroffen sind, ist die Intention sporadischer Managementaufgaben trotz aller Revisions- und Änderungsnotwendigkeit die Schaffung eines längerfristig geltenden Handlungsrahmens.

2.3.2 Funktionsbereiche

Seit FAYOL 1916 erstmals den Vorschlag einer funktionalen Gliederung der Unternehmung veröffentlichte, wurde in der Managementtheorie eine Fülle von Managementfunktionen entwickelt; dazu zählen Planung, Organisation, Personalausstattung, Leitung, Führung, Motivation, Koordination, Entscheidung und Kontrolle (vgl. dazu STAEHLE, 1985, S. 41-53). Die folgenden Darstellungen beschränken sich auf ein Vier-Funktionen-Modell, wie es etwa bei BOVÉE (1993) oder DAFT (1991) Verwendung findet.

Planung: Die Funktion der Plaung besteht darin, die Lücke zwischen einer aktuellen und einer zukünftigen Situation gedanklich zu überbrücken. Dazu müssen Ziele definiert und Wege zu ihrer Erreichung entwickelt werden. Da dies für alle Unternehmensebenen gilt, also für die normative, strategische, operative und ausführende Ebene, umfaßt der Planungsprozeß unterschiedliche inhaltliche Reichweiten ebenso wie unterschiedliche Planungszeiträume. STEINMANN/SCHREYÖGG (1991, S. 9) schreiben der Planung die Rolle einer Primärfunktion in dem Sinne zu, "daß alle anderen Funktionen ihre Bestimmung aus der Planung erfahren und so gewissermaßen dem Regiment der Planung unterworfen sind". Da dies in besonderem Maße auf die Zielplanung zutrifft, wird dieser Aspekt in Kap. 2.3.3 ausführlicher dargestellt.

Organisation: Durch die Organisation wird ein System von personenbezogenen Verhaltensregeln und objektbezogener Funktionsregeln (Leistungsanforderungen an Maschinen) geschaffen, das die in einer Unternehmung anfallenden Aufgaben in effizienter Weise erledigen soll (GROCHLA, 1978, S. 28f.). Dabei wird zwischen Aufbau- und Ablauforganisation unterschieden. Die Aufbauorganisation beschreibt die arbeitsteilungsbezogene Strukturierung des Unternehmens in Untereinheiten (Geschäftseinheiten, Abteilungen, Stellen) und deren gegenseitige (hierarchische und kommunikative) Beziehungen, die Ablauforganisation die raum-zeitliche Strukturierung der Arbeitsvorgänge. Die Organisationsstruktur einer Unternehmung wird sichtbar gemacht durch Geschäftsverteilungspläne, Organigramme, Stellenbeschreibungen, Betriebsordnungen, Flußdiagramme etc.

Einflußfaktoren auf die Gestaltung der Organisation (vgl. THOM, 1988, S. 328) sind Unternehmensmerkmale wie Rechtsform und Größe, Komplexität, Leistungsprogramm, Traditionen, Aufgabenmerkmale wie Fachkenntnisse, Wiederholungshäufigkeit, finanzielle Risiken sowie Merkmale der Entscheidungsträger wie Professionalität, Führungswissen, Wertesystem, oder, z. B. in Familienbetrieben, auch Verwandtschaftsgrad (zur Organisation von Touristikunternehmen siehe HEBESTREIT, 1992, S. 504-547).

Führung: Die Managementfunktion Führung bezieht sich nach STAEHLE (1985, S. 535f.) auf die "Beeinflussung der Einstellungen und des Verhaltens von Einzelpersonen sowie der Interaktionen in und zwischen Gruppen, mit dem Zweck, gemeinsam bestimmte Ziele zu erreichen". Kriterien des Führungserfolgs sind sowohl die in der strategischen und operativen Planung festgelegten Aufgabenziele als auch Mitarbeiterziele, die eine Voraussetzung zur Erreichung der Aufgabenziele darstellen, weil sie Leistungsbereitschaft (Motivation) und Leistungsfähigkeit beeinflussen. Mitarbeiterziele sind darüber hinaus aber auch eigenständige Ziele (z. B. Arbeitszufriedenheit, Selbstentfaltung), deren Realisierung in Inhalt und Ausmaß vorwiegend vom Grad der in einer Unternehmung praktizierten sozialen Verantwortung abhängt. Die Führungsfunktion hat sowohl interpersonelle wie organisatorische Aspekte: interpersonell meint die Fähigkeiten und Techniken des Vorgesetzten zur Beeinflussung des Verhaltens seiner Mitarbeiter (vgl. dazu beispielsweise die bei SCHIERENBECK, 1986, S. 128-131 dargestellten "Management-by"-Konzepte), organisatorisch bezieht sich auf die Frage, welche Maßnahmen im Rahmen der Gesamtorganisation getroffen werden können, um das Verhalten der Mitarbeiter und ihrer Vorgesetzten auf das Erreichen der Unternehmensziele auszurichten (vgl. ULRICH/FLURI, 1975, S. 187).

Kontrolle: In der schematischen Darstellung bildet die Kontrolle als Gegenüberstellung von Soll und Ist den Abschluß des Managementprozesses. Eine Beschränkung auf eine bloße ex-post Kontrolle ist allerdings wegen des weiten Planungshorizonts und der damit verbundenen Komplexität und Unsicherheit der Planung nicht ausreichend. Eine zweite Aufgabe der strategischen Kontrolle besteht darin, "die strategischen Pläne und deren Umsetzung fortlaufend auf ihre weitere Tragfähigkeit hin zu überprüfen, um Bedrohungen und dadurch notwendig werdende Veränderungen des strategischen Kurses rechtzeitig zu signalisieren" (STEINMANN/SCHREYÖGG, 1991, S. 202). Da strategische Pläne von Anfang an als potentiell revisionsbedürftig akzeptiert werden müssen, setzt schon mit Beginn der Planung eine phasenbegleitende Kontrolle der zugrundegelegten Prämissen ein; ebenso die Überwachung der nicht in die Planung einbezogenen, aber für die Unternehmensstrategie möglicherweise bedrohlichen Bereiche. Mit Beginn der Umsetzung der Strategie erfolgt die strategische Durchführungskontrolle: "Sie hat anhand von Störungen wie auch prognostizierter Abweichungen von ausgewiesenen strategischen Zwischenzielen (Meilensteinen) festzustellen, ob der gewählte strategische Kurs gefährdet ist oder nicht" (STEINMANN/SCHREYÖGG, 1991, S. 204). Die strategische Kontrolle ist also ein kontinuierlicher Prozeß, der aus dem Zusammenwirken der drei genannten Kontrollarten (Ergebnis-, Prämissen- und Durchführungskontrolle) besteht.

2.3.3 Zielplanung

Die Zielplanung im Rahmen des strategischen Managements bezieht sich auf ein Zielsystem, weil ein ganzes Bündel gleichzeitig zu verfolgender Ziele vorliegt, die sowohl wirtschaftlicher als auch sozialer Art sind. Dabei stehen institutionell vorgegebene Gewinn- und Rentabilitätsziele für privatwirtschaftliche Unternehmen, da sie der Sicherung der Überlebensfähigkeit dienen, nur sehr begrenzt zur Disposition und bestimmen den Rahmen des strategischen Planungsprozesses.

Hinsichtlich der **ökonomischen Ziele** werden die Basiskategorien Leistungs-, Erfolgs- und Finanzziele unterschieden. "Leistungs- und Finanzziele bilden als wirtschaftliche Sachziele den Gegenstandsbereich des Wirtschaftens in der Unternehmung ab, während Erfolgsziele als wirtschaftliche Formalziele den Umfang der angestrebten Wirtschaftlichkeit bei der

Verfolgung wirtschaftlicher Sachziele zum Ausdruck bringen" (SCHIEREN-BECK, 1986, S. 58).

Soziale Ziele sind trotz des "Primats des Ökonomischen" in der Unternehmensplanung zu berücksichtigen, weil

- ökonomische Ziele immer auch - implizit oder explizit - eine soziale Dimension aufweisen, z. B. über externe Effekte auf die Umwelt, über Entlohnung und Arbeitsbedingungen auf die Mitarbeiter,

- ihre Verfolgung in Teilbereichen gesetzlich geregelt und daher unumgänglich ist und

- das gesellschaftliche Umfeld von den Unternehmen ein sozial- und mitweltverträgliches Verhalten einfordert.

"Daher spielen heutzutage im Zielsystem von Reiseveranstaltern neben ökonomischen Zielen [...] Aussagen eine zunehmend bedeutendere Rolle, die die Beziehungen zwischen Reiseveranstalter sowie Natur und Gesellschaft zum Inhalt haben" (KREILKAMP, 1993, S. 257).

Für gemeinnützige Unternehmen, die nicht dem Gewinnmaximierungsziel verpflichtet sind, sowie für Betriebe, die als Teil eines öffentlichen Unternehmens als Subventionsbetriebe geführt werden, ist die Verfolgung sozialer Ziele die einzige Legitimationsgrundlage. In der Touristik sind solche Betriebe Anbieter von sozialtouristischen Programmen oder von Bildungsangeboten. Der Begriff Sozialtourismus bezeichnet kostengünstige Urlaubsangebote für benachteiligte oder einkommensschwache Bevölkerungsgruppen, für die auf dem kommerziellen Markt keine adäquaten Programme angeboten werden. Adäquat bedeutet entweder in bezug auf den Preis, z. B. Urlaub für Senioren, oder auf die organisatorisch-inhaltliche Durchführung, z. B. Urlaub für Behinderte. Kostendeckende Preise würden die Ausgabemöglichkeiten der Zielgruppen überschreiten, so daß dafür kein kommerzieller Markt besteht. Die Träger solcher Maßnahmen benötigen daher öffentliche Subventionen. Ähnliches gilt für gesellschaftliche Bildung im weitesten Sinne, wobei Reisen als pädagogisches Medium angesehen wird; z. B. bei internationalen Jugendbegegnungen mit dem Ziel des interkulturellen Lernens (vgl. MÜLLER, 1987, S. 149-154; POMPL, 1982), bei politischen Studienreisen oder kirchlichen Urlaubsangeboten (Slogan des CVJM-Programms: "Mit Bibel und Bikini").

In Abb. 2.6 wird ein Katalog möglicher Basisziele aufgelistet (vgl. dazu auch MEFFERT, 1989, S. 78ff.; Heinen, 1976, S. 39ff.). Es ist Aufgabe des strategischen Managements, die für das Unternehmen relevanten Kategorien auszuwählen, ihnen langfristige Prioritäten zuzuordnen sowie sie inhaltlich und zeitlich zu konkretisieren.

Das Zielsystem einer Unternehmung ist hierarchisch in Ober- und Unterziele gegliedert. Dies ergibt sich aus der Mittel-Zweck-Beziehung von Zielen, die dadurch gekennzeichnet ist, daß ein bestimmtes Ziel Mittelcharakter für die Erfüllung eines übergeordneten Zieles besitzt.

Abb. 2.6: Basiskategorien von Unternehmenszielen

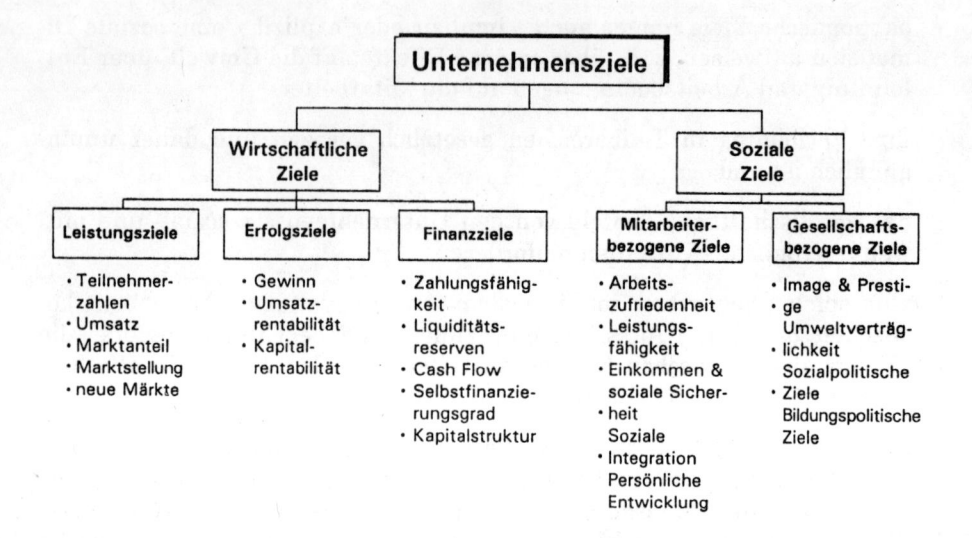

```
                              Unternehmensziele
                    ┌──────────────────┴──────────────────┐
             Wirtschaftliche                         Soziale
                 Ziele                                Ziele
      ┌──────────┼──────────┐               ┌──────────┴──────────┐
Leistungsziele  Erfolgsziele  Finanzziele   Mitarbeiter-      Gesellschafts-
                                            bezogene Ziele    bezogene Ziele

• Teilnehmer-   • Gewinn      • Zahlungsfähig-  • Arbeits-        • Image & Presti-
  zahlen        • Umsatz-       keit              zufriedenheit     ge
• Umsatz          rentabilität • Liquiditäts-   • Leistungs-        Umweltverträg-
• Marktanteil   • Kapital-      reserven          fähigkeit         lichkeit
• Marktstellung   rentabilität • Cash Flow      • Einkommen &       Sozialpolitische
• neue Märkte                 • Selbstfinanzie-   soziale Sicher-   Ziele
                                rungsgrad         heit              Bildungspolitische
                              • Kapitalstruktur   Soziale           Ziele
                                                  Integration
                                                  Persönliche
                                                  Entwicklung
```

Beispiel: Das Ziel Umsatzsteigerung ist ein Mittel für das Oberziel Gewinnsteigerung; die in dieser Betrachtung ein Unterziel darstellende Umsatzsteigerung ist aber ihrerseits wiederum ein Oberziel für das nachgelagerte Instrument Werbewirksamkeit, das seinerseits wiederum das Ziel der Maßnahme Verbesserung der Kommunikationsinhalte ist.

BECKER (1992, S. 27) spricht in diesem Zusammenhang von einer "Zielpyramide", deren unterschiedliche Ebenen die Zweck-Mittel-Relation definieren, wobei der Konkretisierungsgrad und die Zahl der Ziele von der Spitze zur Basis jeweils zunehmen. Während also die Ziele an der Spitze der Pyramide (Vision, Unternehmenszweck) relativ "weich" formuliert sind, werden die Ziele an der Basis nach Inhalt, Dimension und Erreichungsgrad sehr präzise operationalisiert und fallen somit zum Teil auch in den Bereich des operativen Managements (vgl. Abb. 2.7).

Für die strategische Zielplanung steht eine Reihe von Instrumenten zur Verfügung, von denen hier nur die wichtigsten aufgelistet werden; die in Klammern genannten Quellen beziehen sich auf dort dargestellte Anwendungsbeispiele aus dem Tourismus.

- Stärken/Schwächen-Profil (KREILKAMP, 1993, S. 266; KASPAR/ KUNZ, 1982, S. 97f.),

- Portfolio-Technik (WÖBER, 1993),
- Lebenszyklus-Analyse (COOPER, 1989),
- Erfahrungskurveneffekte (SCHWANINGER, 1989b, S. 427ff.),
- Prognoseinstrumente wie Szenario-Techniken, Delphi-Methode (ZIMMERMANN, 1992),
- Kosten-Nutzen-Analyse (MÜLLER, 1993),
- Analyse der Wertschöpfungsketten (KIRSTGES, 1992a, S. 224-237).

Abb. 2.7: Zielhierarchie eines Reiseveranstalters am Beispiel Beschaffung

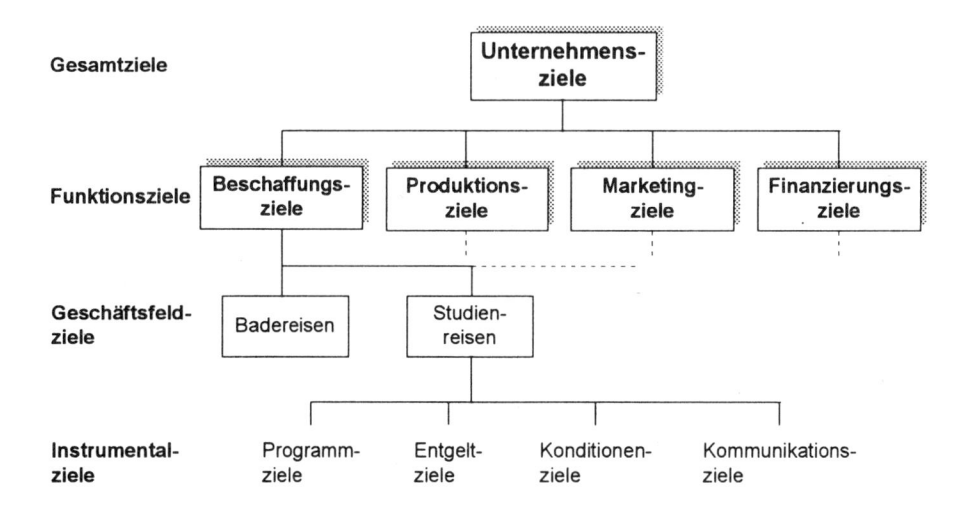

```
Gesamtziele                    Unternehmens-
                                  ziele

Funktionsziele   Beschaffungs-   Produktions-   Marketing-   Finanzierungs-
                    ziele           ziele         ziele          ziele

Geschäftsfeld-
ziele             Badereisen    Studien-
                                 reisen

Instrumental-      Programm-    Entgelt-    Konditionen-   Kommunikations-
ziele                ziele        ziele        ziele           ziele
```

2.3.4 Strategietypen

In der Managementliteratur wurde eine Reihe von Strategietypen entwickelt, die jeweils eine Auswahl aus unterschiedlichen strategischen Stoßrichtungen erlauben. Dabei kann zwischen der "grand strategy" für die gesamte Unternehmung (integrierte Gesamtstrategie), Strategien für die einzelnen Geschäftseinheiten und Funktionalstrategien (z. B. für Beschaffung oder Finanzierung) unterschieden werden (vgl. DAFT, 1993, S. 159; BOVÉE, 1991, S. 246ff.).

Innerhalb der Unternehmensgesamtstrategie bestehen die Alternativen Wachstum, Stabilität und Einschränkung.

Wachstumsstrategien können auf folgende Optionen setzen:

- Konzentration auf wenige Produkte und Märkte;

- vertikale Integration durch Ausdehnung der Geschäftstätigkeit auf vorgelagerte oder nachgelagerte Produktionsstufen; z. B. indem ein Reiseveranstalter durch den Erwerb eines Hotels (Rückwärtsintegration) oder eines Reisebüros (Vorwärtsintegration) seine Wertschöpfungskette verlängert (vgl. KIRSTGES, 1992a, S. 32-40);

- horizontale Integration durch Übernahme eines oder mehrerer Wettbewerber;

- Diversifizierung durch Ausdehnung der Geschäftstätigkeit in andere Branchen.

Stabilitätsstrategien zielen auf eine Beibehaltung der bisherigen Märkte und Produkte. Die Aufrechterhaltung des Status quo bedeutet aber nicht per se Inaktivität; so kann es ein Ziel sein, durch Konsolidierung eine erreichte Position zu stabilisieren oder eine Ertragsverbesserung durch Kostensenkungen und Effizienzsteigerung zu erreichen (vgl. dazu auch das Programm-Leitbild einer Stabilisierungsstrategie bei BLEICHER, 1991, S. 286f.).

Einschränkungsstrategien werden verfolgt, wenn finanzielle Schwierigkeiten, Absatz- oder Beschaffungsprobleme eine Reduzierung der Geschäftstätigkeit fordern. BOVÉE (1993, S. 249) nennt als wesentlichste Alternativen:

- die Turnaround-Strategie als den Versuch, den Abwärtstrend zu stoppen und wieder in die Gewinnzone zu kommen; als Mittel können Personalkürzungen, Produktelimierung, Rückzug aus unprofitablen Märkten, Schließung von Niederlassungen, aber auch Qualitätsverbesserung und Preisanpassungen eingesetzt werden;

- die Desinvestition durch den Verkauf unrentabler Betriebsteile und Konzentration auf die verbliebenen wettbewerbsfähigen Ertragspotentiale;

- die Abschöpfung noch vorhandener Ertragspotentiale und Reduzierung der Investitionen mit der Absicht, das Unternehmen mittelfristig zu liquidieren;

- die Liquidierung des Unternehmens durch freiwillige Einstellung der Geschäftstätigkeit oder Konkurs.

Die Verbindung zwischen der Gesamtstrategie der Unternehmung und den Strategien für die Geschäftseinheiten kann durch die Portfolio-Methode hergestellt werden. Während die "grand strategy" die grundsätzlichen Entwicklungslinien der Unternehmung vorzeichnet, ist die Portfolio-Strategie ein Instrument, um "die einzelnen Geschäftsbereiche des Unternehmens mit ihren Ertragsaussichten sowie mit ihren Chancen und Risiken aus dem

Gesamtzusammenhang des Unternehmens heraus zu beurteilen, um über die Verteilung knapper Ressourcen entscheiden zu können [...], und zwar in der Weise, daß Geschäftsfelder mit den langfristig größten Chancen in bezug auf Marktanteile und Ressourcen am stärksten unterstützt werden" (KREILKAMP, 1993, S. 269f.; zur Darstellung und Diskussion der verschiedenen Portfolio-Modelle siehe KREILKAMP, 1987, S. 316-562; NIESCHLAG/DICHTL/HÖRSCHGEN, 1988, S. 869-891; HAX/MAJLUF, 1991, S. 152-204; WÖBER, 1993).

Für die Führung von Geschäftseinheiten schlägt PORTER (1992b, S. 63ff.) drei potentiell erfolgreiche Strategietypen vor, um Wettbewerbsvorteile gegenüber den Konkurrenten zu erlangen: umfassende Kostenführerschaft, Differenzierung und Konzentration auf Schwerpunkte.

Kostenführerschaft setzt den Zugang zu Kapital voraus, da hohe Investitionen notwendig sind, um eine effiziente Betriebsgröße und ein kostengünstiges Vertriebssystem zu erreichen; Verfahrensinnovationen und rationell herzustellende Produkte sind zur Kostensenkung ebenso erforderlich wie eine strenge Kostenkontrolle; auch in den Bereichen Forschung und Entwicklung, Service und Werbung sind die Kosten zu minimieren.

Differenzierung zielt darauf ab, das Produkt so weit zu entwickeln, daß es in der Branche als einzigartig angesehen wird. Die Ansätze zur Differenzierung können viele Formen annehmen: Design, Technologie, Markenname, Kundendienst oder Händlernetz.

Konzentration zielt auf Marktnischen, also auf bestimmte Abnehmergruppen, auf nur einen Teil des Produktprogramms oder auf einen geographisch abgegrenzten Markt. Das eng begrenzte strategische Ziel kann wirkungsvoller erreicht werden als das der Konkurrenten, die in einem umfassenden Wettbewerb stehen. Im Endeffekt erzielt das Unternehmen entweder eine Differenzierung oder niedrigere Kosten, oder sogar beides zusammen.

PORTER (1992b, S. 71) bezeichnet diese drei Strategietypen als "alternative, gangbare Möglichkeiten, um mit den Wettbewerbskräften fertigzuwerden. Das bedeutet umgekehrt, daß ein Unternehmen, dem es nicht gelingt, seine Strategie zumindest in einer dieser drei Richtungen zu entwickeln - das also 'zwischen den Stühlen sitzt' - in einer äußerst schlechten strategischen Situation ist".

2.4 Operatives Management

Während im strategischen Management die Schnittstellen zwischen der Unternehmung und seiner Umwelt eine zentrale Rolle spielen, zielt das operative Management in erster Linie darauf ab, die als Ergebnis der normativen Entscheidungen und strategischen Planungen entwickelten Zielvorgaben und Grundstrategien für die Funktionalbereiche, hier insbesonre Beschaffung und Absatz, durch ergänzende Planungen zu konkretisieren und mit Hilfe operativer Maßnahmen in die Realität umzusetzen (vgl. HAEDRICH, 1993, S. 34). Das operative Management richtet sich im ökonomischen Bereich auf leistungs-, finanz- und informationswirtschaftliche Prozesse und im sozialen Bereich auf ein effektives Mitarbeiterverhalten.

Abb. 2.8: Tendenzaussagen zu Merkmalen strategischer und operativer Entscheidungen

Merkmalsbereiche bzw. Merkmale	Strategische Entscheidungen	Operative Entscheidungen
Entscheidungsträger:		
Hierarchische Ebene	obere Führungsebene	mittlere und untere Ebene
Deligierbarkeit	gering	stark
Entscheidungsobjekt:		
Geltungsbereich	Unternehmung als Ganzes	Teile des Unternehmens
Wiederholungshäufigkeit	gering	repetitiv
Gültigkeit	generell	fallweise
Fristigkeit	eher langfristig	eher kurzfristig
Revidierbarkeit	gering, mit hohen Kosten verbunden	mittel, mit eher geingen Kosten verbunden
Entscheidungsstruktur:		
Komplexitätsgrad	hoch	niedrig
Sicherheitsgrad	Unsicherheit	Risiko
Strukturierungsgrad	schlecht strukturiert	eher wohl strukturiert
Detaillierungsgrad	gering, global	hoch, spezifiziert
Entscheidungsprozeß:		
Programmierbarkeit	nein	teilweise
Input an individuellen Wertprämissen	hoch	gering
Denkart	ganzheitlich, intuitiv	stark analytisch
Art des Entscheidungsverhaltens	innovativ, kreativ	routinisiert

Quelle: LANGE, 1981, S. 7

Die operative Planung konkretisiert die Unternehmensziele für eine feste Periode, bei Reiseveranstaltern also in der Regel für eine Angebotsperiode (bei Pauschalreiseketten eine Saison, d. h. ein halbes Jahr, bei Veranstaltern mit Jahresprogramm für ein Jahr) hinsichtlich Inhalt, Ausmaß, zeitlichem Bezug, legt operative und dispositive Maßnahmen der Funktionalbereiche fest, bestimmt den Personalbedarf und legt die Erfolgs-, Finanz- und gegebenenfalls auch die Investitionsbudgets für die Planungsperiode fest (vgl. ULRICH/FLURI, 1975, S. 105ff.). Aufgrund dieser Zusammenhänge lassen sich strategische und operative Planung nicht strikt trennen, sie sind vielmehr inhaltlich wie zeitlich zumindest partiell miteinander verzahnt; die wesentlichen Unterschiede zwischen diesen beiden Managementebenen sind in Abb. 2.8 dargestellt.

Die Organisation und der Vollzug der konkreten Maßnahmen durch die Bereiche Beschaffung, Marketing, Produktion und Finanzen erfolgt zwar auf der Basis der Planungsvorgaben, ist aber besonders in der Touristik durch die Notwendigkeit, Entscheidungen spontan zu treffen, bestimmt. Der Routineablauf wird häufig durch vielfältige Einzelprobleme unterbrochen und weist der operativen Führung neben der Motivationsaufgabe die Funktion eines Lückenbüßers zu: "Sie ist überall dort gefragt und notwendig, wo Planung und Organisation versagen, wo eine Feinanpassung oder eine spontane Umsteuerung erforderlich ist" (STEINMANN/SCHREYÖGG, 1991, S. 119f.). Die operative Kontrolle hat während der Realisierung der Pläne regelmäßig zu prüfen, ob die Basisannahmen richtig waren (z. B. Trends hinsichtlich Zielländer, Verkehrsmittel oder Produkttypen), keine unvorhergesehenen Ereignisse (Störfaktoren) eingetreten sind (z. B. Entwicklung der Wechselkurse bei Auslandsreisen) und ob die Zielwirkungen der Maßnahmen richtig eingeschätzt wurden (z. B. ob preispolitische Instrumente die erwünschten Resultate zeigen).

2.5 Management von Funktionsbereichen

Management wurde als Querschnittsfunktion bezeichnet, die in allen betrieblichen Funktionalbereichen anfällt und dessen jeweilige Ausprägung durch die Ziel-Mittel-Relation bestimmt wird. Daher gelten die bisherigen Aussagen zu strategischem und operativem Management auch für die verschiedenen betrieblichen Funktionsbereiche. Denn auch dort sind Ziele zu planen, sind Führungsfunktionen gefragt, muß die Ausführung der Tätigkeiten organisiert und kontrolliert werden.

Beschaffungsmanagement: Die Beschaffung zählt neben dem Absatz zu den beiden wichtigsten Funktionen eines Reiseveranstalters, der im wesentlichen Leistungen fremder Unternehmen zu einem neuen, eigenständigen Produkt kombiniert (zur ausführlichen Begründung vgl. Kap. 3.1). Dabei geht es sowohl darum, die für die Produktrealisierung notwendigen Teilleistungen rechtzeitig in der gewünschten Qualität und Menge bereitzustellen, als auch darum, Neuentwicklungen auf den Beschaffungsmärkten aufzugreifen und programmpolitisch zu verwerten. Die Beschaffung vollzieht damit nicht nur dispositiv die Anforderungen anderer Abteilungen, sie kann auch beim Aufbau strategischer Erfolgspotentiale mitwirken. Dort, wo Veranstalter an einer langfristigen Zusammenarbeit mit Leistungsträgern interessiert sind und wo die Vertragsvereinbarungen in persönlichen Verhandlungen erzielt werden, kommt die Entwicklung und die Pflege der Beziehungen zwischen Reiseveranstalter und Leistungsträger als eine weitere Aufgabe des Beschaffungsmanagements hinzu.

Produktionsmanagement: Das Management der betrieblichen Leistungserstellung besteht zwar als Aufgabe auch bei Reiseveranstaltern, ist dort aber organisatorisch nicht in einer Produktionsabteilung zusammengefaßt, sondern wird dezentralisiert weitgehend von anderen Abteilungen wahrgenommen. Das Management eines Reiseveranstalters muß, so HEBESTREIT (1992, S. 501), "der Eigentümlichkeit gerecht werden, daß es eine Produktionsabteilung hier nicht gibt. Es gibt zwar eine irgendwie geartete Planungsinstanz, welche die benötigte Betten- und Transportkapazität aufeinander abgestimmt plant (Geschäftsleitung, Touristik-Planer, Planer in Einkaufs- oder Verkaufsabteilung). Die Beschaffung der Bettenkapazität einerseits und der Transportkapazität andererseits geschieht jedoch aus technischen Gründen meist getrennt". Normalerweise der Produktion zugeordnete Tätigkeiten wie die Produktplanung als Gestaltung der Reisen (Zielorte, Termine, enthaltene Produktelemente) und Mengendisposition erfolgt durch das Marketing, der Erwerb von Rechten zur Nutzung der Produkte der Leistungsträger durch die Kunden des Reiseveranstalters, also der Abschluß von Beherbergungs- und Beförderungsverträgen, ist Aufgabe des Einkaufs, Leistungen bei der Reisedurchführung (Betreuung durch die Reiseleitung, Transferorganisation) werden vom Außendienst erbracht. Da meist auch die Produktion von Sachgütern wie Kataloge und Werbehilfsmittel an darauf spezialisierte Unternehmen ausgelagert wird, verbleibt als einzige Produktion die Herstellung der Reiseunterlagen (Flugscheine, Fahrkarten, Hotelgutscheine, Informationsblätter), die zunehmend aber auch schon bei kleinen und mittelständischen Unternehmen über die EDV abgewickelt werden.

Marketing-Management: Marketing als Führungskonzeption befaßt sich nach MEFFERT (1989, S. 34) mit drei wichtigen Funktionskomplexen, nämlich mit marktbezogenen, unternehmensbezogenen und gesellschaftsbezogenen Aufgaben.

Im Bereich des Absatzmarketing steht "unter dem Aspekt einer möglichst optimalen Aufdeckung, Ausschöpfung und gleichzeitig langfristigen Sicherung gewinnbringender Marktpotentiale die Orientierung an den Bedürfnissen, Erwartungen und Forderungen der Austauschpartner im Vordergrund" (KREILKAMP, 1987, S. 50f.). Die an einer konsequenten Kundenorientierung ausgerichtete langfristige Sicherung von Marktpotentialen erfordert die Ausweitung des Marketingansatzes auf die Beschaffungsmärkte.

Unternehmensbezogene Aufgaben liegen in der Beeinflussung des unternehmerischen Zielbildungsprozesses. "Leitziel des Unternehmens ist das Marketingziel, das im Rahmen des unternehmerischen Zielbildungsprozesses eine dominante Position einnimmt, d. h. das Unternehmensziel ist vorrangig mit dem Marketingziel abzustimmen" (KREILKAMP, 1987, S. 48). Notwendige Folge ist eine Koordination der Interessenskonflikte zwischen den einzelnen Unternehmensbereichen und deren Teilzielen im Hinblick auf vom Marketing gesetzte Prioritäten.

Gesellschaftsorientiertes Marketing berücksichtigt die Belange und Interessen der allgemeinen Öffentlichkeit, soweit sie von den Unternehmensaktivitäten betroffen sind.

Personalmanagement: Zentrale Aufgaben des Personalmanagements sind

- die Versorgung der Unternehmung mit Personal, also Aufgaben der Personalplanung und -beschaffung, des Personaleinsatzes sowie der Personalentwicklung und Personalfreistellung;

- die Schaffung organisatorischer Anreize durch Arbeitsstrukturierung, Entgeltpolitik, Schaffung nicht-monetärer Anreize (wie Fortbildung, Job-Enrichment etc.);

- die Wahrnehmung laufender Verwaltungsaufgaben wie Führung der Personalunterlagen, Erstellung der Lohn- und Gehaltsabrechnung oder die Verwaltung sozialer Einrichtungen.

Wegen der besonderen Bedeutung der Mitarbeiter mit direktem Kundenkontakt - die Kundenbetreuung während der Reise durch Reiseleiter oder Animateure ist ein entscheidender Faktor für die Qualität des Gesamtprodukts - werden diese oft nicht von der allgemeinen Personalabteilung, sondern von besonderen Serviceabteilungen rekrutiert und geschult.

Finanzmanagement: Diese Funktion umfaßt die Teilbereiche Finanzierung und Investition und hat die Aufgaben der Beschaffung und Bereitstellung von Finanzmitteln, der Investitionsplanung, der Steuerung und Kontrolle des Wertekreislaufs sowie der Gestaltung des Zahlungsverkehrs. "Die existenzentscheidende Bedeutung des Finanzmanagements zeigt sich an der Tatsache, daß Unternehmungen, die nicht mehr in der Lage sind, zu jedem Zeitpunkt ihren Zahlungsverpflichtungen nachzukommen, aus dem Markt ausscheiden müssen" (STAEHLE, 1989, S. 129). Da bei den Reiseveranstaltern die Einnahme- und Ausgabeströme zeitlich nicht synchron verlaufen, muß ein Teil der Ausgaben, vorwiegend die fixen Kosten für Miete, Gehälter, Kataloge etc. zu bestimmten Zeiten des Jahres vorfinanziert werden. Daraus ergibt sich eine besondere Notwendigkeit der Liquiditätsplanung bei Reiseveranstaltern.

2.6 Management in kleinen und mittleren Unternehmen

2.6.1 Unternehmensstruktur in der Touristik

Die Struktur der Touristikbranche ist dadurch gekennzeichnet, daß dort fast ausschließlich mittelständische und kleine Unternehmen tätig sind. Dies zeigt die Arbeitsstättenzählung des STATISTISCHEN BUNDESAMTES vom 25.5.1987, die 9.180 Betriebe ermittelte, deren Schwerpunkt der wirtschaftlichen Tätigkeit in der Veranstaltung und/oder Vermittlung von Reisen lag (siehe Tab. 2.1). In der Industrie wurde hinsichtlich des Kriteriums Beschäftigtenzahl folgende Einteilung vorgenommen:

- kleine Unternehmen: bis 49 Beschäftigte,
- mittlere Unternehmen: bis 500 Beschäftigte,
- große Unternehmen: mehr als 500 Beschäftigte.

Für den Einzelhandel gilt:

- kleine Unternehmen: bis 2 Beschäftigte,
- mittlere Unternehmen: bis 50 Beschäftigte,
- große Unternehmen: mehr als 50 Beschäftigte.

Legt man für Reiseveranstalter die Einteilung der Industrie und für Reisemittler die des Einzelhandels (vgl. PFOHL, 1990, S. 10) zugrunde, dann zählen gerade 47 Betriebe oder ca. 0,5% der Arbeitsstätten zu den großen Betrieben. Auch unter der Berücksichtigung der Tatsache, daß hier Arbeitsstätten und nicht Unternehmen gezählt wurden, weisen die Ergebnisse deutlich auf die von kleinen Betrieben geprägte Unternehmensstruktur der Touristik hin.

Die in der Literatur unterbreiteten und referierten Managementkonzepte dagegen orientieren sich an Großunternehmen, z. T. sogar an internationalen Konzernen, und erscheinen daher schon für mittelständische Betriebe zu komplex und zu aufwendig, so daß sich generell die Frage nach der Anwendbarkeit dieser Managementkonzepte stellt. Geht man jedoch von der einfachen Feststellung aus, daß jedes Unternehmen, also auch der kleine Familienbetrieb, bestimmte Ziele wie z. B. überleben und Gewinn zu machen verfolgt, daß es plant und organisiert, dann stellt man fest, daß die

Probleme der Unternehmensführung in weiten Bereichen die gleichen sind; unterschiedlich sind nur ihre Dimensionen.

Tab. 2.1: Betriebsgrößen in der Touristikbranche

Betriebsgröße (Zahl der Beschäftigten)	Zahl der Betriebe	Gesamtzahl der beschäftigten Personen
a) 1 - 3	2.163	2.163
b) 2 - 4	4.685	12.657
c) 5 - 9	1.496	9.474
d) 10 - 19	557	7.256
e) 20 - 49	232	6.741
f) 50 - 99	31	2.052
g) 100 - 199	11	1.600
h) 200 - 499	4	1.292
i) 500 - 999	-	-
k) über 1000	1	1.065
Summe	9.180	44.300

Anmerkung: Die Zahlen beziehen sich auf touristische Betriebe; d. h. a) es wurden die Arbeitsstätten, nicht die Unternehmen gezählt (ein Unternehmen kann mehrere Arbeitsstätten, z. B. Filialen, haben); b) die Erhebung unterscheidet nicht zwischen Reiseveranstaltern und Reisemittlern; c) es wurden nur Arbeitsstätten erhoben, deren wirtschaftliche Tätigkeit schwerpunktmäßig im touristischen Bereich lag; Buchungsstellen als Betriebsabteilung wie etwa Lotto-Toto-Annahmestellen mit Reiseschalter wurden nicht berücksichtigt.

Quelle: STATISTISCHES BUNDESAMT, 1989, S. 25

Daraus folgt nun nicht die simple Transmission von Erkenntnissen aus Großunternehmen auf den Familienbetrieb, sondern lediglich die These, daß es auch in solchen Unternehmen notwendig ist, Antworten auf Fragen zu finden, die in den "großen" Managementtheorien als komplexe normative und strategische Entscheidungen abgehandelt werden, die aber auf einer wesentlich direkteren Ebene auch das Management kleiner und mittlerer Unternehmen bestimmen. Solche grundlegenden Fragen der Unternehmensführung sind beispielsweise:

• Worin besteht unser eigentliches Geschäft? (Unternehmenszweck)

- Wo stehen wir heute und wo möchten wir in fünf und in zehn Jahren stehen? Welche Kennzahlen können uns darüber Auskunft geben? (Unternehmensvision)
- Wo sind unsere Wettbewerbsvorteile, durch die wir uns von der Konkurrenz unterscheiden? Welche Kunden kaufen aus welchen Gründen gerade unsere Produkte? (Situationsanalyse)
- Mit welchen potentiellen Risiken müssen wir rechnen, welche bisher ungelösten Probleme werden uns weiter begleiten? (Szenarios und Prognosen)
- Welche Einstellungen wollen wir gegenüber den Mitarbeitern, der Konkurrenz, der Öffentlichkeit entwickeln? (Unternehmenskultur)

Die Ähnlichkeiten sind dabei im operativen Bereich größer als im strategischen. Zielformulierung, Situationsanalyse oder formale Planung sind per se nicht unmittelbar verpflichtend, wohl aber die Ausführung aller betriebswirtschaftlichen Funktionen. Bezogen auf die im folgenden behandelten Funktionsbereiche Beschaffung sowie (in Bd. 2) Produkt- und Preismanagement heißt das, daß nahezu alle der dargestellten Strategien und Instrumente auch in kleinen und mittelständischen Unternehmen zur Anwendung kommen können. Allerdings sind die strukturellen und wettbewerblichen Besonderheiten sowohl in den Managementbereichen als auch in den betrieblichen Funktionen dieser Unternehmenstypen zu berücksichtigen.

2.6.2 Managementbereiche

2.6.2.1 Unternehmensführung

In der Touristik werden Unternehmen der hier angesprochenen Art entweder direkt vom Eigentümer oder von einem angestellten Geschäftsführer geleitet. In beiden Fällen konzentrieren sich die Führungsaufgaben meist auf eine einzige Person. Dies birgt in mehrfacher Hinsicht die Gefahr der Überforderung. Allein die Unternehmensgröße erlaubt es nicht, für alle Fachentscheidungen Spezialisten zu beschäftigen, so daß diese Aufgaben vom "Chef" übernommen werden, der so notgedrungen zum Generalisten wird. Wohl kann ein Teil dieser Spezialaufgaben nach außen vergeben werden (z. B. an einen Rechtsberater oder an ein Datenverarbeitungsunternehmen, bei Filialbetrieben an die Zentrale), die Fülle unterschiedlicher Entscheidungen aber, die nur von einer einzigen Person gefällt werden, führt tendenziell zu suboptimalen Lösungen.

Da der Unternehmer aufgrund der Betriebsgröße mit allen oder zumindest der Mehrzahl der Mitarbeiter in ständigem, direktem Kontakt steht, fällt ihm die Funktion der direkten Vorbildführung zu. Darin liegen Chancen und Gefahren zugleich. Chancen, weil der persönliche Einfluß des Chefs und seine größere Nähe zu den Mitarbeitern motivationsfördernd und das Betriebsklima positiv prägend wirken können; Gefahren, weil persönliche Unternehmerschwächen nur schwer ausgleichbar sind und gerade Aspekte der Personalführung in der Hektik des Alltagsgeschäfts leicht vernachlässigt werden. Zudem scheint die Identität von Eigentümer und Vorgesetzten einerseits zwar eher einen kooperativen oder patriarchalen Führungsstil zu ermöglichen, andererseits aber auch einen autoritären Führungsstil zu begünstigen (vgl. POHL/REHKUGLER, 1986, S. 24).

Wird das Unternehmen vom Inhaber geleitet, dann beherrschen dessen persönliche, z. T. sogar dessen private Ziele auch die Unternehmensziele. "In jeder Einzelfirma verknüpft der Inhaber persönliche Ziele mit denen des Unternehmens. Einer der größten Vorteile, die Inhaberchefs haben, ist ja gerade die Möglichkeit, ihre privaten Pläne bei der Festlegung von Unternehmenszielen zu berücksichtigen" (THURSTON, 1984, S. 52). Anders als ein angestellter Manager trägt der Eigentümerunternehmer alle Risiken und Konsequenzen des Erfolgs oder Mißerfolgs, sein Erwerbs- und Privatleben wird sehr viel stärker vom Unternehmen geprägt. Ein besonderes Engagement für alle Unternehmensangelegenheiten ist daher naheliegend.

Da der Inhaberunternehmer seinem Betrieb auf Dauer vorsteht, wächst mit den Jahren nicht nur seine Erfahrung sondern oft auch seine Betriebsblindheit. Dies führt zusammen mit der schnellen Veralterung des Wissens - Fortbildung scheitert wiederum a.¹ der Zeitknappheit - zu falschen Prioritäten (z. B. Kontrolle der Zahl der Fotokopien statt der Kostenrechnung), vor allem im Bereich der Unternehmensplanung. Statt strategisch zu denken und zu handeln, also sich darum zu kümmern, daß die richtigen Dinge gemacht werden, ist der Inhaber zu sehr in die Durchführung der Maßnahmen involviert, also vorwiegend damit beschäftigt, die Dinge - auch wenn sie falsch sind - richtig zu machen: die Fülle der Alltagsprobleme überlagert den Blick in die Zukunft.

Die Unternehmensgröße begünstigt ein hohes Maß an Führungsflexibilität, da die Entscheidungen vom Unternehmer alleine getroffen werden und daher auch jederzeit geändert oder zurückgenommen werden können. Dies gilt insbesondere für den "mittelständischen Risikounternehmer, (der) seine Führung ohne die Entscheidungskontrolle Dritter ausübt [...]. Er ist jederzeit entscheidungsfähiger, entscheidungsbereiter und entscheidungskompetenter als die Gehaltsunternehmer in Großunternehmen, deren Entscheidungen Kontrollmechanismen unterliegen und die für ihre Entscheidungen entweder die Abstimmung untereinander oder/und die Genehmigung des Aufsichtsorgans benötigen" (HAMER, 1990, S. 90).

2.6.2.2 Planung

Die Notwendigkeit formaler Planung wird selten gesehen. Gerade in der Touristik herrscht eine Abneigung gegen Planung (vgl. dazu LANGER, 1993, S. 10f.), weil Änderungen eher die Regel als die Ausnahme darstellen, die Vorteile der Planung also die Kosten nicht aufzuwiegen scheinen. Dies liegt vor allem daran, daß schon bei einem normalen Geschäftsverlauf permanent Anpassungen an neue Situationen anfallen, und ein nach Plan verlaufendes Geschäftsjahr eher die Ausnahme ist. Nach HEBESTREIT (1992, S. 501f.) liegt ein weiterer Grund für die "Planungsfeindlichkeit" in der Kürze der Saisonzyklen: "Der in solchen Zeiträumen zyklisch handelnde Praktiker erlebt ständig, wie ausgeklügelte Pläne von der Wirklichkeit eingeholt werden. Planung, Durchführung, Störung, Plankorrektur und Durchführungskorrektur liegen zeitlich oft so eng zusammen, daß die einzelnen Phasen nur noch theoretisch zu trennen sind." Doch liegt gerade unter den Bedingungen häufiger Improvisation der Vorteil einer effizienten Planung darin, in Turbulenzen den Überblick nicht zu verlieren.

Vor allem kleinere Unternehmen tendieren zu der Minimalmethode "Der Chef hat alles im Kopf". Die Praxis zeigt, daß auch dieses Vorgehen im Einzelfall erfolgreich sein kann, allerdings nur solange der Chef auch wirklich das Unternehmen leiten kann. Fällt dieses Ein-Mann-Management beispielsweise aus Krankheitsgründen für längere Zeit aus, wird das Unternehmen kopflos. Ähnliche Probleme ergeben sich, wenn die Nachfolgeregelung nicht rechtzeitig vorbereitet wird (vgl. BARG, 1991).

Natürlich wird auch in kleineren Unternehmen nicht konzeptionslos gearbeitet. Da die Planung aber kaum formalisiert und meist nur operativ orientiert ist, tendiert sie dazu, durch methodische Fehler, unsystematische Durchführung, unpräzise Zielvorgaben und mangelnde Kontrolle ihre Funktion als strategisches Führungsinstrument zu verlieren.

2.6.2.3 Organisation

Die Organisationsstruktur in kleinen und mittelständischen Touristikunternehmen ist meist weniger gezielt geplant als historisch gewachsen. Der Einsatz formalisierter Instrumente wie Organisationspläne und Stellenbeschreibung ist selten und wird erst mit steigender Unternehmensgröße häufiger praktiziert. Als Reaktion auf im Zuge der Unternehmensentwicklung entstehende neue Aufgaben werden oft Reorganisationsmaßnahmen notwendig, die auf Grund mangelnder Vorbereitung und Beteiligung der Mitarbeiter Anpassungsverluste nach sich ziehen (vgl. STAEHLE, 1985, S. 694ff.).

Der Organisationsablauf verlangt keine formalisierten Entscheidungsprozesse, da sich die Willensbildung in einer Person, ungeteilt, für alle Fälle und sofort vollziehen kann, und die einfache, oft sogar nur einlinige Organisationsstruktur die direkte Kommunikation zwischen Unternehmer und Mitarbeitern ermöglicht. Als Vorteil ergibt sich daraus ein hohes Maß an Flexibilität und Reaktionsschnelligkeit.

Das Fehlen von ausgeprägten Hierarchieebenen, der geringe Formalisierungsgrad und die knappe Personaldecke geben wenig Anlaß zu bürokratischem Wildwuchs, haben aber zum Nachteil, daß gerade mittelständische Unternehmen "vielfach permanent in dem Dilemma zwischen Arbeitsüberlastung und Personalkostenexplosion stecken" (KIRSTGES, 1992a, S. 86). Mitarbeitende Familienangehörige können in mehrfacher Hinsicht ein rationales Management behindern, wenn erstens die von ihnen besetzten Stellen sich eher an ihren persönlichen Neigungen als an formalen Arbeitsabläufen und Strukturen orientieren, also quer zur Organisationsstruktur liegen, zweitens ihre Fähigkeiten den Anforderungen nur bedingt entsprechen und drittens ihre Sonderstellung mit Privilegien verbunden ist.

Wiederum im Inhaberstatus begründet ist die oft fehlende Delegation von Verantwortung an Mitarbeiter, die zur Überlastung des Chefs führt. Hier zeigt sich als verhängnisvolle Konsequenz eine self-fulfilling-prophecy: mangelndes Vertrauen in die Entscheidungskompetenz der Mitarbeiter verhindert eine schrittweise Delegation, die zur Aneignung dieser Fähigkeiten führen könnte und folglich in der beklagten mangelnden Kompetenz resultiert.

2.6.2.4 Kontrolle

In kleinen und mittelständischen Unternehmen besteht die grundsätzliche Gefahr, daß der Unternehmer seinen Betrieb zu kennen glaubt, weil alles über seinen Schreibtisch läuft und er daher die Einführung und Einhaltung eines systematischen Kontrollwesens als überflüssig oder zu aufwendig ansieht. So gilt etwa die für die Steuerung und Kontrolle des Unternehmens notwendige Vollständigkeit des Rechnungswesens als eine traditionelle Schwachstelle mittelständischer Betriebe (HAMER, 1990, S. 116). Möglichkeiten zu entscheidender Abhilfe bieten hier die Einführung und konsequente Nutzung der EDV ebenso wie die Einschaltung externer Dienstleister.

2.6.2.5 Funktionsbereiche

In den Funktionsbereichen stoßen kleinere und mittlere Touristikunternehmen auf eine ganze Reihe von Wettbewerbsnachteilen:

- Bei der **Beschaffung** haben sie wegen fehlender Marktmacht meist einen geringeren Einfluß auf die Leistungsträger als die Großveranstalter, müssen dann also mit höheren Preisen, ungünstigeren Konditionen und oft auch schlechteren Produkten zurechtkommen.

- In der **Produktion** ergeben sich aus den niedrigen Stückzahlen nur geringe Degressionseffekte.

- Das **Marketing** beruht insofern auf unvollständigen Marktkenntnissen, als aus Kostengründen eine systematische Marktforschung nicht möglich ist. Erfahrung und Intuition aber können ein professionelles Marketing nur bedingt ersetzen.

- Im **Absatzbereich** stehen diese Unternehmen zumindest auf den Massenmärkten in direkter Konkurrenz zu den Großunternehmen (Großveranstaltern, Reisebüroketten), denen sie hinsichtlich der Werbe-, Provisions- und Promotionsbudgets unterlegen sind.

- Bei der **Finanzierung** erlaubt die Rechtsform der Unternehmen keinen Zugang zum Kapitalmarkt. Anders als bei den Großveranstaltern stehen keine finanzkräftigen Muttergesellschaften im Hintergrund, die die Kreditaufnahme erleichtern und Verluste ausgleichen können. Die (branchenüblichen) geringen Jahresgewinne erlauben nur einen langsamen Aufbau einer ausreichenden Eigenkapitaldecke, eine unzureichende Kapitalausstattung ist die Folge (KIRSTGES, 1992a, S. 86).

- Im **Personalbereich** können den Mitarbeitern kaum größere Karrieremöglichkeiten angeboten werden, so daß gerade die besten Mitarbeiter abwandern. Auch hinsichtlich freiwilliger Sozialleistungen, fester Arbeitszeiten, Sicherheit des Arbeitsplatzes, Mitbestimmungsrechte durch den Betriebsrat, Reise- und Fortbildungsmöglichkeiten, ja selbst gleitender Arbeitszeit bestehen gegenüber Großbetrieben erhebliche Nachteile. Wird gar das eigene Engagement des Inhaberchefs unreflektiert als Anforderung auf die Mitarbeiter (z. B. hinsichtlich freiwilliger Überstunden) projiziert und findet dort aus verständlichen Gründen nicht den erwarteten Widerhall, ist der Weg in ein schlechtes Betriebsklima vorprogrammiert.

Kleine und mittelständische Touristikunternehmen operieren in einem Makroumfeld, das von den Großveranstaltern, Beförderungsunternehmen und Reisebüroketten bestimmt wird und auf das sie selbst keinen Einfluß haben. Ihre zukünftige Entwicklung erfolgt daher unter höchst unsicheren Rahmenbedingungen, so daß eine gezielte Unternehmensplanung die Veränderungen des externen Umfelds sorgfältig verfolgen, zur Positionsbestimmung aktuelle und aussagekräftige Kennzahlen ermitteln und die eigenen Stärken im Unternehmen gezielt entwickeln muß. Kooperationen und Gemeinschaftsaktionen im Rahmen der Fachverbände können individuelle Defizite mindern und dazu beitragen, daß die kleinere Unternehmen ihre spezifischen Vorteile, besondere Wettbewerbspotentiale auszubauen, besser nutzen. Zu diesen Vorteilen gehören:

- Flexibilität durch kurze Instanzenwege, die zu nur kurzen Zeitspannen zwischen Idee und Ausführung, Problemerkenntnis und Reaktion führen;
- reduzierte Gemeinkosten durch schlankere Organisation und weniger Verwaltungsaufwand;
- besondere Kundennähe vor allem beim Direktvertrieb an einen relativ kleinen Kundenkreis, individuellere Beratung, direkte Verantwortlichkeit des Inhabers und höherer Anteil an Stammkunden;
- Imagevorteile durch langjährige Eingebundenheit in das örtliche Umfeld (Tradition von Familienunternehmen);
- eine Unternehmensgröße, die für die Besetzung von Marktnischen und individuelle Produktgestaltung für kleine Zielgruppen besonders gut geeignet ist.

Daraus folgt, daß auch das Management von kleinen und mittleren Unternehmen in strategischen Dimensionen denken und handeln muß. Die bloße Fortschreibung der bisherigen Unternehmensführung, selbst wenn sie erfolgreich war, bedeutet, mit festem Blick in den Rückspiegel vorwärtskommen zu wollen.

2.7 Management von Dienstleistungen

Das Management von Dienstleistungen im allgemeinen und von Reisedienstleistungen im besonderen unterliegt aufgrund der spezifischen Eigenarten des Produkts und seiner Erstellung besonderen Anforderungen. Da diese in Bd. 2 (Kap. 3) ausführlich dargestellt werden, soll in diesem Einführungskapitel nur auf das Ziel Null-Fehler-Ergebnis, die Notwendigkeit der Erweiterung der Marketinginstrumente sowie die mehrwertorientierte Schaffung von Wettbewerbsvorteilen kurz hingewiesen werden.

2.7.1 Null-Fehler-Ergebnis

Ein wesentliches Kennzeichen von Dienstleistungen liegt darin, daß Leistungserstellung und Nutzung zeitgleich erfolgen: Hotelübernachtungen oder Personenbeförderungen werden erst mit der Inanspruchnahme durch den Kunden produziert. Eine Folge davon ist, daß die Leistungen nicht wie Sachgüter vor der Übergabe an den Kunden einer Qualitätsprüfung unterliegen können; fehlerhafte Produkte können weder aussortiert noch umgetauscht werden, selbst Nachbesserungen können die schon in Anspruch genommenen Teilmengen der Leistung nicht mehr rückgängig machen. Das qualitätspolitische Ziel eines Dienstleistungsunternehmens muß daher die Erreichung eines Null-Fehler-Ergebnisses sein.

Da eine ex-post-Kontrolle der Qualität immer nur die Mängel der vom Kunden bereits in Anspruch genommenen Leistungen feststellen kann, ist sie eine zwar notwendige, keineswegs aber hinreichende Funktion, weil es ja gerade um die Vermeidung dieser Mängel geht. Das Management von Dienstleistungen muß daher Strategien entwickeln, die dazu beitragen, solche Mängel erst gar nicht entstehen zu lassen und das präventive Prinzip des "Do it right the first time" zu verwirklichen. Bezogen auf Reiseveranstalter ergeben sich drei zentrale Ansatzpunkte: die Berücksichtigung der Qualitätsstrategie im Rahmen des Beschaffungsmanagements, bei der operativen Leistungserstellung durch den Veranstalter selbst und im Umgang mit Kundenbeschwerden.

2.7.2 Bedeutung des Marketings

Im Rahmen des Dienstleistungsmanagements kommt dem Marketing eine besondere Bedeutung zu. "Diese besteht darin, daß Marketing sich (hier) nicht nur mit dem Ergebnis des Dienstleistungsprozesses beschäftigt und die Vermarktung von Einzelleistungen erleichtert, sondern ebenso im Prozeß der Leistungserstellung notwendig ist, d. h. Marketing ist selbst Bestandteil der Leistungserstellung" (BRUHN, 1991, S. 23). Eine bloße Übernahme der Methoden und Instrumente des Sachgütermarketings führt folglich dazu, daß wesentliche Komponenten der Qualität von Dienstleistungen nicht adäquat erfaßt werden. Dies veranlaßte BITNER/BOOMS (1983) dazu, den traditionellen Marketinginstrumenten (in der englischsprachigen Literatur auch als die vier P's bezeichnet: product, price, place, promotion) drei weitere P's hinzuzufügen, nämlich participants, physical evidence und process (siehe dazu auch COWELL, 1989, S. 69-74; POMPL, 1992a, S. 50ff.; ders., 1993c, S. 159-167).

(1) **Process** stellt darauf ab, daß der Nutzer von kundenpräsenzbedingten Dienstleistungen - und die meisten touristischen Produkte sind solche - den Prozeß der Leistungserstellung miterlebt. Diese Zeitgleichheit von Produktion und Konsum erfordert, daß die Leistungserstellung, die für den Käufer eines Sachguts ohne jegliches Interesse ist, nicht nur zu mängelfreien Ergebnissen führt, sondern darüberhinaus so gestaltet werden muß, daß es zu positiven Produkterlebnissen kommt.

(2) **Participants** bezieht sich auf die bei der Erstellung und dem Konsum einer Dienstleistung beteiligten Personen. Bei Reisen sind das die Kunden selbst (als "externe Faktoren"), die Mitarbeiter mit Kundenkontakt, die anderen Mitreisenden und die Bewohner der Urlaubsgebiete. Das Verhalten dieser Personen beeinflußt die Qualität des Dienstleistungsprozesses ebenso wie dessen Wahrnehmung und Beurteilung.

(3) **Physical evidence** meint das äußere Erscheinungsbild der bei der Erstellung der Dienstleistung zum Einsatz kommenden Sachgüter und Perso-

nen. Weil ein erst noch zu erstellendes immaterielles Produkt beim Erwerb weder auf seine Qualität noch auf seine Vollständigkeit hin geprüft werden kann, sucht der Kunde bei einer solchen Risikoentscheidung nach optischen Surrogaten und Metaphern (LEVITT, 1986, S. 97), die stellvertretend für die zu erbringende Leistung stehen. Das äußere Erscheinungsbild des Betriebs und seiner Mitarbeiter werden als materielle Belege für die zu erwartende Leistung interpretiert: der Kunde schließt von der sichtbaren Potentialqualität auf die Leistungsqualität.

Eine konsequente Berücksichtigung dieser zusätzlichen Marketinginstrumente führt zu einem Ansatz des Dienstleistungsmanagements, der in der Theorie die klassische betriebswirtschaftliche Disziplinenaufteilung durchbricht und in der Praxis Verlagerungen der Gewichtung der Aufgabenbereiche der einzelnen Abteilungen und Veränderungen der bisherigen Organisationsstrukturen nach sich zieht.

2.7.3 Wettbewerbsvorteile durch Mehrwertschaffung

Ein Aspekt der Wettbewerbsposition von Reiseveranstaltern besteht darin, daß ihre Produkte sich nicht nur in Konkurrenz zu den Reisen anderer Veranstalter befinden, sondern auch im Substitutionswettbewerb mit der Individualreise. Ein Kunde wird nur dann eine Pauschalreise buchen, wenn er sich davon Vorteile gegenüber der selbst organisierten Reise verspricht: ein preisgünstigeres Arrangement oder eine qualitativ bessere Lösung des "Problems", seine Urlaubswünsche zu realisieren.

Unter dem Qualitätsaspekt hat derjenige Reiseveranstalter Wettbewerbsvorteile, dessen Produkt dem Kunden einen höheren Nutzen bringt. Die Leistungsfähigkeit der Unternehmen hinsichtlich der mängelfreien Erstellung der Grundleistungen weist nur noch geringe Unterschiede auf (und häufig arbeiten sie sogar mit den gleichen Leistungsträgern zusammen), so daß eine einwandfrei durchgeführte Reise alleine keinen Wettbewerbsvorteil mehr darstellt. Es kommt also im Wettbewerb darauf an, nicht bloß Zufriedenheitsqualität sondern Begeisterungsqualität zu erreichen. Diese Strategie der Nutzenmehrung durch Qualität versucht, durch besondere Motivation und Kompetenz der Mitarbeiter einen hervorragenden Service zu bieten, das Produkt um Erlebniskomponenten anzureichern, die es dem Kunden erleichtern, seine Urlaubsträume zu realisieren, und "ideologische Benefits" für die Urlauber zu schaffen, die eine moralische Befriedigung aus der Tatsache ziehen, sich auch auf ihren Reisen umwelt- und mitweltverträglich zu verhalten (vgl. POMPL, 1991b, S. 201).

2.8 Umweltmanagement

2.8.1 Umweltmanagement als strategische Option

Die zunehmende Durchsetzung des Umweltschutzes - im Tourismus um die Mitweltverträglichkeit erweitert - als gesellschafts- und wirtschaftspolitisches Ziel konfrontiert die Reiseveranstalter mit der Frage, ob und inwieweit sie diese sich wandelnden Rahmenbedingungen ihrer Tätigkeit in ihrer Unternehmenspolitik berücksichtigen. Dies ist nicht nur ein ethisches Problem auf der Ebene des normativen Managements, also der allgemeinen Unternehmenspolitik, sondern in der Touristik insofern von besonderer Bedeutung, als eine intakte natürliche und soziale Umwelt zu den unverzichtbaren Produktionsfaktoren zählt und damit ein wichtiges Erfolgspotential darstellt. So formuliert etwa ein großer Reiseveranstalter: "Ziel des TUI-Umwelt-Managements ist operativ die Qualitätssicherung der touristischen Produkte der TUI und strategisch die Zukunftssicherung unseres Unternehmens in einem auf Umweltprobleme immer sensibler reagierenden Markt" (TOURISTIK UNION INTERNATIONAL, 1992, o. S.).

Dabei zeigt sich unter dem Aspekt des wirtschaftlichen Erfolgs ein grundsätzliches Dilemma: Einerseits ist zumindest mittelfristig unsicher, ob umwelt- und sozialverträgliche Produkte auf eine relevante Marktakzeptanz stoßen, d. h. ob größere Nachfragergruppen den höheren Preis in Kauf nehmen; zumindest gegenwärtig scheint es noch so zu sein, daß die die große Mehrheit der Reisenden zwar Umweltschädigungen wahrnimmt und kritisiert, aber nicht bereit ist, zu ihrer Verminderung einen Umwelt-Aufpreis zu bezahlen. Andererseits könnte eine frühzeitige Einbindung sozial und ökologisch verträglicher Zielsetzungen in die Unternehmensstrategie Wettbewerbsvorteile und zukünftige Ertragspotentiale schaffen. Solche **Wettbewerbsvorteile** ergeben sich aus

- der Bindung bisheriger und der Gewinnung neuer Kunden, für die die Umweltfreundlichkeit der Reisen einen wichtigen Zusatznutzen im Sinne ideologischer Incentives darstellt;

- der Reduzierung des Verbrauchs von natürlichen und gesellschaftlichen Ressourcen, die für die Qualität auch der eigenen Reiseprodukte bedeutsam sind;

- der Verbesserung der Wettbewerbsposition durch rechtzeitige Reaktion auf zu erwartende gesetzliche Regelungen und Änderungen im Nachfrageverhalten;

- einem Image-Gewinn durch die Möglichkeit, sich glaubhaft als ein sozialverantwortliches und umweltfreundliches Unternehmen präsentieren zu können;

- einer stärkeren Identifikation der Mitarbeiter mit ihrem Unternehmen, das gesellschaftlich und persönlich relevante Ziele verfolgt und auf das man daher stolz sein kann;
- der tatsächlichen und glaubwürdigen Verfolgung sozialer und ethischer Verpflichtungen, wie sie in der Unternehmensphilosophie formuliert sind.

2.8.2 Strategien des Umweltmanagements

Zur Entwicklung von Strategien des Umwelt-Managements bietet sich die Portfolio-Analyse an, mit deren Hilfe die Marktchancen durch eine umweltorientierte Unternehmenspolitik und die Umweltrisiken durch das eigene Unternehmen in Beziehung gesetzt werden (vgl. Abb. 2.9). Danach stehen einem Unternehmen folgende **strategische Optionen** offen (vgl. STEGER, 1988, S. 150ff.):

Abb. 2.9: Portfolio zur Marktchancen-Umweltrisiken-Analyse

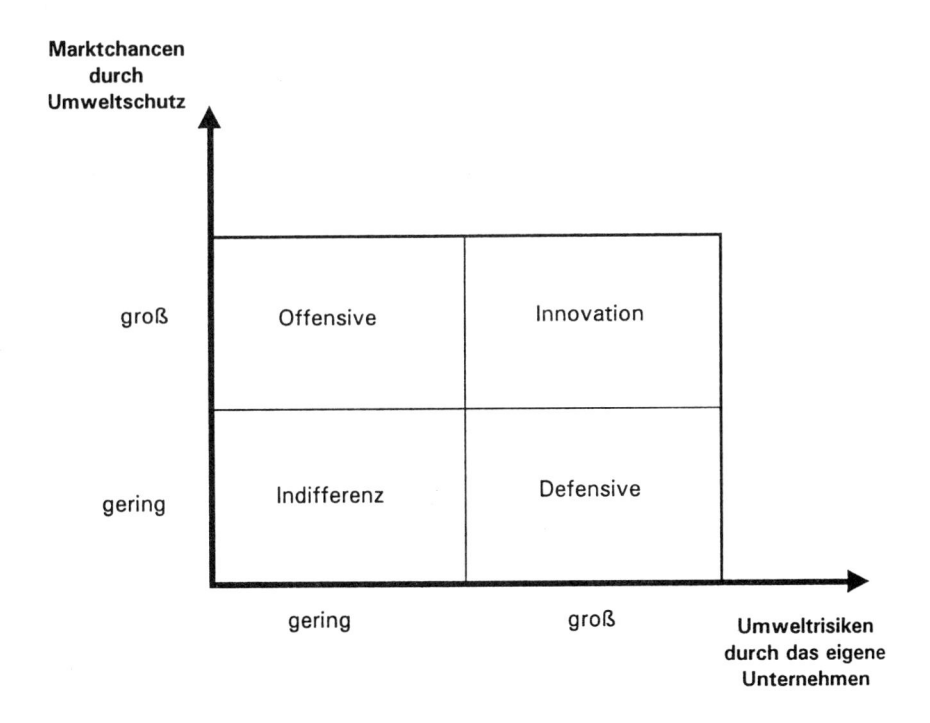

	Umweltrisiken durch das eigene Unternehmen	
Marktchancen durch Umweltschutz	gering	groß
groß	Offensive	Innovation
gering	Indifferenz	Defensive

Quelle: in Anlehnung an STEGER, 1988, S. 151

- **Indifferenz:** Da den neuen Anforderungen keine besondere Bedeutung für den Unternehmenserfolg beigemessen wird, erfolgt keine Änderung der bisherigen Strategie. Reaktionen und Veränderungen erfolgen nur insoweit, als sie branchenüblich sind; "nicht negativ auffallen" bleibt die Handlungsmaxime.

- **Defensive:** Die Umweltrisiken werden hoch, die Marktchancen dagegen als gering eingestuft. Die Unternehmensleitung glaubt, allein oder gemeinsam mit den Fachverbänden die Forderungen nach umwelt- und sozialverträglichen Produkten erfolgreich abwehren zu können.

- **Offensive:** Die eigenen Umweltprobleme werden als (noch) gering bewertet, für umweltverträgliche Produkte wird ein überdurchschnittliches Wachstumspotential erwartet. Daher wird versucht, diese neuen Chancen zunehmend auszuschöpfen.

- **Innovation:** Die Umweltrisiken durch das eigene Unternehmen werden erkannt, die ökologische und sozialverträgliche Ausrichtung wird als zukünftiges Wettbewerbspotential bewertet. Das Unternehmen verfolgt eine innovative Zielsetzung, "weil sich das Wettbewerbspotential nur ausschöpfen läßt, wenn durch umweltfreundliche Produkte (die dem gleichen Bedürfnis dienen) oder Verfahren die Umweltbelastung der bisherigen Produktion erheblich abgebaut werden kann" (STEGER, 1988, S. 151). Diese neue Orientierung wird normativ in das Unternehmensleitbild übernommen und führt zur Suche nach neuen strategischen Schlüsselfaktoren (vgl. ROTH/SCHRAND, 1992, S. 66ff.).

In der Praxis sind Unternehmensressourcen, Markteinschätzung und der Grad der in der Unternehmenskultur verankerten sozialen Verantwortung die Entscheidungsparameter für die zu wählende Option. Unter dem Gesichtspunkt des wirtschaftlichen Erfolgs, den kommerzielle Unternehmen ja trotz aller Umwelt- und Sozialorientierung nicht vernachlässigen können, spielt das strategisch richtige Timing eine wichtige Rolle. KIRSTGES (1992b, S. 129) weist auf ein mögliches Problem von Pionierunternehmen hin: "Da bei vielen Bundesbürgern das Erlebnisstreben dominiert und ihr Umweltbewußtsein durch eine nur geringe Bereitschaft zu persönlichen Opfern beschränkt wird, können beispielsweise vom Veranstalter in seinen Katalogen verbreitete Informationen über Umweltschäden, schädigendes Verhalten von Touristen usw. beim Konsumenten zu Dissonanzen führen, die ihn empfänglich für die 'Heile-Welt-Werbung' anderer Reiseveranstalter machen." Die in anderen Bereichen üblichen Managementinstrumente wie Situationsanalyse, Marktforschung oder Qualitätskontrollen sind aber auch auf den Bereich einer umwelt- und sozialverträglichen Unternehmensstrategie zu übertragen. Ein praktisches Beispiel für eine solche Ortsbestimmung bietet die von der TUI 1993 vorgelegte Stärken-Schwächen-Analyse (vgl. Abb. 2.10).

Abb. 2.10: Reduzierung von Umweltbelastungen: Stärken und Schwächen

Stärken:	Schwächen:
• kontinuierliche Lernprozesse bei der Umweltorientierung	• technische und ökologische Defizite einzelner Betriebe
• Synergie-Erfahrungen "Gemeinsam sind wir besser"	• kurzfristige Kostensteigerung in Teilbereichen bei Einzelbetrieben
• Früherkennen von Problemfeldern	• Qualifikation und Mehrarbeit des Personals
• Produktoptimierungen	
• kurzfristige und mittelfristige Kostensenkungen	• hoher Grad an Preisorientierung bei den Hoteleinkaufsverhandlungen
• Reduzierung von Umweltbelastungen	• unklares Marketing von umweltfreundlichen Anlagen (Katalogausschreibung, Zahlungsbereitschaft von Urlaubern, Kaufentscheidungskriterien, Haftungsrisiken, Zielgruppen, Nachfragepotentiale)
• Ressourcenschonung	
• Verstärkung der Qualitätssicherung	
• Unterstützung der Markenstrategie	• "ungelöste Fragen" (Gütesiegel? Brancheneinheitliche Checklisten? Wettbewerbe? Konzentriertes Vorgehen?)
• Motivation der Mitarbeiter durch Eigenverantwortung zu Kreativität und Innovation	
• "Verantwortungsethik" des Managements	
• höhere Sympathiewerte	

Quelle: TOURISTIK UNION INTERNATIONAL, 1993, o. S.

2.8.3 Umwelt-Wertschöpfungskette

Die Identifizierung möglicher Ansatzpunkte des Umweltmanagements in der Touristik kann anhand einer in Anlehnung an PORTER (1992a, S. 62ff.) entwickelten **Umwelt-Wertschöpfungskette** erfolgen (vgl. Abb. 2.11). Dabei werden die auf den einzelnen Wertschöpfungsstufen der Erstellung einer Pauschalreise möglichen operativen Ansatzpunkte zur Gewinnung ökologischer Wettbewerbsvorteile (PORTER: "primäre Aktivitäten") ebenso erfaßt wie die den Wertschöpfungsprozeß "unterstützenden Aktivitäten".

Abb. 2.11: Umwelt-Wertschöpfungskette am Beispiel eines Reiseveranstalters

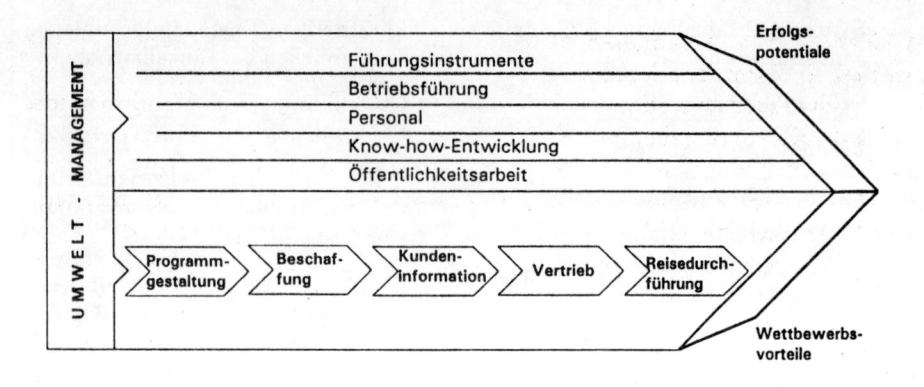

Quelle: in Anlehnung an PORTER, 1992a, S. 62ff.

Entscheidet sich ein Unternehmen für eine Strategie des umwelt- und sozialverträglichen Tourismus, dann ist eine Verankerung im **Zielsystem** der Unternehmung die Voraussetzung dafür, daß dieser Aspekt bewußt und konsequent zum Wettbewerbs- und Erfolgspotential ausgebaut wird. Das erleichtert die Schaffung der notwendigen organisatorischen und finanziellen Voraussetzungen und macht die neue Strategie für alle Mitarbeiter verbindlich erkennbar, so daß sie als Handlungsmaxime verhaltenswirksam werden kann. Für den Bereich des operativen Managements sind neue Führungsinstrumente wie Ressourcenanalyse, Umwelt-Datenbanken, Pflichtenhefte für Leistungsträger und Umweltcontrolling zu entwickeln. Ein Instrument sowohl zur Standortbestimmung wie zur Kontrolle stellen Ökobilanzen dar. Nicht zuletzt wegen methodischer Schwierigkeiten (z. B. montäre Bewertung von verursachten oder vermiedenen Umweltschäden und deren Gewichtung) wird dies gegenwärtig in der Touristik noch nicht angewandt; lediglich die Swissair hat bereits 1991 eine erste Ökobilanz vorgelegt und 1993 eine verbesserte Version veröffentlicht.

Die **Betriebsführung** ist konsequent auf eine Realisierung des Umweltmanagements auszurichten. Dazu bedarf es einer organisatorischen Verankerung, also etwa der Einrichtung der Stelle eines innerbetrieblichen Umweltbeauftragten. Vor dem Hintergrund der Neuartigkeit dieser Aufgabe wird es in allen Unternehmen wichtig sein, das spezifische **Know-how**, auch im Dialog mit Fachorganisationen (z. B. Bund für Naturschutz, Alpenverein, Deutsche Gesellschaft für Umwelterziehung), staatlichen Stellen und zwischenbetrieblichen Arbeitsgruppen im Rahmen der Branchenverbände kontinuierlich zu entwickeln.

Weil aber Umweltmanagement sich nicht in der Delegation an eine Stelle erschöpfen kann, sondern, wie die anderen Managementfunktionen auch, eine Querschnittsfunktion ist, gilt es, diesen Ansatz in allen Bereichen und auf allen Hierarchieebenen durchzusetzen. Der konsequente innerbetriebliche Umweltschutz (von den Betriebsmitteln bis zur Büroeinrichtung) ist dafür ebenso eine grundsätzliche Voraussetzung wie die **Mitarbeiterschulung**. Praktizierte Ökologie kann sich auch in einem innerbetrieblichen Vorschlagswesen für ökologische Verbesserungen oder in der Qualitätskontrolle durch Mitarbeiter bei ihren eigenen Urlaubsreisen zeigen.

Im Bereich der **Öffentlichkeitsarbeit** kommt es darauf an, die Position des Unternehmens ehrlich und glaubhaft darzustellen. Es geht hier vor allem darum zu zeigen, wie der Ausgleich zwischen kommerziellen Notwendigkeiten und ökologischen Anforderungen erzielt werden soll und nicht so sehr um spektakuläre Alibiaktionen, wie sie mitunter im Bereich des Öko-Sponsering anzutreffen sind.

Im Bereich der **Programmgestaltung** ist die Tatsache nicht zu übersehen, daß gegenwärtig Reiseveranstalter weder auf ein ausreichend großes Angebot umwelt- und sozialverträglicher Leistungen zurückgreifen können, noch daß es möglich erscheint, ein Programm "grüner Produkte" auf den Markt zu bringen, ohne rote Zahlen zu schreiben. Der strategische Ansatz kann also auch hier nur in einer kontinuierlichen ökologischen Evolution liegen. Es ist daher zunächst einmal zu überprüfen, inwieweit ökologisch gefährdete Zielorte aus dem Programm genommen werden können, inwieweit eine Verlagerung auf umweltfreundliche Verkehrsmittel möglich ist und ob Selbstbeschränkungen bei Kapazitätsausweitungen durch qualitatives Wachstum kompensierbar sind. Die konsequente Entwicklung und Einführung von Produkten mit ökologischem und sozialem Zusatznutzen kann zu einer sukzessiven Substitution auszumusternder Produkte führen, ohne Kapazitätsprobleme zu schaffen.

Im Rahmen der **Beschaffung** geht es zunächst darum, Mindestkriterien für die ökologische Qualität der einzelnen Produktelemente und Standards für soziale Belastungsgrenzen von Zielorten zu entwickeln. Nur so kann eine dem Unternehmensleitbild entsprechende Auswahl der Leistungsträger erfolgen. Diese sind schrittweise durch ein "Umwelt-Pflichtenheft" an die Einhaltung der Qualitätsvereinbarungen zu binden. Häufig ist es notwendig, die Leistungsträger erst einmal von der auch wirtschaftlich sinnvollen Umweltorientierung zu überzeugen, sie in diese Richtung zu beraten und zu motivieren. Dies gilt im gleichen Maße für die Förderung des Umweltbewußtseins von politischen Entscheidungsträgern, Behörden und Institutionen in den Zielgebieten.

Dort, wo Produktelemente nicht bei fremden Leistungsträgern eingekauft, sondern in eigenen Betrieben erstellt werden, bestehen die besten Voraussetzungen für die Realisierung umwelt- und sozialverträglicher Ansprüche, so daß diesen Betrieben auch eine Vorbild- und Leitfunktion zukommen kann. Bei Neuinvestitionen ist bereits heute eine Umweltverträglichkeitsprüfung unumgänglich.

Der Bereich der **Kundeninformation** kann genutzt werden, um das Verhalten der Reisenden zu beeinflussen. So z. B. durch

- eine Ausweitung der Kataloginhalte um produktbezogene Umweltinformationen und Verhaltensanregungen zu den Themen Natur und Menschen in den Zielgebieten, den Verzicht auf zielgebietsindifferente Urlaubsklischees und entwürdigende Behandlung von Einheimischen in Text und Bild;

- die Aufklärung der Urlauber über verantwortliches Verhalten im Reiseland durch den Reiseunterlagen beigefügte Broschüren (z. B. die "Sympathie-Magazine" des Studienkreises für Tourismus).

Im **Vertrieb** setzt sich bei den Kataloge die Verwendung von umweltfreundlichem Papier zunehmend durch; auch Mehrfachnutzung und Recycling der Kataloge sind denkbare Ansätze. Bei bundesweit insgesamt jährlich 240 Mio. Reisekatalogen (vgl. KIRSTGES 1996, S. 5) ergeben sich hier volkswirtschaftlich relevante Einsparungspotentiale im Papier- und Energieverbrauch, die für den einzelnen Unternehmer auch Kosteneinsparungen zur Folge haben.

Bei der **Reisedurchführung** ist auf Urlaubsprogramme zu verzichten, deren Sport- und Unterhaltungsangebote energieaufwendig (z. B. Helikopterskiing) und umweltzerstörend (z. B. Strandralleys mit vierradgetriebenen Jeeps) sind. Die Nutzung des vorhandenen Verkehrssystems, die Bevorzugung körperlicher, naturnaher Fortbewegungsarten sowie die Veranstaltung von naturkundlichen Exkursionen und Kreativkursen (z. B. einheimisches Kunsthandwerk) müssen für die Kunden keineswegs weniger attraktiv und erlebnisreich sein. In ökologischen und soziokulturellen Belangen ausgebildete Reiseleiter können den Gästen beim obligatorischen Begrüßungscocktail und in den in den Hotels ausliegenden Informationsmappen relevante Informationen und Anregungen vom korrekten Umgang mit dem Personal und der einheimischen Bevölkerung bis hin zur Beachtung von Tier- und Artenschutz beim Souvenireinkauf vermitteln. Umweltbezogene Aktionen der Reiseveranstalter in den Zielgebieten unter Mitwirkung der Gäste (z. B. Einrichtung eines Umweltfonds zur Aufforstung von Brachland oder zur Erhaltung von Kulturdenkmälern) sind eine weitere Möglichkeit, Urlaubserlebnisse einer neuen Dimension zu arrangieren.

Aus dem Ansatz der Umweltwertschöpfungskette ergibt sich, daß eine ökologisch orientierte Managementstrategie

- alle Stufen der Wertschöpfungskette eines Produkts von der Erstellung durch die Leistungsträger über die betrieblichen Tätigkeiten des eigenen Unternehmens und der Absatzmittler bis hin zu den Urlaubsaktivitäten der Reisenden einbringen muß,
- sich nicht nur partiell auf das Kundensegment der umweltbewußten Reisenden beschränken kann, sondern mit unterschiedlicher Intensität alle Produkte des Reiseveranstalters umfassen muß,
- sämtliche Instrumente des Marketingmix um die ökologische Komponente zu erweitern sind. Dieser Ansatz eines ökologie-orientierten Marketingmix ist in Abb. 2.12 dargestellt.

Ein sozial verantwortliches und strategisch denkendes Management, das die Vernetztheit zwischen den Systemen Unternehmen, Touristik und Umwelt erkennt, erfordert ökologiegerechtes Verhalten und nützt sie zum langfristigen Ausbau von Erfolgspositionen. Eine Darstellung, in welchen Bereichen einzelne Reiseveranstalter und Reisemittler gegenwärtig schon umwelt- und sozialverträgliche Konzepte verfolgen, findet man bei HOPFENBECK/ZIMMER (1993, S. 345-367).

Abb 2.12: Ökologie-orientierter Marketing-Mix für Reiseveranstalter

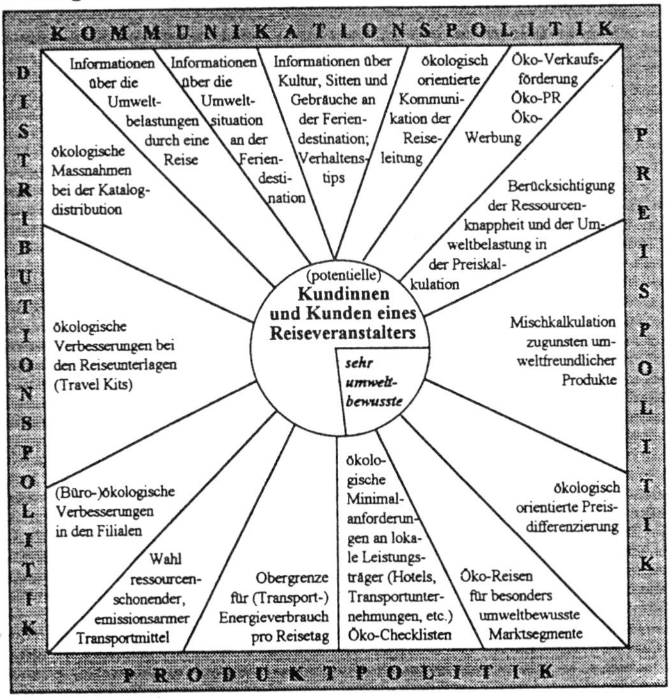

Quelle: MEZZASALMA 1993, S.106

2.9 Interkulturelles Management

2.9.1 Kulturstandards und ihre Dimensionen

Das Wahrnehmen, Denken, Fühlen und Handeln von Menschen basiert auf Werten, Normen und Einstellungen, die im Laufe des Sozialisationsprozesses in Familie und Schule, im Freundeskreis und nicht zuletzt am Arbeitsplatz erworben werden. Diese verhaltenssteuernden Determinanten sind ein Teil der jeweiligen Kultur und als kollektives Phänomen den Menschen, die im selben sozialen Umfeld leben, weitgehend gemeinsam; sie unterscheiden die Mitglieder dieser Gruppe von Menschen anderer Gruppen. Begriffliche Konzepte beschreiben diese kulturell geprägten Verhaltensdispositionen als Kulturstandards (THOMAS 1996, S. 112), mentale Programme (HOFSTEDE 1993, S. 18), Habitus (BOURDIEU 1979, S. 179) oder kollektive Identitäten (VESTER 1996, S. 119). Der Begriff Kulturstandards bezeichnet nach THOMAS (a.a.O) "alle Arten des Wahrnehmens, Denkens, Wertens und Handelns ... , die für die Mehrzahl der Mitglieder einer bestimmten Kultur für sich persönlich und andere als normal, selbstverständlich, typisch und verbindlich angesehen werden." Es ist festzuhalten, daß das Verhalten eines Individuums nicht nur von Kulturstandards sondern auch von seiner Persönlichkeit bestimmt wird.

Im Rahmen des internationalen Managements wird häufig von nationalen Kulturstandards gesprochen. Dies ist insofern ein problematischer Begriff, als die Trennlinien von Kulturen nicht immer paralell zu den Grenzen von Staaten verlaufen und es politische Staatsgebilde gibt, die mehrere Kulturen umschließen. Zudem werden Kulturstandards nicht von allen Mitgliedern einer Gruppe in gleichem Maße anerkannt.

Wenn nun Personen mit unterschiedlichen Kulturstandards zusammentreffen, dann wird das Verhalten der Anderen auf der Basis der eigenen Kulturstandards bewertet. Dies kann zu Fehlinterpretationen, Enttäuschungen und Unvereinbarkeiten führen. Der Auslandstourismus ist im Outgoing- wie im Incomingbereich dadurch gekennzeichnet, daß sich Menschen mit unterschiedlichen, weil jeweils nationalen oder regionalen, Kulturstandards begegnen. Dies trifft nicht nur für die Konstellation Reisende - Bewohner des Gastlandes zu, sondern auch für Zusammenarbeit der Produzenten bei der Organisation und Durchführung der Reisen. Damit wird die Bewältigung solcher potentiell konfliktträchtiger interkultureller Situationen zu einer Managementaufgabe. Interkulturelles Management bedeutet also im weitesten Sinne die Gestaltung der Handlungsbedingungen von Personen (im Tourismus Beschäftigte, Touristen, Einheimische), die aufgrund jeweils eigener Kulturstandards Situationen unterschiedlich wahrnehmen, erleben und bewerten und auch unterschiedlich auf sie reagieren.

Interkulturelles Management _____ 103

Zur Systematisierung der verschiedenen inhaltlichen Bereiche von Kulturstandards haben BRAKE/WALKER/WALKER (1995, S. 44-70) durch Zusammenführung der Forschungsansätze von KLUCKHOHN/STRODTBECK (1961), HALL (1990), HOFSTEDE (1980), STEWART/BENNET (1991) und RHINESMITH (1993) einen "cultural orientations framework" entwickelt (vgl. Abb. 2.13). Dieses Modell stellt zwar lediglich eine theoretisch nicht begründete Kompilation von ausgewählten Variablen dar, es gibt aber dennoch eine pragmatische Übersicht über die relevanten Dimensionen von Kulturstandards. Ein ähnliches Raster kultureller Merkmale findet sich bei USUNIER/WALLISER (1993, S. 37-40). BRAKE/WALKER/WALKER nennen folgende zehn Bereiche von Kulturstandards:

Abb. 2.13: Dimensionen von Kulturstandards

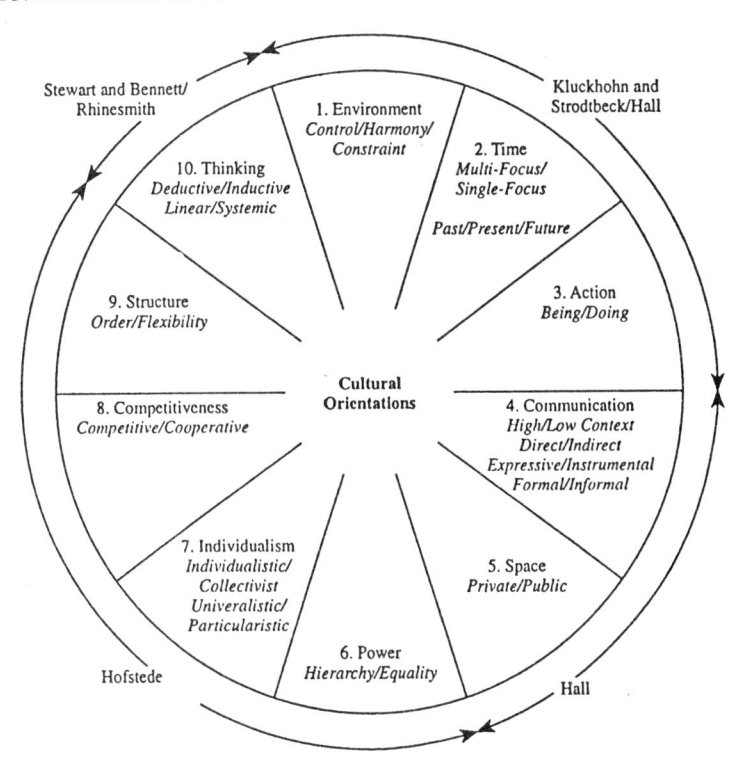

Stewart and Bennett/Rhinesmith

1. Environment
   Control/Harmony/Constraint
2. Time
   Multi-Focus/Single-Focus
   Past/Present/Future
3. Action
   Being/Doing
4. Communication
   High/Low Context
   Direct/Indirect
   Expressive/Instrumental
   Formal/Informal
5. Space
   Private/Public
6. Power
   Hierarchy/Equality
7. Individualism
   Individualistic/Collectivist
   Univeralistic/Particularistic
8. Competitiveness
   Competitive/Cooperative
9. Structure
   Order/Flexibility
10. Thinking
    Deductive/Inductive
    Linear/Systemic

Cultural Orientations

Kluckhohn and Strodtbeck/Hall

Hofstede

Hall

Quelle: Unter der Bezeichnung "A Cultural Orientation Framework" veröffentlicht in Brake/Walker/Walker 1995, S. 45

1 Natur: Kulturstandards bestimmen weitgehend, ob die Menschen die Natur nach ihren Bedürfnissen verändern, in Harmonie mit ihr leben oder sich fatalistisch ihren Zwängen fügen sollen.

2 Zeit: Hinsichtlich der Dimension Zeit wird zwischen zeitbezogenem Handeln, Zeitperspektiven und Zeiteinhaltung unterschieden.
- Zeitbezogenes Handeln kann monochronistisch oder polychronistisch sein. Im Monochronismus wird die Wichtigkeit der Zeiteinteilung und der Konzentration auf jeweils eine Aufgabe, die innerhalb einer bestimmten Zeitspanne zu erledigen ist, betont. Im Polychronismus werden viele Dinge gleichzeitig unternommen, der Zeitplan wird nach Bedarf geändert.
- Die Zeitperspektive verweist auf die unterschiedliche Gewichtung von Vergangenheits-, Gegenwarts- oder Zukunftsorientierung.
- Die Zeiteinhaltung bezieht sich auf den Wert der Pünktlichkeit innerhalb einer Kultur.

3 Handlungen: Die beiden Orientierungspole bilden hier Aufgabenzentrierung, bei der produktive Aktivitäten zur Aufgabenerfüllung und Zielerreichung bedeutsam sind, und Beziehungsorientierung, bei der Arbeitszufriedenheit, gutes Mitarbeiterverhältnis und interessante Tätigkeiten die wichtigeren Werte sind.

4 Kommunikation: Kommunikationsverhalten kann in den Dimensionen Kontext, Explizität, Expressivität und Formalität unterschiedlich ausgeprägt sein.
- Kontext: Es wird zwischen High context- und Low context-Kulturen unterschieden, je nach der Bedeutung, die nichtverbalen Signalen wie dem Gesprächsrahmen (Ort, Zeitpunkt, Anzahl und Status der Personen), der Körpersprache (Gestik, Mimik, äußere Erscheinung der Personen) und dem Körperkontakt zugemessen wird.
- Explizität: Direkte Kommunikationsformen sind explizit und unmißverständlich, indirekte eher implizit und konfliktvermeidend.
- Expressivität: Expressives Kommunikationsverhalten ist gefühlsbetont und von subjektiven Elementen geprägt. Ein instrumenteller Kommunikationsstil ist nüchtern und unpersönlich.
- Formalität: Ein formeller Kommunikationsstil orientiert sich stark an sozialen Konventionen und protokollarischen Abläufen, ein informeller dagegen im Fehlen oder in einer Nichtbeachtung solcher Regelungen.

5 Raum: Kulturen unterscheiden sich danach, welche Bedeutung der Trennung zwischen privatem und öffentlichem Raum zukommt. Dies betrifft sowohl die Distanz, die Personen bei Gesprächen einhalten (intimer/persönlicher Raum) als auch die räumliche Organisation von Arbeitsplätzen (z. B. Gemeinschaftsbüros oder individuelle Räume).

6 Machtdistanz: Das Ausmaß, in dem die vorherrschenden Normen Machtunterschiede befürworten; im Arbeitsbereich drückt sie "die emotionale Distanz aus, die zwischen Mitarbeitern und Vorgesetzten herrscht" (HOFSTEDE 1993, S. 38).

7 Individualismus: Das Ausmaß, in dem Normen die individuelle Unabhängigkeit oder die Intergation in die Gemeinschaft fordern.

8 Konkurrenzorientierung: Das Ausmaß, in dem maskuline Werte wie Anerkennung, materieller Erfolg, Bestimmtheit oder Wettbewerb gegenüber femininen Werten wie Bescheidenheit, Lebensqualität, Fürsorge oder Konsens von beiden Geschlechtern präferiert werden.

9 Strukturierung: Das Ausmaß, in dem die Mitglieder einer Gesellschaft unsichere und mehrdeutige Situationen als Bedrohung empfinden und daher sicherheitsversprechende Strukturen (Gesetze, Regelungen, Techniken, Rituale, Religionen) entwickeln.

10 Denkstile: Denken folgt bestimmten Mustern, die als induktiv/deduktiv und linear/systematisch beschrieben werden können.
- Induktives Denken: Die Argumentation basiert auf Erfahrung und Experimenten, es wird vom Besonderen auf das Allgemeine geschlossen.
- Deduktives Denken: Die Argumentation basiert auf Logik und theoretischen Erkenntnissen, die Erklärung von Einzelerscheinungen wird vom Allgemeinen abgeleitet.
- Lineares Denken: Es besteht eine Präferenz für das analytische Aufgliedern eines Problems in Teilaspekte.
- Systemisches Denken: Es besteht eine Präferenz für holistisches Vorgehen, das die Gesamtheit und die Beziehungen zwischen den Komponenten in den Vordergrund stellt.

Im Tourismus können folgende fünf Bereiche, in denen unterschiedliche Kulturstandards von Bedeutung sind, unterschieden werden:

- interkulturelle Kontakte der Reisenden/Einheimischen
- Kooperation mit ausländischen Vertragspartnern
- Auslandseinsätze eigener Mitarbeiter
- Errichtung von Auslandsniederlassungen
- Multinationale Belegschaft eines Unternehmens.

2.9.2 Interkulturelle Kontakte der Reisenden

Wenn Reisende und Ortsansässige sich begegnen, dann treffen nicht die Kulturen der Ziel- und der Quellregion aufeinander, sondern eine jeweils spezifisch ausgeprägte Gäste- und Gastgeberkultur (vgl. THIEM 1994, S. 40-45; FREYER/POMPL 1996).

Abb. 2.14: Touristisches Kulturmodell

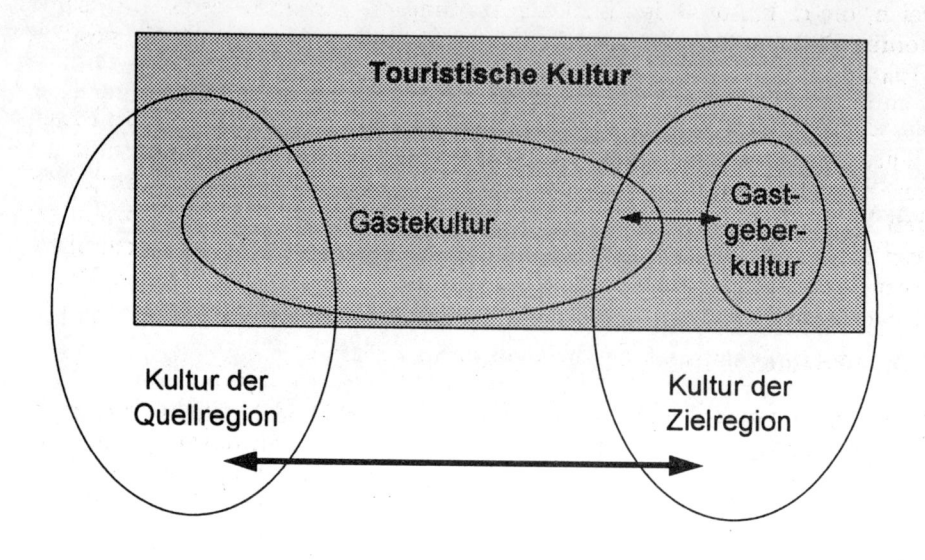

```
┌─────────────────────────────────────────────────┐
│              Touristische Kultur                │
│   ╱─────────────────────╲        ╱─────╲        │
│  ╱                       ╲      ╱ Gast- ╲       │
│ │      Gästekultur        │←──→│ geber- │      │
│  ╲                       ╱      ╲ kultur╱       │
│   ╲─────────────────────╱        ╲─────╱        │
└─────────────────────────────────────────────────┘
     Kultur der                    Kultur der
     Quellregion                   Zielregion
         ←───────────────────────────────→
```

Quelle: FREYER/POMPL 1996, S. 310

Die **Gästekultur** umfaßt die aus der heimatlichen Kultur gewachsenen Urlaubsmotive, die Verhaltensweisen auf Reisen und die Anforderungen an das Gastland.

Ein wesentlicher Aspekt der Gästekultur liegt darin, daß für deutsche Urlauber neben der Erholung der Wunsch, "Land und Leute kennenzulernen" ein bedeutsames Motiv vor allem bei Auslandsreisen darstellt; bei Studien-, Expeditions- und Begegnungsreisen ist es sogar der dominante Reisegrund (vgl. zusammenfassend FREYER 1995, S. 52-62). Allerdings wollen die meisten Urlauber nicht zu tief in die lokale Kultur eintauchen, sei es aus einem beschränkten Interesse heraus, das sich mehr auf die Ferienkulisse als auf die Realität bezieht, sei es aus diffusen Ängsten vor dem Unbekannten oder aus ganz realer Abneigung gegenüber landesüblichen Verkehrsmitteln, Unterkünften oder Speisen. Zudem würde dies aktive Lernprozesse erfordern und damit dem Freizeitcharakter des Urlaubs zuwiderlaufen. "Land und Leute" haben hier tendenziell einen eher instrumentellen Charakter für Urlaubsaktivitäten.

Reisende haben Stereotype, d. h. vereinfachte, generalisierende und daher klischeehafte Vorstellungen über ein Land und seine Bewohner. Werden diese Stereotype über "das echte Italien" oder "das richtige Spanien" von der Realität nicht eingelöst, entstehen Enttäuschungen und Unzufriedenheit.

Die Gästekultur ist von kompensatorischen Erwartungen geprägt, "sie befriedigt insbesondere Grundbedürfnisse im sinnlichen und emotionalen Bereich, die in Philosophie und Ausgestaltung der Industriegesellschaft sonst keinen Platz mehr haben: Mythen, rituelle und zyklische Verläufe, positive Utopien" (THIEM 1994, S. 211).

Reiseveranstalter schaffen mit der Auswahl der Zielorte, Hotels und Ausflugsprogramme die Rahmenbedingungen für interkulturelle Kontakte, in der es zu Begegnungen von Gästekultur und Gastgeberkultur kommt. Mit den Darstellungen der Zielgebiete in den Katalogen, die urlaubsorientiert nur die positiven und folkloristischen Elemente der Kultur beschreiben, werden einseitige Stereotype gefördert. Aufgabe des interkulturellen Managements von Reiseveranstaltern ist es daher,

- die Urlaubsregionen nicht nur als Ferienparadiese darzustellen,
- bei der Produktgestaltung und insbesondere bei den von den ausländischen Leistungsträgern bezogenen Produktelementen darauf zu achten, daß einerseits zwar interkulturelle Erfahrungen gemacht werden können, diese aber andererseits die Lern- und Anpassungsbereitschaft der jeweiligen Zielgruppe nicht überfordern,
- der Reiseleitung auch die Funktion eines "Moderators zwischen den Kulturen" zuzuordnen.

In den Zielgebieten des Tourismus ist eine **Gastgeberkultur** entstanden. Darunter wird jener Teil der Kultur der Zielregion verstanden, den die Einwohner in ihrer Rolle als Gastgeber entwickeln und der das materielle und immaterielle touristische Angebot bestimmt. Diese spezielle touristische Subkultur enthält Elemente der autochthonen Kultur, adaptierte Elemente (z. B. Folkloreveranstaltungen oder kunsthandwerkliche Gegenstände, die auf den Geschmack der Besucher zugeschnitten sind), Übernahmen ausländischer Kulturen (z. B. die internationale Speisekarte) und durch den Tourismus geprägte Verhaltensweisen. So erwarten etwa die Besucher eine "gastfreundschaftliche" Behandlung, die im Rahmen massentouristischer Kontakte nur eine professionelle Freundlichkeit gegenüber den Gästen sein kann. HOCHSCHILD (1983, S. 35 f.) hat für solche Verhaltensmuster den Begriff des "surface acting" geprägt, da sie nicht Ausdruck der aktuellen Befindlichkeit des Handelnden, sondern Attribute einer kommerziellen Gastlichkeit sind.

Interkulturelles Management bedeutet hier für den Reiseveranstalter
- Einflußnahme auf die Produktgestaltung durch die Leistungsträger, damit autochthone Elemente erhalten bleiben, aber gleichzeitig auf fremdkulturelle Gewohnheiten der Gäste Rücksicht genommen wird,
- Einflußnahme auf die Gäste, lokale Kulturen zu achten (z. B. bezüglich des Badens "oben ohne")

- Verzicht auf touristische Angebote, die die Lebensweise der Einheimischen stören, z. B. auf Ausflüge zu lokalen Ereignissen wie Beerdigungszeremonien in manchen asiatischen Ländern.

2.9.3 Zusammenarbeit mit ausländischen Vertragspartnern

Vor allem die Beschaffungsfunktion erfordert bei Veranstaltern von Auslandsreisen die Zusammenarbeit mit fremdkulturellen Leistungsträgern. Es werden Verträge über die Belegung von Hotels oder die Beförderung von Passagieren ausgehandelt, Produktspezifikationen vereinbart oder längerfristige Kooperationen beschlossen. Hier kommt es auf der materiellen Ebene darauf an, neben der Festlegung von Preisen, Mengen und Qualitätskriterien auch Abwicklungsprozeduren zu regeln, bei denen mitunter verschiedene landestypische Normen (z. B. Stornierungsbedingungen oder Zahlungsabwicklung) gegenüberstehen.

In solchen interkulturellen Situationen gefährdet eine Vernachlässigung der die Verhandlungen beeinflussenden Interaktionsprozesse nicht nur den Verhandlungserfolg, sondern minimiert auch die Qualität der Ergebnisse. Denn, so LIEB (1997, S. 146): "Kulturangepaßte Verhaltensweisen schaffen und fördern, nicht kulturangepaßte Verhaltensweisen verringern und zerstören Vertrauen."Daher kommt neben der Vorbereitung auf inhaltlicher und fachlicher Ebene dem Bewußtmachen und der Anerkennung der kulturellen Unterschiede in der bevorstehenden Verhandlungssituation entscheidende Bedeutung zu. Eine mangelnde Einstellung auf die Kultur des Verhandlungspartners führt dazu, der Kommunikation die eigenen Kulturstandards zugrundezulegen (Ethnozentrismus) und damit Mißverständnisse geradezu vorzuprogrammieren.

Der Einfluß der Kultur auf Verhandlungen ist, so USUNIER/WALLISER (1993, S. 234), indirekter Natur: "Kultur wirkt sich über zwei Gruppen von Variablen auf Verhandlungen aus, nämlich über die Verhandlungssituation (z. B. Zeit und Zeitdruck, Machtausübung, Größe des Verhandlungsteams, Örtlichkeit) (und über, W.P.) die persönlichen Eigenschaften der Verhandlungsteilnehmer." Da die Persönlichkeit die Bedeutung von Kulturstandards relativiert, ist es problematisch, typisch nationale Verhandlungsstile mit allgemeiner Gültigkeit finden zu wollen, ohne der Gefahr der gleichmachenden Stereotypisierung zu unterliegen; Darstellungen solcher Verhandlungsstile finden sich bei USUNIER/WALLISER 1993, S. 255-264, BRAKE/WALKER/WALKER, S. 88-135, LEWIS 1996, S. 165-305.

Typische interkulturelle Konfliktpunkte bei Verhandlungen können sein:

- Status der Verhandlungspartner: Es bestehen kulturelle Unterschiede hinsichtlich der Bedeutung der betrieblichen Position und Machtbefugnis der Verhandlungspartner oder des Status der Frau.
- Verhandlungsstrategie: Auf Grund von Kulturstandards kann jeweils ein eher kompetitiver Verhandlungsstil zur Maximierung des eigenen Vorteils oder ein eher integrativer Stil zur Optimierung des gemeinsamen Ergebnisses verfolgt werden. Andere Kriterien sind die Übernahme einer aktiven oder passiven Rolle, das Ziel einer schnellen oder zeitaufwendigen Entscheidungsfindung, die ehrliche Offenlegung der eigenen Position oder zurückhaltendes Taktieren, ein nüchternes und präzises oder gefühlsbetontes und überschwengliches Gesprächsverhalten, ein pragmatisches und flexibles oder prinzipientreues und starres Vorgehen.
- Kommunikationsprobleme: Sprechen die Verhandlungsteilnehmer nicht die gleiche Sprache, dann bestehen erhebliche Kommunikationsbarrieren. Selbst wenn die Aussagen verbal korrekt verstanden werden, kann es hinsichtlich ihrer tatsächlichen Bedeutung Mißverständnisse geben (vgl. die Beispiele in Abb. 2.15). Durch unterschiedliche Kontextualität des Kommunikationsverhaltens entstehende Fehlinterpretationen, z. B. die in Low context-Kulturen übliche direkte Äußerung von Kritik wird in High context-Kulturen als irritierend oder beleidigend verstanden, weil man dort die Botschaft verschlüsselt.

Abb. 2.15: Beispiele potentieller Sprachprobleme

Wenn der Amerikaner sagt	meint er	versteht der Deutsche
Laß uns die Zahlen anschauen	nochmal Revue passieren lassen	Revision im Detail
Ich kümmere mich darum	jemand wird sich darum kümmern	er wird sich persönlich bemühen
Wir kamen überein	es gibt noch Verhandlungsspielraum	abgehakt, keine Änderungen
Ich arbeite daran	Ich habe noch nichts dafür getan, danke für den Hinweis	er hat angefangen, ist aber noch nicht damit fertig
Laß uns darüber sprechen	das muß ernsthaft diskutiert werden	bei Gelegenheit kann man das noch einmal ansprechen

Wenn ein Deutscher sagt	meint er	versteht der Amerikaner
Wir haben beschlossen	das ist entgültig	da gibt es noch Spielraum
Daran haben wir gedacht	wir haben schon eine Lösung verwirklicht	man hat zwar daran gedacht, aber noch nichts unternommen
Ich bin in Urlaub	3- bis 4wöchige Unterbrechung	ein paar Tage Aufschub
Gehen wir etwas essen	kurze Arbeitsunterbrechung	längere Pause zum Plaudern
Darüber sprechen wir noch	wichtiges Detail, das nicht vergessen werden darf	eine unbedenkliche Kleinigkeit

Quelle: Weber 1994, S. 111

- Gastlichkeit: Bezüglich der Gästebetreuung außerhalb der Verhandlungen können unterschiedliche Standards bestehen. Während sie in manchen Ländern durchaus aufgabenbezogen zum Kennenlernen und Aufbau freundschaftlicher Beziehungen eingesetzt wird, beschränkt sie sich in anderen Ländern üblicherweise auf die Hilfe bei der Reiseorganisation.

- Vertragsverständnis: Nach europäischem Verständnis faßt ein Vertrag die in den Verhandlungen erzielten Übereinkommen zusammen und bestimmt damit die Rechte und Pflichten innerhalb der Geschäftsbeziehungen, die nach dem alten römischen Rechtsgrundsatz "pacta sunt servanda" zukünftig einzuhalten sind. Ein Beispiel eines ganz anderen Vertragsverständnisses bietet China. Dazu stellt STUCKEN (1996, S. 116) fest: "Dementgegen glauben die Chinesen nicht, daß sich überhaupt Verträge aufsetzen lassen, die alle möglichen künftigen Wechselfälle einer Geschäftsbeziehung abdecken. Für sie ist es viel wichtiger, ob in den Vertragsverhandlungen eine tragfähige Basis für das beabsichtigte Geschäft gefunden werden kann. Und so markiert für Chinesen der Vertrag nicht den Abschluß der Verhandlungen, sondern den Beginn einer Zusammenarbeit."

- Konfliktregelung: Die Zusammenarbeit mit Leistungsträgern enthält grundsätzliche Konfliktpotentiale wie etwa die Behandlung von Kundenbeschwerden, Termintreue, Einhaltung von Produktspezifikationen oder Preisverhandlungen. Bei Verhandlungspartnern aus unterschiedlichen Kulturkreisen wird die materielle Konfliktlösung durch das Bestehen jeweils eigener Konfliktlösungsstrategien zusätzlich erschwert. So stellt beispielsweise HOFSTEDE (1993, S. 111) aufgrund seiner empirischen Untersuchungen fest: "In den USA, wie in anderen maskulinen Kulturen, wie Großbritannien und Irland, findet man, daß Konflikte durch einen fairen Kampf beigelegt werden sollten. ... In femininen Kulturen, wie den Niederlanden, Schweden und Dänemark, löst man Konflikte gern dadurch, daß man nach einem Kompromiß sucht und miteinander verhandelt."

2.9.4 Auslandseinsätze von Mitarbeitern

Reiseveranstalter entsenden vor allem im Bereich der Gästebetreuung eigene Mitarbeiter als Reiseleiter, Transferbetreuer, Animateure oder Agenturpersonal ins Ausland. Ihre vorbereitende Schulung bezieht sich in aller Regel auf organisatorische und fachspezifische Bereiche, nicht aber auf ihre Rolle als interkulturelle Vermittler und auf die mit einem längerdauernden Auslandsaufenthalt verbundenen persönlichen und beruflichen Anpassungsleistungen. Das erschwert vor allem die für diesen Personenkreis wichtige Rolle des Moderators zwischen den Kulturen, die eine Relativierung der eigenen und eine Interpretation der fremden Kultur verlangt.

Das bei längeren Auslandsaufenthalten notwendige Arrangieren mit der Kultur des Gastlandes führt zur Erscheinung des Kulturschocks (culture shock, vgl. OBERG 1960). Entgegen der üblichen Bedeutung des Wortes Schock, das eine plötzliche Reaktion bezeichnet, ist der Kulturschock eine Erscheinung, die nach der ersten Phase der Begeisterung für die neue Lebenswelt auftritt, wenn "the foreign ways of thinking and acting are no longer quaint and fascinating alternative ways of living but rather are pathological, clearly inferior to your own. When this occurs, culture shock has set in" (FERRARO 1994, S. 146 f.). Die Folgen dieser vollen Bewußtwerdung der Andersartigkeit der Lebens- und Arbeitsbedingungen können von leichten Irritierungen bis zu psychischen Krisen reichen und in Verunsicherungen und Abwehrhaltungen gegenüber der Kultur des Gastlandes, zeitweiligem Absinken der Zufriedenheit und Rückgang der Leistungsfähigkeit resultieren (vgl. KOHLS 1984, S. 65).

2.9.5 Einrichtung von Auslandsniederlassungen

Im Rahmen vertikaler Integrationsstrategien erwerben insbesondere die großen Reiseveranstalter Beteiligungen an Incoming-Agenturen und Hotels, im Rahmen der horizontalen Expansion kommt es zur Gründung von Auslandsniederlassungen, meist in der Form von Beteiligungen an oder Übernahmen von ausländischen Unternehmen. Hierbei stellt sich die Frage nach der Ausrichtung der Unternehmenskultur in den Auslandsgesellschaften.

Grundsätzlich können nach HILB (1991; vgl. dazu auch OSTERLOH 1994) folgende vier Strategiealternativen unterschieden werden (vgl. Abb. 2.16):

Abb. 2.16: Strategieansätze internationaler Unternehmenskulturen

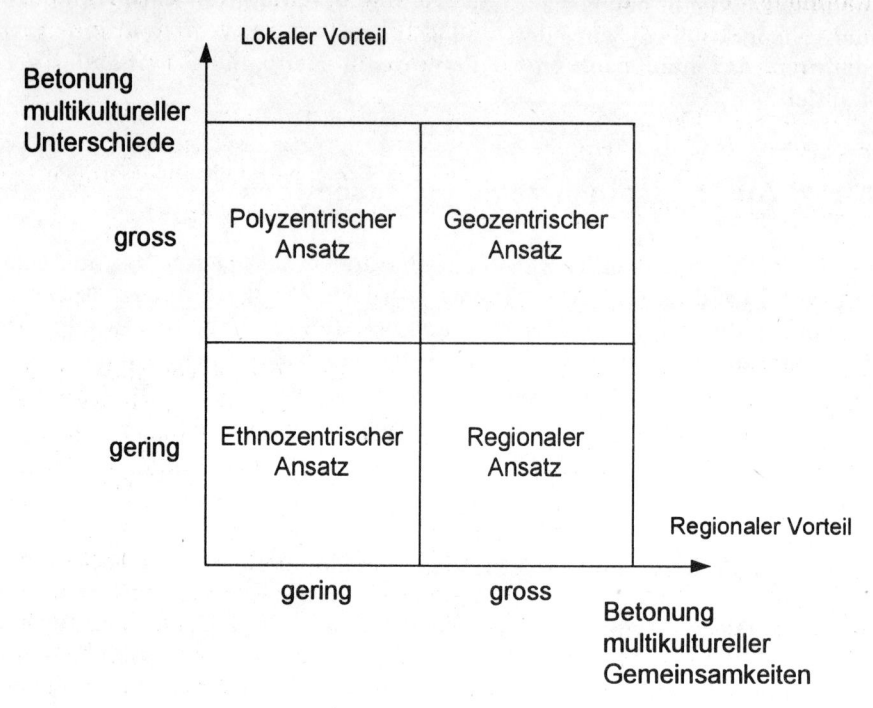

		gering	gross	
Betonung multikultureller Unterschiede	gross	Polyzentrischer Ansatz	Geozentrischer Ansatz	Lokaler Vorteil
	gering	Ethnozentrischer Ansatz	Regionaler Ansatz	Regionaler Vorteil
		gering	gross	Betonung multikultureller Gemeinsamkeiten

Quelle: In Anlehnung an HILB 1991, S. 113

- Ethnozentrische Unternehmenskultur: Im ausländischen Unternehmen gilt die im Stammhaus entwickelte Unternehmenskultur. Hier wird bewußt oder unbewußt unterstellt, daß die heimischen Grundwerte und Managementprinzipien überall auf der Welt erfolgreich angewendet werden können. Eine Anpassung an die jeweilige Landeskultur erfolgt nur marginal. Eine solche Strategie verfolgen zum Beispiel viele Clubreiseveranstalter.

- Polyzentrische Unternehmenskulturen: In jeder Auslandsgesellschaft entwickelt sich eine eigenständige Unternehmenskultur. Nach dem föderalistischen Prinzip ist das grundlegende Managementprinzip den Wertesytemen und Führungstechniken des jeweiligen Gastlandes angepaßt.

- Regiozentrische Unternehmenskulturen: Diese Strategie verfolgt die Entwicklung einer die einzelnen Landesgrenzen überschreitenden, auf eine Kulturregion bezogene Unternehmenskultur. Sie knüpft an gemeinsamen Werten und Organisationsprinzipien großer Kulturräume an, z. B. in Form eines Euro-Managements (vgl. ENGELHARD/WONIGEIT 1991).

- Geozentrische Unternehmenskultur: Ziel ist hier, durch eine Synthese von ethno- und polyzentrischer Strategie eine einheitliche, global gültige Unternehmenskultur zu schaffen. Dabei werden "weltweit normative Rahmengrundsätze und eine Sytemvereinheitlichung mit globaler Reichweite angestrebt, die durch strategische und operative Grundsätze und Vorhaben auf lokaler Ebene ergänzt werden" (BLEICHER 1992, S. 13).

Unabhängig davon, welcher Strategie des Organisationshandelns der Vorzug gegeben wird (zu den jeweiligen Vor- und Nachteilen vgl. PERLITZ 1993, S. 380 - 387), stellen die zu bewältigenden Integrationserfordernisse eine zusätzliche Aufgabe für das internationale Management dar.

2.9.6 Multinationale Belegschaft

Die Beschäftigung von fremdkulturellen Mitarbeitern ist vor allem in der Hotellerie und Gastronomie von Bedeutung, sie kommt aber auch bei Touristikunternehmen häufig vor. So werden ganz gezielt Ausländer in der Produktplanung und im Verkauf als Spezialisten für ihr Heimatland oder als einheimische Reiseleiter im Zielgebiet eingesetzt, ebenso üblich ist die Beschäftigung von ausländischen Mitarbeitern in nichttouristischen Bereichen wie Verwaltung oder Reinigung. Ein zunehmend häufiger Fall ist die Beschäftigung von "Gastarbeitern der zweiten Generation", die zwar die fremde Staatsbürgerschaft ihrer Eltern besitzen, aber in Deutschland geboren wurden und hier ihre Ausbildung erhielten, dennoch aber nicht als Inländer behandelt werden (zur Situation ausländischer Arbeitnehmer im Betrieb allgemein vgl. GAUGLER 1985, SCHAEFER 1985, FILAKOWSKI 1990, RAEHTZEL/SARICA 1994). Eine weitere Konstellation der multikulturellen Zusammenarbeit ergibt sich, wenn ein inländisches Unternehmen in ausländischem Besitz ist und/oder die Unternehmensleitung vom Ausland gestellt wird.

Die besonderen Aufgaben des interkulturellen Managements liegen hier in der

- Vermeidung von Diskriminierung durch ungleiche Bezahlung, Vorenthaltung innerbetrieblicher Aufstiegschancen, Forderung unbezahlter Überstunden, Zuweisung unbeliebter Arbeitszeiten und unangenehmer Tätigkeiten (vgl. Baum, 1995 S. 178 ff.),

- Förderung der Integration der ausländischen Mitarbeiter durch vorbildhaftes Verhalten der Geschäftsleitung (Rollenmodell), Sprachhilfen und Rücksichtnahme auf soziale oder religiöse Bräuche bei der Arbeitsgestaltung,

- Verhinderung von alltäglichen Mißverständnissen aufgrund von Sprachproblemen oder unterschiedlichen Arbeitsnormen,

- Bekämpfung von latenter oder offener Fremdenfeindlichkeit durch Mobbing, diskriminierende Witze und Späße, verbale Aggressionen und soziale Ausgrenzung.

2.9.7 Schlüsselqualifikationen

Internationales Management im Tourismus erfordert zunächst generelle technische, soziale, operative und konzeptionelle Kompetenzen, die kulturunabhängig vorhanden sein müssen und im internationalen Kontext lediglich eine andere Ausprägung und Gewichtung als bei nationalen Managementaufgaben haben. Darüber hinaus bedeutet es zusätzliche Fähigkeiten, die als **Schlüsselkompetenzen** für erfolgreiches interkulturelles Handeln bezeichnet werden. Interkulturelles Handeln ist nach THOMAS (1996, S. 17) definiert als "das zielgerichtete, motivierte, erwartungsgesteuerte und geplante Verhalten, in das eigenkulturelle und fremdkulturelle Steuerungs- und Regulationselemente einfließen.". Die Vielzahl der für kompetentes interkulturelles Handeln postulierten Qualifikationen kann auf die drei Grundkategorien Wissen, Einstellungen und Persönlichkeit verdichtet werden (vgl. FREYER/POMPL 1996, S. 313 - 318; ein Überblick über die generellen Forschungsansätze hierzu findet sich bei MARTIN 1993):

Wissen: Neben der im nationalen Kontext notwendigen allgemeinen Fachkompetenz erfordern interkulturelle Arbeitskontakte zusätzlich
- branchenspezifisches Fachwissen
- Fremdsprachenkenntnisse
- Länderkenntnisse
- administrative Kompetenz.

Einstellungen: Einstellungen sind mehr oder weniger verfestigte Systeme von Anschauungen, Meinungen und Überzeugungen, die das Handeln eines Individuums beeinflussen. Im Zusammenhang mit interkultureller Kompetenz ergeben sich folgende relevante Verhaltensdispositionen:
- Offenheit
- Empathie
- Toleranz und Respekt
- Akzeptanz fremder Kulturen.

Persönliche Qualifikationen:
- Lernfähigkeit und Flexibilität
- Kommunikative Kompetenz
- Teamfähigkeit
- psychische Belastbarkeit
- internationale Mobilität.

Der **Aneignung interkultureller Kompetenz** wird bisher weder bei der beruflichen noch bei der akademischen Ausbildung eine starke Bedeutung beigemessen, obwohl im Rahmen von Hochschulpartnerschaften und internationalen Studiengängen zunehmend die Möglichkeit von Auslandssemestern genutzt wird (vgl. MARR/SCHNEIDER 1994, POMPL 1996b). Auch in der Fachliteratur wird die interkulturelle Zusammenarbeit erst allmählich als eine grundlegende Dimension des allgemeinen Managements behandelt, nachdem sie bisher eher als ein der Psychologie und Pädagogik zuzurechnender Spezialbereich galt.

Die Aneignung und Verbesserung der interkulturellen Kompetenz kann entweder länderspezifisch auf bestimmte kulturelle Gruppen bezogen oder auf eine Veränderung der Einstellungen und Verhaltensweisen gerichtet sein, die auf einem Bewußtsein über die Relativität der eigenen Kultur beruht und für Bereiche potentieller kulturbedingter Konflikte sensibilisiert (zu den methodischen Ansätzen vgl. THOMAS 1989, BLACK/MENDENHALL 1995).

Dafür stehen folgende Möglichkeiten zur Verfügung:

- das Selbststudium der länderkundlichen Literatur, die inzwischen auch die interkulturelle Thematik behandelt, (z. B. die für eine Reihe von Ländern erschienenen Bücher Interkultureller Managementleitfaden, Verlag für Interkulturelle Kommunikation Frankfurt oder Culture Shock, Kuperard Verlag London),

- das Selbsttraining mit Hilfe des Culture Assimilators (vgl. TRIANDIS 1984); ein Lernprogramm, das interkulturelle Handlungssituationen beschreibt, vier Erklärungen für ein bestimmtes Verhalten gibt, von denen eine die richtige ist und dann aufschlüsselt, warum die vorgegebenen Verhaltensweisen falsch oder richtig sind,

- Kurzseminare, die als Länder-Briefings spezielles Faktenwissen vermitteln,

- Seminare, die entweder im Sinne eines cross-cultural awareness trainings darauf ausgerichtet sind zu erkennen, wie Kulturstandards Arbeitsbeziehungen, persönliches Verhalten, Organisationsstrukturen und Teamarbeit beeinflussen oder interaktionsorientiert durch experimentelles Lernen kuluradäquates Verhalten einüben. Die wesentlichen Lernziele eines solchen interkulturellen Handlungstrainings sind in Abb. 2.17 dargestellt.

Ein Beispiel für mögliche Lernziele eines interkulturellen Handlungstrainings mit der Intention, Wahrnehmung und differenzierte Bewertung fremder Kulturstandards ebenso zu fördern wie die interaktionellen Kompetenzen, ist der von THOMAS (1989, S. 283f.) entwickelte Lernzielkatalog (vgl. Abb. 2.17).

Abb. 2.17: Lernziele interkulturellen Handlungstrainings

(1) Erkennen von **Normen**, die **soziale Situationen** regulieren, wie z.B. Normen des Verhaltens gegenüber Vorgesetzten und älteren Personen.

(2) Einsichten in die kulturabhängige **Rollenstruktur**, z.B. die Erwartungen von Mitarbeitern an das Vorgesetztenverhalten.

(3) Fertigkeiten im **Erfassen** intentionaler Bedeutungen von **Ausdrucksmerkmalen**, wie z.B. das Erkennen von Nachdenklichkeit oder Mißbilligung aus dem Mienenspiel.

(4) Kenntnisse über das **Selbstkonzept** wichtiger Bezugspersonen, wie z.B. das Selbstkonzept von fremdkulturell geprägten Verhandlungspartnern, Vorgesetzten und Untergebenen.

(5) Entwicklung eines fein abgestimmten Gespürs für **erwünschtes** und **unerwünschtes** Verhalten in sozialen **Interaktionssituationen**, wie z.B. bei Erstbegegnungen, bei geschäftlich oder privat veranlaßten Begegnungen.

(6) Kenntnisse über die **Bedingungen** und **Wirkungen** beobachteten **Verhaltens** zwischen **fremdkulturellen Interaktionspartnern**, wenn z.B. in freundlich erscheinendem Ton und lächelnd eine massive Rüge erteilt und entgegengenommen wird.

(7) Fertigkeiten im Erkennen und Nachvollziehen von **Differenzierungen** des **individuellen Verhaltens** in Raum und Zeit, z.B. die räumliche Nähe und Häufigkeit interaktiven Verhaltens zwischen ranghohen und rangniedrigen Personen.

(8) Die Einsicht in die **Art** der **Beziehung** zwischen **individuellen Handlungszielen** und **norm- bzw. rollengemäßem Verhalten**, wie es beispielsweise im Verhalten der Geschlechter zueinander kulturspezifisch geregelt ist.

(9) Kenntnisse über den als angemessen betrachteten **Verhaltensspielraum** in **sozialen Situationen**, was z.B. für die Regulation von beruflicher und privater Lebenssituation wichtig ist.

(10) Fertigkeiten im Umgang mit Art und Ausmaß von **Belohnungserwartungen** und der **Angemessenheit** des **Austausches** von **Belohnungen**.

Quelle: THOMAS 1989, S. 283 f.

Im internationalen Management werden Wettbewerbsvorteile weniger durch das Durchsetzen der vermeintlich besseren eigenen Kulturstandards noch durch die Anpassung an die Werte der Handelspartner erreicht, sondern durch das Schaffen von normativen, personellen und operativen Rahmenbedingungen für die Zusammenarbeit von Menschen mit unterschiedlicher kultureller Prägung. Vor dem Hintergrund der umfassenden und differenzierten Ausprägung jeder Kultur aber hat jedes interkulturelles Training generell nur eine begrenzte Reichweite: "The best we can hope for is to acquire an orientation that enables us to set off in a certain direction to lessen the communication gap between ourselves and our partner" (LEWIS 1996, S. 311).

Vertiefende Literatur zu Managementaufgaben in der Touristik:

Allgemein:

BLEICHER, K.:
Das Konzept Integriertes Management, Frankfurt (Main)/New York 1991
BOVÉE, C.L., THILL, J.V., WOOD. M.B., DOVEL, G.P.:
Management, New York 1993
DAFT, R.L.:
Mangement, Orlando 1991
KASPAR, C., KUNZ, B.:
Unternehmensführung im Fremdenverkehr, Bern 1982
KOONTZ, H., WEIHRICH, H.:
Management, 8. Aufl., New York 1988
PORTER, M.E.:
Wettbewerbsvorteile, 3. Aufl., Frankfurt 1992
STAEHLE, W.H.:
Funktionen des Managements, Bern/Stuttgart 1989
STEINMANN, H., SCHREYÖGG, G.:
Management - Grundlagen der Unternehmensführung, 2. Aufl., Wiesbaden 1991

Umwelt:

DYLLICK, T.:
Management der Umweltbedingungen, Wiesbaden 1989
FISCHER, D.:
Qualitativer Fremdenverkehr, Bern 1985
HOPFENBECK, W., ZIMMER, P.:
Umweltorientiertes Tourismusmanagement, Landsberg (Lech) 1993
KIRSTGES, T.:
Sanfter Tourismus, 2. Aufl., München/Wien 1995
MICHAILIC, T., KASPAR, C.:
Umweltökonomie im Tourismus, Bern 1996
WÖHLER, K., SCHERTLER, W,:
Touristisches Umweltmanagement, Limburgerhof 1993

Mittelständische Unternehmen:

BUSSIEK, J.:

Anwendungsorientierte Betriebswirtschaftslehre für Klein- und Mittelunternehmen, München/Wien 1994
HAMER, E.:
Mittelständische Unternehmen: Gründung, Führung, Chancen und Risiken, Landsberg (Lech) 1990
PFOHL, H.C. (Hrsg.):
Betriebswirtschaftslehre der Mittel- und Kleinbetriebe, Berlin 1990
POHL, H.J.:
Mittelständische Unternehmen: Durch qualifiziertes Management zum Erfolg, Bremen 1986

Interkulturelles Management:

BRAKE, T., WALKER, D. M., WALKER, T.:
Doing Business Internationally, Burr Ridge (Ill) 1995
FERRARO, G. P.:
The Cultural Dimension of International Business, 2. Aufl. Englewood Cliffs (NJ) 1994
HOFSTEDE, G.:
Interkulturelle Zusammenarbeit, Darmstadt 1993
JOYNT, P., WARNER, M. (eds.):
Managing Across Cultures: Issues and Perspectives, London/Boston 1996
LEWIS, R. D.:
When Cultures Collide, London 1996
SCHERM, E.:
Internationales Personalmanagement, München/Wien 1995
THOMAS, A. (Hrsg.):
Psychologie interkulturellen Handelns, Göttingen/Bern 1996
USUNIER, J-C., WALLISER, B.:
Interkulturelles Marketing, Darmstadt 1993

3 Beschaffung

3.1 Definition und Bedeutung

Die Funktion Beschaffung in einem Unternehmen umfaßt nach der Definition von CORSTEN (1990, S. 44) **"all diejenigen Aktivitäten, die darauf gerichtet sind, der Unternehmung die Produktionsfaktoren zur Verfügung zu stellen, die sie im Rahmen ihrer Sachzielerfüllung benötigt, die sie aber selbst nicht zu produzieren vermag"**. In einer weiten Auslegung des Begriffs, der alle Produktionsfaktoren umfaßt, zählen zu den zu beschaffenden Objekten Personal, Kapital, Anlagen, Materialien, Energie, Informationen, Rechte und Dienstleistungen.

Der Begriff Einkauf wird vor allem in der Praxis häufig als Synonym zum Beschaffungsbegriff verwendet. Nach WÖHE (1990, S. 509) dagegen sollen die Beschaffung von Kapital und Arbeitskräften nicht zum Einkauf zählen; diese Auffassung entspricht auch der Praxis, da für diese Produktionsfaktoren üblicherweise die Finanz- bzw. Personalabteilung zuständig ist. Eine Ausnahme davon bilden bei Reiseveranstaltern die Reiseleiter und Animateure, für die entweder eigene Abteilungen geschaffen werden oder die alternativ dem Produktmanagement zugeordnet werden. Auch die Anschaffung von Betriebsmitteln wie Gebäude, Grundstücke oder EDV-Anlagen, die hohe Investitionskosten verursachen, zählt nicht zu den Aufgaben des Einkaufs; Entscheidungen darüber sind in der Regel der Geschäftsleitung direkt vorbehalten.

Dieses Kapitel befaßt sich vorwiegend mit einem Teilbereich der Beschaffung, nämlich dem Bezug von jenen Dienstleistungen, die als Elemente in das Produkt Pauschalreise eingehen, also mit den in der Praxis auch als Einkauf, Bezug, Bestellung oder Reservierung bezeichneten Vereinbarungen über die Zurverfügungstellung von Leistungen durch andere Unternehmen (= Leistungsträger). Allerdings stellt auch der Erwerb von Nutzungsrechten als Produktionsmittel zur Sicherstellung des Absatzes, also die Anmietung von Leitungen zur Datenfernübertragung und die Nutzung unternehmensfremder Computerreservierungssysteme (CRS), einen bedeutsamen Aspekt der Beschaffung dar.

In der Touristik kommt der Gestaltung dieser rechtlichen, materiellen, finanziellen, raum-zeitlichen und informationellen Transaktionsprozesse eine besondere Bedeutung zu, denn:

- Die Haupttätigkeit eines Reiseveranstalters liegt in der Kombination und Vermittlung von Leistungen, die nicht selbst erbracht, sondern von fremden Unternehmen bezogen werden.

- Die bei fremden Leistungsträgern beschafften Elemente des Pauschalpakets repräsentieren 75 - 85% der Kosten des Produkts; jede Kostenreduzierung durch niedrigere Einkaufspreise oder durch Rationalisierung der Beschaffungsvorgänge trägt daher in einem starken Maße direkt zur Ertragsverbesserung bei.

- Die eingekauften Fremdleistungen werden "unbearbeitet" an den Kunden weitergegeben, da der Reiseveranstalter keine Möglichkeiten der direkten vorherigen Qualitätskontrolle hat. Da Dienstleistungen erst bei ihrer Inanspruchnahme erbracht werden, können mangelhafte Produkte nicht ausgesondert werden. Die Mängelfreiheit der Fremdleistungen ebenso wie ihr Preis-Leistungs-Verhältnis bestimmen also unmittelbar die Kundenzufriedenheit mit dem Endprodukt.

- Neue Pauschalreiseprodukte entstehen entweder durch neue Kombinationen bestehender Elemente (z. B. Kombination Kreuzfahrt und Flug zu Cruise & Fly-Angeboten, vgl. Kap. 8.2.5) oder aber, und das in der Mehrzahl der Fälle, durch Aufnahme neuer Produktelemente, die von den Leistungsträgern entwickelt wurden (z. B. Hotels, Sportprogramme, aber auch neue Flugziele). Auch HEBESTREIT (1992, S. 502) stellt fest, "daß der Touristik-Einkauf neben der Geschäftsleitung der wichtigste Impulsgeber für neue Angebote ist". Die Kenntnis innovativer Entwicklungen auf den Beschaffungsmärkten und die schnellstmögliche Aufnahme neuer Produkte in das Veranstalterprogramm sind daher wichtige Wettbewerbsparameter.

- Ein betriebswirtschaftliches Kernproblem liegt in der Auslastung fixer Kapazitäten; die Gestaltung der Einkaufskonditionen entscheidet darüber, in welchem Ausmaß der Veranstalter am Auslastungsrisiko beteiligt wird. Darüber hinaus bedeutet die Reduzierung des Auslastungsrisikos für den Reiseveranstalter mehr Sicherheit bei der Kalkulation.

- Besonders auf den Massenmärkten, wo bei fast identischen Angeboten nicht mehr qualitative Produktunterschiede, sondern die Preise das kaufentscheidende Kriterium darstellen, kommt den im Einkauf erzielten Preisen und Konditionen ein hoher Stellenwert für den wirtschaftlichen Erfolg zu.

Vor diesem Hintergrund bedeutet Beschaffung mehr als nur die Bereitstellung der benötigten Leistungen zur richtigen Zeit in der erforderlichen Menge. Sie hat neben diesen kurzfristigen dispositiven Aufgaben, die sich aus den Anforderungen anderer betrieblicher Funktionsbereiche ableiten, auch langfristig-strategische Bedeutung. Wenn vom Einkauf her wesentliche Impulse für Programmgestaltung, Unternehmensrisiko und Kostenbelastung ausgehen können, dann wird es auch zur Aufgabe der Beschaffung, den innerbetrieblichen Produktionsbereich über die sich am Beschaffungsmarkt neu ergebenden Möglichkeiten zu informieren und dort die notwendigen Voraussetzungen zur Nutzung dieser Möglichkeiten zu schaffen. Daher kann die Definition des Beschaffungsmanagements von GROCHLA/SCHÖNBOHM (1980, S. 48) auch für die Touristik gelten: "**Beschaf-**

fung als **Management der Transaktionsprozesse bedeutet, sowohl die Anforderungen der Bedarfsträger aktiv am Markt durchzusetzen als auch unter Bezug auf Chancen und Risiken der (potentiellen) Beschaffungsmärkte aktiven Einfluß auf betriebspolitische Entscheidungen zu gewinnen."**

3.2 Beschaffungsprozeß

Vom zeitlichen und organisatorischen Ablauf her kann der Beschaffungsprozeß in folgende Teilfunktionen gegliedert werden (vgl. Abb. 3.1):

Abb. 3.1: Beschaffungsprozeß

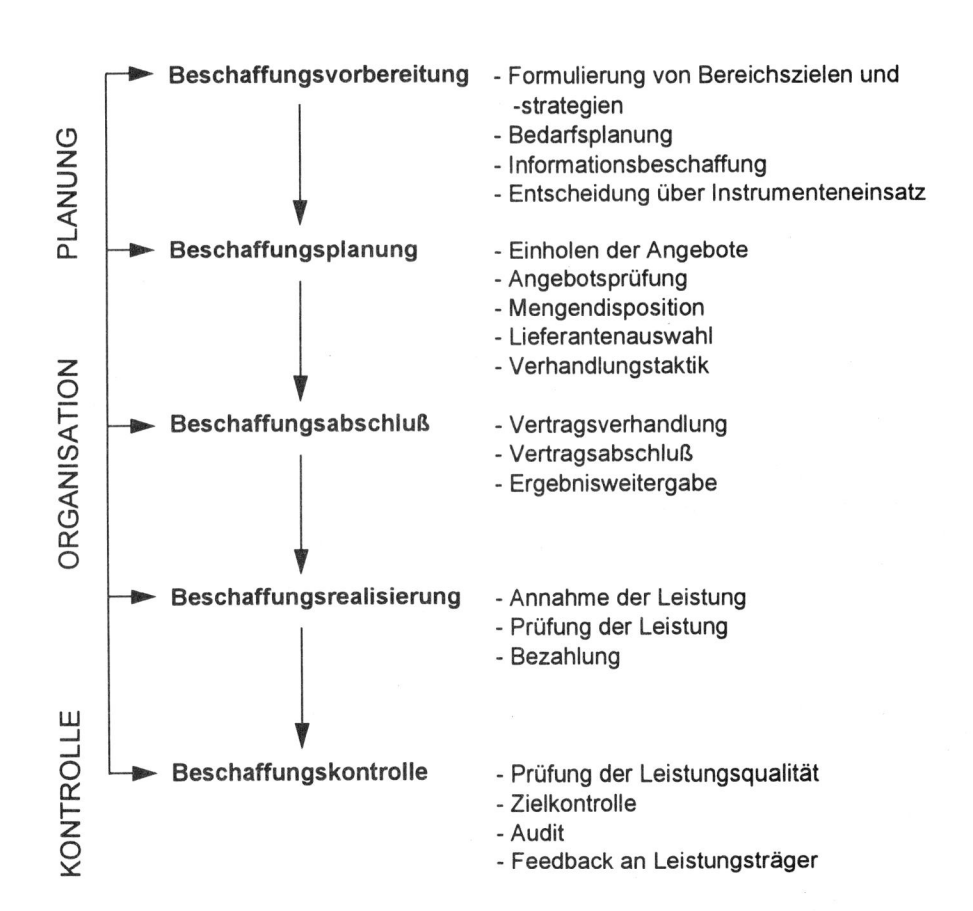

PLANUNG	Beschaffungsvorbereitung	- Formulierung von Bereichszielen und -strategien - Bedarfsplanung - Informationsbeschaffung - Entscheidung über Instrumenteneinsatz
	Beschaffungsplanung	- Einholen der Angebote - Angebotsprüfung - Mengendisposition - Lieferantenauswahl - Verhandlungstaktik
ORGANISATION	Beschaffungsabschluß	- Vertragsverhandlung - Vertragsabschluß - Ergebnisweitergabe
	Beschaffungsrealisierung	- Annahme der Leistung - Prüfung der Leistung - Bezahlung
KONTROLLE	Beschaffungskontrolle	- Prüfung der Leistungsqualität - Zielkontrolle - Audit - Feedback an Leistungsträger

Der hier dargestellte Ablauf orientiert sich an der katalogmäßig ausgeschriebenen Pauschalreise mit der Abfolge Beschaffung - Produktion - Absatz. Er ändert sich bei Reisen auf Bestellung, bei denen die Folge Absatz - Beschaffung - Produktion gilt. Die Intensität der in den einzelnen Phasen geleisteten Tätigkeiten ist davon abhängig, ob es sich um einen Erstkauf, also die erstmalige Zusammenarbeit mit einem Leistungsträger, um einen reinen Wiederholungskauf (z. B. Abschluß eines weiteren Chartervertrags mit einer Fluggesellschaft, mit der bereits ein Rahmenvertrag besteht) oder um einen modifizierten Wiederholungskauf (z. B. die erneute Aufnahme eines Hotels aus dem Vorjahresprogramm) handelt (vgl. dazu KOTLER/BLIEMEL, 1992, S. 297f.).

Beschaffungsvorbereitung

Wenn die Beschaffung sich nicht in der kostengünstigsten Erfüllung vorgegebener Aufgaben erschöpft, also mehr ist als nur Bestellung nach Katalog, dann sind für das Vorgehen auf dem Beschaffungsmarkt **Ziele** ebenso zu formulieren wie **Strategien** zur Erreichung eben dieser Ziele.

Im Rahmen der **Bedarfsplanung** werden in der Regel die zu beschaffenden Mengen und Qualitätsspezifikationen von der Marketing- oder Verkaufsabteilung vorgegeben. Da es sich dabei aber nicht um imperative Vorschriften, sondern lediglich um Vorgaben handelt, kann beschaffungsseitig versucht werden, die Zusammensetzung des Gesamtbedarfs mitzubestimmen, um günstigere Preise und Konditionen aushandeln zu können.

Die **Beschaffungsmarktforschung** soll das Unternehmen in die Lage versetzen, auf der Grundlage einer systematischen Informationssammlung und Analyse der Beschaffungsmärkte sowie der auf sie einwirkenden Umwelteinflüsse

- die vom Absatz her geforderten Leistungen zur Verfügung stellen,
- die eigene Marktposition einschätzen und verbessern sowie
- zukünftige Entwicklungen und Probleme erkennen und auf sie reagieren zu können.

Für die Beschaffungsmarktforschung sind in Anlehnung an CORSTEN (1990, S. 78f.) und HARLANDER/PLATZ (1989, S. 33-38) folgende Informationen von Interesse:

- Beschaffungsquellen (Anzahl, relative Größe, Marktstruktur, Preise, Zuverlässigkeit, Image),
- Beschaffungsobjekte (Qualität, Substitutionsmöglichkeiten),
- Beschaffungswege (direkt oder über Vermittler),

- Beschaffungskonkurrenten (Mitnachfrager),
- besondere Beschaffungsprobleme (staatliche Auflagen und Einflüsse; Devisenentwicklung bei Auslandsgeschäften).

Neben diesen für den operativen Beschaffungsvorgang wichtigen Informationen werden im Rahmen der Beschaffungsmarktforschung aber auch langfristige Entwicklungstrends der Zielgebiete (z. B. Konjunkturdaten, Währungsentwicklung, politische Stabilität) und der einzelnen Produktelemente (z. B. ökologische Bedrohung, Wandel der Gästestruktur, Lebenszyklus der Produkte) berücksichtigt. Da die Beschaffungsmarktforschung mit Aufwendungen verbunden ist, hängt ihre Intensität von der Kosten-Nutzen-Einschätzung ab.

Die Anwendung der im Sachgüterbereich erfolgreichen methodischen Instrumente Wertanalyse, ABC-Analyse und Portfolioanalyse (vgl. HEINRITZ, 1991, S. 353-369; GROCHLA, 1978, S. 30; LINDNER, 1983, 171-187) ist für den touristischen Einkauf wenig geeignet, da hier wegen der Vielzahl der Beschaffungsobjekte (z. B. Hotels) der Aufwand in keinem Verhältnis zur Ertragsverbesserung steht.

Schon in der Vorbereitungsphase ist auch zu klären, welche beschaffungpolitischen **Instrumente** eingesetzt werden können, beispielsweise in welcher Höhe ein Budget für Vorauszahlungen zur Verfügung steht.

Beschaffungsplanung

Diese Phase beginnt allgemein mit dem **Einholen** von Angeboten bei den ins Auge gefaßten potentiellen Leistungsträgern. Neben der **Prüfung** der konkreten Leistungsangebote sind in dieser Phase auch die Unternehmen der Leistungsträger hinsichtlich Zuverlässigkeit und Seriosität zu beurteilen. Unter Berücksichtigung der allgemeinen Richtlinien der Beschaffungsstrategie werden im Rahmen der **Mengendisposition** die für ein Zielgebiet benötigten Kapazitäten auf Kontingente für die einzelnen Leistungsträger aufgeteilt. Damit wird teilweise auch schon die **Lieferantenauswahl** vorbestimmt bzw. eingeengt. Zur Beschaffungsplanung zählt auch die Entwicklung von **Verhandlungskonzepten** für den Abschluß der Beschaffungsverträge (vgl. HEINRITZ, 1991, S. 234f.).

Beschaffungsabschluß

Der Beschaffungsabschluß erfolgt entweder durch unmodifizierte **Annahme** des Angebots des Leistungsträgers oder durch **Aushandlung** eines Vertrags. Das Ergebnis wird an die betroffenen Abteilungen - Verkauf, Buchhaltung, Produktmanagement und Katalogproduktion - weitergeleitet.

Beschaffungsrealisierung

Bei Dienstleistungen entfällt die bei Sachgütern notwendige Leistungsübergabe, da ja lediglich Nutzungsrechte erworben wurden und die Leistung erst bei Inanspruchnahme durch den Kunden erfolgt. Daher kann auch eine **Qualitätsprüfung** erst nach Erstellung der Leistung, also bei der Beschaffungskontrolle erfolgen. Überprüft werden kann allerdings das Leistungspotential, also etwa die Qualität der Unterkunft oder des Services durch Besichtigung des Hotels vor Beginn einer neuen Saison. Die **Bezahlung** schließt die Beschaffungsrealisierung ab.

Beschaffungskontrolle

Die laufende Kontrolle der **Leistungsqualität** erfolgt bei vielen Veranstaltern letztlich nur durch periodische Berichte der Reiseleiter; lediglich die Großveranstalter und qualitätsbewußte Studienreiseveranstalter setzen das Instrument der regelmäßigen Gästebefragung ein. In jedem Falle aber wird eine Leistungskontrolle bei Kundenreklamationen notwendig, um deren Berechtigung zu prüfen, das Ausmaß des Mangels zu ermitteln und mit dem Leistungsträger über Mängelbeseitigung und Kulanzregelungen zu verhandeln.

Mit Hilfe der abschließenden Beschaffungskontrolle wird festgestellt, inwieweit die **Beschaffungsziele** erreicht wurden; sie dient dazu, Abweichungen (Engpässe, Auslastung, Qualitätsstandards, Einkaufspreise im Vergleich zur Konkurrenz) identifizieren und zukünftig vermeiden zu können. Voraussetzung dafür sind nicht nur klare und quantifizierte Sollvorgaben, sondern auch die Entwicklung eines geeigneten Kontrollinstrumentariums (vgl. KOPPELMANN 1993, S. 339-359). Ein umfassendes **Beschaffungsaudit** bezieht sich dabei nicht nur auf die Leistungen der Vertragspartner und das Ausmaß der Zielerreichung, sondern auch auf die Abwicklung des Beschaffungsprozesses durch das eigene Unternehmen (Verfahrensaudit). Kaufentscheidungen und Vertragsverhandlungen werden von zahlreichen Faktoren beeinflußt, die WEBSTER/WIND (1966, S. 76) in folgende vier Kategorien zusammengefaßt haben: umfeldbedingte, organisationsspezifische, interpersonelle und individuelle Faktoren (vgl. Abb. 3.2). Ein Beschaffungsaudit muß sich daher nicht nur auf die Effizienz der organisatorischen Prozesse beziehen, sondern auch auf die Verhaltensweisen der Einkäufer. So weist (HARDING, 1966, S. 76) in diesem Zusammenhang auf eine Fehlerquelle hin, die nur durch eine systematische (Fremd-) Kontrolle zu beseitigen ist: "Die Entscheidungsträger legen ihre menschlichen Eigenschaften nicht ab, sobald sie das Büro des Lieferanten betreten. Sie sprechen auf ein 'Image' an, kaufen gerne von Unternehmen, denen sie sich verbunden fühlen und bevorzugen Lieferanten, die ihnen Respekt und persönliche Aufmerksamkeit entgegenbringen und bereit sind, sich 'speziell für Sie' besonders einzusetzen."

Andererseits ist auch zu überprüfen, inwieweit die selbstgesetzten ethischen Standards im Umgang mit Vertragspartnern eingehalten wurden (vgl. DOBLER/BURT/LEE, 1990, S. 642-646; HEINRITZ, 1991, S. 41-56).

Abb. 3.2: Einflußfaktoren des Kaufverhaltens von Unternehmen

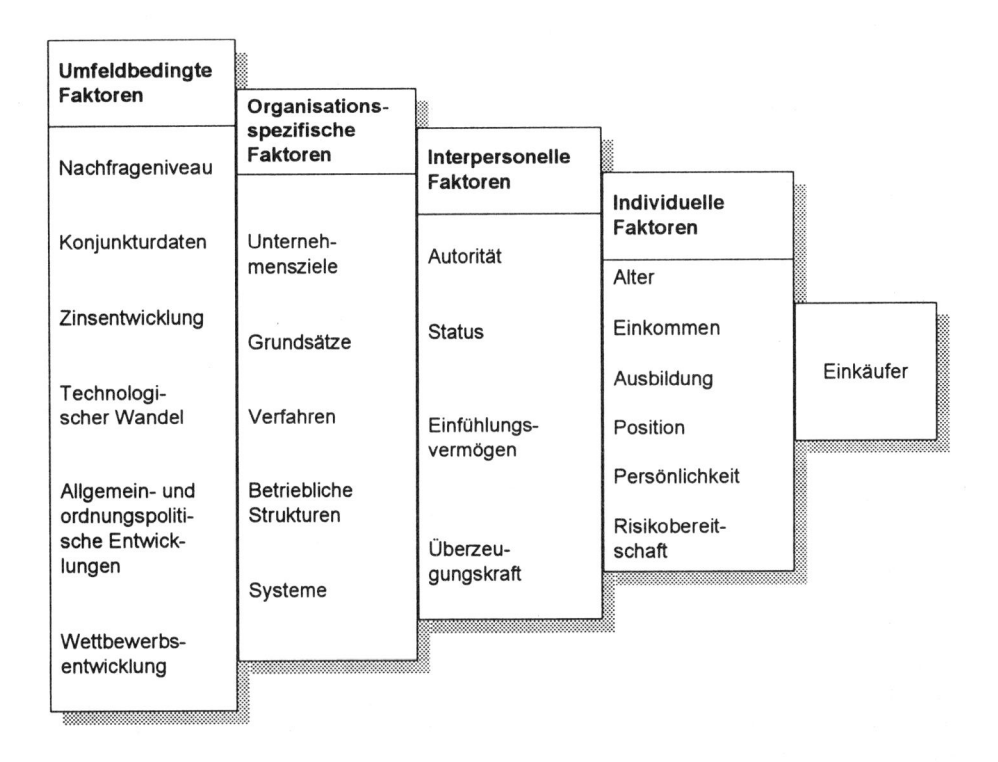

Umfeldbedingte Faktoren	Organisations- spezifische Faktoren	Interpersonelle Faktoren	Individuelle Faktoren	Einkäufer
Nachfrageniveau				
Konjunkturdaten	Unternehmensziele	Autorität	Alter	
Zinsentwicklung	Grundsätze	Status	Einkommen	
Technologischer Wandel	Verfahren	Einfühlungsvermögen	Ausbildung	
			Position	
Allgemein- und ordnungspolitische Entwicklungen	Betriebliche Strukturen	Überzeugungskraft	Persönlichkeit	
	Systeme		Risikobereitschaft	
Wettbewerbsentwicklung				

Quelle: KOTLER/BLIEMEL, 1992, S. 303

Der Abschluß des Beschaffungsprozesses sollte in einem Feedback an die Leistungsträger über die Stärken und Schwächen der von ihnen erstellten Produkte bestehen.

3.3 Ziele der Beschaffungspolitik

Die Beschaffungspolitik eines Unternehmens kann folgende Versorgungs-, Finanz- und Marktziele umfassen (vgl. Abb. 3.3):

Abb. 3.3: Ziele der Beschaffungspolitik

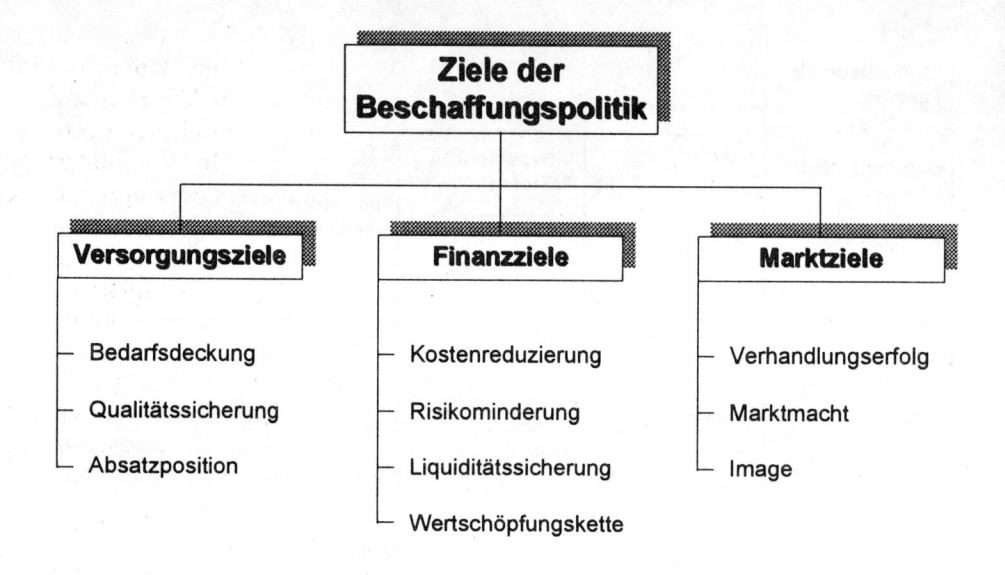

```
                    Ziele der
                Beschaffungspolitik
        ┌───────────────┼───────────────┐
  Versorgungsziele   Finanzziele     Marktziele

  – Bedarfsdeckung   – Kostenreduzierung   – Verhandlungserfolg
  – Qualitäts-       – Risikominderung     – Marktmacht
    sicherung        – Liquiditäts-        – Image
  – Absatzposition     sicherung
                     – Wertschöpfungskette
```

3.3.1 Versorgungsziele

Wichtigstes Versorgungsziel ist die **Sicherstellung des Bedarfs**, also die mengenmäßige Abdeckung der je Produktelement (Hotelübernachtungen, Beförderungsplätze etc.) benötigten Stückzahlen in der betreffenden Angebotsperiode. Dort, wo einzelne Leistungsträger nicht beliebig substituierbar sind, ist periodenübergreifend dafür zu sorgen, daß ausscheidende Produktelemente nahtlos durch neue ersetzt werden. Auf Wachstumsmärkten muß die Kapazitätsausweitung den steigenden Absatzzahlen entsprechen.

Neben der Bedarfsdeckung ist die **Qualitätssicherung und -verbesserung** der bezogenen Leistungen ein weiteres Versorgungsziel. Marktgerichtet bedeutet dies, bei der Leistungserstellung und der Beseitigung von Qualitätsmängeln durch die Vertragspartner Einfluß im Sinne der eigenen Marketingziele auszuüben. Denn wenn ein Reiseveranstalter seine unternehmerische Aufgabe nicht nur in der bloß gebündelten Vermittlung von

Fremdleistungen sieht, sondern in der tatsächlichen Gestaltung von Pauschalreiseprodukten, dann muß er versuchen, auf Art und Charakter (Ausstattungsdetails, Serviceprozesse) der Vorleistungen Einfluß zu nehmen. HEBESTREIT (1992, S. 17) spricht in diesem Zusammenhang von einem "Wertauftrieb durch Umformung der Rohstoffe". Betriebsintern kann die qualitative Komponente des Versorgungsziels durch die Formulierung von Qualitätsstandards und die Einrichtung von Kontrollmaßnahmen zur Qualitätssicherung, etwa in der Form systematischer Reklamationsauswertung und Gästebefragungen, gesichert werden.

Unter wettbewerbsstrategischen Gesichtspunkten kann für einen Reiseveranstalter die Erzielung einer erwünschten Absatzposition von Bedeutung sein. Er kann beispielsweise versuchen, für ein Produkt ein Monopol auf dem Absatzmarkt zu erreichen, also etwa ein bestimmtes qualitativ hochwertiges Hotel oder die Hotels einer renommierten Kette exklusiv anbieten zu können, um damit eine gewisse Alleinstellung aufzubauen oder eine autonome Preispolitik zu betreiben. Von seiten der Produktgestaltung her ist es in vielen Angebotsbereichen (z. B. Strandurlaub in touristischen Zentren) nur in wenigen Fällen möglich, ein Produkt anzubieten, das nicht sofort oder in der nächsten Saison von der Konkurrenz kopiert werden kann. Der einzige Schutz eines exklusiven Produkts besteht darin, mit den Leistungsträgern Ausschließlichkeitsverträge zu vereinbaren und damit konkurrierenden Veranstaltern den Zugriff auf diese Produktelemente zu verweigern. In solchen Fällen versucht der Reiseveranstalter also, ein **Monopson** auf dem Beschaffungsmarkt zu erreichen, um sich zumindest ein temporäres Monopol auf dem Absatzmarkt zu sichern (vgl. HOLZINGER, 1973, S. 8). Andererseits kann es aus Gründen der Gestaltung eines wettbewerbsfähigen Programms oder einer aggressiven Preispolitik wünschenswert sein, das gleiche Produkt wie die Konkurrenz anzubieten; das beschaffungspolitische Ziel wird hier also darin liegen, den gleichen Leistungsträger wie der Mitanbieter unter Vertrag zu nehmen.

Die strategische Bedeutung des Versorgungsziels liegt, so LIPPMANN (1979, S. 44), in der langfristigen "Vermeidung beschaffungsbedingter Störungen" der Produktion. Dabei geht es um die Antizipierung von zukünftigen Restriktionen, die zu Engpässen bei der Beschaffung bisheriger Leistungen oder zu Wachstumshemmnissen werden können. So kann eine Verstärkung des Umweltbewußtseins zu Mengenreduzierungen (z. B. weniger Flüge durch Nachtflugverbot, Begrenzung der Besucherzahlen durch Kapazitätslimitierung in Wintersportgebieten) führen oder eine Bedarfsveränderung dahingehend bewirken, daß gegenwärtig verkaufbare Leistungen zunehmend weniger Nachfrage finden. Aufgaben der Beschaffung liegen hier einerseits darin, auf die Leistungsträger einzuwirken, ihre Produkte umweltgerecht herzustellen, andererseits in der rechtzeitigen Entwicklung von Alternativen, d. h. in der Beeinflussung der Unternehmensplanung. Es ist daher auch eine Aufgabe der Beschaffung, am Aufbau langfristiger Erfolgspotentiale mitzuwirken.

3.3.2 Finanzziele

Der Hauptbeitrag der Beschaffung zur Erreichung der Finanzziele eines Unternehmens liegt in der **Kostenreduzierung**. Dies erfolgt sowohl direkt durch die Auswahl der Leistungsträger mit dem günstigsten Preis-Leistungs-Niveau als auch indirekt durch eine Vertragsgestaltung, die **Auslastungsrisiken** minimiert oder ganz ausschaltet und aus Veranstaltersicht günstige Zahlungsbedingungen (Vertragswährung, Liquiditätsfreundlichkeit der Zahlungsziele) und Stornierungsregelungen vereinbart. HOFMANN (1993, S. 125) weist darauf hin, daß hier neben dem absoluten auch der relative Preis, nämlich der Einkaufspreis etwaiger Konkurrenten, eine wichtige Rolle spielt, weil dadurch Deckungsbeiträge und Wettbewerbsfähigkeit einer Reise erheblich beeinflußt werden können.

Betriebsgerichtet ist die Programmgestaltung hinsichtlich der Zahl der beschäftigten Leistungsträger (insbesondere Hotels) zu beeinflussen, um ein unnötig tiefes und/oder breites Produktionsprogramm zu vermeiden, das die beschaffungsmäßige Optimierung der Einkaufsmengen beeinträchtigt (z. B. viele Hotels mit jeweils nur geringen Bettenkontingenten).

Mitunter stellt sich für einen Reiseveranstalter auch die Frage nach der Alternative Eigenerstellung oder Fremdbezug ("Make-or-Buy"), so etwa, ob unternehmensfremde oder eigene Reiseleiter beschäftigt werden sollen, oder bei der Beteiligung an Unterkunftsbetrieben, Verkehrsträgern oder Zielgebietsagenturen. Ziel dieser Strategien der vertikalen Integration vor- und nachgelagerter Produktionsstufen ist eine Verlängerung der **Wertschöpfungskette** des Reiseveranstalters (vgl. KIRSTGES, 1992a, S. 228ff.). Solche Entscheidungen können allerdings nicht nur aus kurzfristigen Kostenüberlegungen heraus getroffen werden, da hier auch Gesichtspunkte der Leistungsqualität und der langfristigen Unternehmenspolitik (z. B. vertikale Diversifikation) von Bedeutung sind.

3.3.3 Marktziele

Die marktgerichtete Beschaffungspolitik zielt auf die Beeinflussung der Stellung des Unternehmens auf dem Beschaffungsmarkt. Dabei ist in der Touristik nicht so sehr die absolute Größe eines Unternehmens auf dem Absatzmarkt für seine Stärke auf dem Beschaffungsmarkt ausschlaggebend, sondern vor allem die Bedeutung seines Auftrags für den einzelnen Leistungsträger.

Das Ziel **Verhandlungserfolg** ist nicht nur daran zu messen, inwieweit der beschaffende Reiseveranstalter seine Vorstellungen hinsichtlich der Preise und Konditionen durchsetzen kann, sondern auch daran, inwieweit der Vertragspartner das Verhandlungsergebnis als fair und ausgeglichen einstuft. Da ein Reiseveranstalter mit seinen Leistungsträgern meist langfristig zusammenarbeiten möchte, muß das Ergebnis von Beschaffungsverhandlungen beide Seiten zufriedenstellen. Sind nämlich aus Sicht des Leistungsträgers die vereinbarten Preise zu niedrig oder die Konditionen zu nachteilig, dann wird er entweder den Vertrag in der nächsten Saison nicht verlängern, mit Einsparungen, d. h. mit Qualitätsreduzierung reagieren oder die Preise für Nebenleistungen, die von den Kunden direkt zu bezahlen sind, erhöhen. Keine dieser Verhaltensweisen ist im Interesse des Reiseveranstalters.

Die Verhandlungsposition eines Reiseveranstalters gegenüber den jeweiligen Leistungsträgern wird wesentlich von seiner **Marktmacht** beeinflußt, die grundsätzlich bestimmt wird durch

- die Marktformen auf der Angebotsseite,

- das Marktseitenverhältnis,

- die unternehmensspezifische Marktstellung.

Die Marktform auf der Angebotsseite legt fest, inwieweit Vertragsverhandlungen überhaupt möglich sind. Legt bei einem Angebotsmonopol der Leistungsträger Preise und Rabattstaffeln fest, dann hat der Reiseveranstalter nur dann die Möglichkeit zu einer aktiven Beschaffungspolitik, wenn der Anbieter seine Kapazität unbedingt verkaufen will oder muß. So gibt es immer noch Staaten, in denen der Tourismus nicht marktwirtschaftlich entwickelt, sondern nach politischen Vorgaben verwaltungsorientiert abgewickelt wird (z. B. Laos, Vietnam, Kambodscha oder Burma); der Reiseveranstalter kann in diesen Fällen entweder die ihm zugeteilten Kontingente und Konditionen akzeptieren oder auf das Zielgebiet verzichten.

Oligopolistische Märkte erhöhen die Chancen für eine Beeinflussung der Vertragsverhandlungen, da hier der Reiseveranstalter die Möglichkeit hat, seine Kapazitäten auch bei Konkurrenzunternehmen decken zu können.

Auf polypolistischen Märkten mit jeweils vielen Anbietern ist zumindest von der Marktstruktur her die Durchsetzung der beschaffungspolitischen Ziele möglich; die faktische Realisierung ist allerdings von den Marktseitenverhältnissen abhängig.

Marktseitenverhältnisse beschreiben die Relation zwischen Angebot und Nachfrage auf einem bestimmten Markt. Besteht beispielsweise auf dem Markt für Charterflüge ein Angebotsüberhang, dann hat der Reiseveranstalter bessere Möglichkeiten, seine Beschaffungsziele durchzusetzen. Trifft die Nachfrage dagegen auf ein beschränktes Angebot, dann ist der Leistungsträger in einer günstigeren Verhandlungsposition und kann die Preise und Konditionen weitgehend diktieren (PORTER, 1992b, S. 50).

Die unternehmensspezifische Marktstellung eines einzelnen Reiseveranstalters ergibt sich aus der Bedeutung seiner Nachfrage für den Leistungsträger sowie den von ihm angebotenen Vertragskonditionen (z. B. Zahlungsbereitschaft, Auslastungsgarantie). Entscheidend dabei ist, daß die Verhandlungsmacht eines Reiseveranstalters gegenüber einem Leistungsträger nur in geringem Maße von seiner Marktstellung auf dem Absatzmarkt abhängig ist; wichtig dagegen ist seine Bedeutung für den jeweiligen Leistungsträger. Wenn beispielsweise ein kleiner Regionalveranstalter 60% der Bettenkapazität eines Hotels belegt und dafür noch eine Auslastungsgarantie anbietet, dann ist er für den Hotelier ein weitaus wichtigerer Abnehmer als ein Großveranstalter, der bei ihm nur 20% unter Vertrag hat und dieses Kontingent zudem auch nur mäßig auslastet.

Die Verhandlungsposition des Leistungsträgers wiederum wird gestärkt, wenn sein Produkt ein qualitativ oder preislich wichtiger Bestandteil der geplanten Pauschalreisen des Reiseveranstalters ist. Bietet der Leistungsträger ein Pauschalreiseelement an, das nur mit der Konsequenz einer Qualitätseinbuße oder einer Preiserhöhung ersetzbar ist, dann wird der Abnehmer diese Substitutionskosten bei den Vertragsverhandlungen zu berücksichtigen haben (vgl. PORTER, 1992b, S. 50f.).

In den Vertragsverhandlungen selbst stellen Informationsstand und professionelles Know-how des Einkäufers wichtige Kriterien für die Argumentationsfähigkeit dar. Aufwendungen für die Beschaffungsvorbereitung können hier direkt über den Preis oder indirekt über Konditionen und Qualitätsspezifikationen "kapitalisiert" werden.

Das **Image** eines zuverlässigen, korrekten und solventen Unternehmens fördert nicht nur die Zusammenarbeit mit den bisherigen Vertragspartnern, es erleichtert auch die bei einer Programmausweitung notwendige Beschaffung neuer Kapazitäten, zumal in Marktsituationen, in denen die Anbieter strukturell eine bessere Position einnehmen, also auf Verkäufermärkten. Hinzu kommt, daß die Reiseleiter im Zielgebiet lieber für ein angesehenes Unternehmen arbeiten und sich stärker dafür einsetzen.

3.4 Beschaffungspolitische Strategien

3.4.1 Beschaffungsstrategische Optionen

Ausgehend von der Tatsache, daß Beschaffungsmanagement sich sowohl auf die Beeinflussung der externen Beschaffungsmärkte wie auch auf die betriebsinterne Programm- und Produktionsplanung beziehen kann, können nach HAMMANN/LOHRBERG (1986, S. 101f.; vgl. Abb. 3.4) vier grundsätzliche beschaffungsstrategische Optionen unterschieden werden. Die Begriffe "aktiv" und "passiv" bezeichnen hier jeweils die Endpunkte eines Kontinuums, denn in der Praxis ist eine ganze Bandbreite von mehr oder weniger aktiven oder passiven Verhaltensweisen festzustellen.

Abb. 3.4: Beschaffungsstrategische Optionen

	Beeinflussung des innerbetrieblichen Produktionsbereichs	
	passiv	aktiv
Beeinflussung des Beschaffungsmarktes — passiv	① Anpassungsstrategie	② interne Beschaffungsstrategie
Beeinflussung des Beschaffungsmarktes — aktiv	③ externe Beschaffungsstrategie	④ integrierte Strategie

Quelle: in Anlehnung an HAMMANN/LOHRBERG, 1986, S. 102

1. Strategie der Anpassung des Beschaffungsbereichs an die gegebene Situation auf dem Beschaffungsmarkt, ohne den innerbetrieblichen Bereich zu beeinflussen: Die Beschaffung reduziert sich hier auf eine Bestellung nach Katalog oder Preisliste; die "Lieferbedingungen" des Leistungsträgers (Preise, Konditionen) werden als gegeben akzeptiert. Eine solche Verhaltensweise ist immer dann angebracht, wenn es sich um die Beschaffung von Leistungen handelt, die nur selten und in kleiner Stückzahl benötigt werden (z. B. Hotelreservierung für eine nur einmal durchgeführte Studienreise) oder bei denen Preise und Konditionen entweder gesetzlich geregelt sind (z. B. Gruppentarife der Bahn) oder die Nachfragemacht des Reiseveranstalters so gering ist, daß er die Konditionen des Anbieters akzeptieren muß (z. B. wenn ein kleiner Busreiseveranstalter mit Euro-Disney über eine Pauschale für Eintritt und Übernachtung verhandeln wollte).

2. Strategie der Anpassung auf dem Beschaffungsmarkt und aktive Beeinflussung der Situation im Produktionsbereich: Ansatzpunkte liegen hier sowohl in Rationalisierungs- und Verbesserungsmöglichkeiten als auch in der Reduzierung der Abhängigkeit von einzelnen Leistungsträgern. HAMMANN/ LOHRBERG (1986, S. 121) nennen als Anhaltspunkte:

- Reduzierung der Zahl der verwendeten Produktionsfaktoren (bei Reiseveranstaltern etwa die Zahl der angebotenen Hotels);

- Aussonderung wenig verwendeter Leistungen (z. B. wenig genutzte Verkehrsträger);

- Ersatz durch kostengünstigere Leistungen (z. B. Reiseleitung durch Zielgebietsagentur);

- Nachweis von qualitativ besseren Produkten eines anderen Leistungsträgers (z. B. umfangreicherer Versicherungsschutz).

Die Konzentration auf nur wenige Leistungsträger führt zwar meist zu Kostenvorteilen, doch das Risiko für das Gesamtprogramm steigt, wenn eines dieser Unternehmen den vereinbarten Leistungsstandard nicht halten kann oder gar seinen Betrieb einstellt.

Der Einkauf kann auch tätig werden, wenn es infolge von Angebotslücken auf den Beschaffungsmärkten zu Kapazitätsengpässen kommt; er kann dann versuchen, die Produktionsplanung so zu beeinflussen, daß die Teilnehmerzahlen/Umsätze dennoch realisiert werden können, z. B. durch zeitliche (Abreisetag, Aufenthaltsdauer), regionale (anderer Abflug- oder Zielflughafen) oder leistungsträgerbezogene (Beförderung mit Charter- und Linienflug; neben der Hotelunterkunft auch Ferienwohnungen) Alternativen.

Über den operativen Bereich hinaus geht die Forderung von BIERGANS (1986, S. 55), der eine strategische Aufgabe der Beschaffung darin sieht, "unter Ausnutzung der sich beschaffungsmarktlich bietenden Chancen positive Planänderungen zu initiieren oder bereits in der Planungsphase positiven Einfluß auf die Pläne und Politik anderer Bereiche, auf Unternehmensziele und Methoden ihrer Realisierbarkeit zu nehmen". Damit aber fungiert die Beschaffung im Planungssystem nicht länger ausschließlich als Anweisungsempfänger mit lediglich dispositiven Vollmachten. Sie hat sich zwar noch immer an den Bedürfnissen anderer Funktionsbereiche und den strategischen Vorgaben des Geschäftsbereichs zu orientieren, "doch nimmt sie diesen Auftrag als Problemlöser, nicht als Vollzugsorgan hin" (BIERGANS, 1986, S. 55).

3. Strategie der aktiven Beeinflussung des Beschaffungsmarkts bei Akzeptierung der innerbetrieblichen Beschaffungsvorgaben: Hier konzentriert sich die Beschaffung darauf, die Beschaffungsaufträge mengen- und qualitätsmäßig exakt zu erfüllen und die Beschaffungsmärkte so zu beeinflussen, daß optimale Preise und Konditionen erzielt werden können.

4. Strategie der aktiven Beeinflussung sowohl des Beschaffungsmarkts als auch des betrieblichen Produktionsbereichs: Diese zweiseitige, integrierte Beschaffungsstrategie setzt sowohl Nachfragemacht auf den Beschaffungsmärkten wie Durchsetzungskraft im eigenen Unternehmen voraus. Dies wird durch Organisationsstrukturen, in denen jeweils kleine Einheiten weitgehende Selbständigkeit für eine Produktgruppe besitzen (z. B. wenn diese als Profitcenter oder nach dem Produktmanagementkonzept geführt werden; vgl. HEBESTREIT, 1992, S. 504ff.), erleichtert. Besonders in kleineren Unternehmen ist es auch häufig so, daß der für die Planung und den Verkauf eines Produkts zuständige Mitarbeiter auch die Beschaffungsaufgaben übernimmt.

3.4.2 Eigenerstellung oder Fremdbezug

Obwohl die Haupttätigkeit eines Reiseveranstalters in der Bündelung von Fremdleistungen zum eigenständigen Produkt Pauschalreise besteht, fallen dennoch Entscheidungen darüber an, welche Leistungen beschafft oder selbst erstellt werden sollen. Im Bereich der Produktelemente trifft dies vorwiegend auf die Gästebetreuung zu, also auf die Reiseleitung und auf die Animationsprogramme. Daneben besteht die Möglichkeit, wesentliche Elemente einer Reise im Paket von einem fremden Unternehmen zu beziehen, beispielsweise im Bereich der Bustouristik die gesamte Reise mit Ausnahme der Beförderung bei einem Paketreiseveranstalter oder bei Flugreisen bei einer Incoming-Agentur einzukaufen. Obwohl die deutsche Reiseveranstalterbranche bisher eine geringe vertikale Konzentration (d. h. zwischen unterschiedlichen Produktionsstufen) aufweist, zeigt sich bei den Großveranstaltern die Tendenz zur Diversifizierung darin, sich an Zielgebietsagenturen und Hotels zu beteiligen. Neben der Erweiterung der Wertschöpfungskette liegt ein weiteres Ziel in der Sicherstellung des Bedarfs, um insbesondere unter Qualitätsgesichtspunkten Einwirkungsmöglichkeiten auf die Ausgestaltung der einzelnen Produktelemente zu erhalten. Da es für die Clubreiseveranstalter beispielsweise nicht möglich war, geeignete Hotels unter Vertrag zu nehmen, mußten sie die Anlagen entweder selbst errichten und betreiben, oder aber so langfristig pachten, daß sich die notwendigen Investitionen auch amortisieren.

In der innerbetrieblichen Produktion stellt sich die Frage des "make or buy" bei der Katalogproduktion, der Werbung, der Rechtsberatung, bei Verwaltungsdienstleistungen und bei der elektronischen Datenverarbeitung. Eine langfristige strategische Entscheidung im Vertrieb betrifft die Distributionskanäle, also ob die Reisen im Eigen- oder Fremdvertrieb auf den Markt gebracht werden. Zudem stellt sich auch schon für mittelständische Unternehmen die Frage, durch Outsourcing die Vorteile der Präsenz in einem fremden Reservierungssystem zu nutzen.

3.4.3 Leistungsträgerpolitik

Die Leistungsträgerpolitik legt das Verhalten gegenüber den Vertragspartnern fest. Im Grundsatz geht es für den Reiseveranstalter darum, zu erkennen, daß

- nicht die Durchsetzung von Minimalpreisen das wichtigste Beschaffungsergebnis darstellt, sondern die langfristige Optimierung des Preis-Leistungs-Verhältnisses. Dies bedeutet, daß lediglich eine Tendenz zu Minimalpreisen bei gleichzeitiger Berücksichtigung flankierender Ziele wie Leistungssicherung, Kooperation oder Imagebildung verfolgt wird;

- die Leistungsträger nicht als "Gegner", die es auszuspielen oder zu übervorteilen gilt, verstanden werden. So fordert KÖCKMANN (1982, S. 37): "Die Anerkennung der Lieferanten als Partner und die gemeinsame Interessenwahrnehmung des zu organisierenden Geschäfts als solidarische Interaktion (Wechselwirkung) stehen an erster Stelle." Da Reiseveranstalter im Turnuspauschalreisegeschäft daran interessiert sind, langfristig mit ihren Leistungsträgern zusammenzuarbeiten, spielt der Beziehungsaspekt zwischen den Unternehmen, insbesondere die Aufrechterhaltung des "Supplier Good Wills", eine wichtigere Rolle als der einzelne Einkaufsvorgang.

Im einzelnen geht es beim Beschaffungsmarketing dann um die Aspekte, inwieweit

- jeweils nur das preisgünstigste Angebot oder auch Kriterien wie Zuverlässigkeit, Kooperationsbereitschaft und Leistungsträgertreue berücksichtigt werden sollen;

- durch Verteilung der benötigten Kapazitäten auf mehrere Leistungsträger eine Politik der Risikostreuung verfolgt wird;

- hinsichtlich der Beschäftigung einzelnen Leistungsträgern Präferenzen eingeräumt werden, um ihnen beispielsweise in der Nebensaison durch gezielte Verkaufssteuerung zu einer höheren Auslastung zu verhelfen;

- eine Kooperationsbereitschaft des Reiseveranstalters besteht, Leistungsträgern in Problemsituationen entgegenzukommen, etwa durch Vorauszahlungen bei Liquiditätsengpässen;

- eine starke Marktstellung in den Vertragsverhandlungen als Druckmittel eingesetzt werden soll.

Auch hier werden wieder Verhaltensdimensionen angesprochen, die auf der Ebene des normativen Managements festgelegt und im Funktionsbereich Beschaffung angewendet werden (zu ethischen Standards bei der Beschaffung vgl. HEINRITZ, 1991, S. 41f.). So beschreibt etwa FISCHER (Vorstandsmitglied der TUI, 1988, S. 2) die Leistungsträgerpolitik seines Unternehmens: "Es gibt für uns eine Leistungsuntergrenze in puncto Service, Essen, Unterkunft und Flug, die wir im Interesse der Kunden auf keinen Fall unterschreiten wollen. Deshalb werden wir auch in Zukunft unsere Einkaufsmacht nicht dazu benutzen, Einkaufspreise um jeden Preis zu drücken. Die TUI ist ohne Wenn und Aber der Auffassung, daß nur wirtschaftlich leistungsfähige Partner in der Lage sind, qualitativ gute Leistungen und guten Service auf Dauer zu bieten."

3.4.4 Kooperationsstrategien

Einkaufskooperationen bündeln die Nachfrage der beteiligten Unternehmen, um durch die dadurch gewonnene Marktmacht günstigere Preise und Konditionen bei den Leistungsträgern zu erzielen. Solche Zusammenschlüsse können auf ganz unterschiedlichen Ebenen erfolgen, von der Zusammenarbeit befreundeter Unternehmen über die Mitgliedschaft bei regionalen (z. B. REISELAND, Northeim) oder bundesweiten Organisationen (z. B. DERPART) bis hin zu international operierenden Kooperationen wie Business Travel International oder Carlson Travel Network (vgl. dazu ausführlich DRV, 1995, S. 157-162).

3.5 Instrumente des Beschaffungsmarketings

Aktives Beschaffungsmanagement soll nicht nur der periodenbezogenen Gewinnmaximierung dienen, sondern langfristig die Beschaffungsmärkte des Unternehmens gestalten, um strategische Erfolgspotentiale zu sichern. Eine solche strategische Entscheidung verlangt die Entwicklung und Anwendung von unternehmerischen Verhaltensweisen, die als Beschaffungsmarketing bezeichnet werden können (LIPPMANN, 1979; HAMMANN/LOHRBERG, 1986). Darunter sind "alle Aktionsparameter zu verstehen, die zur Erfüllung der Beschaffungsaufgaben und zur Realisierung akquisitorischer Wirkungen auf dem Beschaffungsmarkt eingesetzt werden mit dem Ziel, die Beschaffungsziele im Rahmen der gesamtunternehmerischen Zielsetzung zu verwirklichen" (CORSTEN, 1990, S. 53).

In die gleiche Richtung weist das von LEENDERS/BLENKHORN entwickelte Konzept des "Reverse Marketing", das besonderes Gewicht auf die strategische Bedeutung der Beschaffung legt: "Das größte Leistungspotential der Beschaffung leitet sich daraus ab, daß sie frühzeitig an der Entwicklung neuer Projekte, Produkte, Dienstleistungen und Unternehmensstrategien beteiligt ist" (1989, S. 8). Dazu ist es notwendig, auf den Beschaffungsmärkten die gleichen Marketinginstrumente wie auf den Absatzmärkten anzuwenden.

Zu den Instrumenten des **externen** Beschaffungsmarketings zählen die Programm-, die Entgelt-, die Konditionen- und die Kommunikationspolitik (vgl. Abb. 3.5). Aktives Beschaffungsmanagement will zudem **innerbetrieblich** dahingehend wirksam werden, denn Absatz- und Produktionsbereich sind nicht nur als Auftraggeber zu sehen, sondern auch als "Kunden", denen man beschaffungsseitige Ideen und Neuentwicklungen "verkaufen" will.

Die gegenüber den Leistungsträgern eingesetzten Instrumente sollen zwei Wirkungen erzielen: die Beschaffungsziele des Unternehmens erreichen und die Marktpartner beeinflussen. BIERGANS (1986, S. 209f.) spricht daher auch von einer Bivalenz der Instrumente, die als "Forderungen" bestimmte Leistungen der Marktpartner (z. B. geheizter Swimmingpool und Kinderbetreuung im Hotel) festlegen und/oder als "Anreize" Wünsche der Lieferanten (z. B. Auslastungsgarantie) befriedigen.

Abb. 3.5: Instrumente des Beschaffungsmarketings

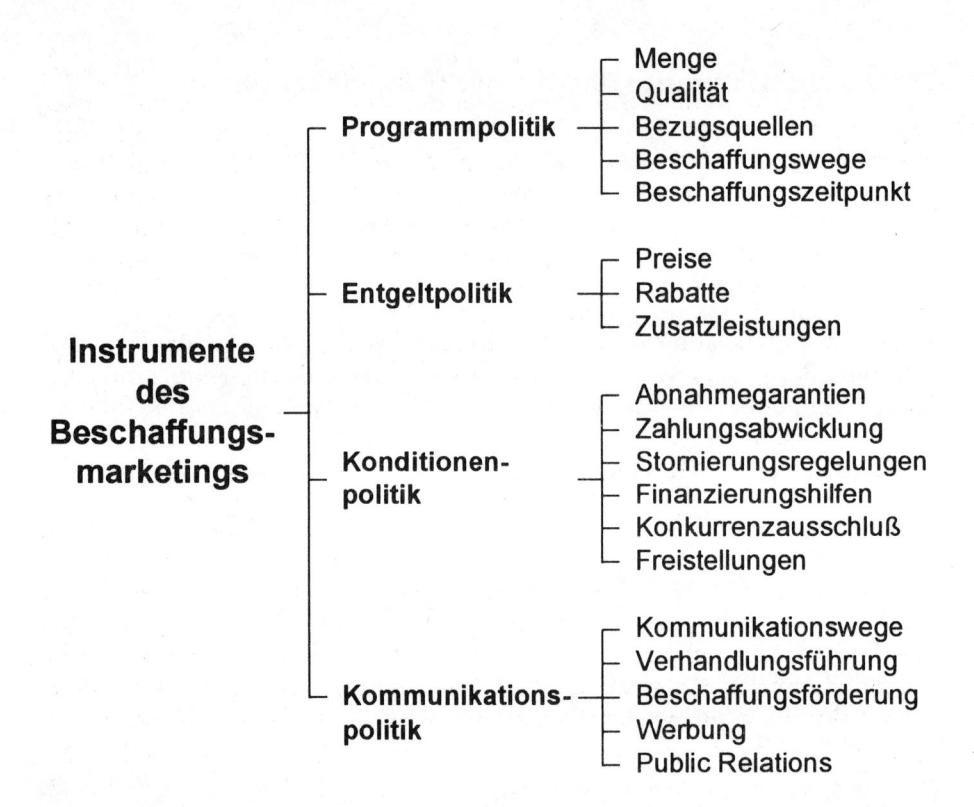

- **Instrumente des Beschaffungsmarketings**
  - **Programmpolitik**
    - Menge
    - Qualität
    - Bezugsquellen
    - Beschaffungswege
    - Beschaffungszeitpunkt
  - **Entgeltpolitik**
    - Preise
    - Rabatte
    - Zusatzleistungen
  - **Konditionenpolitik**
    - Abnahmegarantien
    - Zahlungsabwicklung
    - Stornierungsregelungen
    - Finanzierungshilfen
    - Konkurrenzausschluß
    - Freistellungen
  - **Kommunikationspolitik**
    - Kommunikationswege
    - Verhandlungsführung
    - Beschaffungsförderung
    - Werbung
    - Public Relations

3.5.1 Programmpolitik

Das Beschaffungsprogramm wird weitgehend durch die von der Absatzplanung festgelegte **Menge und Qualität** der Produkte vorstrukturiert; ebenso durch die Tatsache, daß das Programm eines Reiseveranstalters sich von Saison zu Saison nicht grundlegend ändert, sondern im großen und ganzen fortgeschrieben wird. Dennoch liegt es häufig in der Entscheidungsbefugnis des Einkäufers, wie ein bestimmter Zusatz- und Ersatzbedarf gedeckt wird. Er kann sich bei der konkreten Festlegung dieser Vorleistungen und Leistungsträger mengen- und qualitätspolitischer Instrumente bedienen und durch die Auswahl der Beschaffungswege und des Beschaffungszeitpunkts das Einkaufsergebnis optimieren.

Mengenpolitische Überlegungen befassen sich mit der Entscheidung, wieviele Leistungseinheiten pro Beschaffungsquelle eingekauft werden sollen. Das wesentlichste Entscheidungskriterium ist hier, neben den Absatzchancen, daß mit steigender Einkaufsmenge günstigere Preise erzielt werden können. Darüber hinaus spielen aber auch Qualitätskriterien eine Rolle, da der Leistungsträger, wenn überhaupt, erst ab einer bestimmten Abnahmemenge bereit sein wird, bei seiner Produktgestaltung auf die Wünsche des Reiseveranstalters einzugehen.

Die Auswahl des **Beschaffungswegs**, also des direkten (persönlicher oder schriftlicher Einkauf) oder indirekten (über einen Vermittler wie Großhändler, Konsolidator, Reservierungszentrale oder Zielgebietsagentur) Bezugs, wird zunächst von der Relation Beschaffungskosten zu Beschaffungsumfang bestimmt. Werden nur wenige Hotelbetten oder Beförderungsplätze gebraucht, dann ist eine direkte Verkaufsverhandlung zu aufwendig. Handelt es sich dagegen um Einkäufe von Leistungen, die über eine ganze Saison hinweg in Anspruch genommen werden, dann ist der Aufwand eines Besuchs beim Leistungsträger nicht nur wegen des zur Verhandlung anstehenden Umsatzvolumens, sondern auch aus Qualitäts- und Haftungsgesichtspunkten heraus angebracht. Da bei einer Dienstleistung wie etwa einer Hotelunterkunft der materielle Produktionsapparat, hier also das Gebäude und die Anlagen des Hotels, eine wichtige Rolle für die Leistungsqualität spielt, kann sie nur dann "per Bestellung nach Prospekt" eingekauft werden, wenn hinsichtlich der gelieferten Qualität keine Zweifel bestehen. Weil der Reiseveranstalter dafür haftet, daß eine Leistung so erbracht wird, wie sie in seinem Katalog angeboten wurde, muß auch die Leistungsbeschreibung stimmen; dies ist durch persönliche Inaugenscheinnahme am sichersten zu erreichen.

Qualitätspolitische Strategien haben ein Null-Fehler-Ergebnis der gelieferten Leistungen zum Ziel. Weil Dienstleistungen erst mit der Inanspruchnahme durch den Kunden entstehen, mangelhafte Produkte daher nicht umgetauscht werden können, gilt das Prinzip des "Do it right the first time". Im Rahmen der Beschaffung bedeutet das, durch proaktives Vorgehen

Qualitätsmängel zu vermeiden. Instrumente dafür sind vertragliche Absicherung eindeutiger Leistungsvorgaben, Kontrolle des Leistungspotentials, laufende Produktüberwachung sowie qualitätsverbessernde Maßnahmen wie Leistungsträgertreue oder qualitätssichernde Konditionen. Für den Fall tatsächlicher Leistungsmängel ist durch Vereinbarung von Kulanzregelungen dafür Sorge zu tragen, daß die Reklamationen direkt vor Ort behoben und kompensiert werden. Kompensation bedeutet, daß der Kunde über die materielle Wiedergutmachung hinaus auch eine Anerkennung seiner Unbill durch eine besondere Leistung erfährt, also etwa am Beispiel einer Hotelreklamation einen Getränkegutschein für die Bar oder ein besseres Zimmer.

Die Auswahl der **Beschaffungsquellen** ist gleichzusetzen mit der Auswahl der Leistungsträger, die die benötigten Produktelemente der Pauschalreise erstellen. Beschaffungspreise, Produktqualität, Standort und Zuverlässigkeit sind hier die wichtigsten Entscheidungskriterien.

Der **Beschaffungszeitpunkt** ist abhängig von der Reiseart und dem beschaffungspolitischen Konzept des Reiseveranstalters. Die Leistungen für Einzelreisen und Gruppenreisen auf Bestellung werden erst nach Buchung der Reise reserviert. Bei katalogmäßig ausgeschriebenen Reisen dagegen kann nur für solche Angebote geworben werden, für die bereits Verträge oder (in Ausnahmefällen) zumindest Absprachen mit den Leistungsträgern bestehen. Der Beschaffungszeitpunkt ist hier ein Kompromiß zwischen Genauigkeit der Planungsdaten (je später der Zeitpunkt, desto genauer die Daten) und Sicherheit der Bedarfsdeckung (je früher der Einkauf, desto größer die Auswahl).

3.5.2 Entgeltpolitik

Dort, wo Preise nicht tariflich geregelt sind, besteht die Möglichkeit, daß der Reiseveranstalter durch die Vertragsverhandlungen die **Preise** beeinflussen kann. Nach BIERGANS (1986, S. 246) können folgende Instrumentenvariablen zum Einsatz kommen:

- Preisdruckpolitik: Jeder Kontakt mit dem Leistungsträger wird genutzt, um über Preise zu sprechen und auf Preissenkungen zu drängen.

- Preisabschöpfungspolitik: Der Reiseveranstalter kauft nur die jeweils billigst auf dem Markt verfügbare Leistung; ein häufiger Wechsel der Leistungsträger ist die Folge.

- Preissetzungspolitik: Der Reiseveranstalter fixiert den Höchstpreis, zu dem er eine Leistung abnimmt. Der Leistungsträger kann lediglich mit der Ausgestaltung seiner Produkte (z. B. geringerer Service) reagieren.

- Konkurrenzpreispolitik: Der Reiseveranstalter fordert den gleichen Preis wie sein Konkurrent oder er verlangt sogar eine Meistbegünstigung, d. h. einen günstigeren Preis als den für die Konkurrenz.
- Preisverhandlungspolitik: Der Reiseveranstalter versucht, durch Verhandlungen ein günstiges Preis-Leistungs-Paket zu erhalten. Er kann seinerseits Aktionsparameter wie Abnahmemengen, Zahlungskonditionen oder Auslastungsgarantien einsetzen.

Im Rahmen der Entgeltpolitik können auch **Rabatte** vereinbart werden. Sie stellen Preisabschläge auf einen Grundpreis dar. Im Gegensatz etwa zu branchenüblichen saisonalen Preisdifferenzierungen, die gegenüber allen Abnehmern angewendet werden, sind Rabatte an bestimmte Leistungen des Käufers gebunden. In der Touristik kommen Mengenrabatte, die bei Erreichung eines Abnahmevolumens gewährt werden, und Sonderrabatte für Promotion-Aktionen, die der Reiseveranstalter zu nachfrageschwachen Zeiten durchführt und an denen sich der Leistungsträger beteiligt, zur Anwendung.

Zusatzleistungen, die über die im Preis enthaltenen Leistungen hinaus gewährt werden, sind meist ebenfalls an Mindestabnahmemengen gebunden. Beispiele solcher Zusatzleistungen sind etwa die Gewährung von Reiseleiterfreiplätzen auf Linienflügen ab einer bestimmten Gruppengröße oder die Unterbringung von einzelreisenden Gästen in einem Doppelzimmer ohne besonderen Zuschlag.

3.5.3 Konditionenpolitik

Im Beschaffungsbereich stellen Konditionen nach GROCHLA/SCHÖNBOHM (1980, S. 79) bestimmte Nebenleistungen dar, "die man dem Geschäftspartner einräumt, entweder um im Einzelfall ein Geschäft zum Abschluß zu bringen, ohne an den wesentlichen, bereits festgelegten Vertragsbedingungen etwas zu ändern oder - da sie zum Handelsbrauch gehören - um diesen Usancen des Marktes zu entsprechen".

Der Reiseveranstalter kann im Rahmen der Konditionenpolitik dem Leistungsträger Anreize bieten, indem er Festverträge oder Optionsverträge mit Auslastungsgarantien abschließt, dem Vertragspartner also bestimmte Absatzmengen garantiert, eine leistungsträgerfreundliche Zahlungsabwicklung oder Finanzierungshilfen durch Vorauszahlung vereinbart. Andererseits kann der Abnehmer versuchen, Forderungen durchzusetzen, die seine Risiken reduzieren (z. B. Verzicht auf Stornierungsgebühren, Freistellung bei Leistungsstörungen) oder seine Position auf dem Absatzmarkt verbessern, wie das etwa beim Konkurrenzausschluß der Fall ist.

3.5.4 Kommunikationspolitik

Die allgemeine Aufgabe der Kommunikationspolitik im Rahmen des Beschaffungsmarketings liegt in der gezielten Gestaltung des Informationsflusses zwischen Reiseveranstalter und Leistungsträger. Dies bedeutet auf der dispositiven Ebene die Einrichtung von **Kommunikationswegen und -prozeduren**, mit deren Hilfe der Reiseveranstalter einerseits Reservierungen, Reservierungsänderungen und Stornierungen an die Leistungsträger weiterleitet und andererseits Informationen von den Leistungsträgern erhält. Diese Aufgabe ist daher in engem Zusammenhang mit den Beschaffungswegen zu sehen und zu lösen. So könnte etwa die konsequente Nutzung von Computerreservierungssystemen für den Hoteleinkauf den Produktionsablauf beim Reiseveranstalter nachhaltig verändern.

Dort, wo der Beschaffungsvorgang persönliche Kontakte zwischen den Verhandlungspartnern erfordert, werden Ziel und Art der **Verhandlungsführung** bedeutsam. Denn Vertragsverhandlungen sind auch unter dem Aspekt zu sehen, daß das Ergebnis nicht nur von den angebotenen Preisen und Konditionen bestimmt wird, sondern auch vom persönlichen Verhalten der Verhandlungspartner.

Auf der Sachebene haben die Verhandlungspartner in der Regel hinsichtlich Preise und Konditionen zwar feste, aber nicht unverrückbare Vorstellungen; das heißt, daß für den Einkäufer ein Verhandlungsspielraum gegeben ist, den er nutzen kann. Eine erfolgreiche Gestaltung dieses Interaktionsprozesses setzt auf Seiten des Einkäufers ein Verhandlungskonzept, das Vorgehen, Alternativen, Untergrenzen der Qualität und Preisbereiche umfaßt, ebenso voraus wie eine gute inhaltliche Vorbereitung, um vom faktischen Wissen her überzeugend argumentieren zu können. Taktische Winkelzüge und manipulatorische Tricks mögen dem Einkäufer zwar in Einzelfällen Vorteile bringen, sind aber sicherlich nicht geeignet, langfristige und vertrauensvolle Geschäftsbeziehungen aufzubauen. Zudem besteht die Gefahr, daß ein sich übervorteilt fühlender Leistungsträger mit Maßnahmen reagiert, die die Produktqualität der gesamten Pauschalreise erheblich mindern können.

Auf der Beziehungsebene der direkten persönlichen Kommunikation ist eine faire Verhandlungsführung durch die grundsätzliche Einstellung geprägt, daß die Verhandlungen auf der Ebene gleichwertiger und gleichgestellter Partner mit teilweise auch gemeinsamen Interessen zu führen sind, und daß somit auch die Verhandlungsziele des jeweiligen Vertragspartners zu akzeptieren sind.

Geschäfte mit ausländischen Unternehmen erfordern zusätzliche interkulturelle Kompetenzen (vgl. Kap. 2.9). Schon die Beherrschung der Sprache des Verhandlungspartners erleichtert die Kommunikation und hilft, Mißverständnisse zu vermeiden. Darüber hinaus ist es wichtig, durch Kenntnis der fremden Kultur die unterschiedlichen Denk- und Handlungsmuster verstehen und akzeptieren zu können (siehe dazu DOBLER/BURT/LEE, 1990, S. 230-236; SCHEUING, 1989, S. 332-338).

Beschaffungsförderung besteht in der Pflege der Beziehungen zu den Leistungsträgern, um die Entwicklung einer positiven Einstellung zum eigenen Unternehmen und dessen Gästen zu unterstützen. Es geht hier also darum, die Geschäftsbeziehungen über das operationell unabdingbare Minimum hinaus auszubauen. Neben der Art der Behandlung der Leistungsträger bei den Vertragsverhandlungen zählen hierzu folgende Instrumente: allgemeiner Kommunikationsstil (z. B. in welchem Ton Reklamationen mitgeteilt werden), Dankesschreiben am Ende der Saison, Empfang der Mitarbeiter im eigenen Hause oder auf Messen, Kontaktbesuche auch außerhalb der Vertragsverhandlungen, persönliche Aufmerksamkeiten wie Glückwunschkarten zu Neujahr oder kleine Präsente zu besonderen Anlässen. Eine konsequente Weiterentwicklung dieses ja in allen Unternehmen vorhandenen Ansatzes der Beschaffungsförderung führt dazu, die Angestellten der Leistungsträger nicht als bloße Erfüllungsgehilfen, sondern - trotz aller Interessengegensätze - im erweiterten Sinne als Mitarbeiter am eigenen Geschäftserfolg zu sehen.

Faktisch ist auch nicht zu leugnen, daß in manchen Ländern mitunter auch der Einsatz von Bestechungsgeldern als Beschaffungsförderungsmaßnahme erwartet wird; Entscheidungsträger in Politik und Verwaltung machen in solchen Fällen die Bewilligung von Arbeitsgenehmigungen, Transportlizenzen oder Baugenehmigungen von besonderen Zuwendungen abhängig. Die Entscheidung über den Einsatz solcher Mittel ist nicht nur eine Frage der wirtschaftlichen Ethik des eigenen Unternehmens, sondern hat auch zu berücksichtigen, in welchem gesellschaftlichen Kontext diese Praktiken in fremden Ländern stehen.

Ein weiteres Instrument der Beschaffungsförderung ist die Lieferantenunterstützung, ein Vorgehen, "das den Lieferanten bei der Lösung von Problemen, die einer störungsfreien Vertragserfüllung oder Verbesserung des Preis-Leistungs-Verhältnisses entgegenstehen, aktiv unterstützt" (STARK, 1978, S. 20). Dies kann beispielsweise durch Aufklärung und Beratung über Produktstandards erfolgen. So ist es mitunter notwendig, ausländische Leistungsträger über die dem Reiseveranstalter aus dem deutschen Reiserecht erwachsenden Verpflichtungen aufzuklären, so z. B. daß der Gast nicht in irgendeinem Zimmer des Hotels untergebracht werden kann, sondern nur in der gebuchten Kategorie oder der gebuchten Etage. Leistungsfördernd ist auch ein Feedback am Ende der Saison darüber, welche Leistungskomponenten den Kunden besonders und welche ihnen weniger gefallen haben. Auch die Beratung bei der Ausgestaltung geplanter Investitionen (z. B. Renovierung des Hotels, Kauf neuer Busse durch die Zielgebietsagentur) zählt zu den Instrumenten der Lieferantenförderung.

Während das Instrument der **Werbung** in der touristischen Beschaffungspolitik nur auf dem Personalsektor zum Einsatz kommt, greifen neuerdings manche Reiseveranstalter auf **Public-Relations-Maßnahmen** zurück, um ihr Image im Zielgebiet zu verbessern, etwa durch Beteiligung an Umweltschutzaktionen, Sponsoring lokaler Veranstaltungen oder Zurverfügungstellung von Ausbildungsplätzen im eigenen Unternehmen für Personen aus den Zielgebieten. Zur Auswirkung der Imagekomponente auf die Beschaffung schreibt LIPPMANN (1979, S. 118): "Wenn die objektiven Entscheidungsfaktoren Alternativen zulassen, werden weitere Faktoren, von denen eine das Image sein kann, in die Entscheidung eingehen." In diesen Fällen ist der Ruf eines prompten Zahlers oder fairen Verhandlungspartners ebenso hilfreich wie das Image des Veranstalters auf dem Absatzmarkt. Der Leistungsträger kann das Image eines Reiseveranstalters für seine Werbung nutzen wollen (exemplarisch die "Hoflieferanten") oder aber befürchten, daß durch die Zusammenarbeit mit einem bestimmten Reiseveranstalter das eigene Image Schaden erleidet.

Vertiefende Literatur zur Beschaffung

BIERGANS, B.:
 Zur Entwicklung eines marketingadäquaten Ansatzes und Instrumentariums für die Beschaffung, Köln 1986
DOBLER, D.W., BURT, D.N., LEE, L. jr.:
 Purchasing and Materials Management, Text and Cases, New York 1990
GROCHLA, E., SCHÖNBOHM, P.:
 Beschaffung in der Unternehmung, Stuttgart 1980
HAMMANN, P., LOHRBERG, W.;
 Beschaffungsmarketing, Stuttgart 1986
HARLANDER, N., PLATZ, G.:
 Beschaffungsmarketing und Materialwirtschaft, 4. Aufl., Stuttgart 1989
HEINRITZ, S., FARRELL, P., GIUNIPERO, L., KOLCHIN, M.:
 Purchasing - Principles and Applications, Englewood Cliffs (N. J.) 1991
KOTLER, P., BLIEMEL, F.:
 Marketing-Management, Stuttgart 1992
KOPPELMANN, U.:
 Beschaffungsmarketing, Berlin/Heidelberg 1993
LEENDERS, M.R., BLENKHORN, D.L.:
 Reverse Marketing - Wettbewerbsvorteile durch neue Strategien der Beschaffung, Frankfurt (Main)/New York 1989
LIPPMANN, H.:
 Beschaffungsmarketing, Bielefeld/Köln 1980

4 Beherbergungs- und Verpflegungsbetriebe

4.1 Das Produkt

4.1.1 Beherbergungsarten

Für die Vielzahl der unterschiedlichsten Beherbergungs- und Verpflegungsbetriebe besteht bisher weder national noch international eine einheitliche Nomenklatur. "Obwohl jedermann weiß, was ein Gasthof, ein Fremdenheim oder eine Pension ist, erscheint es schwierig, eine einheitliche und umfassende Definition zu finden, die allen Spielarten, die bei den einzelnen Begriffen in der Praxis anzutreffen sind, gerecht wird" (WAHL, o. J., S. 4). Juristisch war der Runderlaß des deutschen Reichswirtschaftsministeriums zur Einordnung des Hotels aus dem Jahre 1937 der erste Versuch einer Definition, für die Fremdenverkehrsstatistik besteht eine Einteilung des Statistischen Bundesamtes, der Deutsche Hotel- und Gaststättenverband (DEHOGA) hat praxisorientiert am Erscheinungsbild orientierte Kriterien zur Abgrenzung der Betriebsarten im Beherbergungsgewerbe entwickelt (zur nationalen Diskussion der Definitionen vgl. SEITZ, 1979, S. 1-8; international GEE, 1984, S. 216-221).

Unter pragmatischen Gesichtspunkten kann die Vielzahl der Unterkunftsarten zunächst in die drei kommerziellen Bereiche

- eigentliche oder "klassische" Hotellerie,
- Sonderformen der Hotellerie und
- Parahotellerie

sowie in den nicht kommerziellen Bereich der privaten Unterkünfte eingeteilt werden (vgl. Abb. 4.1).

Zur eigentlichen oder traditionellen Hotellerie zählen das Hotel, das Hotel garni, die Pension/das Fremdenheim und der Gasthof (vgl. KASPAR, 1975, S. 63).

Ein **Hotel** ist, so der DEHOGA (1992, S. 223), "ein Beherbergungsbetrieb mit angeschlossenem Verpflegungsbetrieb für Hausgäste und Passanten. Es zeichnet sich durch einen angemessenen Standard seines Angebots und durch entsprechende Dienstleistungen aus". Ein Hotel soll folgende Mindestvoraussetzungen erfüllen: 20 Gästezimmer, davon ein erheblicher Teil mit eigenem Bad/Dusche und WC ausgestattet, Hotelrezeption.

Das **Hotel garni** ist ein Hotelbetrieb, der außer der Unterkunft nur Frühstück und Getränke anbietet.

Abb. 4.1: Beherbergungsarten

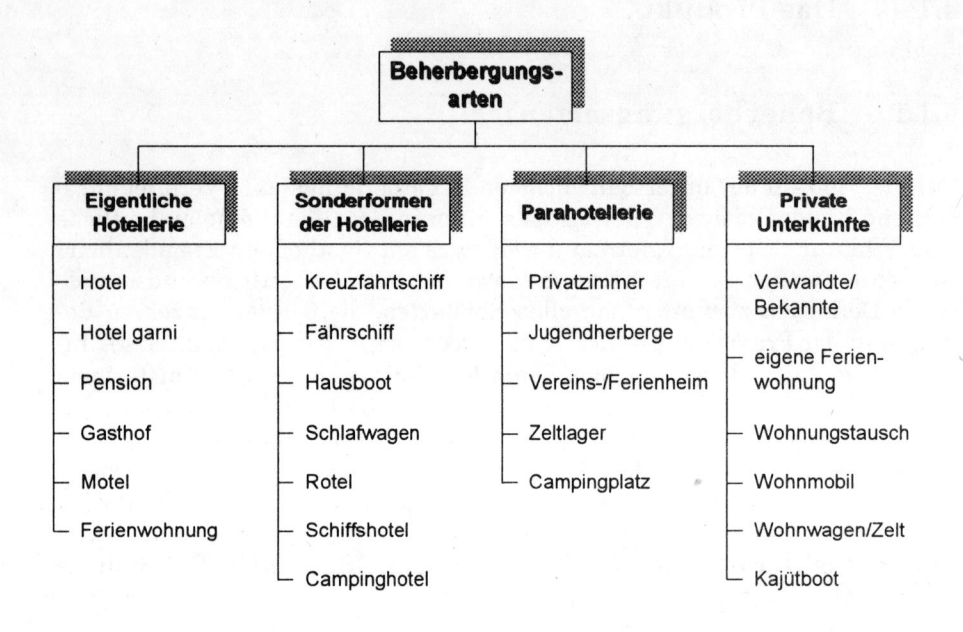

Beherbergungsarten

- **Eigentliche Hotellerie**
  - Hotel
  - Hotel garni
  - Pension
  - Gasthof
  - Motel
  - Ferienwohnung

- **Sonderformen der Hotellerie**
  - Kreuzfahrtschiff
  - Fährschiff
  - Hausboot
  - Schlafwagen
  - Rotel
  - Schiffshotel
  - Campinghotel

- **Parahotellerie**
  - Privatzimmer
  - Jugendherberge
  - Vereins-/Ferienheim
  - Zeltlager
  - Campingplatz

- **Private Unterkünfte**
  - Verwandte/Bekannte
  - eigene Ferienwohnung
  - Wohnungstausch
  - Wohnmobil
  - Wohnwagen/Zelt
  - Kajütboot

Je nach Schwerpunkt der angebotenen Serviceleistungen und des hauptsächlichen Aufenthaltsgrundes der Gäste haben sich folgende besondere **Kategorien von Hotels** entwickelt:

- Geschäftsreisehotel: in zentraler Lage, oft mit gesonderter Business- oder Executive-Etage für vielreisende Gäste und Corporate rates;

- All-Suite-Hotel: ausschließlich Wohneinheiten mit getrenntem Wohn- und Schlafraum, im allgemeinen mit Küche ausgestattet; oft mit Zimmerservice und Restaurant sowie mit zusätzlichen Serviceleistungen für Geschäftsreisende (Sekretariatsdienste, Autoverleih);

- Tagungshotel: größere Zahl von Funktionsräumen für Seminare, Konferenzen und Tagungen; materielle Ausstattung mit Lehrmaterial und Präsentationsgeräten;

- Motel: an den Bedürfnissen der PKW-Reisenden orientiert, an Hauptverkehrsstraßen gelegen, mit PKW-Stellplatz in unmittelbarer Zimmernähe und rascher Abfertigung bei Check-in und Check-out;

- Ferien-, Urlaubshotel: in Fremdenverkehrsgebieten gelegen, mit Unterhaltungs- und Sportangeboten, auch mit Vollpension buchbar;

- Clubhotel: Urlaubshotel mit größtenteils im Preis inbegriffenen, umfangreichen Sport- und Animationsangeboten; der Vertrieb erfolgt fast ausschließlich über Reiseveranstalter;

- Touristenhotel: vorwiegend durch Reiseveranstalter belegt, Pauschalverpflegung, wenig Geschäft mit Einheimischen;

- Sporthotel: auf sportliche Aktivitäten im Haus (Tennis, Golf) oder im Ort (Skifahren) ausgerichtet; Swimmingpool, Sauna und Massage gehören zur Ausstattungsnorm;

- Kurhotel: ein in einem Heilbad oder Kurort gelegenes Ferienhotel; das Serviceangebot ist um "ein auf bestimmte medizinische Indikationen zugeschnittenes Spektrum von Leistungen der Diagnose, der Prophylaxe und der Therapie, einschließlich entsprechender Anpassung im Beherbergungs- und Verpflegungsbereich (Möglichkeit der Diätverpflegung) erweitert" (SCHWANINGER, 1985, S. 45);

- Aparthotel: Hotelbetrieb mit eingeschränktem Dienstleistungsangebot, keine Selbstverpflegungsmöglichkeiten in den Appartements;

- Residenzhotel/Boardinghouse: auf längerfristigen Aufenthalt der Gäste ausgerichtet, meist in urbanem Umfeld.

Eine weitere Differenzierung stellen die **"Themenhotels"** dar, die innerhalb einer der obigen Sparten gezielt spezielle Kundenbedürfnisse abdecken, wie

- Ökohotel: unter besonderer Beachtung umweltrelevanter Kriterien gebaut und geführt;

- Biohotel: gesundheitsbewußte Verpflegung (Vollwert- und vegetarische Küche), Lebensmittel aus kontrolliert-biologischem Anbau, gesundheitsfreundliche Innenausstattung durch Verwendung natürlicher Baustoffe und Materialien;

- Frauenhotel: als Alternative für alleinreisende Frauen und Frauengruppen, die sich in von Männern dominierten Geschäftsreisehotels unsicher und diskriminiert fühlen;

- Nichtraucherhotel: Gäste verpflichten sich, während ihres Aufenthalts im Hotel und im Restaurant nicht zu rauchen;

- Schönheitsfarm: in landschaftlich reizvoller Umgebung gelegenes Hotel mit Angeboten zur Schönheitspflege sowie zur körperlichen und psychischen Regeneration; mit Massageeinrichtungen, Kosmetikinstitut, sportlicher Animation und Diätverpflegung; oft auch unter ärztlicher Betreuung.

Eine **Pension** unterscheidet sich von einem Hotel durch eingeschränkte Dienstleistungen; Speisen und Getränke werden nur an Hausgäste abgegeben. Ein Fremdenheim ist in der Regel ein Pensionsbetrieb einfacherer Art.

Ein **Gasthof** ist eine Schank- und Speisewirtschaft, die zusätzlich noch Übernachtungsmöglichkeiten anbietet.

Eine **Ferienwohnung** ist eine in sich geschlossene Einheit mit Bad/WC und Kochgelegenheit, als Studio, Wohnung oder Haus.

Der Ausdruck **Campinghotel** beschreibt ein Gelände, auf dem Zelte oder Wohnwagen zur Beherbergung vermietet werden; in der Regel mit Verwaltungsgebäuden, Sanitäreinrichtungen, Kiosk und Kinderspielplatz.

Sonderformen der Unterbringung, die in der Touristik bei der Zusammenstellung von Pauschalreisen benutzt werden, sind entweder direkt mit der Art der Beförderung verbunden wie bei Kreuzfahrten oder bei der Nutzung von Fährschiffen, Wohnmobilen, Schlafwagen oder "Rotels" (Busse mit Schlafkojen), oder es handelt sich um Verkehrsmittel mit Unterkünften, die für längere Zeit an einem festen Ort bleiben, wie etwa Hausboote oder Schiffshotels (Passagierschiffe, die nur noch als Hotels stationär genutzt werden).

Zur **Parahotellerie** werden alle Unterkunftsbetriebe gezählt, die neben (para) der obengenannten eigentlichen Hotellerie bestehen. Die Parahotellerie hat seit den fünfziger Jahren einen erheblichen Beitrag zur Entwicklung des Tourismus geleistet, da sie mit preisgünstigen Unterkünften auch finanziell schwächer gestellten Bevölkerungsschichten das Verreisen ermöglichte. Das niedrige Preisniveau ist zurückzuführen auf ein niedriges Qualitätsniveau (Bsp. Massenunterkünfte, geringe Serviceleistungen) und/ oder auf die Tatsache, daß ein Teil der Träger dieser Unterkunftsbetriebe diese nicht gewerblich betreibt, sondern sie als zusätzliche Leistungen für Vereinsmitglieder (Bsp. Alpenverein) oder Mitarbeiter (Bsp. Ferienheime der Betriebe) anbietet. Teilweise werden solche Unterkunftsbetriebe auch staatlich subventioniert (Bsp. Zeltlager im Rahmen von Ferienprogrammen der Kommunen).

Die für die gewerbliche Touristik wichtigste Form der Parahotellerie stellt die Vermittlung von Ferienwohnungen dar. 1991 buchten 13,3% aller Pauschalreisenden eine Ferienwohnung oder ein Ferienhaus; (vgl. Tab. 4.1). Eine besondere Form der Ferienwohnungen stellt der "Urlaub auf dem Bauernhof" dar, bei dem das Umfeld der Unterkunft, der traditionelle Bauernhof, ein entscheidendes Produktelement ist.

Tab. 4.1: Unterkünfte bei längeren Urlaubsreisen

Unterkünfte bei längeren Urlaubsreisen 1994 (in %)		
	Reisende	
	West	Ost
Reisenden in Mio	39,28	9,71
Hotel/Gasthof	42,1	37,8
Ferienwohnung/-Haus		
- gemietet	16	17,4
- Eigentum	3,3	2,3
Pension	12,3	12,5
Privatzimmer	5,3	7,9
Camping im Zelt	3,8	4,7
Wohnwagen/-mobil	4,8	1,8
Verwandte/Bekannte	10	13,2
Sonstiges	2,4	2,5

Quelle: F.U.R., U + R 1995

4.1.2 Betriebsformen

Die Stellung der unabhängigen Einzelbetriebe wird sowohl im Bereich der Geschäfts- wie in dem der Ferienhotellerie weltweit zunehmend von integrierten Hotelketten gefährdet. Sie versuchen daher zunehmend, ihre Wettbewerbsposition durch Kooperationen zu verbessern. Als neue Betriebsformen kommen in einigen Zielgebieten, insbesondere in Spanien, verstärkt Time-sharing-Gesellschaften als neue Konkurrenz auf den Markt (vgl. dazu KLIEN, 1991, S. 13-48 und die dort genannte weiterführende Literatur).

Integrierte Hotelketten

Zu den integrierten Hotelketten zählen die Konzernhotels sowie Betriebe, die nach den Filial- und Franchisesystemen geführt werden.

- Konzernhotellerie: Sie "umfaßt Hotels, die in einem Hotelkonzern zusammengefaßt sind und deren wirtschaftliche Selbständigkeit gemäß den Zielen der Hotelgesellschaft ganz oder teilweise eingeschränkt ist" (SEITZ, 1979, S. 29).

- Filialsystem: Die einzelnen Hotels werden von der Gesellschaft selbst geleitet, sind wirtschaftlich und rechtlich unselbständig; die Gesellschaft kann als Eigentümer, Pächter oder Bewirtschafter der Hotels auftreten, die Direktoren der einzelnen Objekte sind weisungsgebunden. Verluste einzelner Unternehmen werden von der Gesamtgesellschaft getragen. Die Hotelgesellschaften deutscher Reiseveranstalter sind dieser Art der integrierten Hotelketten zuzuordnen. So betreibt etwa die TUI die Ketten Robinson Club, Iberotel, Dorfhotels- und Bauerndörfer, Grecotel und Riu-Hotels, 1996 zusammen mit anderen Hotelbeteiligungen 125 Objekte mit über 60.000 Betten in zehn Ländern. NUR hat seine Hotelbeteiligungsaktivitäten in der Gesellschaft Paradiana zusammengefaßt, zu der die Club Aldiana-Anlagen, Royal Hotels und weitere Hotels gehören.

- Franchisesystem: Kooperation zwischen der Hotelgesellschaft als Franchisegeber (Franchiser) und einzelnen Hotels als Franchisenehmer (Franchisee). Der Franchisegeber überläßt dem Hotel eine entwickelte Marke, zu der Markennamen, Corporate Design und ein gesamtes Arbeitssystem (Planung, Bau, genormte Einrichtung, zentraler Einkauf, zentrales Reservierungs- und Abrechnungssystem sowie Schulung und Beratung) gehören. Der Franchisenehmer zahlt einmalig eine Gebühr für die Lizenzvergabe sowie laufend einen bestimmten Prozentsatz des Umsatzes (z. B. 3%) als Franchisegebühr. Er behält also seine rechtliche Selbständigkeit.

Hotelkooperationen

Hotelkooperationen sind die strategische Antwort meist mittelständischer Unternehmen auf Kostendruck, Personalmangel und Konkurrenz der Konzernhotellerie. "Durch das Zusammenwirken mehrerer Betriebe zwecks gemeinsamer Bewältigung von Managementaufgaben können Steigerungen der marktlichen Schlagkraft und der Wirtschaftlichkeit erzielt werden, wie sie sonst nur integrierten Hotelketten zugänglich sind" (SCHWANINGER, 1985, S. 84). Dabei können drei Typen von Kooperationssystemen unterschieden werden:

- Erfa-Gruppen (Erfahrungsaustausch-Gruppen): Bei dieser zwischenbetrieblichen Kooperationsform handelt es sich lediglich um die Zusammenarbeit von im bezug auf Leistungsprogramm, Preiskategorie und Kapazität vergleichbaren Hotels in räumlicher Nähe, die sich zu einem regelmäßigen und systematischen Erfahrungsaustausch treffen.

- Regionale Kooperationssysteme: Neben dem Erfahrungsaustausch erstreckt sich hier die Zusammenarbeit überbetrieblich auch auf die Lösung von Managementaufgaben durch gemeinsamen Einkauf, Betrieb von touristischen Infrastrukturanlagen (z. B. Skilift), Marketingkooperation (Werbung, Marktforschung) und Schulungsprogramme.

- Freiwillige Ketten: "Hotelketten auf freiwilliger Basis entstehen aus Betrieben mit ähnlichen Produkt-/Marktkonzepten, welche sich zusammenschließen, um ihre Marktstellung durch Realisierung einer gemeinsamen Marketingstrategie zu verbessern" (SCHWANINGER, 1985, S. 90). Die Formen der Zusammenarbeit reichen von der Herausgabe eines Gemeinschaftsprospekts (mit gemeinsamem Namen und Warenzeichen) über den Betrieb eines Reservierungssystems bis hin zu franchiseähnlichen Leistungsbündeln. Internationale Ketten dieser Art sind etwa die Leading Hotels of the World, Relais et Chateau, deutsche sind Ringhotels, Silence Hotels oder Gast im Schloß e. V.

Time-sharing

Für die Touristik sind Time-sharing-Unterkünfte lediglich als konkurrierendes Produkt von Bedeutung, da diese Beherbergungsart potentielle Kunden abzieht.

Beim Time-sharing (Zeiteigentum) erhält der Käufer eines Anteils an einer Ferienwohnung neben dem Eigentumsrecht auch das Nutzungsrecht für einen bestimmten Zeitraum, der meist zwischen 25 und 99 Jahren liegt. Die Time-sharing-Anteile sind innerhalb dieser Zeit auch verkaufbar, sofern sich ein Käufer findet.

Beim Gebrauchsrecht-Time-sharing erwirbt man einen Anteil als Aktie mit einem Nutzungsrecht (auf Dauer oder für eine bestimme Zeit) an einem bestimmten Appartement oder aber "Punkte", die nach Belieben auch in anderen Objekten der Gesellschaft abgewohnt werden können.

Beim Teilzeiteigentum erwirbt der Käufer Grundeigentum, das er für eine bestimmte Zeit pro Jahr nutzen kann; von Anteilseignern nicht genutzte Ferienwohnungen werden oft von der Timeshare-Organisation vermietet; meist sind auch hier die Nutzungsrechte austauschbar, so daß in allen Objekten der Gesellschaft gewohnt werden kann.

4.2 Qualität von Beherbergungsleistungen

4.2.1 Aspekte der Qualität

Die Qualität von Unterkunftsbetrieben umfaßt inhaltlich aus Sicht des Reiseveranstalters technische, funktionelle und institutionelle Dimensionen. (zur Qualität touristischer Dienstleistungen allgemein vgl. Band 2, Kap. 3 sowie Pompl 1997a)

Zur **technischen Qualität** zählen

- die materielle Ausstattung der Gebäude und Zimmer, also Kriterien wie Zimmergröße, Lage oder Luxus der Einrichtung sowie der Erhaltungszustand;

- die Zahl der neben der Grundleistung angebotenen Nebenleistungen im Verpflegungs- und Freizeitbereich;

- die ästhetische Anmutung von Architektur und Einrichtung.

Die **funktionelle Qualität** eines Hotels bezieht sich auf

- die Qualität der Leistungserstellung in bezug auf Freundlichkeit, Schnelligkeit, Zuverlässigkeit und Sauberkeit;

- die Funktionsfähigkeit und Sicherheit der materiellen Hilfsgüter (z. B. Aufzug, Sanitärinstallation, Sport- und Freizeitgeräte);

- die durch das Personal geschaffene Atmosphäre;

- die sozio-ökologischen Nebenwirkungen des Hotelbetriebs, also Umweltbelastungen und Auswirkungen auf das Leben der ortsansässigen Bevölkerung.

Die **institutionelle Qualität** ergibt sich aus dem Image des Hauses oder der Hotelkette (Prestigeträchtigkeit des Namens, kontinuierliche Qualität der Leistung, Internationalität).

Die oben genannten Unterkunftsarten wie Hotel oder Pension orientieren sich an der Qualität der angebotenen Leistungen. Aber auch innerhalb der einzelnen Unterkunftsarten bestehen Qualitätsunterschiede. Hier werden dann häufig Qualitätsklassen gebildet und mit besonderen Namen oder Qualitätssymbolen ausgestattet.

- Budget-Hotel: Ein Hotel, das bei eingeschränktem Service (keine Hotelhalle, kein Restaurant, keine Freizeiteinrichtungen) voll ausgestattete, moderne Zimmer wesentlich preisgünstiger anbietet als vergleichbare traditionelle Hotels. Die als Voraussetzung dafür notwendigen niedrigeren Kosten entstehen durch den geringen Personalaufwand, standardisierte Zimmer und Systembauweise aller Hotels der gleichen Kette sowie oft durch niedrige Grundstückskosten, da diese Hotels meist außerhalb der Stadtzentren, aber verkehrsgünstig an den großen Durchgangsstraßen liegen.

- Luxushotel: Dieser international gebräuchliche Begriff entstammt keinem Klassifikationsschema, sondern wird zur Charakterisierung von Hotels der jeweils obersten Qualitäts- bzw. Preiskategorie verwendet.

- Resort-Hotel: Qualitativ hochwertige Hotels in besonderer landschaftlicher Lage mit weitläufigen Anlagen; den Gästen steht eine Vielzahl von Einrichtungen und Dienstleistungen zur Verfügung, so daß sie zur Befriedigung ihrer Urlaubswünsche das Resort gar nicht mehr verlassen müssen.

4.2.2 Hotelklassifikationen

Klassifikationssysteme stellen den Versuch dar, die Vielzahl der unterschiedlichen Hotels in Qualitätsgruppen zusammenzufassen und sie durch eine Qualitätsbezeichnung (z. B. drei Sterne) zu charakterisieren. Bei einem erklärungsbedürftigen und aus vielen Teilleistungen zusammengesetzten Produkt wie der Hotelleistung soll durch Zahlen, Buchstaben oder Symbole prägnant und eindeutig dargestellt werden, was verbal einer längeren subjektiven Beschreibung wie "beliebtes Hotel in angenehmer Lage mit gutem Service und schönen Zimmern" bedürfte.

Sowohl das von der World Tourism Organization (Dachverband nationaler Fremdenverkehrsorganisationen, staatlicher Tourismusstellen - Vertreter der BRD ist das Ministerium für Wirtschaft - und privater Organisationen) als auch das von der Alliance Internationale de Tourisme (Zusammenschluß von 54 Automobil- und Touringclubs) entwickelte Klassifikationsschema sind auf weltweite Gültigkeit angelegt. Beide Systeme konnten sich aber bisher nicht durchsetzen. Die EG-Kommission plant die Einführung eines europaweit geltenden Bewertungssystems.

In ca. 60 Staaten bestehen **offizielle**, d. h. staatlich überwachte, nationale Klassifikationssysteme der unterschiedlichsten Art und Zuverlässigkeit (vgl. dazu GRAF, 1976; BEAVER, Vol. II, 1980, S. 694-710). Da diese länderspezifischen Bewertungssysteme mit einer unterschiedlichen Zahl von Qualitätsgruppen arbeiten und die Einstufung sich am allgemeinen Qualitätsniveau der Hotellerie des jeweiligen Landes orientiert, sind sie untereinander nicht vergleichbar. Zudem unterscheiden sich die Bewertungsmethoden: In einigen Ländern ist die Teilnahme freigestellt, so daß nur ein Teil der Beherbergungsbetriebe erfaßt wird; in anderen Ländern erfolgt die Einstufung lediglich nach von den Hoteliers ausgefüllten Fragebögen ohne Inspektion der Häuser (vgl. Abb. 4.2). Daneben existieren aber auch methodisch sehr anspruchsvolle und auf gründlicher Prüfung der Hotels basierende nationale Hotelklassifikationen (vgl. dazu GRAF, 1976).

In der Bundesrepublik Deutschland besteht bisher kein offizielles Hotelklassifikationssystem.Auch die Verbraucherschutzorganisation "Stiftung Warentest" (Stiftung des privaten Rechts; Stifterin ist die Bundesrepublik Deutschland, vgl. ROSENBERGER, 1991, S. 391-409) hat ein Klassifikationssystem entwickelt und bisher Hotels in ausgewählten Regionen erfaßt. Speziell auf ländliche Beherbergungsbetriebe ausgerichtet ist das von der Deutschen Landwirtschafts-Gesellschaft (DLG) vergebene Gütezeichen "Urlaub auf dem Bauernhof". Zur Vereinheitlichung dieser verschiedenen Aktivitäten hat der DEHOGA 1966 das Modell **Deutsche Hotelklassifizie-**

rung auf der Grundlage der von den Landesverbänden Nordrhein-Westfalen, Niedersachsen und Bayern entwickelten Klassifizierungssysteme erstellt und zur bundesweiten Einführung vorgeschlagen (vgl. Exkurs Deutsche Hotelklassifikation).

Abb. 4.2: Hotelklassifikationen in Europa

Hotelklassifizierung in Europa				
Land	Klassifi-zierung	obligatorisch	Entwicklung*	Durch-führung*
Belgien	x	x	B	B
Dänemark	-			
Deutschland	x		F	F
Finnland	-			
Frankreich	x		B	B
Griechenland	x	x		
Großbritannien	x		B	B
Italien	x	x	B	B
Niederlande	x	x	F	F
Norwegen	-			
Österreich	x		F	F
Schweden	-			
Schweiz	x	x	F	F/B
Spanien	x	x	B	B
Ungarn	x	x	B	B
* B=Behörde, F=Fachverband				

Quelle: HOTREC 1996

Die von **Privatunternehmen** herausgegebenen Hotelführer ordnen die Hotels meist ebenfalls bestimmten Qualitätsklassen zu. Allerdings sind diese Klassifikationen von unterschiedlicher Aussagekraft. Während einige, wie etwa die von Varta und Michelin in der Bundesrepublik, das des Royal Automobil Clubs (RAC) in Großbritannien oder das der American Automobil Association (AAA), infolge ihrer sorgfältigen Datenermittlung und jährlichen Aktualisierung als relativ "objektiv" und zuverlässig gelten, sind andere kaum mehr als Promotion-Bücher, in die ein Hotel nach Zahlung eines Produktionskostenzuschusses aufgenommen und freundlich bewertet wird; wieder andere stufen die Hotels nur nach dem Übernachtungspreis ein.

Qualität von Beherbergungsleistungen _____ 153

Während die Hotelführer nur bestimmte Betriebe aufnehmen und letztlich allein schon damit auch eine Empfehlung aussprechen, ist die Deutsche Hotelklassifizierung durch die Fachverbände dazu gedacht, über den gesamten Bestand von Hotelbetrieben ein Raster zu ziehen und die Zuordnung zu den einzelnen Qualitätsklassen nach transparenten, objektiven und im Zweifelsfall justitiablen Merkmalen vorzunehmen.

Eine Reihe von **Reiseveranstaltern** hat unternehmensspezifische Hotelklassifikationen entwickelt, die intern zur Programm- und Preisgestaltung genutzt werden und auch in den Katalogen zum Einsatz kommen (vgl. Abb. 4.3).

Abb. 4.3: Das ITS-Orientierungssystem

ITS-Orientierungssystem
Jedes Hotel, jede Pension, jede Ferienanlage ist anders und hat Besonderheiten. Um Ihnen bei Ihrer Suche nach der von Ihnen gewünschten Leistung ein wenig zu helfen, haben wir viele Anlagen eindeutig klassifiziert. Die von uns verwendeten Sonnensymbole wurden von unseren Reiseexperten nach einheitlichen Maßstäben, also nicht nach Landeskategorie, vergeben und kennzeichnen je nach Lage, Austattung, Nebeneinrichtungen und Atmosphäre die unterschiedliche Leistung:

Die ITS-Sonnen

☼	Sehr einfach	wichtig ist der niedrige Preis
☼ ☼	Einfach	zweckmäßige Ausstattung zu einem günstigen Preis
☼ ☼ ☼	Gute Mittelklasse	ansprechende Unterkunft und viel gefragt
☼ ☼ ☼ ☼	Ausgewählte Mittelklasse	für gehobene Ansprüche und mit verschiedenen Zusatzeinrichtungen
☼ ☼ ☼ ☼ ☼	Sehr komfortabel	mit Top- Ausstattung und vielen Zusatzeinrichtungen für hohe Ansprüche

Die ITS-Hinweise
Eine weitere Hilfe für Ihre Suche nach geeigneten Urlaubsangeboten bieten Ihnen unsere Hinweise, die innerhalb der Hausbeschreibungen besonders empfehlenswerte Anlagen kurz und prägnant beschreiben.

Quelle: ITS

"Wir wollen unsere Hotels übersichtlich und sachlich beschreiben. In vielen Reisezielen gibt es keine offizielle Klassifizierung der Hotels und auch dort, wo sie vorhanden ist, entspricht sie nicht immer den europäischen Erwartungen. Daher haben wir nach unserer Beurteilung und unter Berücksichtigung der Preisklasse alle Hotels dieses Katalogs in fünf Qualitätskategorien eingeteilt" (Auszug aus dem Fernreisekatalog Winter 1984 von JET REISEN, S. 4). Durch die Einstufung der Hotels werden den Kunden (teil-) objektive Qualitätsklassen vorgegeben, die ihm die Einschätzung des Preis-Leistungs-Verhältnisses erleichtern. Ebenso soll die Vergleichbarkeit von Hotels in unterschiedlichen Ländern verbessert werden: Der Kunde hat anhand der Einstufung eines ihm bekannten Hotels eine Grundlage zur Bewertung anderer im Katalog aufgeführter Hotels. Manche Veranstalter veröffentlichen zusätzlich die Einstufung nach dem jeweiligen nationalen System.

Die Notwendigkeit von nationalen Hotelklassifikationen ist allerdings umstritten. Während in Ländern mit vorhandenen Systemen die Praktikabilität und Aussagekraft akzeptiert wird, lehnen in Deutschland die meisten Mitgliedsverbände des Hotel- und Gaststättenverbands (DEHOGA) eine Einführung weiterhin ab. Als wesentliche Einwände werden genannt:

- Infolge der höchst unterschiedlichen Hotels (jedes ist anders, hat seine einmaligen Vorzüge und Nachteile) ist eine verallgemeinernde Einteilung in fünf oder sechs Kategorien unmöglich, zumindest aber wenig aussagefähig.

- Wesentliche Determinanten der Qualität eines Hotels wie Atmosphäre oder Servicequalität entziehen sich einer objektiven Bewertung, andere beruhen auf rein subjektiven Präferenzen (z. B.: Ist eine harte oder eine weiche Matratze "besser"?).

- Eine Hotelklassifikation ist nicht notwendig, da sie von den Kunden kaum genutzt würde und bisher auch nicht vermißt wurde.

- Die Kosten einer methodisch korrekten und aktuellen Einstufung stehen in keinem Verhältnis zum Nutzen. Das System muß landesspezifisch entwickelt, die Einstufung periodisch wiederholt werden. Die dadurch entstehenden Kosten würden auf die Hoteliers und von diesen auf die Kunden übergewälzt werden.

- Die Anforderung einer Mindestausstattung je Qualitätsstufe führt zu unnötigen Gästebeschwerden. Leistungen, die bisher nicht vermißt und gefordert wurden, würden dann beanstandet, nur weil man nach der Hotelkategorie einen Anspruch darauf habe (z. B. drei Handtücher und zwei Waschlappen pro Person); dies fördert nicht die Qualität, sondern die Entwicklung einer Reklamationsmentalität.

- Eine Hotelklassifikation führt zu indirekten Preiskontrollen, da sich bei den Gästen Vorstellungen entwickeln wie "Ein Drei-Sterne-Hotel darf nicht mehr als x DM kosten". Das behindert den Hotelier in seiner Preisgestaltung. In Frankreich gab es Mitte der achtziger Jahre sogar staatliche Preisvorschriften für Unterkunft und Frühstück, die je nach Kategorie Mindest- und Höchstpreise festlegten.

- Weiter wird befürchtet, daß Einstufungen eine unterschiedliche steuerliche Behandlung nach sich ziehen könnten. So betrug etwa in Spanien 1992 der Mehrwertsteuersatz für Ein- bis Vier-Sterne-Hotels 5%, für Fünf-Sterne-Hotels aber zeitweilig bis zu 15%.

Offizielle Stellen der Fremdenverkehrspolitik, so etwa auch die Kommission der EG, sehen die Vorteile einer offiziellen Hotelklassifikation in

- einer Erhöhung der Markttransparenz für den Kunden;
- einem Verbraucherschutz dahingehend, daß Mindestleistungen je Kategorie eingehalten werden;
- einer Angebotsverbesserung durch das Aufdecken von Schwachstellen in einzelnen Hotels, die den Hotelier veranlassen, sein Produkt zu verbessern, um eine bestimmte Qualitätskategorie zu halten oder eine höhere Einstufung zu erreichen;
- einer Planungshilfe bei der langfristigen Entwicklung der Angebotsstruktur im Beherbergungsbereich;
- der Erleichterung des Verkaufs durch die qualitative Konkretisierung des Angebots, d. h. in einer verbesserten Information für Kunden und Verkaufspersonal.

Für den Reiseveranstalter ist die genaue und zuverlässige Kenntnis des Qualitätsniveaus eines Hotels notwendig zur

- Angebotsplanung, da die Hotelqualität den wichtigsten Unterschied innerhalb einer Produktgruppe (Reisen ins gleiche Zielgebiet) darstellt;
- Beurteilung der Preis-Leistungs-Relation beim Abschluß von Hotelverträgen;
- präziseren Hotelbeschreibung im Katalog;
- Festlegung des Reisepreises, da die Preisstaffelung der Reisen der Qualitätsstaffelung der Hotels entsprechen muß;
- Kundenberatung beim Verkauf.

Der Preis ist für den Reiseveranstalter nur in Ausnahmefällen ein ausreichender Indikator für die Qualität. So führt die individuelle Preisgestaltung durch die einzelnen Hoteliers ebenso wie unterschiedliche Nachfragesituationen zu Preisunterschieden bei ansonsten qualitativ gleichen Leistungen. Die Preisniveaus von Regionen und Ländern sind höchst unterschiedlich, und Sonderkonditionen im Hotelvertrag, wie Belegungsgarantien, Mengenrabatte oder Vorauszahlungen, können zur Folge haben, daß für qualitativ unterschiedliche Hotels der gleiche Preis bezahlt wird. Der Reiseveranstalter muß daher von sich aus eine Qualitätseinstufung der Hotels vornehmen, bei der er nur bedingt auf vorhandene Hotelklassifikationen zurückgreifen kann.

4.2.3 Exkurs: Das Modell Deutsche Hotelklassifizierung

Träger der Klassifizierung soll der jeweilige Landesverband des DEHOGA sein. Die Deutsche Hotelklassifizierung erfolgt auf freiwilliger Basis und für jeweils 2 Jahre, es können sich Betriebe mit mehr als 8 Betten beteiligen. Ferienwohnungen, Ferienhäuser, Appartementanlagen, Bungalows und Bungalowsiedlungen sowie Campingplätze können nicht klassifiziert werden.

Die Deutsche Hotelklassifizierung nach dem Sterne-System findet ihren Ausdruck in einem Zertifikat und dem Klassifizierungsschild. Es werden folgende fünf Qualitätsklassen unterschieden:

*****	Luxus
****	First Class
***	Komfort
**	Standard
*	Tourist

Abb. 4.4 Klassifizierungsschild

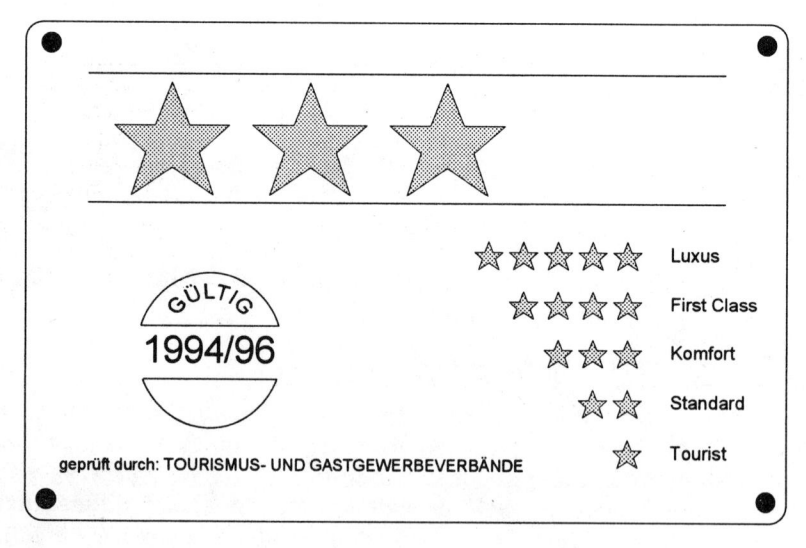

Quelle: DEHOGA 1996

Bewertet werden Muß-Kritierien wie z. B. Mindestgröße für ein Bett 90x190 cm oder Sanitärkomfort in % der Zimmerzahl (vgl. Abb. 4.5). Zusätzlich sind in der jeweiligen Kategorie bestimmte Punktzahlen bei den fakultativen Merkmalen erforderlich. Die sind im *-Bereich 0 Punkte, im **-Bereich 25 Punkte, im ***-Bereich 70 Punkte, im ****-Bereich 120 PUnkte und im *****-Bereich 270 Punkte. Solche Kann-Kriterien sind z. B. Klimaanlage oder Diätküche (vgl. Abb. 4.6).

Abb.4.5: Muß-Kriterien für ein ***-Sterne-Hotel

	Muß-Kriterien	*** Sterne
1	Rezeption	12stündig besetzte Rezeption
2	Frühstücksservice	erweitertes Frühstück
3	Getränkeservice (im Zimmer)	12h Etagenservice u. Minibar oder Getränkeautomat
4	Speiseservice	Mittagessen 2 Std., Abendessen 3 Std.
5	Telefon im Zimmer	100 % und Bedienungsanleitung, Direktwahl
6	Telefonbereitschaft	nächtliche Telefonbereitschaft
7	Minimalgröße für 75 % der Zimmer (incl. Naßzelle und Flur)	Einzelzimmer 14 qm, Doppelzimmer 18 qm
8	Sanitärkomfort in % der Zimmer	100 % der Zimmer haben fließend Kalt-/Warmwasser, außerdem stehen pro 10 Betten ohne Dusche/WC ein Etagenbad/WC zur Verfügung, 90 % mit Bad oder Dusche/WC
9	Ausstattung Bad oder Dusche und WC	keine
10	Suiten	keine
11	Zimmerausstattung	Bett, Kleiderschrank oder -nische, Kofferablage, Zimmerbeleuchtung, Frottiertuch, Papierkorb, Fußmatte vor dem Waschbecken oder Dusche, Nachttischlampe, eine Sitzgelegenheit pro Bett, Tisch, Frisiertisch, Schreibplatte oder Schreibtisch, Seife, Spiegel über dem Waschbecken, Badetuch, Beleuchtung am Waschbecken, Ablagefläche, Ankleidespiegel (mind. 0,4 qm)
12	Gästeartikel gratis	Hygienebeutel, Schaumbad, Hotel- und Ortsdokumentation
13	Waschen und Bügeln der Gästewäsche	keine
14	Depotmöglichkeiten/Safe	Safe im Zimmer oder am Empfang
15	Aufenthaltsraum für Hotelgäste	1 Aufenthaltsraum (z.B. Frühstücksraum oder Restaurant), 1 Aufenthaltsraum/-bereich (z.B. Sitzgruppe am Empfang

16	Radio/Fernseher im Zimmer	70 % der Zimmer haben Radio- und TV-Anschluß sowie kostenlose zur Verfügungstellung der Geräte auf Gästewunsch
17	Bargeldlose Zahlung	ja
18	Telefax	am Empfang
19	Hotelbar	keine
20	Restaurant	1
21	Konferenz-/Bankettmöglichkeit	keine
22	zusätzliche Bewertungskriterien	70

Quelle: DEHOGA 1996

Nach dem vorgeschlagenen Verfahren füllt der Betriebsinhaber (Geschäftsführer) einen Erhebungsbogen aus, der vom zuständigen Landesverband ausgewertet wird. Das Bewertungsergebnis wird vor der Bekanntgabe an den teilnehmenden Betrieb bei der örtlichen Fremdenverkehrs- oder Verbandsgeschäftsstelle auf seine Plausibilität hin überprüft. Eine Überprüfung der gemachten Angaben vor Ort findet nur stichprobenartig bei 10% - 15% der jährlich klassifizierten Betriebe statt. Für den Fall, daß der Betrieb mit der Bewertung nicht einverstanden ist, erfolgt eine Überprüfung des Betriebs durch eine Kommission des Landesverbandes. Ist hierbei eine Klärung möglich, kann eine Schlichtungsstelle bei der örtlichen Industrie- und Handelskammer angerufen werden. Bleibt die Schlichtung ohne Ergebnis, steht der ordentliche Rechtsweg offen

Abb. 4.6.: Fakultative Merkmale der Deutschen Hotelklassifizierung

Allgemeine Hausbeschreibung/ Einrichtung	Punkte		Punkte
Nightclub	10	Lese- u. Schreibzimmer	1
Rollstuhlgerechte Zimmer (mind. 2)	5	Bibliothek	1
Rollstuhlgerechte Zufahrt	5	Satelliten/Kabelempfang auf dem Zimmer	1
Rollstuhlgerechte Parkplätze (mind. 2)	5	Eiswürfelmaschine auf der Etage	1
Zustellbare Baby-/Kinderbetten	5	Münzwaschmaschine auf der Etage	1
Pro Suite (bei ***** ab dritter Suite)	5	Münztrockner	1
Klimaanlage im Zimmer	3	Ferienwohnungen	1
Klimaanlage in Tagungsräumen	3	Parkplatz	1
Klimaanlage in sonstigen Räumen	3	Parkplatz für Bus	1
Schallschutzfenster	2	Lift	1
Garagen	2	Halb-/Vollpension	1
Schuhputzmaschine	2	Regenschirm im Zimmer	1
Nichtraucherzimmer	1	Zusatzdecke	1
Nichtraucherbereich	1		

Qualität von Beherbergungsleistungen _____ 159

Zusätzliche Dienstleistung	Punkte		Punkte
Diätküche	5		
Kindermenü	5	Wäscherei/Reinigung	1
Kinderermäßigung	5	Reisebüro	1
Videogerät im Zimmer	5	Bargeldlose Zahlung -Euroschecks, Travellerschecks, VISA, EUROCARD, AMEXCO	1
Kostenlose Videothek	5	Kartenverkauf über Rezeption (z.B. Theaterkarten, Kinokarten)	
Kosmetik und/oder Friseur	2	Telefax im Zimmer	1
Autovermietung-Agenturservice	2	Fotoladen	1
Schuttle-Dienst	2	Kostenlose Zeitschriften (im Aufenthaltsbereich)	1
Shopping-Möglichkeit im Haus	2	Anrufbeantworter im Zimmer	1
Verkauf oder kostenfreie Abgabe von Hygieneartikeln: Zahnbürste, Zahncreme, Einmal-Rasierer, Rasierschaum, Nagelfeile, Nähetui, Badepantoffeln - wenn 4 Kriterien erfüllt sind, erhält man	1	Handtücher, Kosmetikspiegel, Personenwaage, Fön, Hosenbügler, Bademantel - wenn 3 Kriterien erfüllt sind, erhält man	1

Konferenz- und Bankettmöglichkeiten	Punkte		Punkte
Bankettmöglichkeit für 100 Personen, Konferenzmöglichkeit nach Größe:		Online-Dienst (z.B. T-Online, Internet, Compuserve)	1
bis 100 qm	5	Videorecorder	1
bis 250 qm	10	Farbfernsehgerät	1
250 qm bis 500 qm	15	Magnet-Schreibtafel	1
über 500 qm	20	Tonband/Kassettengerät	1
Computerzimmer	2	Mitschnittmöglichkeit	1
Tagungsbüro	1	Monitor	1
Redner- oder Tischpult	1	Mobiles Telefon	1
Diskussionsmikrofonanlage	1	Telefax	1
Projektionswand	1	Fotokopierer	1
Pinwände	1	Diktiergerät	1
Flip-Chart	1	Stifte, Folien, Papier	1
Overhead-Projektor	1	Verdunkelung	1
Film- oder Diaprojektor	1	Gruppenarbeitsräume	1
Videokamera	1	Schreibbüro	1

Freizeit- und Fitnesseinrichtungen	Punkte		Punkte
Hallenbad	30	Schönheitsfarm	5
Golfplatz	30	Sportlehrer	5
Beheiztes Freibad	25	Sporttherapeut	5
Reithalle mit Pferd	20	Heilpraktiker	5
Whirlpool	15	Ferienbetreuer	5
Dampfbad	10	Massagen	5
Indoor Golf	10	Bäder	5
Tennishalle (hausbezogen)	10	UWM	5
Kneippabteilung	10	Fango	5
Arzt im Haus	10	Moor	5
Sauna	7	Krankengymnastik	5
Solarium	5	Kinderbetreuung	5
Liegehallen/Ruheraum	5	Spielmöglichkeit für Kinder (z.B. Spielzimmer/-platz)	5
Kegelbahn	5	Liegewiese/Strand	1
Bowlingbahn	5	Minigolf	1
Eisplatz	5	Sportgeräteverleih	1
Reitplatz	5	Tischtennis	1
Tennisplatz	5	Billard	1
Badmintonplatz	5	Freizeitkurse/organisierte Unterhaltung	1
Squash-Court	5	Fitnessraum, mind. 4 Geräte	1

Quelle: DEHOGA 1996

4.2.4 Erstellung eines Hotelklassifikationssystems

Bei der Erstellung eines Hotelklassifikationssystems sind folgende sechs Schritte notwendig, um zu einer methodisch korrekten und nachvollziehbaren Einteilung zu gelangen. Da solche Syteme aber auch in der Praxis handhabbar sein müssen, darf ihre Erstellung nicht zu aufwendig sein; die Kriterien sollten auf solche beschränkt werden, die objektiv meßbar sind, subjektive Eindrücke wie "gemütlich" oder "kalte Atmosphäre" können zur Abrundung des Gesamtergebnisses herangezogen werden.

1. Kategorisierung: Die Unterkunftsbetriebe des Veranstalterprogramms werden nach Art und Umfang in marktrelevante Kategorien eingeteilt, z. B. Hotels, Pensionen, Ferienwohnungen und Clubs.

2. Auswahl der relevanten Kriterien: Um den zeitlichen und finanziellen Aufwand zur Erstellung der Klassifikation und der periodischen Überprüfung der Hotels in Grenzen zu halten, sind aus der Vielzahl möglicher Bewertungskriterien diejenigen auszuwählen, die für den Produkttyp (Familienurlaub, Studienreise), das Qualitätsniveau des Sortiments und die Positionierung des Veranstalters (etwa bezüglich Umweltorientierung) von besonderer Bedeutung sind.

3. Bewertung der Einzelkriterien: Sie kann bei bestimmten Kriterien einfach nach 'vorhanden/nicht vorhanden' erfolgen (z. B. Balkon); bei anderen Kriterien ist eine mehrstufige Bewertung in Form eines Punktesystems (z. B. Größe eines Doppelzimmers: 10 m² = 1 Punkt, 22 m² und größer = 10 Punkte) notwendig, um die Qualitätsdifferenzen adäquat berücksichtigen zu können.

4. Gewichtung der Einzelkriterien: Hier gehen sowohl die Wichtigkeit des Einzelkriteriums (z. B. Zimmergröße mit Gewichtungsfaktor 5, Fernseher mit Gewichtungsfaktor 2) als auch dessen Relevanz für den vorgesehenen Aufenthaltszweck (z. B. Balkon bei Strandurlaub Gewichtungsfaktor 4, bei Rundreise Gewichtungsfaktor 1) ein.

5. Einteilung in Qualitätsklassen: Die Bandbreite der Bewertungen zwischen festgelegter Mindestpunktzahl und erreichbarer Höchstpunktzahl wird in die gewünschte Zahl von Klassen (z. B. 4 oder 5) eingeteilt. Um eine überzeugende, verkaufbare Programmdarstellung zu erhalten, kann diese Einteilung so vorgenommen ("manipuliert") werden, daß nur ganz wenige Hotels des Veranstalters in die unterste Qualitätsklasse fallen, und daß andererseits auch die höchste Qualitätsklasse noch eine entsprechende Belegung aufweist. Zudem ist zu prüfen, welche Mindestleistungen in der entsprechenden Klasse vorhanden sein müssen (z. B. Klasse 2: mindestens Dusche/WC, wöchentlicher Wäschewechsel).

6. Bewertung der einzelnen Hotels: Diese Bewertung erfolgt für jedes Hotel anhand einer aus den Einzelkriterien heraus entwickelten Checkliste und muß in periodischen Abständen oder bei wesentlichen Veränderungen im Hotel (Renovierung, Anbau) überprüft werden. Dabei ist auch auf eventuelle, die Qualität besonders beeinflussende, in der Checkliste aber nicht vorkommende Kriterien zu achten (z. B. deutscher Koch und deutschsprechendes Personal). Daneben ist es wichtig, daß die Einstufung eines Hotels nicht nur nach den numerischen Ergebnissen der Bewertung erfolgt, sondern ergänzt wird um die Erfahrungen und Eindrücke der Experten aus Hoteleinkauf und Verkauf, die insbesondere auch den Service während der Saison berücksichtigen. Die Bewertung endet mit der Zuteilung zu einer der vorgegebenen Qualitätsklassen und wird prägnant in Buchstaben oder Symbolen (Sterne, Punkte, Palmen, Sonnen etc.) ausgedrückt.

4.2.5 Qualitätskriterien

Im Rahmen von Pauschalreisen hat die Qualität der Hotelunterkunft eine hohe Bedeutung für die Kundenzufriedenheit: Parallel zur Bedeutung des Wohnwertes sind auch die Ansprüche ans Urlaubsquartier gestiegen; bei Aufenthaltsreisen verbringt der Kunde die meiste Zeit im Hotelbereich; durch das zunehmende Angebot von Unterhaltungs- und Sportprogrammen werden Urlaubsaktivitäten zunehmend in die Hotels verlegt.

Hinsichtlich der materiellen Qualität liegen umfangreiche Checklisten für den Hotelbereich vor, deren sich auch der Reiseveranstalter bedienen kann (vgl. SCHÄTZING, 1987). Da die Qualitätsbeurteilung aber auch vom Reisetyp abhängig ist und die Zahl der Qualitätskriterien handhabbar bleiben muß, stellt jeder Veranstalter eigene, auf die Bedürfnisse seiner Produkte und seines Unternehmens ausgerichtete Kriterienlisten zusammen. Solche Aufstellungen werden dann im Rahmen des Einkaufs für jedes Hotel konkretisiert, wobei auch Kriterien enthalten sind, die nicht unbedingt in die Qualitätsbeurteilung einfließen, aber für die Gestaltung der Katalogausschreibung und für Rückfragen des Verkaufs (z. B. ob ein Kunde sein Haustier mitbringen darf) von Wichtigkeit sind.

Ausgewählte Qualitätskriterien am Beispiel eines Strandhotels

- **Lage:**
  - Mikrostandort, Umgebung
  - an Haupt- oder Nebenstraße
  - Lärm
  - eigene Außenanlagen
  - freistehend
  - Entfernungen zu Flughafen, Bahnhof, Ortszentrum, öffentlichen Nahverkehrsmitteln, touristischen Attraktionen

- **Gebäude:**
  - Altbau, renovierter Altbau, Neubau
  - Pflegezustand
  - Baustil (landestypisch, international, themenbezogen)
  - Stockwerke
  - Zimmerzahl
  - Dependance (Unterbringung in Nebengebäuden)
  - Lift
  - klimatisierte Gemeinschaftsräume
  - Sicherheitsanlagen (z. B. ausgeschilderte Fluchtwege)
  - Sauberkeit

- **Zimmerausstattung:**
  - Größe
  - Lage (Meerblick, seitlicher Meerblick)
  - Balkon/Terrasse, Balkonausstattung
  - Betten (Einzelbetten, Doppelbetten, Grand lit)
  - Einrichtungsstil
  - Sanitäranlagen (WC/Dusche/Bad/WC separat/Bidet)
  - Klimaanlage/Heizung
  - Radio/Fernseher/Videoanlage
  - Telefon
  - Minibar
  - Safe
  - Bodenbelag
  - Erhaltungszustand
  - "Extras": Streichhölzer, Telefonverzeichnis, Bade- und Kosmetikartikel, Briefpapier, örtliche Veranstaltungshinweise etc.

- **Freizeiteinrichtungen:**
  - Aufenthaltsräume (Lesezimmer, Fernsehraum)
  - Swimmingpool (Größe, heizbar, Meer- oder Süßwasser)
  - Sonnenterrasse, Liegewiese
  - Sportangebote (Tischtennis, Fitnessraum, Minigolf)
  - Spiele wie Darts, Videogames, Backgammon
  - Animation, Shows, Tanzveranstaltungen
  - Discothek, Nachtclub
  - Sauna

- **Serviceangebote:**
  - Rezeption: Öffnungszeiten, Geldwechsel, Safe, Gepäckträger, Gepäckdepot, Briefmarkenverkauf, Akzeptanz von Kreditkarten
  - Etagenservice: Häufigkeit der Zimmerreinigung und des Wäschewechsels, Roomservice, Wäsche- und Reinigungsdienst, Bügel- und Schuhputzservice
  - Allgemeine Serviceleistungen: Shops für Zeitungen, Postkarten, Tabakwaren und Souvenirs, Besorgung von Eintrittskarten, Transfers zum Strand, in den Ort, Unterbringung von Haustieren, Garage, Parkplätze

- **Restauration:**
  - Zahl der Restaurants, angebotene Küche
  - Zahl der Plätze (Essen in ein bzw. zwei "Sitzungen")
  - Essenszeiten
  - Essensqualität
  - Klimaanlage
  - Mahlzeiten: Table d'hôte (feststehendes Menü), Menüauswahl, Diätküche, Seniorenteller, Vollwertkost
  - Service: Zahl und Sprachkenntnisse des Personals, Servicementalität
  - Bar, Getränkeauswahl

- **Einrichtungen für Kinder:**
  - Kinderspielplatz, Kinderspielzimmer
  - Kinderpool
  - Kinderanimation
  - Babysitter
  - Wickeltisch
  - spezielles Kinderessen
  - besondere Essenszeiten für Kinder
  - besondere Sicherheitsvorkehrungen wie Kindersicherungen an Steckdosen oder Balkongeländern
- **Strand:**
  - Entfernung vom Hotel
  - Erreichbarkeit (steile Stufen, Unterführung)
  - Beschaffenheit: Felsen, Kies, Sand
  - Ufer steil abfallend, kindergeeignet
  - Bewirtschaftung: Kiosk, Strandbar, Restaurants, Liegestuhlverleih, Bootsverleih, Wasserski, Parasailing, Strandreinigung, Bademeister/Lebensretter
  - Ausstattung: mit Duschen, Toiletten
  - Wasser: Sauberkeit, Wellengang, Strömungen
  - Zugang: öffentlich, Hotelstrand, Privatstrand mit Eintrittsgebühr
  - Frequentierung: einsam, Massenstrand
  - FKK erlaubt

4.2.6 Behindertenfreundlichkeit

Die Frage nach der Behindertenfreundlichkeit von Hotels ist vorwiegend für Rollstuhlfahrer relevant, da Personen mit anderen Behinderungen (Diabetes, Erblindung, geistige Behinderung) meist keine besonderen Hoteleinrichtungen, sondern eine besondere Pflege und Betreuung benötigen, die bei nicht behindertenspezifischen Pauschalreisen in der Regel durch eine eigene Begleitperson zu erbringen ist (vgl. Band 2, Kap. 4.4.4.6).

Für die Behindertengeeignetheit von Hotels bestehen weder nationale noch internationale Normen. Ein Reiseveranstalter, der diese Kriterien beim Hoteleinkauf berücksichtigen möchte, ist hierbei auf die Informationen der Behindertenverbände angewiesen. Einige internationale Hotelketten haben in ihren Hotels extra behindertenfreundliche Zimmer eingerichtet, in der Ferienhotellerie ist dies jedoch noch immer die Ausnahme. Da in der Bundesrepublik eine Deutsche Industrienorm für behindertengerechte Wohnungen (DIN 18025, 1972) besteht, sollten Hotels im Katalog nur dann als "behindertengerecht" bezeichnet werden, wenn sie die in der Norm festgelegten Kriterien erfüllen, ansonsten ist die Bezeichnung "behindertenfreundlich" angebrachter.

- Lage und Umgebung: zentral/außerhalb der Ortschaft;

- Außenbereich des Hotels: Zufahrtsmöglichkeit, Lage der Parkplätze, Zugang ohne Stufen, ansonsten Rampe mit nicht mehr als 6% Gefälle, ebenerdige Hotelanlage, befestigte Wege, Zugang zu Einrichtungen wie Swimmingpool oder Terrassenrestaurant;

- Türen: nach DIN 18025 mindestens 85 cm Breite, Schwellen nicht höher als 3 cm;

- Bewegungsflächen im Lift, in den Fluren, im Zimmer, im Bad;

- Aufzug: Breite und Tiefe der Kabine, Druckknöpfe in erreichbarer Höhe;

- Zimmerausstattung: Bedienungselemente in erreichbarer Höhe, rutschfester Fußboden, keine scharfen Kanten, ausreichende Bettenhöhe, Kühlschrank für Medikamente;

- Sanitärbereich: Toilette von der Seite her anfahrbar, Haltegriffe, Dusche und Waschbecken unterfahrbar, Spiegel und Steckdosen in erreichbarer Höhe, Warmwasserthermostat mit Temperaturbegrenzer; behindertengerechte Toiletten in Gemeinschaftsräumen wie Restaurant;

- Verpflegung: Diätküche, Möglichkeit der Selbstverpflegung, Zimmerservice (gegen Aufpreis);

- Entfernungen: zu Arzt, Apotheke, Krankenhaus, Dialysestation, Strand/Freibad, Hallenbad;

- Besondere Einrichtungen wie etwa behindertengerechte Sportanlagen (z. B. für Bogenschießen, Tischtennis).

4.2.7 Umwelt- und Sozialverträglichkeit

Vor dem Hintergrund wachsender Sensibilisierung von Kunden und Medien für die Belange der Ökologie kann auch die Umweltverträglichkeit eines Hotelbetriebs zu den Qualitätskriterien gezählt werden. Zwischenzeitlich haben Verbände wie der DEHOGA (o. J.), der HESSISCHE FREMDENVERKEHRSVERBAND (o. J.) oder der ADAC (1991) umfangreiche Checklisten und Empfehlungen zur umweltfreundlichen Führung von Beherbergungs- und Gastronomiebetrieben erarbeitet. Daß dieser Aspekt auch zunehmend beim Hoteleinkauf der Reiseveranstalter Beachtung findet, zeigt exemplarisch die TUI-Umweltcheckliste (vgl. Abb. 4.7).

Abb. 4.7: TUI-Umweltcheckliste 1992

TUI-Umweltcheckliste 1992

	sehr gut	gut	befr.	ausr.	mang.-haft
1) Hotelbetrieb					
a) Abwasserbehandlung	☐	☐	☐	☐	☐
b) Abfallbeseitigung	☐	☐	☐	☐	☐
c) Wasserversorgung	☐	☐	☐	☐	☐
d) Energieversorgung	☐	☐	☐	☐	☐
e) Betriebsführung	☐	☐	☐	☐	☐
2) Lärmschutz im/am Hotel	☐	☐	☐	☐	☐
3) Grünanlagen des Hotels	☐	☐	☐	☐	☐
4) Architektur und Baustoffe des Hotels	☐	☐	☐	☐	☐
5) Umwelt-Informationen und Umwelt-Angebote des Hotels	☐	☐	☐	☐	☐
6) Standort und unmittelbare Umgebung der Hotel-Anlage	☐	☐	☐	☐	☐
7) Badegewässer und Strandqualität im Hotelbereich	☐	☐	☐	☐	☐
8) Sonstige besorgniserregende oder beispielhaft umweltfreundliche Aspekte des Hotels	☐	☐	☐	☐	☐

Quelle: TOURISTIK UNION INTERNATIONAL

Zu den wesentlichen Kriterien eines umwelt- und sozialverträglichen Hotelmanagements (vgl. WEIL 1994, S. 34-93) zählen:

- Baumaterialien: Verwendung umweltfreundlicher und heimischer Baumaterialien (Holz, Naturstein, schadstoffarme Lacke), Maßnahmen zur Wärmedämmung (Isolierfenster, Rolläden, Außenwandbegrünung), umweltfreundliche Innenausstattung (PC- und formaldehydfrei, Naturtextilien), Energiesparlampen, weitgehender Verzicht auf energieverbrauchende Geräte in den Zimmern;

- Energieversorgung: Nutzung alternativer Energiequellen wie Erdwärme, Sonne oder Wind, Abwärmerückgewinnung mittels Wärmepumpen, Reduzierung des Verbrauchs durch energiesparende Heizsyteme, Thermostatventile;

- Wasserverbrauch: Reduzierung durch Durchflußbegrenzer in Wasserhähnen, Toilettenspülung mit Spartaste, Wiederaufbereitung von Wasser, hauseigene Kläranlage bei Fehlen eines öffentlichen Abwassersystems;

- Abfall: Reduzierung durch Verzicht auf Einweggeschirr und Portionspakkungen, Verwendung von Recycling- und abfallarmen Produkten, Abfallverwertung durch Mülltrennung;

- Landschaft: der Umgebung angepaßte Architektur, Schutz des Baumbestands;

- Verpflegung: Bevorzugung regionaler Lebensmittel mit kurzen Transportwegen, Angebot von Vollwert- und vegetarischen Gerichten, Ausrichtung des Angebots auf Frischprodukte;

- Freizeitangebote: nur umweltverträgliche Sportarten, Meidung technischer Erholungsmöglichkeiten;

- Sozialverträglichkeit: möglichst geringe Beeinträchtigung der Lebensverhältnisse der einheimischen Bevölkerung, Reinvestition der Gewinne in der Region, Beschäftigung von Einheimischen auch in Führungspositionen.

4.3 Beschaffungsplanung

Reiseveranstalter haben die Möglichkeit, bei der Reservierung von Beherbergungskapazitäten (in der Praxis als "Hoteleinkauf" bezeichnet), die in Kap. 3 dargestellten **Instrumente des Beschaffungsmarketings** anzuwenden. Die folgenden Ausführungen orientieren sich am Hoteleinkauf für Turnuspauschalreisen, da das die im Veranstalterbereich am häufigsten anzutreffende und operativ die am stärksten beeinflußbare Beschaffungssituation repräsentiert. Hier zeigt sich, daß schon bei der Beschaffungsplanung Marketingüberlegungen einbezogen werden.

4.3.1 Kapazität und Kontingente

Während bei einmalig durchgeführten Reisen (z. B. Studienreisen) und bei Reisen mit gleicher Aufenthaltsdauer für alle Teilnehmer die Zahl der zu reservierenden Hotelbetten unproblematisch ist, weil sie der Teilnehmerzahl entspricht, erfordern Turnusreisen mit unterschiedlicher Aufenthaltsdauer eine genaue Festlegung der insgesamt pro Zielgebiet benötigten Bettenkapazität. Sie muß so groß sein, daß selbst nach mehreren (Höchstzahl der buchbaren) Wochen Hochsaison mit jeweils 100% Auslastung der Beförderungskapazität alle Gäste untergebracht werden können. Andererseits ist eine Reservierung von mehr als den benötigten Betten zu vermeiden, da ein in der Hochsaison nicht ausgelastetes Kontingent den Hotelier veranlassen könnte, sein Hotel in der nächsten Saison gezielt zu überbuchen.

Die Gesamtkapazität eines Zielgebiets ergibt sich aus dem Plan-Teilnehmersoll für die zu organisierende Saison, der Struktur der Aufenthaltsdauer der Gäste sowie aus eventuellen Beschränkungen durch die Beförderungskapazität. Zur Prognose werden folgende Entwicklungen berücksichtigt:

- die Nachfragetrends für das Zielgebiet auf dem Gesamtmarkt, im eigenen Unternehmen und bei der Konkurrenz, aber auch Nachfrageentwicklungen für bestimmte Unterkunftsarten und Qualitätsstufen;

- die Entwicklung der Kaufkraft der Nachfrager, d. h. das für Urlaubsreisen zur Verfügung stehende Einkommen;

- die Angebotsentwicklung, zu der Preise, generelle Nachfrage nach Hotelbetten im Zielgebiet, qualitative Veränderungen des Beherbergungsangebots und der Infrastruktur, die Umweltsituation (z. B. Sauberkeit des Wassers bei Badereisen) und eventuell auch besondere politische Unsicherheiten zählen.

Dort, wo mit fixen Beförderungskapazitäten gearbeitet wird (z. B. einer festen Zahl von Plätzen im Flugzeug), bestimmt diese Beförderungskapazität auch die Bettenkapazität. Diese ergibt sich nach der Formel: Maximale Zahl der Beförderungsplätze pro Woche x durchschnittliche Aufenthaltsdauer. Einer besonderen Beachtung bedürfen dabei die mitreisenden Kinder, wenn sie einen vollen Beförderungsplatz in Anspruch nehmen, aber in einem Zustellbett im Zimmer der Eltern untergebracht werden, wie dies bei Kindern über zwei Jahren der Fall ist.

Auf der Basis dieser Gesamtkapazität wird nun ein sog. "Bettenplan" erstellt, bei dem die benötigten Betten auf die einzelnen

- Orte im Zielgebiet,
- Unterkunftsarten,
- Unterkunftsklassen,
- Zimmerarten (Einzel-, Doppel-, Mehrbettzimmer) und
- Zimmerkategorien (mit, ohne Meerblick)

aufgeteilt werden (vgl. Abb. 4.8).

Bei dieser **"Top-down-Planung"** wird also von der größten Planungseinheit, der für ein Zielgebiet erforderlichen Gesamtkapazität, ausgehend "hintergeplant" bis zur kleinsten Einheit, der Bettenzahl eines bestimmten Zimmertyps. Wichtigste Grundlage dieser Planung ist dabei der Bettenplan des Vorjahres bzw. der gerade laufenden Saison, mit dessen Hilfe die geplanten Betten auf konkrete Hotels verteilt werden. Da dabei auch die Gesamtzahl der Hotels eines Zielgebiets festgelegt wird, sind die Katalogdarstellung, die Transfers und die Betreuung durch die Reiseleitung zu berücksichtigen (vgl. dazu HOFMANN, 1993, S. 126f.).

In einem zweiten Schritt wird nach der Methode der **"Bottom-up-Planung"** eine Plausibilitätsprüfung durchgeführt. Dabei wird überprüft, inwieweit die bisherigen Ergebnisse realisierbar (z. B. ob die Zahl der in einem Hotel geplanten Einzelzimmer auch tatsächlich unter Vertrag genommen werden kann) und wirtschaftlich sinnvoll sind. Bei den Hotels, die bereits im Vorjahr im Programm waren, spielen neben der Qualität vor allem die Auslastung und der erzielte Deckungsbeitrag eine Rolle. Hotels mit einer überdurchschnittlich hohen Reklamationsquote werden durch neue Angebote ersetzt. Die Auslastung des Vorjahres und der erzielte Deckungsbeitrag pro Person geben auch Hinweise darauf, ob das in einem Hotel unter Vertrag genommene Kontingent gesteigert oder verringert werden soll.

Abb. 4.8: Beschaffungsprozeß für den Hoteleinkauf

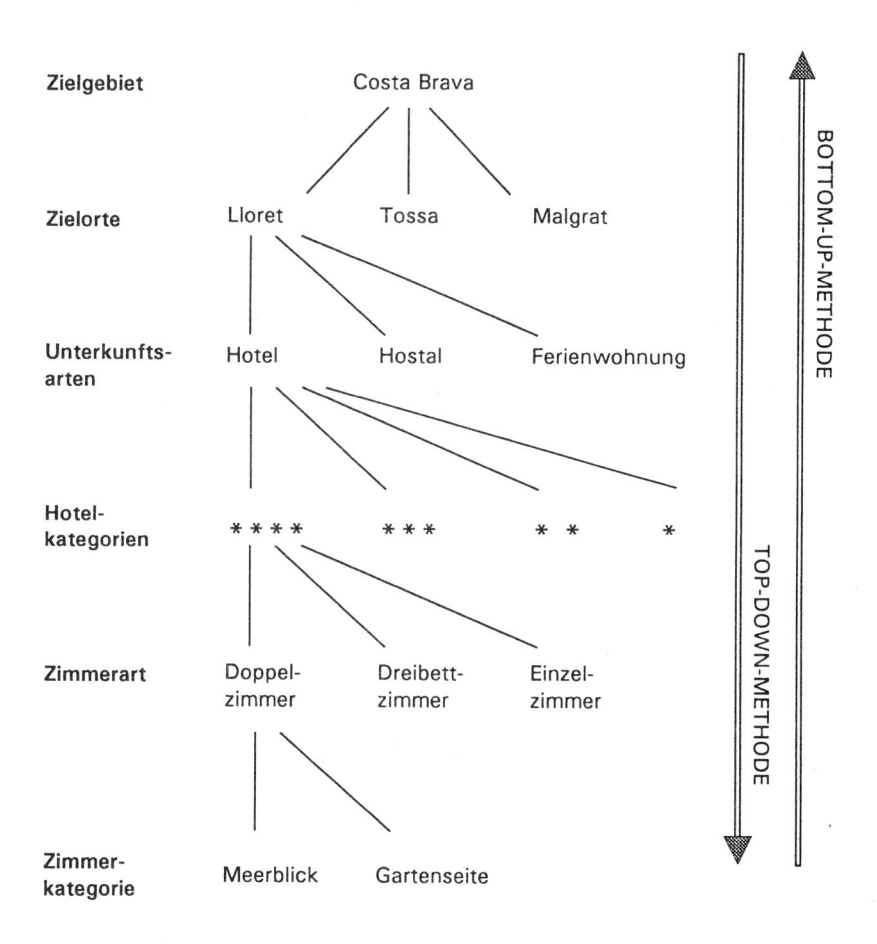

Zielgebiet	Costa Brava
Zielorte	Lloret Tossa Malgrat
Unterkunftsarten	Hotel Hostal Ferienwohnung
Hotelkategorien	**** *** ** *
Zimmerart	Doppelzimmer Dreibettzimmer Einzelzimmer
Zimmerkategorie	Meerblick Gartenseite

BOTTOM-UP-METHODE

TOP-DOWN-METHODE

Damit dieser Planungsaufwand, der zudem auf Prognosen über das zu erwartende Nachfrageverhalten der Kunden basiert, nicht zu eigentlich überflüssiger Schreibtischarbeit wird, ist zu prüfen, in welchem Maße er tatsächlich notwendig ist. Er erübrigt sich weitgehend, wenn der Reiseveranstalter

- jederzeit Hotelbetten im Zielgebiet kostenlos stornieren und nachbuchen kann;
- eine variable Beförderungskapazität hat, er also nicht bei einem festen Platzkontingent im Flugzeug auch die Beförderungsplätze bezahlen muß, die infolge fehlender Hotelkapazität leerbleiben oder
- seine Kunden leicht von der Buchung eines anderen Hotels, Termins oder Zielgebiets überzeugen kann.

Andererseits wird eine genaue Festlegung der Kapazität und der Kontingente dann notwendig, wenn

- ein nachträglicher Einkauf zusätzlicher Hotelbetten im Zielgebiet nicht möglich ist, also Fehlmengenkosten (= entgangener Gewinn) entstehen, weil eine vorhandene Nachfrage nicht befriedigt werden kann;
- jeder infolge fehlender Hotelbetten freigebliebene Beförderungsplatz voll bezahlt werden muß oder
- die Hotelverträge hohe Stornogebühren bei gleichzeitig frühzeitiger Optionsfrist vorsehen.

Für die Bettenplanung gilt daher in der Praxis grundsätzlich der Leitsatz: "So genau wie nötig, aber so wenig wie möglich."

4.3.2 Mengenpolitische Überlegungen

Die Erstellung des Bettenplans impliziert auch mengenpolitische Entscheidungen darüber, wie hoch die Bettenzahl in den einzelnen Hotels sein soll. Benötigt ein Reiseveranstalter in einem Zielgebiet beispielsweise 400 Betten, dann besteht theoretisch die Möglichkeit, entweder alle 400 Betten in einem einzigen Hotel zu reservieren oder in 40 Hotels jeweils 10 Betten unter Vertrag zu nehmen; in der Realität wird er sich aber meist für eine Kombination entscheiden, die zwischen diesen extremen Alternativen liegt. Entscheidungskriterien sind neben den vom Absatz her vorgegebenen Sortimentsanforderungen beschaffungsseitig vor allem Kosten-, Qualitäts- und Risikoüberlegungen sowie die jeweils zu erzielenden Konditionen.

Nach ausschließlich **kostenorientierter** Entscheidung ist es am günstigsten, eine möglichst hohe Bettenzahl pro Hotel unter Vertrag zu nehmen. Dies reduziert die Beschaffungskosten und ermöglicht bei den Vertragsverhandlungen die Erreichung höherer Mengenrabatte. Die internen Organisationskosten für Kalkulation, Abrechnung und Zahlungsverkehr reduzieren sich ebenso wie die Katalogkosten, da weniger Hotels weniger teuren Platz im Katalog beanspruchen. Im Verkauf bedeutet ein geringeres Sortiment höhere Produktkenntnisse der einzelnen Hotels, es kommt zu weniger Rückfragen beim Veranstalter und die Beratungszeit wird geringer, da weniger Buchungsalternativen erklärt werden müssen.

Bei der Katalogdarstellung wird die Seitenzahl pro Zielgebiet festgelegt. "Der Katalog ist einer der größten Kostenfaktoren im Werbungsblock und muß daher neben der Gestaltung nach Marketing- und Imagegesichtspunkten auch die Produktivität pro Seite berücksichtigen. Durch eine bestimmte Seitenzahl pro Zielgebiet ergibt sich eine Begrenzung der Anzahl der Hotels, die eingekauft und dargestellt werden können" (HOFMANN, 1993, S. 126).

Transferzeiten und Transferpreise werden durch die Entfernung der Hotels vom Flughafen bzw. Bahnhof und von ihrer regionalen Streuung bestimmt. Daher sind bei Hotels, die lange Transferstrecken bei gleichzeitig niedriger Gästezahl aufweisen, die Kosten des Transfers zu berücksichtigen.

Für die Betreuung durch die Reiseleitung bedeutet ein weit entferntes Hotel einen hohen Zeit- und damit Kostenaufwand. Die Stationierung einer Reiseleitung in einem solchen Hotel ist aber nur wirtschaftlich, wenn dort ein relativ hohes Gästeaufkommen erwartet werden kann. Auch die Durchführung von Ausflügen durch die Zielgebietsagentur wird für den Reiseveranstalter und die Reiseleitung, die dafür in der Regel eine Umsatzprovision erhalten, weniger rentabel.

Unter **Qualitätsgesichtspunkten** bedeutet das durch die hohe Zahl von Betten pro Hotel eingeschränkte Sortiment geringere Auswahlmöglichkeiten für den Kunden. Da tendenziell weniger Nachfrageschichten angesprochen werden können, ist hier auch die Konkurrenzfähigkeit des Programms betroffen. Eine große Zahl von Betten und damit von Kunden in einem Hotel wirkt sich qualitätsmäßig positiv aus, wenn dadurch die Betreuung durch die Reiseleitung intensiver gestaltet wird (häufigere und längere Sprechstunden, Sonderveranstaltungen, zusätzliche Serviceleistungen wie Kinderbetreuung oder Animationsprogramme) und der Hotelier bevorzugt auf die Wünsche der Gäste des Reiseveranstalters eingeht, also etwa die Speisekarte auch in deutscher Sprache gestaltet oder deutsche Frühstücksgewohnheiten berücksichtigt. Da ein Reiseveranstalter mit einem hohen Kontingent für den Hotelier ein bedeutender Abnehmer ist, wird er bei Überbuchungen erst die Gäste der weniger wichtigen anderen Veranstalter ablehnen. Da bei Pauschalreisen der Transfer in der Regel als Sammeltransport durchgeführt wird, also mit einem Transferbus mehrere Hotels angefahren werden, kann sich hier auch die Beförderungszeit für die Gäste verkürzen. Je weniger Hotels in einem Katalog ausgeschrieben werden, desto mehr Platz kann für die einzelnen Objekte und damit für die Kundeninformation aufgewendet werden.

Mit der Konzentration der Kontingente auf wenige Hotels steigt das **Risiko**, bei Leistungsmängeln nicht auf andere Hotels ausweichen zu können.

Mengenpolitische Entscheidungen werden also nicht nur von der Gestaltung der Verhandlungsposition gegenüber dem Hotelier bestimmt, sondern auch von weiterreichenden Kosten- und Qualitätsüberlegungen. Dabei ist zusätzlich die Abgabebereitschaft des Hoteliers in die Betrachtung einzubeziehen. Dieser wird bei Verträgen über eine ganze Saison einerseits häufig auf einer Mindestabnahmezahl bestehen, und andererseits Auslastungsüberlegungen anstellen. Denn je weniger Veranstalter er in seinem Hotel hat, desto geringer ist tendenziell seine Auslastung in der Vor- und Nachsaison.

4.3.3 Beschaffungszeitpunkt

Bei der Festlegung des Zeitpunktes, zu dem die Reservierungsverträge mit den Hoteliers abgeschlossen werden sollen, gilt es, einen Kompromiß zwischen den konkurrierenden Interessen Sicherheit der Planung und Sicherheit des Leistungsbezugs zu finden. Denn einerseits gilt, daß die Zahl der zu reservierenden Betten umso genauer festgelegt werden kann, je näher der Reisetermin liegt. Im Extremfall kann das bedeuten, daß erst nach Eingang aller Buchungen (Anmeldeschluß) die Hotelreservierung vorgenommen wird. Bei den meisten Reisen aber, und insbesondere bei den über einen Zeitraum von mehreren Monaten hinweg angebotenen Turnuspauschalreisen, müssen die Kontingente "auf Verdacht" reserviert werden. Werden beispielsweise die Hotelverträge für die Sommersaison 1995 schon im März 1994 abgeschlossen, dann muß die Festlegung der Kontingente auf der Basis der Ist-Zahlen 1993 und eventueller Hochrechnungen für 1994 erfolgen. Unter dem Aspekt der Planungssicherheit soll der Beschaffungszeitpunkt also möglichst spät liegen. Andererseits aber gilt, daß auf dem Beschaffungsmarkt die Auswahl und damit die Chance, die programm- und produktpolitisch gewünschten Hotels unter Vertrag zu nehmen, umso größer sind, je zeitiger die Verträge abgeschlossen werden.

Wichtigster Orientierungspunkt zur Festlegung des Beschaffungszeitpunktes ist der Termin der Buchungsfreigabe, der in der Regel mit dem Zeitpunkt der Katalogveröffentlichung zusammenfällt. Der Katalog stellt das Angebot des Reiseveranstalters dar, und es sollten keine Hotels enthalten sein, bei denen keine vertragliche Sicherheit besteht, die gebuchten Kunden auch dort unterbringen zu können. Der Katalog ist zudem das wichtigste Werbeinstrument des Reiseveranstalters: Hotels, die nicht im Katalog stehen, weil man mit ihnen noch keine Reservierungsverträge abgeschlossen hat, werden folglich auch nicht beworben und sind höchstens als Ersatz- oder Ausweichangebote in Ausnahmefällen zu verkaufen. Der Absatzschwerpunkt fällt bei Pauschalreisen in die ersten Monate nach Erscheinen des Katalogs, also müssen in diesem Zeitraum auch alle Hotels buchbar sein. Selbst eine zur Abdeckung der Spitzennachfrage notwendige Aufstokkung von Kontingenten in einzelnen Hotels während einer laufenden Saison erweist sich häufig als unmöglich, da jeder Hotelier versucht, in der Hochsaison seine gesamte Kapazität zu vermarkten.

Der Zeitpunkt der Katalogveröffentlichung ist je nach Veranstaltertyp und Reiseart verschieden. Überregionale Großveranstalter präsentieren ihre Winterkataloge schon im Juli und ihre Sommerkataloge spätestens im Dezember des Vorjahres; bei einer Dauer von sechs bis acht Wochen für Kalkulation, Druck und Verteilung an die Reisebüros muß also der Hoteleinkauf für die Sommersaison spätestens Ende September abgeschlossen sein. Die Grobplanung für den Hoteleinkauf beginnt hier bereits im März/April, der zeitliche Schwerpunkt für den Abschluß der Hotelverträge liegt im Frühsommer. Dagegen liegen diese Termine bei nur regional anbietenden Busreiseveranstaltern, die ihre Sommerkataloge erst im März auf den Markt bringen, dementsprechend später.

Ausnahmen von der Maxime "Hotelvertrag vor Katalogerscheinung" sind nur dann möglich, wenn der Unterkunftsbetrieb in der Ausschreibung nicht namentlich genannt, sondern nur qualitativ konkretisiert wird (z. B. "Unterbringung im Zwei-Sterne-Hotel in Strandnähe, alle Zimmer mit Bad/WC").

Der Beschaffungszeitpunkt für Hotels wird also im wesentlichen vom Termin der Katalogveröffentlichung, präziser vom Termin der Drucklegung, bestimmt. Daneben können gegebenenfalls auch die erwartete Marktsituation im Zielgebiet (nachträglicher Zukauf von Betten möglich) und der Grad der Konkretisierung der Unterkünfte im Katalog von Bedeutung sein.

4.3.4 Beschaffungswege

Dem Reiseveranstalter stehen für die Hotelreservierung eine Vielzahl von direkten und indirekten Beschaffungswegen zur Verfügung (vgl. Abb. 4.9). Die Entscheidung darüber wird nach den Kriterien Beschaffungsaufwand (Zeit, Kosten), Notwendigkeit der persönlichen Inaugenscheinnahme, Vorhandensein von Reservierungssytemen und Dringlichkeit der Reservierung getroffen.

Bei der Nutzung des **direkten Beschaffungswegs** ohne Einschaltung unternehmensfremder Vermittler erfolgt die Reservierung der Kontingente fernschriftlich (Telex, Fax, Brief) oder durch persönliche Abmachungen im Rahmen einer Einkaufsreise, während einer Messe oder beim Besuch des Reiseveranstalters durch den Hotelier.

Einkaufsreisen in die Zielgebiete werden insbesondere dann notwendig, wenn größere Kontingente über einen längeren Zeitraum unter Vertrag genommen werden sollen, oder wenn durch Verhandlungen über Preise und

Konditionen eine aktive Beschaffungspolitik betrieben wird. Auch die Sammlung von Informationen zur korrekten Angebotsbeschreibung im Katalog, zur Einschätzung des Preis-Leistungs-Niveaus und zur Erstellung ausführlicher Verkaufshandbücher macht häufig einen Besuch im Zielgebiet unumgänglich.

Abb. 4.9: Beschaffungswege: Hoteleinkauf

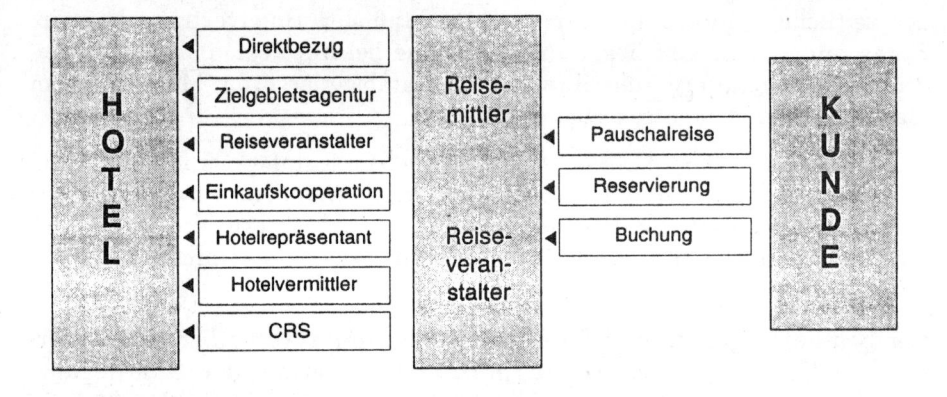

Der schriftliche Beschaffungsweg ist der kostengünstigste. Er wird vor allem dann gewählt, wenn zwischen den Vertragspartnern eine langjährig bewährte Zusammenarbeit besteht und der neu abzuschließende Hotelvertrag lediglich eine modifizierte Fortschreibung der bisherigen Konditionen und Preise bedeutet; ebenfalls dann, wenn nur kleine Kontingente für wenige Tage (z. B. Rund- und Studienreisen) benötigt werden.

Eine **Zielgebietsagentur**, also ein örtliches Unternehmen, das den Reiseveranstalter in der Region vertritt, kann sowohl mit der Einkaufsvorbereitung (Marktbeobachtung und -analyse, Beratung) wie auch mit den Vertragsabschlüssen selbst beauftragt werden. Letzteres ist vor allem dann der Fall, wenn lediglich kleine Kontingente für nur kurze Zeit reserviert werden müssen, also etwa für eine nur einmal durchgeführte Rundreise. Oft haben Zielgebietsagenturen sogar eigene Kontingente in den Hotels, die sie mit der gebündelten Nachfrage der Reiseveranstalter füllen, so daß bei einer Buchung über die Agentur günstigere Preise erzielt werden können als beim direkten Einkauf im Hotel.

Veranstaltende Reisebüros und kleinere Reiseveranstalter können Hotels auch über **Großveranstalter** buchen. Diese lasten durch diese Gruppenbuchungen nicht benötigte Kontingente besser aus, oder aber sie veröffentlichen für Einzelplatzeinbuchungen besondere Hotelkataloge (z. B. HIT-Hotels der TUI). Auf die Hotelbuchung durch andere Reiseveranstalter spezialisierte Unternehmen sind die sog. **Paketreiseveranstalter**, die als Großhändler Teilpauschalreisen insbesondere für Busunternehmen anbieten. Die in den Teilpaketen enthaltenen Serviceleistungen umfassen neben der Hotelreservierung auch die Routenplanung, ausführliche Reisebeschreibungen mit Kilometerangaben, Erledigung aller Visa- und Valutaangelegenheiten, Abwicklung des Zahlungsverkehrs mit den ausländischen Vertragspartnern sowie auf Wunsch auch eine Reiseleitung. Diese Pakete können entweder vorgefertigt aus einem Katalog gebucht oder maßgeschneidert nach den Wünschen des Reiseveranstalters organisiert werden. Die Vorteile für den Reiseveranstalter liegen in

- einem geringen eigenen Beschaffungsaufwand;

- der Möglichkeit, Auslandsreisen ohne eigene touristische Fachkompetenz durchführen zu können;

- der risikoarmen Testmöglichkeit für die Verkaufbarkeit neuer Produkte, da die Paketreiseveranstalter bei Stornierung nur eine relativ geringe Bearbeitungsgebühr in Rechnung stellen;

- den Haftungsvorteilen, da im Innenverhältnis der Paketreiseveranstalter die Haftung für Leistungsmängel trägt.

Inwieweit die an den Paketreiseveranstalter zu zahlenden Preise für die Hotels niedriger oder höher sind als beim Leistungsträger direkt, ist nur im Einzelfall zu unterscheiden. Die Paketreiseveranstalter erzielen durch den Großeinkauf zwar erhebliche Preisvorteile, müssen andererseits aber auch einen Kosten- und Gewinnaufschlag für ihre Tätigkeit vornehmen. Branchenpolitisch bedenklich ist jedoch die Tatsache, daß die Paketreiseveranstalter als Großhändler in manchen Zielorten der Bustouristik in der Zwischenzeit einen Großteil der Hotelkapazität blockieren; somit wird es für die kleinen Veranstalter fast unmöglich, dort selbst Betten zu reservieren. Zudem wenden sich manche Paketreiseveranstalter zunehmend direkt an Privatkunden wie Vereine, Clubs oder Volkshochschulen, so daß den örtlichen Busunternehmen nur noch das bloße Beförderungsgeschäft bleibt.

Die Beteiligung an **Einkaufskooperationen** hat das Ziel, durch Bündelung der Nachfrage der einzelnen Reisebüros und kleinen Reiseveranstalter günstigere Preise und Konditionen bei den Hotels zu erlangen.

Hotelrepräsentanten übernehmen für ausgewählte internationale Hotels die Vertretungsaufgaben (Verkauf, Marktbearbeitung) in einer Verkaufsregion. Da sie in jedem Hotel über eigene Kontingente verfügen, können sie im Free-sale-Verfahren eine Reservierung sofort bestätigen. Darüber hinaus übernehmen sie die Abwicklung der Provisionszahlung und sind Ansprechpartner bei Kundenreklamationen.

Hotelvermittler sind freie Händler, die zur Reservierung von Unterkünften eingeschaltet werden können. Sie sind entweder im Inland ansässig und vermitteln weltweit Hotelkontingente, oder sie nehmen von den Zielgebieten aus die Reservierung von Hotels der Region vor (z. B. Hotel Reservation Service HRS Köln, 15.000 Hotels in ca. 120 Ländern).

Zunehmend an Bedeutung gewinnt die Buchung von Hotels über computergestützte **Reservierungssyteme** (CRS). Hotels sind nicht nur Angebotsbestandteil der globalen Systeme wie Amadeus, Galileo oder Sabre, sie werden auch über eigene Reservierungssysteme von Hotelketten und Hotelgruppen vertrieben; hierbei kann der Reiseveranstalter oder das Reisebüro entweder über einen eigenen Anschluß Zugriff erhalten, oder aber telefonisch über das nächstgelegene Hotel des Systems weltweit Reservierungen vornehmen. Daneben ermöglichen auch die speziellen Zimmervermittlungssysteme von Fremdenverkehrsverbänden (z. B. TIBS in Baden Württemberg und in den Neuen Bundesländern) die Buchung von Hotelkontingenten. Die bisher in den Online-Diensten Compuserve und Internet zugänglichen Hotelangebote sind bisher auf Endkunden ausgerichtet und für eine Reservierung durch Touristikunternehmen insbesondere wegen der langen Wartezeiten und dem beschränkten Online-Zugang noch wenig geeignet (vgl. z. B. über TTI, Tourismus Info Internet, http.//www.tii.de, eine weltweite Hoteldatenbank mit ca. 9000 Eintragungen (Stand. 1.10.96).

4.3.5 Einkaufsvorbereitung

In der Vorbereitungsphase der Hotelbeschaffung fallen folgende Einkaufsvorbereitungen an:

Beschaffungsmarktforschung:

- Quantitative und qualitative Entwicklung der Hotellerie im Zielgebiet;
- Information über die Preisentwicklung in der Hotellerie und bei sonstigen touristischen Leistungsträgern;
- Entwicklung der eigenen Währung gegenüber der des Zielgebiets und eventueller anderer Vertragswährungen;
- Konkurrenzbeobachtung hinsichtlich der im Zielgebiet angebotenen Hotels;
- Situation der eigenen Vertragshotels: Verkaufs- und Reklamationsstatistik, Bewertung durch Verkauf und Kunden.

Planungsdaten:

- Bettenplan und Auswahl neuer Hotels;
- Preisvorgaben;
- Absprache des finanziellen Rahmens für Vorauszahlungen;
- unternehmensinterne Vorgaben über Zahlungsmodalitäten, Auslastungsgarantien;
- eventuell Entwicklung eines eigenen Verhandlungsleitfadens.

Unterlagen:

- Katalog und sonstiges Informationsmaterial über das eigene Unternehmen;
- Hotelverträge der vorhergehenden Saison;
- Hotel-, Ortschecklisten;

Vertragsformulare:

- eventuell Verhandlungsvollmacht;
- Reisevertragsgesetz, aktuelle Urteile;
- Visitenkarten.

Reisevorbereitung:

- Terminabsprache mit Vertragshotels, Agentur, Reiseleitung;
- Vertretungsregelung während der Abwesenheit;
- Information über die politische, soziale und wirtschaftliche Situation im Zielgebiet; bei neuen Zielgebieten auch über Verhandlungsmentalität, Geschäftsbräuche, allgemeine Verhaltensregeln bei Einladungen (Gastgeschenke, wer bezahlt im Restaurant) und an religiösen Orten.

4.4 Hotelvertrag

4.4.1 Vertragsarten

Bei Abschlüssen über die Belegung von Betten im Beherberbungsbereich ist zwischen

- Vermittlungsvertrag,
- Beherbergungsvertrag,

- Reservierungsvertrag und
- On-request-Vertrag

zu unterscheiden.

Nach dem deutschen Reiserecht kommt ein **Vermittlungsvertrag** nur für Reisebüros in Frage; bei einem über ein Reisebüro vermittelten Zimmer besteht der Reservierungsvertrag zwischen dem Kunden und dem Hotel, das Reisebüro haftet lediglich für die korrekte Vermittlungsleistung. Der Veranstalter einer Pauschalreise dagegen ist nicht Vermittler, sondern Anbieter einer Pauschalreise und haftet für alle Mängel der Hotelleistung.

Beim **Beherbergungsvertrag** (auch als Gastaufnahmevertrag bezeichnet) verpflichtet sich der Reiseveranstalter, eine bestimmte Anzahl von Betten über die vereinbarte Zeit zu belegen und zu bezahlen; Stornierungen führen zu Regreßzahlungen. Da der Reiseveranstalter damit das volle Auslastungsrisiko übernimmt, wird er diesen Festvertrag nur unter der Prognose einer sicheren Nachfrage schließen, beispielsweise dann, wenn eine Reisegruppe ihrerseits bereits die Buchung getätigt hat. Allerdings kann die Marktsituation im Zielgebiet den Hotelier in eine Position versetzen, in der er auf dem Abschluß eines Beherbergungsvertrags bestehen kann. So können gegenwärtig in den meisten Zielgebieten Ferienwohnungen und -appartements nur auf der Basis eines Festvertrags beschafft werden.

Ein **Reservierungsvertrag** (auch Allotment- oder Kontingentvertrag genannt) regelt die Vorreservierung von Zimmern zur Ausschreibung von Reisen in einem Katalog. Dem Reiseveranstalter steht während der gesamten Vertragsdauer eine fest vereinbarte Zahl von Betten mit einheitlichen Rückfallsfristen zur Verfügung. Die Rückfallsfrist bezeichnet den Zeitpunkt, zu dem der Reiseveranstalter dem Hotel mitteilen muß, wieviele Betten aus seinem reservierten Kontingent er zum jeweiligen Anreisetermin fest bucht. Da der Hotelier weiß, daß die Zahl der tatsächlich buchenden Gäste bei Vertragsabschluß noch nicht feststeht, wird dem Reiseveranstalter das Recht eingeräumt, bis zu einem bestimmten Zeitpunkt über die Betten zu verfügen. Die Rückfallsfrist kann entweder

- ein festes Datum sein, also etwa 01.04. für die Vorsaison vom 15.04. bis 14.07., 31.05. für die Hauptsaison vom 15.07. bis 22.08. und 01.08. für die Nachsaison vom 23.08. bis 30.09. oder
- eine gleichbleibende Zeitdauer vor dem jeweiligen wöchentlichen Ankunftstag sein, z. B. jeweils zwei Wochen vorher, also für alle Ankünfte am 15.04. der 01.04., für alle Ankünfte am 22.04. der 08.04. etc.

Der Reiseveranstalter hat bei diesem Vertragstyp also eine Option auf das Bettenkontingent, über die er am Tag der Rückfallsfrist verfügt. Er braucht nur für die Zahl der tatsächlich gemeldeten Gäste bezahlen, da die nicht verkauften Betten kostenfrei storniert werden. Nach Ablauf der Rückfallsfrist kann der Hotelier frei über die Betten verfügen. Der Reiseveranstalter kann dann noch eingehende Buchungen erst nach einer positiven Rückfrage beim Hotel bestätigen. Dieser Vertragstyp entlastet den Reiseveranstalter, da er keinerlei Auslastungsrisiko für sein Kontingent übernimmt; dieses Risiko liegt beim Hotelier. Für die dem Hotel gemeldete Zahl der Betten wird nach der Rückfallfrist aus dem Reservierungsvertrag ein **Beherbergungsvertrag** und der Hotelier hat bei Absagen ein Recht auf Stornierungszahlungen (in der Praxis häufig auch Stornogebühren genannt).

Ob und wie lange dem Reiseveranstalter eine Optionsfrist eingeräumt wird, ist ein Ergebnis der jeweiligen Vertragsverhandlungen, die von der Nachfragesituation und der Handelsüblichkeit im Zielgebiet ebenso bestimmt wird wie von der Marktmacht des Veranstalters und dem Verhandlungsgeschick des Hoteleinkäufers.

Eine Sonderform des Reservierungsvertrags ist der **Free-sale-Vertrag**. Auch hier stellt der Hotelier dem Reiseveranstalter während der Vertragsdauer eine bestimmte Zahl von Betten mit kostenfreier Rückgabemöglichkeit innerhalb der Rückfallsfrist zur Verfügung, allerdings unter dem Vorbehalt, daß der Hotelier auch innerhalb der Vertragsdauer das Kontingent mit Ausnahme der bereits gemeldeten Buchungen ganz oder teilweise für eine bestimmte Zeitdauer kündigen kann. Der Hotelier verschafft sich dadurch die Möglichkeit, bei unvorhergesehen einsetzender Nachfrage (z. B. ausgelöst durch eine kurzfristig angesetzte Sonderveranstaltung am Ort (etwa Fußballpokalspiel) die Betten an größere Gruppen und/oder zu einem höheren Preis zu verkaufen. Durch dieses Absagerisiko sind für den Reiseveranstalter Free-sale-Verträge nur dann vertretbar, wenn durch die Streichung von Reiseterminen oder durch die niedrige Zahl der zu diesen Terminen vorliegenden Buchungen keine besonderen Kosten anfallen. Besteht beispielsweise bei Turnusreisen ein Chartervertrag über ein festes Kontingent an Flugsitzen, dann würden die Beförderungskosten auch bei einer Stornierung der Hotelbetten anfallen, also wirtschaftlich nicht verantwortbare Risiken entstehen. Wird die Beförderung dagegen mit kostenfrei stornierbaren Linienflügen durchgeführt, z. B. bei Städtereisen, dann ist das Risiko wesentlich geringer; zudem werden bei solchen Reisen jeweils nur kleine Kontingente pro Hotel unter Vertrag genommen, so daß leichter auf andere Hotels ausgewichen werden kann.

Ein **On-request-Vertrag** regelt lediglich, daß der Reiseveranstalter das Hotel in seinem Katalog zum Verkauf anbietet und das Hotel die Buchungen und Hotelgutscheine des Veranstalters akzeptiert. Er ist damit die beide Seiten am wenigsten bindende Vertragsart und somit für den Reiseveranstalter wiederum nur bei ganz bestimmten Reisearten (z. B. Einzelreisen) anwendbar.

4.4.2 Grundinhalte eines Hotelvertrags

Die Grundinhalte eines Hotelvertrags sollen hier am Beispiel eines Reservierungsvertrags dargestellt werden. Er kommt am häufigsten zur Anwendung und entspricht der Veranstalterstrategie der Risikominimierung am besten.

- **Vertragsdauer:** Bei Vertragsabschluß ist zu prüfen, ob das Hotel während der gesamten ausgeschriebenen Angebotsdauer geöffnet ist. Sollte das Hotel später öffnen oder früher schließen, dann muß im Katalog darauf hingewiesen werden; der Verkauf muß dann in der Reservierungsliste (Bettenbuch/Computer) entsprechende Sperrvermerke vornehmen.

- **Kontingente:** Es ist genau festzulegen, wieviele Betten in jedem Zeitraum vertraglich reserviert werden. Im Interesse des Reiseveranstalters sollte diese Zahl während der gesamten Vetragsdauer möglichst gleich bleiben. Eine Reduzierung in der Nebensaison kann die Neigung des Hoteliers, zusätzliche Veranstalter in sein Hotel aufzunehmen und damit Überbuchungen in der Hochsaison in Kauf zu nehmen, fördern. Bei Hotels mit Nachfragern aus unterschiedlichen Ländern mit unterschiedlichem Saisonverlauf ist dies allerdings unproblematisch. Werden vom Gast wählbare Verpflegungsleistungen (z. B. nur Frühstück oder Vollpension) angeboten, dann werden hierfür keine "Kontingente" oder Quoten vereinbart, da dies für die Planung des Hoteliers nicht notwendig ist.

- **Zimmerart:** Hier sind Einzelzimmer, Doppelzimmer, Doppelzimmer mit zusätzlichem Kinderbett, Doppelzimmer mit Zustellbett für einen dritten Erwachsenen, Dreibettzimmer und Mehrbettzimmer (z. B. Vierbettzimmer oder zwei aneinandergrenzende Doppelzimmer mit Verbindungstüre) zu unterscheiden. Bei Ferienwohnungen ist die Einteilung in Studios (ein Raum), Appartements/Wohnungen und Ferienhäuser gebräuchlich.

- **Zimmerkategorie:** Da Hotels mitunter Zimmer unterschiedlicher Größe, Ausstattung und Lage haben, ist die Zimmerkategorie im Vertrag dann genau zu beschreiben, wenn der Veranstalter unterschiedliche Zimmerkategorien zu unterschiedlichen Preisen im Katalog ausschreibt. Dabei sind gegebenenfalls auch Mindestanforderungen je Zimmerkategorie festzuhalten. Auch die Lage ist zu präzisieren, also etwa Meerblick, seitlicher Meerblick, Meerseite (ohne Meerblick), Gartenseite, Poolseite; gegebenenfalls auch das Stockwerk. Es empfiehlt sich grundsätzlich nicht, nur eine Zimmerkategorie auszuschreiben und die endgültige Festlegung dem Hotel je nach Verfügbarkeit zu überlassen. Denn für den gleichen Preis erhalten die Gäste des Veranstalters unterschiedliche Leistungen mit der Folge der Verstimmung jener Gäste, die schlechtere Zimmer erhalten haben. Um eine korrekte Angebotsausschreibung zu garantieren, ist bei den Einzelzimmern zu prüfen, ob sie von der Ausstattung her mit den Doppelzimmern übereinstimmen (z. B. statt Bad/WC nur Dusche/

WC). Gegebenenfalls ist auch festzuhalten, ob das Hotel die Unterbringung nicht verheirateter Paare im Doppelzimmer akzeptiert.

- **Verpflegungsleistung:** Auch für die Verpflegungsleistungen sollten Mindestanforderungen vereinbart werden. Also die Art des Frühstücks (Continental breakfast/American breakfast/Buffet) sowie des Mittag- und Abendessens (Selbstbedienung oder Service am Tisch, Anzahl der Gänge, Menüwahl, à la carte). Sonderarrangements wie ein wöchentlicher Barbecue-Abend oder Vollwertkost sind schriftlich festzuhalten, wenn sie im Katalogtext genannt werden; ebenfalls Landesüblichkeiten, die stark von der internationalen Küche abweichen (z. B. nur chinesische Küche bei Rundreisen durch China).

- **Preise:** Die Preise werden in der Regel pro Person vereinbart; nur in einigen Ländern wie z. B. den USA gilt der Preis für das Zimmer unabhängig von der Zahl der dort untergebrachten Personen. Es ist exakt zu definieren, welche Leistungen im Preis inbegriffen sind; z. B. Sonnenschirm- und Liegestuhlbenutzung, Transferbus zum Strand, örtliche Steuern und Abgaben (Kurtaxe) etc. Der mitunter getrennte Ausweis von Bruttopreis (= Preis für Individualreisende) und Nettopreis (= Einkaufspreis des Reiseveranstalters) dient zum Nachweis der eventuell mehrwertsteuerfreien Auslandsprovision. Werden Preise für Nebenleistungen, die vom Gast direkt an das Hotel bezahlt werden, z. B. für die Benutzung von Sportgeräten, im Katalog aufgeführt, dann empfiehlt sich ebenfalls eine schriftliche Vereinbarung, um zu verhindern, daß der Hotelier die Preise während einer laufenden Saison erhöht.
Die Preise beziehen sich hinsichtlich der Verpflegung auf das Grundangebot, z. B. Übernachtung und Frühstück; werden dem Gast unterschiedliche Verpflegungsleistungen zur Wahl angeboten, dann werden im Vertrag Verpflegungszuschläge vereinbart.
Kalkulation, Katalogausschreibung und Preisberechnung von Kinderermäßigungen werden erleichtert, wenn die Kinderermäßigungen in allen Hotels eines Zielgebiets gleich sind. Obwohl dies in der Praxis kaum zu erreichen ist, kann der Hoteleinkäufer dennoch versuchen, hier einen möglichst hohen Deckungsgrad anzustreben. Werden vom Veranstalter zwei Kinder in einem Doppelzimmer untergebracht, dann bedarf dies zur Vermeidung von Mißverständnissen einer besonderen Erwähnung. Ebenfalls ist festzuhalten, wieviele Zimmer maximal mit einem Zustellbett versehen werden können. Sonderpreise etwa als Preispromotions zur Belebung der Nachfrage wie z. B. 3 = 2 Wochen (drei Wochen Aufenthalt zum Preis von zwei Wochen) werden oft von den Hoteliers durch Preisreduktionen zu bestimmten Terminen unterstützt, da sie auch in deren Interesse liegen.

- **Reiseleiterfreiplatz:** Eine Betreuung der Gäste durch einen Reiseleiter des Veranstalters ist nicht nur üblich, sie entlastet auch die Hotelrezeption. Daher beteiligen sich die Hotels ab einer bestimmten Zahl von Vertragsbetten an den Kosten für die Reiseleitung, entweder durch Gewährung freier Unterkunft und Verpflegung oder durch Einräumung eines prozentualen Abschlags vom Umsatz.

- **Sonderleistungen:** Will der Reiseveranstalter für seine Kunden Leistungen, die über das Standardangebot des Hotels hinausgehen, z. B. bei Ankunft einen Blumenstrauß auf dem Zimmer, dann ist dies vertraglich festzuhalten. Ebenso, wenn der Hotelier Besonderheiten wie behindertengerechte Zimmer, Animation oder Nichtraucherzonen im Restaurant und in der Hotelhalle zusagt.

- **Saisonzeiten:** Sind die Preise nach Saisonzeiten gestaffelt, dann vereinfacht es die Kalkulation, wenn die Saisonzeiten für alle Hotels eines Zielgebiets einheitlich sind. Auch dies ist in der Praxis selten zu erreichen.

- **Rückfallsfrist:** Obwohl der Reiseveranstalter an einer kurzen Rückfallsfrist (Release-Periode) interessiert ist, da er dann Buchungen ohne Rückfrage bis kurz vor Ankunft der Gäste vornehmen kann, erleichtert eine einheitliche Rückfallsfrist die organisatorische Abwicklung und den Verkauf erheblich. Nicht selten kommt es allerdings vor, daß bei Hotels mit starken saisonalen Nachfrageunterschieden die Rückfallsfristen je Saison oder für bestimmte Spitzentermine unterschiedlich sind.

- Zu **Zahlungsbedingungen** und **Stornoregelungen** vgl. Kap. 4.5.2 sowie Kap. 4.5.4.

4.4.3 Weitere Inhalte des Hotelvertrags

Die in der Praxis zum Einsatz kommenden Hotelverträge enthalten oft eine Vielzahl weiterer Vereinbarungen wie

- Meistbegünstigtenklausel: Das Hotel verpflichtet sich, keinem anderen Reiseveranstalter oder Individualreisenden günstigere Preise und Konditionen einzuräumen und die Veranstalterkunden hinsichtlich der Preise für Nebenleistungen nicht ungünstiger als alle anderen Gäste zu stellen;

- Wegfall der vertraglichen Verpflichtungen, wenn ihnen der Reiseveranstalter wegen "höherer Gewalt" nicht nachkommen kann;

- Weiterbestehen der Verpflichtungen des Hotels bei Wechsel des Pächters oder Eigentümers;

- Verpflichtung zum Direktinkasso für vom Gast in Anspruch genommene Leistungen, die nicht Gegenstand des Vertrags sind;

- Umbuchungen und Verlängerung der Aufenthaltsdauer der Gäste nur durch die Reiseleitung oder die Zielgebietsagentur des Veranstalters;

- Verbot, aus diesem Vertrag Provisionen an Dritte zu bezahlen;

- Betreuung der Gäste inklusive Verkauf von Ausflügen und Vermittlung von Mietautos nur durch die Reiseleitung;
- Zurverfügungstellung eines temporären Arbeitsplatzes (z. B. stundenweise Benutzung eines Schreibtischs in der Hotelhalle) für die Reiseleitung, Gestattung der Anbringung einer Informationstafel;
- Verbot der Abwerbung der Kunden durch das Angebot für Privatbuchungen oder die Reservierung für einen zukünftigen Aufenthalt;
- Unterstützung der Kataloggestaltung durch Fotos vom Hotel.

Solche Zusatzvereinbarungen sind sicherlich im Interesse des Reiseveranstalters, doch hat er bei Nichteinhaltung häufig keine Sanktionsmöglichkeiten. Die meisten der hier aufgeführten Punkte rechtfertigen nicht die Kosten eines Gerichtsverfahrens oder die Verstimmung des Hoteliers, und die Androhung, keine Gäste mehr zu buchen, ist wirkungslos, wenn das Hotel bereits im Katalog ausgeschrieben ist und Buchungen dafür vorliegen. Daher verzichten manche Reiseveranstalter gleich von vornherein darauf, den Hotelier mit einem umfangreichen Vertragswerk mit viel "Kleingedrucktem" zu verschrecken.

4.5 Preise und Konditionen

4.5.1 Preispolitik

Für die Beschaffung der Hotelkapazitäten wird die strategische Preispolitik durch den Absatzmarkt vorgegeben. Entscheidender Bezugspunkt für die Beschaffungspreispolitik ist das Niveau der am Markt erzielbaren Verkaufspreise. Die taktische Preispolitik realisiert sich in den Verhandlungen mit den Hoteliers und wird bestimmt durch die Marktsituation auf der Angebotsseite, die Nachfragemacht des Reiseveranstalters und durch die Art der Verhandlungsführung.

Die Verhandlungsführung als der operative Teil der Preispolitik im Hoteleinkauf zielt in aller Regel nicht auf ein maximales "Drücken" der Preise, sondern auf eine Optimierung des Gesamtergebnisses. Der Reiseveranstalter hat bei aller Tendenz zu minimalen Preisen auch Nebenziele zu verfolgen. Ein aus Sicht des Hoteliers zu niedriger Abschluß kann zur Folge haben, daß der Hotelier Kosteneinsparungen wie Personalkürzung oder Reduzierung des Verpflegungsstandards vornimmt, die zu Lasten der Qualität gehen oder daß er die Preise für Zusatzleistungen wie Wäscherei, Telefon oder Getränke erhöht.

Viel häufiger versucht der Veranstalter das Preis-Leistungs-Verhältnis nicht durch Drücken der Preise sondern durch Erhöhung der Qualität zu verbessern, also etwa ein reichhaltigeres Frühstück durchzusetzen. Dies kann die Kundenzufriedenheit wesentlich erhöhen, ohne die Kosten für den Hotelier erheblich zu steigern.

Die Reiseveranstalter sind daran interessiert, gute Hotels auf Dauer im Programm zu behalten. Daher "sind die Verhandlungen so zu führen, daß gemeinsame Zielvorstellungen erarbeitet werden, die in ihrer Bedeutung vor die Interessengegensätze rücken: das Verhandlungsergebnis soll beiden Seiten Vorteile bringen" (HOLZINGER, 1973, S. 143).

Von besonderem Interesse sind die sog. "überschnittenen Hotels", also Hotels, in denen ein konkurrierender Reiseveranstalter ebenfalls Kontingente hält. Sollte es nun der Konkurrenz gelingen, niedrigere Preise auszuhandeln, dann bleiben die folgenden vier Reaktionsmöglichkeiten (vgl. HOFMANN, 1993, S. 125):

- Der Veranstalter nimmt das Hotel aus dem Programm, da seine Verkaufspreise nur wenig konkurrenzfähig sein können.

- Das Hotel bleibt trotz des höheren Einkaufspreises im Programm, da es bei einer generellen Bettenknappheit im Zielgebiet zur Kapazitätsdeckung gebraucht wird, oder auf Grund seines akquisitorischen Potentials eine starke Nachfrage hat, auf die nicht verzichtet werden kann.

- Der höhere Preis wird akzeptiert und auf den Verkaufspreis übergewälzt. Dabei wird in Kauf genommen, daß die eigenen Gäste unzufrieden sein werden, wenn sie feststellen, daß die Kunden des Konkurrenzveranstalters einen niedrigeren Preis bezahlt haben. Zudem kann das Produkt um im Reisepreis inbegriffene Extras erweitert werden, damit der höhere Preis durch eine bessere Qualität gerechtfertigt wird.

- Das Kontingent wird drastisch reduziert und das Hotel zu einem niedrigeren Preis als dem der Konkurrenz angeboten. Die Preisvorteile des Kunden werden werbemäßig genützt. Durch Buchungssteuerung kann zudem versucht werden, die Zahl der dieses Hotel buchenden Gäste gering zu halten, so daß die niedrigen Deckungsbeiträge nur geringe Auswirkungen auf den Gesamtertrag haben.

Im Rahmen der Konditionenpolitik stehen dem Reiseveranstalter eine Reihe von Parametern zur Verfügung, mit der er seine Verhandlungsposition stärken und die Vertragsbedingungen in seinem Sinne beeinflussen kann. Auch bei Hotelverträgen "gilt der kaufmännische Grundsatz, daß die Risikoverteilung auch die Einflußmöglichkeiten bestimmt. Bei einem Allotmentvertrag hat der Veranstalter nur eine begrenzte Möglichkeit, eigene Wünsche durchzusetzen, z. B. welche Konkurrenten noch Kontingente im Hotel erhalten, oder ob die Vorstellungen des Hoteliers nach höheren Preisen durchgesetzt werden" (HOFMANN, 1993, S. 133). Verhandelbare Konditionen sind insbesondere Zahlungsbedingungen, Belegungsgarantien, Stornierungsbedingungen und Freistellungen.

4.5.2 Zahlungsbedingungen

In den Zahlungsbedingungen werden Zahlungszeitpunkt/-abwicklung und Vertragswährung geregelt.

Zahlungszeitpunkt/-abwicklung:

BISHOP (1981, S. 105) empfiehlt: "The golden rule in dealing with hotels is to pay up promptly." Dies liegt sicherlich im besten Interesse des Hoteliers, bedeutet für den Reiseveranstalter aber einen Verlust an Liquidität, die umso größer ist, je länger er im Besitz der Kundenzahlungen bleibt. Insofern ist der Zahlungszeitpunkt eine Kondition, die in den Vertragsverhandlungen genutzt werden kann.

Die **Barzahlung** bei/nach Erhalt der Leistung, also Zug-um-Zug, ist in der Touristik unüblich. Lediglich in seltenen Ausnahmefällen zahlt der Reiseleiter oder ein sonstiger Beauftragter die Rechnung sofort und in bar, so z. B. an kleine Hotels bei Rundreisen in entlegene Gebiete, in denen der bargeldlose Zahlungsverkehr noch weitgehend unbekannt ist.

Der Reiseveranstalter kann aus verhandlungstaktischen Gründen auf das schon durch die Bearbeitungs- und Banklaufzeiten notwendig gewordene Zahlungsziel verzichten und durch die Ausgestaltung des Vouchers als Bankscheck dafür sorgen, daß der Hotelier umgehend zu seinem Geld kommt. Bei diesem Verfahren ist der vom Gast vorgelegte Hotelgutschein so gestaltet, daß er von einer Vertragsbank gleichzeitig als Scheck akzeptiert wird. Der dem Hotelier auszuzahlende Betrag ist verschlüsselt und damit für den Kunden nicht erkenntlich eingetragen. Diese Vouchers werden nach Abreise der Gäste der Reiseleitung oder der Zielgebietsagentur vorgelegt, die sie nach Überprüfung und Unterschrift zur Auszahlung durch die Bank freigibt.

Bei der **Zahlung nach Rechnungsstellung** unter Einräumung eines Zahlungsziels schickt das Hotel nach Abreise der Gäste eine von der Reiseleitung bestätigte Rechnung an die Zentrale des Reiseveranstalters oder an dessen örtliche Agentur, die nach Überprüfung der beigelegten Vouchers (Hotelgutscheine) die Zahlung vornimmt. Der Zahlungsmodus über eine Zielgebietsagentur ist in manchen Ländern gesetzlich vorgeschrieben, er wird aber auch vom Reiseveranstalter dann freiwillig gewählt, wenn sich für ihn daraus eine unter Kosten- und Organisationsgesichtspunkten günstige Zahlungsabwicklung ergibt.

Vorauszahlungen an das Hotel vor Inanspruchnahme der Leistung durch den Gast bedeuten für den Veranstalter meist eine Vorfinanzierung dieser Kosten. In der Regel geht die Kundenzahlung bei Direktvertrieb einige Wochen vor, bei indirektem Vertrieb über Reisemittler am Abreisetag des Kunden beim Reiseveranstalter ein. Vorauszahlungen haben nicht nur Auswirkungen auf die Liquidität, sie unterliegen auch Risiken, da die Gefahr besteht, daß der Hotelier durch Konkurs, Brand oder Naturkatastrophen leistungs- und rückzahlungsunfähig wird. Der Reiseveranstalter wird eine Vorauszahlung (bei einzelnen Reisen über die Vertragssumme, bei Turnuspauschalreisen Abschlagszahlungen) nur dann vornehmen, wenn er entweder aufgrund der Marktmacht des Hoteliers dazu gezwungen wird (z. B. beim Erstgeschäft eines unbekannten Reiseveranstalters), oder wenn er durch die Ausgestaltung anderer Vertragskonditionen Vorteile erzielen kann. Bei Turnuspauschalreisen können mit Vorauszahlungen folgende Ziele verfolgt werden:

- Einfluß auf die Leistungsgestaltung des Hotels im Sinne der eigenen Produktziele. Beispiel: Der Veranstalter will ein Hotel langfristig als besonders kinderfreundlich in seinem Angebot führen und vereinbart, daß die Vorauszahlung zweckgebunden für den Bau von besonderen Einrichtungen für Kinder (Swimmingpool, Abenteuerspielplatz, Spielräume) verwendet wird.

- Sicherung langfristiger Verträge: Der Reiseveranstalter hat ein grundsätzliches Interesse, qualitativ und kostenmäßig in sein Programm passende Hotels über viele Jahre hinweg anzubieten. Ein gut eingeführtes Hotel ist sowohl von Seite der Kunden durch Wiederbucher und Mundwerbung als auch von Seiten der Verkäufer im Reisebüro (Bekanntheitsgrad, gute Empfehlung für Kunden) her besser verkaufbar als ein neu im Programm erscheinendes Hotel. Bei manchen Kunden steht sogar die Hotelbindung vor der Veranstalterbindung, d. h. sie entscheiden zunächst, daß sie ein bestimmtes Hotel (wieder) buchen und wählen dann das Reiseunternehmen, das dieses Hotel im Programm hat.

- Einräumung eines Konkurrenzausschlusses: Eine solche Vertragsklausel macht den Reiseveranstalter auf seinem heimischen Markt zum alleinigen Anbieter dieses Hotels. Er erhält damit, wenn das Hotel für den Ort oder sogar für das Zielgebiet einmalige Qualitäten aufweist (z. B. als einziges Hotel ein Animationsprogramm oder bestimmte Sportarten anbietet), ein einzigartiges, der Konkurrenz nicht zur Verfügung stehendes Angebot. Noch wichtiger aber ist, daß hier die Preisgestaltung autonom, d. h. ohne Rücksicht auf andere Wettbewerber vorgenommen werden kann.

- Preisvorteil: Obwohl Vorauszahlungen wie normale Kredite behandelt und verzinst werden, bieten sie die Chance des preislichen Entgegenkommens durch den Hotelier, insbesondere dann, wenn der vom Reiseveranstalter berechnete Zinssatz erheblich günstiger ist als die im Lande geltenden Zinssätze.

- Verzicht auf Rückfallsfristen: Dies ermöglicht dem Reiseveranstalter, das Hotel bis zum Abreisetag anzubieten und so auch kurzfristige Buchungen ohne Rückfrage beim Hotel akzeptieren zu können. Damit kann dieses Hotel besonders gut im Rahmen von sog. "Joker- oder Fortunareisen" (mit Preisabschlag versehene, nur kurzfristig buchbare Reisen, bei denen der Kunde nur das Zielgebiet bzw. den Zielort, nicht aber ein bestimmtes Hotel buchen kann) genutzt werden, bei denen dann jeweils erst bei Abreise über die konkrete Hotelunterkunft entschieden wird. Gegebenenfalls können damit auch Überbuchungen anderer Hotels im Ort ausgeglichen werden.

- Preisreduktion: Bietet ein Hotelier in Verbindung mit einer Vorauszahlung Preisreduktionen an, dann muß der Hoteleinkäufer als Entscheidungsgrundlage die kalkulatorischen Kosten gegenüber den kalkulatorischen Ersparnissen abwägen (vgl. Abb. 4.10).

Inhalt eines Vorauszahlungsvertrags: Vorauszahlungen des Reiseveranstalters an den Hotelier sind im Grunde Darlehen, deren Rückzahlung nicht in Geld sondern in Dienstleistungen, d. h. Lieferung von Übernachtungs- und Verpflegungsleistungen an die Gäste des Veranstalters. Die erfolgten Vorauszahlungs- und Tilgungskriterien sollten daher in Anlehnung an normale Kreditverträge gestaltet werden und folgende Punkte regeln:

- Zweckbindung für die Verwendung des Darlehens, also die zu finanzierenden Investitionen;

- Voraussetzungen für die Auszahlung, etwa Baugenehmigung, Vorlage von Handwerker- und Materialrechnungen;

- Verzinsung: Höhe, Zeitpunkt der Verrechnung, Höhe von Verzugszinsen;

- Sicherheiten: Depotwechsel, Eintragung einer Grundschuld;

- Tilgung: Art der verrechneten Leistungen, maximale Laufzeit, vorzeitige Tilgung;

- Vertragswährung: Übernahme von Währungsverlusten durch Wechselkursänderungen;

- Bankspesen und sonstige Nebenkosten zu Lasten des Kreditnehmers;

- Sofortige Fälligkeit des Darlehens bei Wechsel der Eigentumsverhältnisse, nicht zweckgebundener Verwendung oder Leistungsmängeln (z. B. Reklamationsquote der Veranstalterkunden höher als x %);

- An den Darlehensvertrag gebundene Konditionen des Reservierungsvertrags wie Konkurrenzausschluß etc.

Abb. 4.10: Ein Beispiel zur Vorauszahlung beim Hoteleinkauf

Ein Hotelier auf Kreta bietet Ihnen einen günstigeren Hotelpreis, wenn Sie ihm eine Vorauszahlung geben.

Prämissen:
Vertragskapazität:	100 Betten pro Woche.
Angenommene durchschnittliche Auslastung der Betten:	60%
Saison:	04.04. - 31.10.1993
Ermäßigung pro Bett/Nacht:	250 GRD (griechische Drachmen)
Vorauszahlung:	20 Mio. GRD
Zahlungszeitpunkt:	01.11.1992
mittlerer Rückzahlungstermin (mR):	01.08.1993
Kurs per 01.11.1992:	0,92 DM für 100 GRD
Kalkulationskurs Sommer 1993:	0,88 DM für 100 GRD
Sollzinsen:	10% pro Jahr

Kalkulatorische Ersparnis (durch reduzierten Hotelpreis 04.04. - 31.10.):
► 210 Tage x 100 Betten x 60% Auslastung
► 12.600 verkaufte Bettennächte x 250 GRD Einsparung pro Person/Nacht
► 3.150.000 GRD Einsparung x 0,88 Kalkulationskurs : 100
= **27.720 DM Erparnis total**

Kalkulatorische Kosten der Vorauszahlung:
Laufzeit: 01.11.1992 - 01.08.1993
Zur Vereinfachung empfiehlt es sich, für die Kalkulation vor Ort den mR anzuwenden, da für eine genaue Zinsberechnung gemäß Tilgungstabelle Zeit und Unterlagen fehlen. Mit mR wird der Mittelpunkt zwischen Beginn und Ende der Tilgung bezeichnet. Bei mR 01.08. würde die Tilgung am 01.05. beginnen und am 31.10. enden.
► 20.000.000 GRD x 0,92 (Kurs 01.11.) : 100 = 184.000 DM (Darlehen in DM)
► 184.000 x 10% : 12 Monate x 9 Monate Laufzeit
= **13.800 DM Zinsaufwand**

Quelle: HOFMANN, 1993, S 133f.

Zahlungswährung:

Die im Hotelvertrag festgelegte Währung zur Zahlung der Verbindlichkeiten kann entweder die Landeswährung des Hotels, des Reiseveranstalters oder eine Drittwährung (z. B. US $ oder ECU) sein. Dort, wo die Vertragswährung nicht staatlich vorgeschrieben, sondern von den Vertragspartnern frei bestimmbar ist, ergibt sich die Frage des Risikos von Wechselkursänderungen (zu diesem Problem vgl. Bd. 2, Kap. 6).

4.5.3 Belegungsgarantien

Da beim Optionsvertrag das Auslastungsrisiko beim Hotelier liegt, kann dieser bei einer durch starke Nachfrage bei geringem Bettenangebot gekennzeichneten Marktsituation versuchen, dieses Risiko auf den Reiseveranstalter zu übertragen und eine Belegungsgarantie zu verlangen. Andererseits kann aber auch der Veranstalter von sich aus eine solche Garantie anbieten, wenn er sicher ist, die geforderte Zahl von Übernachtungen problemlos erbringen zu können und er dafür im Gegenzug niedrigere Einkaufspreise und günstige Konditionen wie den Verzicht auf Rückfallsfristen oder einen Konkurrenzausschluß vereinbaren kann. Zudem hat der Hotelier aufgrund der Abnahmegarantie weniger Veranlassung, Abschlüsse, die über die Kapazität seines Hauses hinausgehen, zu tätigen; sollte das Hotel tatsächlich einmal überbucht sein, haben die Gäste des Veranstalters Priorität bei der Unterbringung.

Bei einem solchen Vertrag garantiert der Reiseveranstalter dem Hotelier entweder eine tägliche Mindestbelegung seines Kontingents (z. B. 70%) oder kumulativ eine bestimmte Zahl von Übernachtungen während der Vertragsdauer. Diese Abnahmemenge ist dann unabhängig von den tatsächlich erreichten Übernachtungen zu bezahlen, über die Garantie hinaus gebuchte Übernachtungen werden natürlich zusätzlich verrechnet. Bei der kumulativen Garantie übernimmt der Veranstalter ein geringeres Risiko als bei der täglichen, da die an stark gebuchten Terminen über die Garantie hinausgehende Belegung mit den unter der Garantie liegenden Übernachtungen an schwach gebuchten Terminen verrechnet wird. Bei der täglichen Garantie muß an jedem Tag, an dem die Garantiezahl nicht erreicht wird, die Differenz bezahlt werden. Dies ist insbesondere dann risikoreich, wenn der Reiseveranstalter unterschiedliche Aufenthaltsdauern (3, 4, 7, 10, 14 Tage) anbietet und besonders in der Nebensaison die Buchungen nicht so gesteuert werden können, daß eine "Back-to-back-Belegung" der Betten (kontinuierliche Belegung durch An- und Abreise der Gruppen am gleichen Tag) erreicht wird.

4.5.4 Stornierungsbedingungen

Bei Festverträgen wie bei Optionsverträgen nach Ablauf der Rückfallsfrist hat der Hotelier im Falle der Absage durch einen Gast einen Anspruch auf Entschädigung. Dieser Anspruch ist nach Höhe und zeitlichen Fristen gesetzlich nicht geregelt und kann von den Vertragsparteien selbst bestimmt werden.

Die deutsche Rechtsprechung, ob und bis wann ein Reiseveranstalter einen Festvertrag stornieren kann, ohne gegenüber dem Hotelier schadenersatzpflichtig zu werden, ist uneinheitlich: Das Oberlandesgericht Frankfurt hat in einem Urteil (17 U 155/84) einen solchen Handelsbrauch bejaht und entschieden, daß ein Reiseveranstalter im Regelfalle bis 21 Tage und selbst bei Sonderveranstaltungen wie beispielsweise Messen bis vier Wochen vor Ankunft einen Anspruch auf die kostenlose Stornierung einer Zimmerreservierung für eine Reisegruppe hat. Dagegen erkannte das Oberlandesgericht Koblenz auf einen Handelsbrauch mit vierwöchiger Absagefrist (10 U 1286/86).

Eine kostenfreie Stornierung durch den Reiseveranstalter ist dann möglich, wenn das Hotel wegen höherer Gewalt (z. B. Verschüttung der Zufahrtswege) nicht erreicht werden kann, oder wenn die Geschäftsgrundlage entfällt (z. B. Unbespielbarkeit der Tennisplätze bei einem Sporturlaub).

Aufgrund der unsicheren Rechtslage empfiehlt es sich daher unbedingt, Stornierungsbedingungen in den Hotelvertrag aufzunehmen. Verhandlungsgrundlage können dabei obengenannte Urteile, Branchenempfehlungen oder die IHA/UFTAA Convention von 1979 sein (abgedruckt in KLATT, o. J., Gruppe 120). Dieses Abkommen ist aus kartellrechtlichen Gründen als Gruppenabkommen (Konditionenkartell) nicht anwendbar, kann aber Einzelverträgen zugrundegelegt werden.

Bei Verträgen mit ausländischen Hoteliers ist es hinsichtlich des anzuwendenden Rechts den Vertragsparteien überlassen, den Staat zu bestimmen, dessen Recht zugrundeliegen soll. "Sind keinerlei Vereinbarungen getroffen, so kommt es nach dem Internationalen Privatrecht der Bundesrepublik (Art. 28 EGBGB) auf die 'charakteristische Leistung' an. Diese wird regelmäßig in der Beherbergung und nicht in der Zahlung durch den Gast zu sehen sein. Folglich ist das Recht des Staates maßgeblich, in dessen Land die Beherbergung erbracht wird" (BARTL, 1988, S. 91).

In der Praxis des Turnuspauschalreisegeschäfts verlangen die Hotels in der Regel keine Stornierungsgebühren von den Veranstaltern. Die meist kurze Zeitdauer (zwei bis drei Wochen) zwischen Rückfallsfrist und Gästeankunft führt zu einer geringen Zahl von Absagen, im Saisondurchschnitt unter 5%. Oft nimmt der Veranstalter zudem Ersatzbuchungen vor, so daß die geringe Zahl der effektiv weniger anreisenden Gäste weder den Verwaltungsaufwand noch die Trübung der guten Beziehungen zum Reiseveranstalter lohnt. Daher findet sich in den Standardhotelverträgen der Veranstalter auch nur selten ein Passus über Stornierungsbedingungen.

4.5.5 Freistellungsvereinbarungen

Nach deutschem Recht (vgl. § 651 BGB) ist der Reiseveranstalter für den Leistungserfolg auch seiner Erfüllungsgehilfen, hier des Leistungsträgers Hotel, verantwortlich. Er wird daher versuchen, sich durch entsprechende

Vereinbarungen im Hotelvertrag von der Haftung für mangelhaft oder nicht erbrachte Leistungen freizustellen und den Hotelier in Regreß zu nehmen.

Leistungsmängel liegen vor, wenn Hotel- oder Zimmerausstattung, Verpflegung oder Service nicht den Vertragsvereinbarungen entsprechen, der Gast nicht wie bestätigt untergebracht wird oder belästigende Umstände (z. B. Bauarbeiten, Eröffnung einer Discothek in unmittelbarer Nachbarschaft) eintreten, die bei Vertragsabschluß noch nicht vorhanden bzw. noch nicht erkennbar waren. Der Reiseveranstalter wird in jedem Falle das Hotel verpflichten, ihn bei Auftreten solcher Leistungsmängel frühzeitig zu informieren, damit er seiner Informationspflicht gegenüber den Kunden nachkommen und eventuell durch Umbuchungen Abhilfe schaffen kann. Er wird den Hotelier auch verpflichten, in solchen Fällen durch eine gleichwertige Ersatzunterkunft oder Zahlung einer angemessenen Entschädigung selbst abhelfende Maßnahmen zu ergreifen. So legt etwa die TUI für den Fall von Leistungsmängeln in ihren Hotelverträgen fest: "Wird ein Anspruch eines Gastes gegen den Reiseveranstalter gerichtlich festgestellt, hat der Vertragspartner den im Urteil festgestellten Betrag zuzüglich der Kosten zu erstatten. Dasselbe gilt für eine vergleichsweise sowie eine auf dem Kulanzwege vereinbarte Regelung von Ansprüchen, wenn es im Interesse des Reiseveranstalters oder dem des Vertragspartners lag, eine gerichtliche Entscheidung zu vermeiden."

Die Nichterbringung der vereinbarten Leistung liegt vor, wenn das Hotel infolge Überbuchung oder einseitiger Kündigung des Vertrags die Buchungen des Veranstalters nicht erfüllen kann. Der dann fällig werdende Schadenersatz kann über die Ansprüche des Kunden hinaus auch den Gewinnausfall des Reiseveranstalters und den Provisionsausfall des Reisebüros umfassen.

Ob und inwieweit solche Vereinbarungen akzeptiert und vor allem im Schadensfalle auch eingehalten werden, hängt von der Verhandlungsmacht des Reiseveranstalters ab. Selbst wenn eine Klausel vorsieht, daß ein Zahlungsanspruch des Hotels gegen den Reiseveranstalter erst entsteht, wenn die vereinbarten Leistungen erbracht wurden, d. h. der Reiseveranstalter im Falle einer Reklamation die Zahlung bis zu einer gerichtlichen Klärung aussetzen kann, ist zumindest während der laufenden Saison im Interesse einer reibungslosen Zusammenarbeit abzuwägen, ob auf diese Regelung zurückgegriffen wird.

Vertiefende Literatur zur Hotellerie:

BARTL, H.:
: Verträge mit dem Hotelier, Bonn 1988

HOLZINGER, H.P.:
: Zur Hotelbeschaffungspolitik des Reiseveranstalters, Dissertation, Wien 1973

KLIEN, I.:
: Wettbewerbsvorteile von Groß- und Kettenhotels und deren Kompensierbarkeit durch Hotelkooperationen, Wien 1991

POWERS, T.:
: Introduction to Management in the Hospitality Industry, 5. Aufl., Chickstor 1995

SEITZ, G.:
: Hotelmanagement, Berlin/Heidelberg,/New York 1997

SCHÄTZING, E.:
- Qualitätssicherung in Hotellerie und Gastronomie, München 1988
- Management in Hotellerie und Gastronomie, 5. Aufl., Frankfurt (Main) 1992

WEIL, A.:
: Umweltorientiertes Management in Hotellerie und Gastronomie, Stuttgart 1994

Fachausdrücke zur Hotellerie:

Allotment/Kontingent: Reservierte Hotelzimmer, die ein Zwischenhändler bis zu einem bestimmten Termin verkaufen kann, ohne rückfragen zu müssen. Verfällt ohne weitere schriftliche Vereinbarung zum angegebenen Termin.

American Breakfast: Reichhaltiges Frühstück (im Gegensatz zum Continental Breakfast).

AP: American Plan = Vollpension (auch FAP = Full American Plan).

Average Rate: Im Jahresdurchschnitt erzielter Preis pro Zimmer.

Business-Etage: Hotelstockwerk mit besser ausgestatteten Zimmern, oft mit eigener Rezeption.

Cancellation: Annullierung.

Commission: Vermittlungsprovision für das Reisebüro, meist 10%.

Company Rate: Zwischen Hotel und einzelnem Großkunden ausgehandelter Preis.

Continental Breakfast: Minimal--Frühstück.

Corporate Rate: Sonderpreis/ Ermäßigung für nichttouristische Firmen und Organisationen mit einer bestimmten Mindestabnahme von Hotelübernachtungen.
CP: Continental Plan = Übernachtung und Frühstück.
CRS: Computerreservierungssystem.
Dependance: Nebengebäude eines Hotels, ohne eigene Wirtschaftsräume.
Double: Doppelzimmer.
EP: European Plan = nur Übernachtung.
Executive Floor: Siehe Business-Etage.
F+B: Food und Beverage; Abteilung eines Hotels, das für die Bereiche Beschaffung, Kalkulation und Vertrieb von Nahrungsmitteln und Getränken zuständig ist.
Free-sale: Verkauf ohne Rückfrage, ob noch ein Bett frei ist.
Guaranteed Booking: Buchung garantiert dem Hotel Bezahlung, auch wenn der Gast nicht kommt.
Lay over: Übernachtung von Flugpassagieren auf Kosten der Airline.
MAP: Modified American Plan = Halbpension.
Maximum-Rate: Höchstpreis eines Hotelzimmers (auch Top-Rate).
Minimum Rate: Mindestpreis eines Hotelzimmers.
Moderate Rate: Mittlerer Zimmerpreis.
No Record Situation: Zimmerreservierung liegt im Hotel nicht vor.
No Show: Gebuchter Gast, der ohne zu stornieren, nicht erscheint.

Occupancy: Auslastung der Bettenkapazität.
Off Season: Nebensaison.
On Request Only: Preis und Buchung nur nach vorheriger Anfrage beim Hotel.
Rack Rate: Zimmerstandard-Preis (den Hotels gern durchsetzen würden).
Reconfirmation: Rückbestätigung einer Buchung.
Rep: Branchen-Slang für Repräsentant, also Vertretung eines (meist ausländischen) Hotels.
Repeater: Stammgast.
Retailer: Reisebüro oder sonstige Buchungsstelle des Endkunden.
Room-Night: Logiernacht.
Single: Einzelzimmer.
Suite: Kombination von zwei oder mehr Zimmern (oder Kabinen), die gegeneinander abgetrennt sind.
Superior Room: Hochwertiges Hotelzimmer.
Superprovision: wird nach Erreichung eines vorgegeben Umsatzzieles als zusätzliche Provision bezahlt.
Systems Charge: Gebühr eines Repräsentanten für Aufnahme eines Hotels.
Upgrading: Hochstufung in ein besseres Zimmer.
Voucher: Gutschein für Hotelleistung, ermöglicht dem Reisebüro das Inkasso und damit den Abzug seiner Provision vor Überweisung des Nettopreises an des Hotel.
Walk in: Unangemeldeter Übernachtungsgast im Hotel.
Wholesaler: Zwischenhändler.
Yield Management: Buchungssteuerung zur ertragsorientierten Auslastung.

5 Flug

5.1 Flugreisemarkt

5.1.1 Bedeutung für die Touristik

Neben der Motorisierung der bundesdeutschen Haushalte in den fünfziger und sechziger Jahren war die Entwicklung des Flugzeugs zum Massentransportmittel die wichtigste Determinante für die Verschiebung der Marktanteile der einzelnen Beförderungsmittel in den Urlaub. Das Flugzeug stellt bis Mitte der sechziger Jahre in der Urlaubstouristik ein eher exklusives Verkehrsmittel einer zahlungskräftigen Minderheit dar. Der Einstieg branchenfremder Unternehmen wie Neckermann, Kaufhof oder Quelle brachte einen Wandel in der Marketingstrategie in Richtung "Kaufhausprinzip" (hohe Umsätze, niedrige Gewinnmargen), mit der neue, preissensiblere Nachfrageschichten erschlossen wurden. Die neuen Unternehmen setzten auf das Charterflugzeug als zukünftiges Hauptbeförderungsmittel, kalkulierten mit Auslastungsquoten von 85% (statt früher 65%) und erzielten damit vor allem gegenüber der Bahn konkurrenzfähige Preise.

Ab Ende der siebziger Jahre begannen auch die Linienfluggesellschaften, sich zunehmend für den Urlaubsreiseverkehr zu interessieren. Eine steigende Zahl von Sondertarifen insbesondere für Einzelreisende und damit verbundene absolute Preisreduzierungen führten vor allem auf den Fernstrecken (USA, Asien) zu Marktanteilsgewinnen zu Lasten der Charterfluggesellschaften. Im Nah- und Mittelstreckenbereich wurden zunehmend auch touristische Destinationen in die Streckennetze aufgenommen.

Tab. 5.1.: Verkehrsmittel der Haupturlaubsreise 1995

Verkehrsmittel	1995		1994	1993
	%	Mio.	%	%
PKW/Wohnmobil	52,3	33,7	51,5	54,1
Flugzeug	28,0	18,1	26,5	24,2
Bus	9,8	6,3	10,9	11,2
Bahn	8,0	5,2	8,6	8,5

Quelle: Urlaub + Reisen 1996

Im Jahre 1995 erzielte das Flugzeug einen Marktanteil von 28% (= 18,1 Mio. Reisende) bei allen Urlaubsreisen und war damit nach dem PKW (52,3%) das zweitwichtigste Verkehrsmittel (vgl. Tab. 5.1).

Abb. 5.1: Entwicklung der Urlaubsverkehrsmittel (Haupturlaubsreise) 1956 - 1995

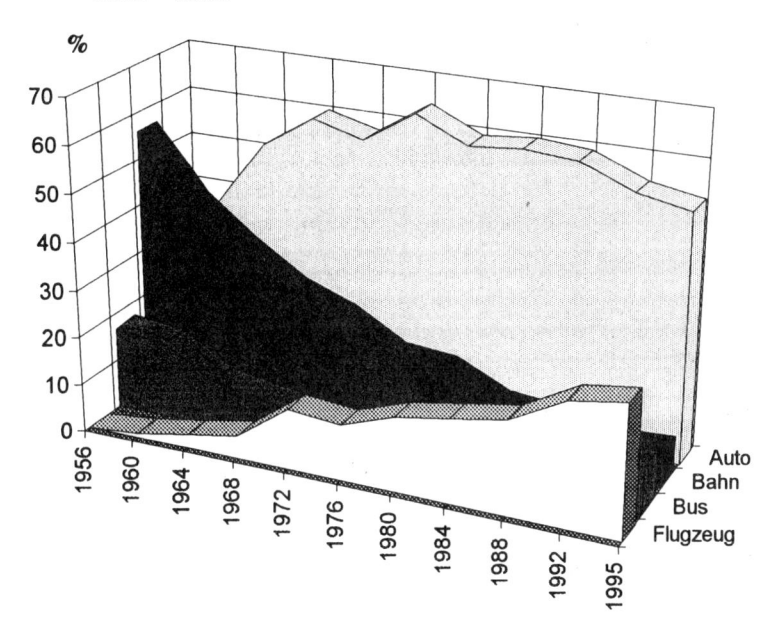

Quelle: STUDIENKREIS FÜR TOURISMUS, 1993, S. 38; U+R 96

5.1.2 Marktsegmentierung nach Reiseanlaß

Marktsegmentierung bedeutet, den Gesamtmarkt in homogene Käufergruppen (Nachfragesegmente) aufzuteilen, die in sich möglichst ähnlich und untereinander möglichst heterogen sind. Wie in anderen Branchen auch kommen im Marketing von Luftverkehrsgesellschaften demographische, geographische, psychographische und produktbezogene Segmentierungskriterien zur Anwendung. Unter den produktbezogenen Kriterien, zu denen beispielsweise Streckenlänge oder Ursprungsland des Reisenden gehören, spielt für die Touristik der Anlaß der Reise die wichtigste Rolle. Hier kann zunächst generell zwischen beruflichen Reisen und Privatreisen unterschieden werden (vgl. Abb. 5.2).

Abb. 5.2: Marktsegmentierung nach dem Reiseanlaß

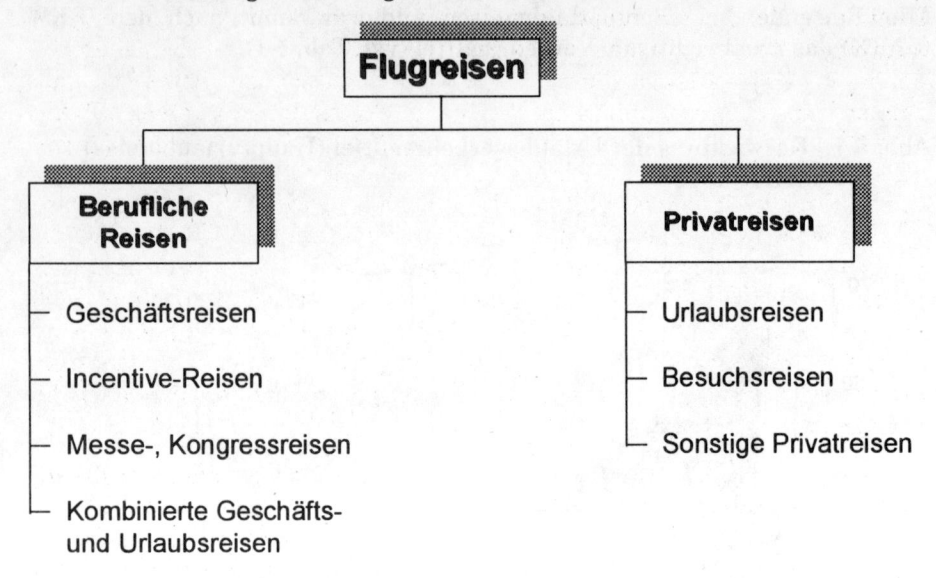

```
                        Flugreisen
          ┌─────────────────┴─────────────────┐
   Berufliche                              Privatreisen
    Reisen

  – Geschäftsreisen                      – Urlaubsreisen

  – Incentive-Reisen                     – Besuchsreisen

  – Messe-, Kongressreisen               – Sonstige Privatreisen

  – Kombinierte Geschäfts-
    und Urlaubsreisen
```

Quelle: POMPL, 1991a, S. 86

Berufliche Reisen sind betrieblich veranlaßt, die Kosten werden bei Angestellten vom Unternehmen getragen oder können bei Selbständigen und Freiberuflichen steuerlich geltend gemacht werden. Die **Privatreisen** werden in Urlaubsreisen, Besuchsreisen zu Verwandten und Freunden sowie sonstige Privatreisen unterteilt.

Die hier aufgezeigten Teilmärkte unterscheiden sich nun hinsichtlich der Preiselastizität, der Produktanforderungen und der zeitlichen Nachfrageschwankungen. Allerdings ist diese Aufteilung noch zu wenig differenziert, um wirklich aussagekräftige Feststellungen treffen zu können, so daß im folgenden weitere Teilsegmente unterschieden werden.

Die **Preiselastizität der Nachfrage** - definiert als Quotient aus prozentualer Veränderung der Nachfragemenge und dafür ursächlicher Preisänderung - ist bei beruflichen Reisen geringer als bei Privatreisen (vgl. POMPL, 1997a, Kap. 3.1). Dies ist vor allem in der hohen Reisegeschwindigkeit gegenüber anderen Verkehrsmitteln begründet, die das Verhältnis der Kosten zum Zeitaufwand mit steigender Reiseentfernung zugunsten des Flugzeugs verschiebt. Geschäftsreisen sind häufig unabdingbar notwendig, so daß ein Verzicht aus Kostengründen gar nicht in Betracht gezogen werden kann; sie fallen oft dringend und kurzfristig an, so daß die schnellstmögliche Beförderung die wirtschaftlichste ist. Da Geschäftsreisen meist auch zeitlich fixiert sind, kann nicht auf kostengünstigere Reisetermine ausgewichen werden.

Innerhalb des Segments der beruflichen Reisen zeigt sich aber auch, daß bestimmte Nachfragergruppen eine vergleichsweise höhere Preiselastizität aufweisen. Das sind zunächst die Selbständigen und Freiberuflichen, bei denen die Kosten einer Flugreise direkt das Einkommen mindern; dazu zählen weiter Unternehmen, die jährlich ein bestimmtes Flugreiseaufkommen haben und diese Nachfrage durch eine zentrale Stelle bei einer Fluggesellschaft oder einem Reisebüro plazieren, um so Preisverhandlungen durchführen zu können. Dort, wo berufliche Reisen nicht unbedingt notwendig sind, werden sie nur dann unternommen, wenn die Kosten für das Unternehmen tragbar erscheinen; dazu zählen etwa Messe- und Kongreßreisen, bei denen der Reisepreis insbesondere Auswirkungen auf die Größe der Reisegruppe eines Betriebs hat, oder Incentive-Reisen, für die ein bestimmtes Budget veranschlagt wird. Die Fluggesellschaften haben auf diese preiselastischere Nachfrage mit dem Angebot von Sondertarifen auch für berufliche Reisen reagiert.

Bei den meisten Privatreisen spielt der Preis eine entscheidende Rolle dafür, ob eine Flugreise gebucht wird oder nicht. Die einzige Ausnahme, bei der in diesem Segment die Nachfrage preisunelastisch reagiert, sind Reisen aus dringenden Familienangelegenheiten. Ansonsten aber ist die Situation des Nachfragers dadurch gekennzeichnet, daß

- er den Flugpreis aus seinem eigenen Budget bestreiten muß ;

- er häufig nicht allein, sondern mit der Familie reist; die Wirkung von Flugpreisen oder Preiserhöhungen multiplizieren sich also um die Zahl der Mitreisenden;

- die Kosten für den Flug nur einen Teil der Reisekosten ausmachen: je mehr ein Kunde beim Flug spart, desto mehr kann er für andere Urlaubsleistungen ausgeben;

- viele Reiseziele auch mit preisgünstigeren Beförderungsmitteln erreicht werden können;

- eine Urlaubs- oder Besuchsreise zwar eine hohe Priorität in der Bedürfnishierarchie einnehmen kann, aber eben keine unbedingte Notwendigkeit dafür besteht; sie wird nur dann unternommen, wenn das frei verfügbare Einkommen es auch zuläßt.

Auch nach dem Kriterium **Produktanforderungen** müssen die bisherigen Marktsegmente weiter unterteilt werden (vgl. Kap. 5.2.2). Bei beruflichen Reisen sind Unterscheidungen in Kurz- und Langstreckenpassagiere sowie nach "Typen" in Interimsreisende (Kombination von Geschäfts- und Privatreise), Vielflieger und periodisch Reisende gebräuchlich (IATA, 1992, S. 73f.).

Hinsichtlich der **zeitlichen Verteilung der Nachfrage** weisen die Privatreisen, bedingt durch den hohen Anteil von Urlaubsreisen, starke jahreszeitliche Schwankungen (Saisonalität) auf, während die Geschäftsreisen eher gleichmäßig über das Jahr verteilt sind. In bezug auf die wochentägliche Nachfrage zeigt sich, daß im Geschäftsreiseverkehr der Montag und der Freitag überdurchschnittlich starke Reisetage sind, im Privatreiseverkehr dagegen Termine am Wochenende bevorzugt werden. Die höhere Preiselastizität der privaten Nachfrage kann aber genutzt werden, um durch zeitliche Preisdifferenzierungen (z. B. am Wochenende Zuschläge im Charterverkehr, Sondertarife im Linienverkehr) diese Nachfrageschwankungen zu glätten. Die tageszeitlich unterschiedliche Nachfrage im Nah- und Mittelstreckenverkehr ergibt sich im Geschäftsreiseverkehr aus der Möglichkeit, durch Nutzung von Tagesrandverbindungen eintägige Reisen ohne Übernachtung am Zielort durchführen zu können. Im Urlaubscharterverkehr hat der Kunde in der Regel keine Auswahl unter verschiedenen Abreisezeiten, der Flug wird vom Veranstalter vorgegeben; generell aber werden im Linien- wie im Charterverkehr Reisezeiten bevorzugt, die die Aufenthaltsdauer am Zielort optimieren, im Kurz-und Mittelstreckenerkehr z. B. Hinreise am Vormittag, Rückreise am Nachmittag.

5.1.3 Marktaufteilung nach Verkehrsarten

5.1.3.1 Fluglinienverkehr

Der Fluglinienverkehr ist in der Bundesrepublik nach dem Luftverkehrsgesetz als eine "gewerbsmäßig durch Luftfahrzeuge öffentlich und regelmäßig"(§ 21 Abs. 1 LuftVG) durchgeführte Beförderung definiert und durch die Merkmale Gewerbsmäßigkeit, Öffentlichkeit, Regelmäßigkeit, Linienbindung, Betriebspflicht, Beförderungspflicht und Tarifpflicht gekennzeichnet.

Die Festlegung auf **Gewerbsmäßigkeit** bedeutet, daß sich der Gesetzgeber hier für eine privatwirtschaftliche Unternehmensform und gegen einen Staatsbetrieb entschieden hat. So ist die Deutsche Lufthansa als nationale Fluglinie eine Aktiengesellschaft, allerdings mit staatlicher Beteiligung (Bund 35,68%, Land Nordrhein-Westfalen 1,77%).

Durch das Kriterium **Öffentlichkeit** steht der Fluglinienverkehr jedermann zu den gleichen Beförderungstarifen und -bedingungen zur Verfügung; er darf nicht auf einen bestimmten Benutzerkreis beschränkt werden.

Regelmäßigkeit meint, daß in einem vorab veröffentlichten Flugplan die Abflug- und Ankunftszeiten für periodische Flüge über einen längeren Zeitraum festgelegt und im Flugbetrieb eingehalten werden.

Die **Linienbindung** besagt, daß ein solcher Fluglinienverkehr nur auf Strecken (= Fluglinien) durchgeführt werden darf, die vom Bundesminister für Verkehr genehmigt wurden.

Die **Betriebspflicht** verlangt die Aufrechterhaltung des Flugbetriebs auf einer Linie über die gesamte angekündigte Flugplanperiode.

Die **Beförderungspflicht** ist eine Folge der Öffentlichkeit des Fluglinienverkehrs und stellt einen grundsätzlichen Kontrahierungszwang für die Fluggesellschaft gegenüber dem Kunden dar, nämlich zum Abschluß jedes beantragten Beförderungsvertrags zu den festgelegten Beförderungsbedingungen und Tarifen. Diese Beförderungspflicht steht allerdings unter dem Vorbehalt, daß dadurch die öffentliche Sicherheit und Ordnung nicht beeinträchtigt wird.

Die **Tarifpflicht** schreibt vor, daß die von den Fluggesellschaften angewendeten Tarife und Beförderungsbedingungen zu ihrer Gültigkeit der Genehmigung durch eine Erlaubnisbehörde, in Deutschland das Bundesministerium für Verkehr, bedürfen.

Im internationalen Fluglinienverkehr sind zudem die Bestimmungen der überflogenen und angeflogenen Staaten zu beachten.

5.1.3.2 Charterflugverkehr

Der Charterflugverkehr (auch als Bedarfsflug-, Gelegenheits-, Order- oder Ferienflugverkehr bezeichnet) wurde weder national noch international positiv geregelt, sondern als Nicht-Linienverkehr definiert. Als in der Nachkriegszeit die regulatorischen Grundlagen (ICAO-Convention, Luftverkehrsgesetz, bilaterale Abkommen) für eine Neuordnung des Luftverkehrs gelegt wurden, war seine Bedeutung als tatsächlicher ad-hoc-Verkehr nur zu bestimmten Gelegenheiten irrelevant und seine Entwicklungschancen wurden so gering eingeschätzt, daß er als Restgröße unbeachtet blieb. Charterverkehr ist nach dem Luftverkehrsgesetz (§ 22) "gewerblicher Luftverkehr, der nicht Fluglinienverkehr ist"; er entspricht also mindestens einem der oben genannten Kriterien des Linienverkehrs nicht. Dies gilt bezüglich der Öffentlichkeit insofern, als an Charterflügen nur teilnehmen kann, wer entweder einer bestimmten Personengruppe angehört (z. B. den Studenten bei einem Studentencharter) oder sich festgelegten Nebenbedingungen (z. B. Buchung eines Pauschalarrangements) unterwirft. Der Charterverkehr unterliegt auch nicht der Tarif-, Betriebs- und Beförderungspflicht, kann aber mit Auflagen hinsichtlich des zu fordernden Entgelts belegt werden.

Faktisch allerdings kam es mehr und mehr zu einer Annäherung zwischen dem Linien- und dem Charterverkehr. Der größte Teil des Charterverkehrs, der Pauschalflugreiseverkehr, wird öffentlich und auf der Basis langfristiger Flugpläne abgewickelt, die früher erheblichen qualitativen Unterschiede haben sich, vergleicht man korrespondierende Leistungen (Charterflug und Linienflug zum Sondertarif in der niedrigsten Beförderungsklasse) verringert, selbst die Preisunterschiede sind geringer geworden. Insofern war die Aufhebung der verkehrsrechtlichen Trennung der beiden Verkehrsarten durch die EG nur der Nachvollzug der tatsächlichen Entwicklung auf dem Luftverkehrsmarkt.

5.2 Das Produkt

5.2.1 Produktelemente

Das Grundprodukt Flug besteht in der Personenbeförderung zwischen Abgangs- und Zielflughafen. Diese Grundleistung wird von den einzelnen Fluggesellschaften infolge des Einsatzes ähnlicher Flugzeugtypen in annähernd gleicher Ausführung erbracht - WHEATCROFT (1964, S. 27) spricht in diesem Zusammenhang sogar von einer "originären Homogenität" der Grundleistungen - und bietet nur wenig Ansätze zur Erreichung von Wettbewerbsvorteilen.

Abb. 5.3: Lufthansa-Leistungskette

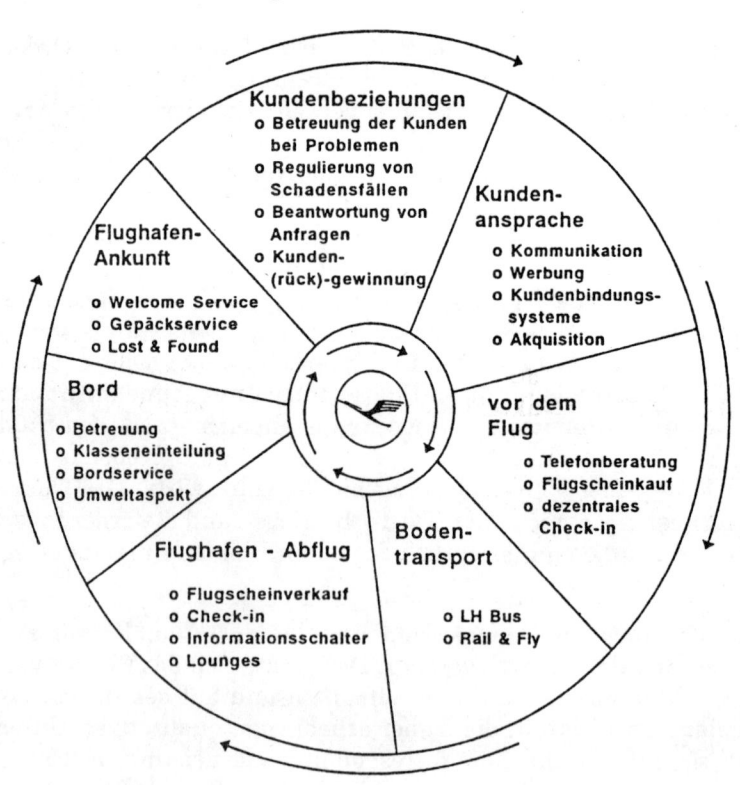

Quelle: Lufthansa

Eine pünktliche und sichere Beförderung in einem technisch einwandfreien Flugzeug ist eine Standardanforderung des Kunden. Zur Verbesserung ihrer individuellen Wettbewerbsposition verfolgen die Fluggesellschaften daher die produktpolitischen Strategien

- der Differenzierung des Grundprodukts durch eine verbesserte, d. h. mehr kundenorientierte Erstellung der Serviceleistungen während der Beförderung und

- der Erweiterung des Produkts um vor- und nachgelagerte Dienstleistungen zur Servicekette, die alle Phasen einer Reise vom ersten Kontakt des Kunden mit der Fluggesellschaft bis zur Beendigung der Reise berücksichtigt. (vgl. Abb. 5.3)

Nach diesem Produktverständnis umfaßt das Produkt Flug also neben der originären Beförderungsleistung noch die Elemente Kundeninformation, Reservierung und Verkauf, Anreise zum Flughafen sowie Service am Flughafen, während des Flugs und nach Beendigung der Beförderung.

5.2.2 Qualitätskriterien

Die wesentlichsten Qualitätskriterien des Produkts Flugbeförderung lassen sich unter folgenden Punkten zusammenfassen:

- Sicherheit,
- Flugplan,
- Berechenbarkeit,
- Flexibilität,
- Service.

Sicherheit: Die Vermeidung von materiellen und körperlichen Schäden ist eine unabdingbare Produktanforderung. Solche Schäden können durch fehlerhafte Technik, menschliches Versagen oder kriminielle Taten entstehen. Ihre Verhinderung ist nicht nur eine Aufgabe der Fluggesellschaften, sondern auch eine der Flugsicherung, der Flughäfen und der öffentlichen Sicherheitsorgane. Die Bedeutung der Sicherheit hat im Privat- und Urlaubsreiseverkehr unter dem Gesichtspunkt der Entscheidung für eine Flugreise insofern eine größere Bedeutung, als in diesem Nachfragebereich der Anteil der erstmals oder nur selten fliegenden Passagiere höher ist als im Geschäftsreisesektor (IATA, 1992, S. 95).

Flugplan: Der Flugplan umfaßt das beflogene Streckennetz, die Art der Verbindung (Non-stop, mit Zwischenlandung, mit Umsteigen), die Abflugs- und Ankunftszeiten und damit auch die Flugzeit sowie die Bedienungsfrequenz pro Tag/Woche einer Strecke.

Berechenbarkeit: Die Berechenbarkeit bezieht sich auf die tatsächliche Einhaltung des Flugplans hinsichtlich Regelmäßigkeit und Pünktlichkeit; ihre Bedeutung steigt mit der Kürze der Strecke, dem Reisegrund (wichtiger Termin oder gelegentlicher Verwandtenbesuch) und der eventuellen Notwendigkeit, eine Anschlußverbindung erreichen zu müssen.

Flexibilität: Ein Fluggast kann nur dann seine Reise flexibel gestalten, wenn ihm die Fluggesellschaft zu dem Zeitpunkt, an dem er seine Reise antreten will, auch tatsächlich einen Platz im Flugzeug anbieten kann: Die Sitzverfügbarkeit ist daher eine Grundvoraussetzung für Flexibilität. Eine weitere Anforderung besteht in der Interlinefähigkeit seines Flugscheins; dieser sollte bei jeder eine bestimmte Strecke befliegenden Fluggesellschaft gültig sein sowie zudem kostenlose Umbuchung und Stornierung ermöglichen.

Auch hier zeigt sich, daß die vom Kunden wahrgenommene Gesamtqualität ein Ergebnis der technischen (was), funktionalen (wie) und institutionellen Qualität (wer) ist. In dieser Beurteilung spielt eben nicht nur das Grundprodukt Beförderung eine Rolle, sondern auch die physische Erscheinung der dazu benutzten Produktionsmittel und Produktionsstätten, das Verhalten der die Dienstleistung erstellenden Personen und der Prozeßablauf (vgl. Band 2, Kap. 3).

Abb. 5.4: Produktanforderungen unterschiedlicher Nachfragergruppen

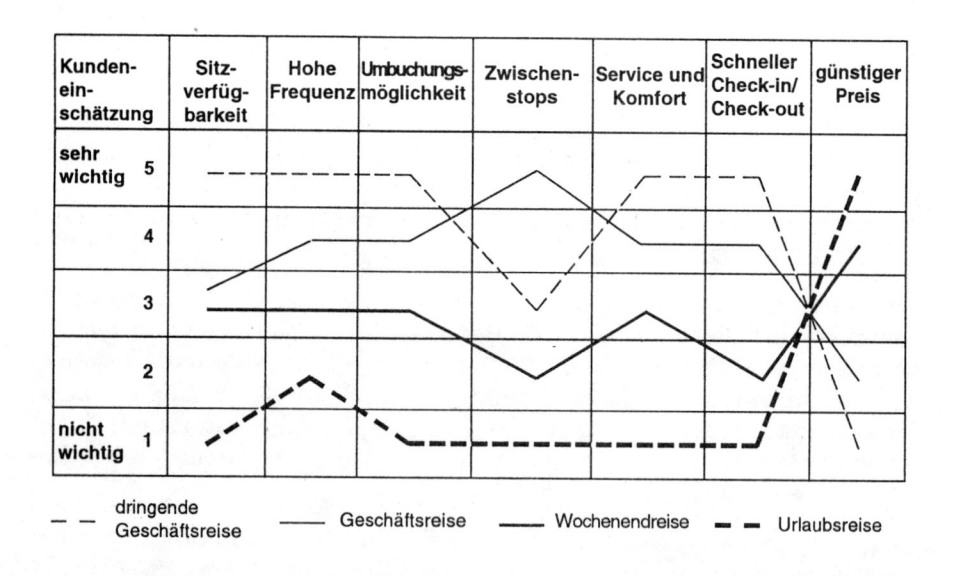

Quelle: in Anlehnung an DOGANIS, 1991, S. 210

Die Bedeutung dieser einzelnen Qualitätselemente variiert - mit Ausnahme der Sicherheit der Beförderung - zwischen den einzelnen Marktsegmenten erheblich. Die Abb. 5.4 zeigt modellhaft die je nach Reisezweck unterschiedliche Gewichtung der einzelnen Anforderungen:

a) Geschäftsreisen in dringenden Angelegenheiten: Flexibilität (Sitzverfügbarkeit, häufige Frequenzen, kostenfreie Stornierung), zeitsparendes Ein- und Auschecken sowie hoher Komfort sind hier wichtige Anforderungen; der Preis spielt eine untergeordnete Rolle.

b) Routinemäßig anfallende Geschäftsreisen: Da diese Reisen längerfristig geplant werden können, sind die Anforderungen an die Flexibilität etwas geringer; die hohe Bedeutung der erwünschten Flugunterbrechungsmöglichkeiten ist darauf zurückzuführen, daß es sich häufig um mehrtägige Rundreisen, auf denen mehrere Geschäftspartner in verschiedenen Städten besucht werden, handelt. Gegenüber den dringenden Geschäftsreisen sind die Komfortansprüche etwas niedriger, auch preisliche Überlegungen spielen eine Rolle.

c) Haupturlaubsreisen: Da diese Reisen meist längerfristig geplant und auch nur in Ausnahmefällen kurzfristig geändert werden, sind die Flexibilitätskriterien ohne Bedeutung. Die geringen Komfortansprüche korrespondieren mit der Anforderung an einen niedrigen Preis.

d) Wochenendreisen: Reisende, die das Flugzeug als Beförderungsmittel für Kurzreisen wählen, zeigen eine höhere Ausgabegereitschaft als die Haupturlaubsreisenden; sie erwarten dafür auch einen höheren Komfort. Da Wochenendreisen als Reisen zwischendurch eher kurzfristig gebucht werden, steigt die Bedeutung der Sitzverfügbarkeit. Mehrere tägliche Frequenzen sind erwünscht, um die Reisezeiten so zu legen, daß bei der kurzen Reisedauer die Aufenthaltszeit am Zielort möglichst lange ist.

Während bis in jüngste Zeit im Charterverkehr nur eine Einheitsklasse angeboten wurde, also keine Produktdifferenzierung hinsichtlich Sitzkomfort und Kabinenservice erfolgte, zeichnet sich gegenwärtig die Herausbildung neuer Teilsegmente ab:

- Nachfrager, die ihre Entscheidung für einen Flug/eine Fluggesellschaft ausschließlich unter dem Gesichtspunkt der Preisgünstigkeit treffen; dazu zählen vor allem Last-Minute-Reisende, Rucksackreisende, Gastarbeiter beim Besuch ihrer Heimatländer oder Urlauber, die beim Reiseveranstalter nur die Beförderung, aber keine Unterkunft buchen.

- Nachfrager, die keine besonderen Anforderungen an den Flug stellen. Weil der Charterflug Bestandteil einer Pauschalreise ist, haben sie hinsichtlich der Fluggesellschaft auch nur selten Wahlmöglichkeiten und vertrauen darauf, daß der Reiseveranstalter ein annehmbares Preis-Leistungs-Verhältnis auch für den Flug anbietet.

- Nachfrager, die auch bei Urlaubsreisen einen bestimmten Komfort nicht missen möchten und deswegen einen Linienflug oder die seit einigen Jahren neu eingeführten Komfortklassen bei Charterflügen buchen.

Eine Marktsegmentierung nach **Kurz- und Langstreckenflügen** ergibt ähnliche Unterschiede in den Produktanforderungen. Das wichtigste Kriterium für einen Kurzstreckenpassagier sind günstige Flugzeiten und, für Geschäftsreisende, eine hohe Frequenz. Die meisten dieser Kurzflugreisen sind Tagesreisen, bei denen der Passagier am selben Tag wieder zurückfliegt. Da die Dauer seines Aufenthalts am Zielort sich aber oft nicht präzise vorausplanen läßt, erwartet der Kunde nicht nur mehrere zeitlich unterschiedliche Flüge, sondern auch die Möglichkeit, den Rückflug problemlos umbuchen zu können. Zudem sollten die Abfertigungszeiten (Check-in, Gepäckausgabe) möglichst kurz sein, um knappe Arbeitszeit zu sparen. Ein anderer Teil der Kurzstreckenflüge sind Anschlußflüge vor oder nach einem Langstreckenflug; hier erwartet der Fluggast, daß die Wartezeiten auf den Anschlußflug nicht zu lange dauern. Auf einem Langstreckenflug verbringt der Passagier längere Zeit im Flugzeug, daher sind hier Sitzkomfort, Catering, Unterhaltung sowie der Service des Kabinenpersonals von größerer Wichtigkeit als bei Kurzstreckenflügen.

Das **Thema Sicherheit** rückt immer dann in das besondere Interesse der Öffentlichkeit, wenn es zu medienträchtigen Flugzeugunfällen kommt. So z. B. im Jahre 1996, als Maschinen der Birgenair (im Charter eines deutschen Reiseveranstalters, 189 Tote), TWA (USA, 230 Tote) und Valujet (USA, 109 Tote) abstürzten. In diesem Zusammenhang gerieten besonders ausländische Niedrigpreis-Carrier ("Billigflieger") in die Diskussion, und zumindest kurzfristig wurde Sicherheit zu einem wichtigeren Wettbewerbsparameter als der Preis. Dies führte dazu, daß sich sowohl das Bundesministerium für Verkehr als auch die Arbeitsgemeinschaft Deutscher Luftfahrtunternehmen (ADL) und die Reiseveranstalter ernsthaft mit dem Problem der Sicherheit im Charterflugverkehr befaßten.

Das **Bundesministerium für Verkehr** war bis dahin der Ansicht, daß die nach den ICAO-Richtlinien in den Heimatländern der Fluggesellschaften erfolgte Verkehrszulassung als Nachweis für einen den internationalen Sicherheitsvorschriften genügenden Flugbetrieb ausreichend sei und es keiner besonderen Kontrolle ausländischer Flugzeuge bedürfe. Dementsprechend wurden Ein- und Ausfluggenehmigungen ohne weitere Überprüfungen erteilt. Zudem stand dem Luftfahrt-Bundesamt für Kontrollzwecke kein ausreichendes Personal zur Verfügung. In politischen Zugzwang geraten, stellt der Bundesminister für Verkehr im Mai 1996 einen Maßnahmekatalog mit folgenden Punkten vor:

- Auf den Flughäfen sollen die Routinekontrollen von Dokumenten und Betriebsaufzeichnungen verstärkt werden;

- Eine beim Luftfahrt-Bundesamt neu geschaffene Sicherheitsgruppe wird in Zukunft insbesondere bei Charterunternehmen aus Drittländern intensive flugbetriebliche und technische Sicherheitskontrollen von Flugzeugen vornehmen.
- Bei Verstößen gegen internationale Sicherheitsstandards und nationale Vorschriften werden Maßnahmen bis hin zum Startverbot ergriffen.
- Zudem wird sich der Bundesminister für Verkehr auf europäischer Ebene für eine EU-Richtlinie für die Sicherheit im Luftverkehr einsetzen.

Die folgenden Kontrollen führten schon 1996 dazu, daß den Fluggesellschaften Holiday Air (Türkei) wegen technischer Mängel, Air Amber (Dominikanische Republik) wegen unklarer Eigentumsverhältnisse und Zuständigkeiten sowie Richair (USA) wegen Verlustes der Flugrechte durch die US-amerikanische Federal Aviation Authority die Betriebsgenehmigung entzogen wurde.

Die **Arbeitsgemeinschaft Deutscher Luftfahrtunternehmen (ADL)**, der die sechs größten einheimischen Charterfluggesellschaften Aero Lloyd, Air Berlin, Condor, Germania, Hapag Lloyd und LTU angehören, beschloß im Juni 1996 einen Subcharter-Kodex. Fluggesellschaften sind bei kurzfristigen Ausfällen eigener Maschinen gezwungen, den vorgesehenen Flug von einer anderen Gesellschaft im Subcharter durchführen zu lassen. Um sicherzustellen, daß dabei nur sicherheitsmäßig unbedenkliche Fluggesellschaften berücksichtigt werden, verpflichteten sich die ADL-Mitglieder, nur noch folgende Subcharter-Unternehmen zu beschäftigen:

- deutsche Luftfahrtunternehmen

- Fluggesellschaften aus den Mitgliedsstaaten der EU, die die europäische Norm JAR OPS 145 für Flugbetrieb und Technik erfüllen

- Liniencarrier aus Nicht-EU-Ländern, mit denen Deutschland ein bilaterales Luftverkehrsabkommen geschlossen hat und die von ihren Ländern für die Bedienung der in Frage kommenden Strecke designiert (ausgewählt) wurden.

Insbesondere bei kleinen **Reiseveranstaltern** ist es oft nicht üblich, die von ihnen genutzten Fluggesellschaften in der Katalogausschreibung zu nennen. Hintergrund ist meist die Tatsache, daß der Reiseveranstalter entweder seine Beförderungskapazität aus Kostengründen kurzfristig einkaufen will oder er zum Zeitpunkt der Drucklegung des Katalogs noch keine verbindlichen Angaben machen kann (z. B. bei Inlandsflügen in China). Seit der Wintersaison 1996/97 gehen jedoch zunehmend mehr Reiseveranstalter dazu über, klare Aussagen hierzu zu machen. Zudem werden den Reisebüros Positivlisten der jeweils beschäftigten Fluggesellschaften zur Verfügung gestellt.

5.2.3 Service als Wettbewerbsvorteil

Neben dem Umfang der von einer Fluggesellschaft angebotenen Serviceleistungen ist die Art, wie sie erbracht werden, also die Freundlichkeit, Hilfsbereitschaft und das professionelle Können des Personals von entscheidender Bedeutung für die Beurteilung der Leistungsqualität durch den Kunden. Die folgende Darstellung soll am Beispiel von Flügen für Urlaubsreisende die möglichen Produkterweiterungen im Sinne einer kundenmehrwertschaffenden Dienstleistungskette zeigen.

Service vor dem Flug:

- Reservierung: Selbst wenn ein Kunde einen Flug nicht direkt im Büro einer Fluggesellschaft, sondern über einen Reiseveranstalter oder in einem Reisebüro (z. B. Einzelplatzeinbuchung) bucht, und die Fluggesellschaft damit fast keinen Einfluß auf prompte Bedienung, umfassende Auskunft und freundliches Eingehen auf Sonderwünsche des Käufers hat, kann sie durch technische (z. B. Leistungsfähigkeit des Reservierungssystems), organisatorische (z. B. Zurverfügungstellung von Informationsmaterial) und personelle Maßnahmen (z. B. Verkäuferschulung) die Serviceleistungen bei der Buchung verbessern. Die Sitzplatzreservierung schon bei der Buchung oder die Akzeptanz von Kreditkarten sind weitere Serviceverbesserungen;

- Angebot von Stopover-Programmen: Landarrangements, bestehend aus Transfers, Übernachtung und weiteren Nebenleistungen wie Stadtrundfahrt oder Einkaufsgutscheine, die von Linienfluggesellschaften für Flugunterbrechungen in Zwischenorten oder am Zielort preisgünstig organisiert werden;

- Anreise zum Flughafen: Organisation des Transfers von der Wohnung zum Flughafen, Check-in am Vorabend des Abflugtages, Ermäßigungen bei der Anreise per Bahn, Vermittlung von Mietautos zu besonderen Tarifen, Anreise mit öffentlichen Nahverkehrsmitteln im Flug-/ Reisepreis inbegriffen;

- Sonderpreise bei Übernachtung in flughafennahen Hotels inklusive Stellplatz für den PKW; Reservierung eines PKW-Parkplatzes am Flughafen.

Service am Flughafen:

Die am Flughafen erbrachten Dienstleistungen sind nur zum Teil von den Fluggesellschaften individuell zu gestalten, da die Flughafenbetreiber nur Standardprozeduren für alle Fluggesellschaften (z. B. bei der Gepäckabwicklung) anbieten und ihre Einrichtungen allen Fluggästen zur Verfügung stehen. Möglichkeiten eines airlinespezifischen Services bestehen in der

- zügigen Abwicklung des Check-ins, um Warteschlangen zu vermeiden, Einrichtung eines besonderen Abfertigungsschalters für Familien mit Kindern;
- angenehmeren Gestaltung der Wartezeiten durch Nutzung besonderer Wartehallen (Lounges), Spielmöglichkeiten für Kinder;
- Bereitstellung von Rollstühlen und Kinderwägen am Flughafen, so daß die eigenen als Reisegepäck aufgegeben werden können;
- Organisation des Boardings nach Sitzreihen, Vorrang für Familien mit Kindern;
- Möglichkeit, Sondergepäck wie Surfbretter, Fahrräder oder Haustiere (unentgeltlich) zu befördern.

Service während des Flugs:

Der Service während des Flugs (In-flight Service) kann, im Gegensatz zu den Leistungen auf den Flughäfen, von den Fluggesellschaften vollkommen selbständig ausgestaltet werden. Wesentliche Elemente sind hier

- Sitzkomfort (Sitzbreite, Sitzabstand, Verstellbarkeit der Sitze);
- Staumöglichkeiten für das Gepäck;
- flexible Handhabung der Einteilung von Raucher- und Nichtraucherplätzen;
- Zahl und Ausstattung der Toiletten;
- Verpflegung mit Speisen und Getränken, Menüs (auch für Vegetarier und Diabetiker) zur Wahl;
- Unterhaltung (Zeitungen, Zeitschriften, Audio- und Videoprogramme);
- Information über Flug, Displays der Flugroute;
- Zahl und Leistungsfähigkeit des Kabinenpersonals;
- Möglichkeiten des zollfreien Einkaufs;
- Informationen für die Weiterreise, z. B. über Anschlußflüge;
- besonderer Service für Kinder;
- Werbegeschenke (Give-aways).

Serviceleistungen am Zielort:

Der Service nach dem Flug umfaßt

- Anschlußbeförderung zu den eigentlichen Zielorten oder in die Innenstadt;
- Abwicklungsprozedur bei verlorengegangenem Gepäck;
- Vermittlung von Anschlußarrangements wie Reservierung von Hotels oder Mietwagen;
- kundenfreundliche Behandlung von Beschwerden.

Im Rahmen der Kundenbindung setzen vor allem Linienfluggesellschaften noch eine Reihe weiterer Maßnahmen ein wie Vielfliegerprogramme, Servicekarten (vgl. Kap. 7.4), Kundenzeitschriften oder Direct Mail Aktionen mit Hinweisen auf neue Angebote.

5.3 Charterflugreisen

5.3.1 Marktregulierung

Im internationalen Verkehr wurde der Gelegenheitsverkehr wesentlich liberaler geregelt als der Linienflugverkehr. So besitzen alle in der Bundesrepublik zugelassenen Charterunternehmen eine allgemeine Ausflugerlaubnis, die jeweils eine mehrjährige Gültigkeit hat. Diese Genehmigungen beziehen sich allerdings nur auf einen Punkt-zu-Punkt-Verkehr zwischen zwei Staaten, so daß Zwischenlandungen in einem Drittland zum Zwecke des Absetzens oder Aufnehmens von Passagieren nicht erlaubt sind.

Da der Gelegenheitsverkehr in den bilateralen Luftverkehrsabkommen unberücksichtigt blieb, werden die Einflugerlaubnisse von den ausländischen Regierungen fallweise und zeitlich befristet, häufig auch mit Bestimmungen über die Durchführung von Pauschalreisen, vergeben. Weil aber die meisten Staaten an einer Förderung des Pauschalreisetourismus interessiert sind, erteilen sie diese Charterfluggenehmigungen auch bereitwillig. Allerdings gibt es auch Länder, die Charterflüge nur für Einzelflüge oder gar nicht erteilen. So haben sich etwa Indien, Israel oder Brasilien erst in den achtziger Jahren entschieden, im Gelegenheitsverkehr Kettenflüge zuzulassen; Hintergrund war hier das wirtschaftliche Interesse, die heimische Linienfluggesellschaft vor der Konkurrenz der Chartergesellschaften zu schützen. Die Seychellen hingegen verweigern den Charterunternehmen weiterhin Verkehrsrechte, um ihr politisches Konzept des Qualitätstourismus durchzusetzen; eine freiwillige Beschränkung der Besucherzahlen soll möglichst ausgabestarke Gäste auf die Inseln bringen, ein hohes Flugpreisniveau als marktwirtschaftliche Barriere gegenüber ausgabeschwachen Gästen dienen (vgl. POMPL, 1992b, S. 164).

Soweit nicht durch multi- oder bilaterale Abkommen geregelt, benötigen ausländische Fluggesellschaften zum Zwecke der Landung in der Bundesrepublik eine Einfluggenehmigung, die fallweise oder allgemein beantragt werden kann. Da für grenzüberschreitende Flüge innerhalb der EG die verkehrsrechtliche Trennung zwischen Linien- und Charterflug seit 1993 aufgehoben ist, gelten hier auch für Charterflüge die liberalisierten Marktzugangsregelungen, aber auch der Charterverkehr von und nach den USA ist seit dem neuen bilateralen Abkommen von 1996 ohne jegliche verkehrsrechtliche Restriktionen durchführbar (Pressedienst des BMV Nr. 114/1996).

5.3.2 Charterkategorien

In der Bundesrepublik werden gegenwärtig noch die unten aufgeführten Erscheinungsformen des Gelegenheitsverkehrs (Charterkategorien) unterschieden (vgl. BUNDESANSTALT FÜR FLUGSICHERUNG, Luftfahrthandbuch Deutschland, o. J., NfL 1-84/88):

- **Bedarfsflugverkehr mit festen Flugzeiten:** Vom Erscheinungsbild her dem Linienverkehr vergleichbar, da bestimmte Strecken regelmäßig und nach Flugplan, aber ohne Tarif- und Beförderungspflicht bedient werden. Er umfaßt im wesentlichen nur Strecken des Regional- und Interregionalverkehrs.

- **Pauschalcharterflüge:** Die Buchung eines Pauschalarrangements ist vorgeschrieben, daher auch als Inclusive-Tour-Charter (ITC) bezeichnet.

- **Nordatlantikcharterflüge (NAC):** Nur-Flug-Angebote für von Reiseveranstaltern zusammengestellte Reisegruppen (gilt nur noch für Flüge nach Kanada).

- **Special-event-Charterflüge:** Einzelflüge zur Teilnahme an bestimmten Ereignissen wie z. B. Kultur- oder Sportveranstaltungen.

- **Affinitätsgruppen-Charterflüge:** Für Gruppen, die sich nicht extra für den speziellen Reisezweck gebildet haben, sondern schon längere Zeit bestehen (z. B. Mitglieder eines Vereins).

- **Studenten-Charterflüge:** Die Teilnahme ist ausschließlich Schülern und Studenten sowie deren Begleitpersonal vorbehalten.

- **Selbstbenutzer-Charterflüge:** Die Benutzung erfolgt für eigene Zwecke des Charterers, der von den Mitreisenden kein Entgelt verlangen darf (z. B. für Geschäftsreisen eines Großunternehmens); auch als Own-use- oder Single-entity-Charter bezeichnet.

- **Gastarbeiter-Charterflüge:** Voraussetzung zur Teilnahme ist die Beschäftigung als Gastarbeiter in der Bundesrepublik Deutschland.
- **Militär-Charterflüge:** Zivile Charterflüge für Militärangehörige der Vereinigten Staaten und Großbritannien.
- **Flüge zu humanitären Zwecken oder zur Behebung eines Notstands,** z. B. Krankentransporte oder Katastrophenhilfe.
- **Taxiflüge:** Flüge auf Anforderung und mit Luftfahrzeugen mit maximal 10 Sitzplätzen.

Diese Charterkategorien unterliegen dem Comminglingverbot, das die Inanspruchnahme eines Flugs durch Gruppen verschiedener Kategorien ausschließt; es dürfen also beispielsweise auf einem Gastarbeiter-Charterflug in die Türkei keine Pauschalreisenden befördert werden.

Die für die Reiseveranstaltung wichtigsten Charterkategorien Pauschalreisecharter und NAC-Flüge werden im folgenden ausführlicher dargestellt.

Nordatlantik-Charterflüge

Für Charterflüge nach Kanada gelten besondere Bestimmungen. Die wichtigsten dieser sogenannten NAC-Bestimmungen lauten wie folgt:

- NAC-Flüge dürfen nur über Reiseveranstalter und Reisebüros, also nicht von den Fluggesellschaften selbst verkauft werden;
- es handelt sich um Nur-Flüge ohne Verpflichtung zu einem Pauschalarrangement;
- der NA-Charter kann auch auf Linienflügen durchgeführt werden. In diesem Falle trifft ein Reiseveranstalter mit der Fluggesellschaft die Vereinbarung, ein bestimmtes Kontingent auf einem Linienflug zu Charterbedingungen abzunehmen (Part-Charter). Das bedeutet, daß der Flugpreis nicht ein Linientarif ist, sondern ausgehandelt wird, und daß das Auslastungsrisiko beim Reiseveranstalter liegt;
- es sind besondere Auflagen hinsichtlich Werbung, Mindestgruppengröße, Mindestaufenthaltsdauer und Mindestpreis zu beachten, die vom Bundesministerium für Verkehr festgelegt werden und die sich häufig ändern.

Pauschalreisecharterflüge zu Zielen außerhalb der EG:

Eine Pauschalflugreise darf nur von einem Reiseveranstalter, der sein Gewerbe nach § 14 der Gewerbeordnung angemeldet hat, durchgeführt werden.

Sie muß als **Rundreise** nach einem oder mehreren Orten angeboten werden, wobei jedoch nicht der gesamte Reiseweg mit dem Flugzeug zurückgelegt werden muß. Das erlaubt interessante Kombinationen etwa mit Kreuzfahrten (z. B. Charterflug auf die Bahamas, Rückreise mit dem Schiff) oder eine höhere Auslastung von Flugketten, wenn die Anreise am ersten und die Rückreise am letzten Termin der Saison jeweils mit der Bahn erfolgt (beim Rückflug des ersten Termins ebenso wie beim Hinflug des letzten Termins bleibt das Flugzeug leer).

Die Fluggäste müssen beim Reiseveranstalter ein Pauschalpaket gekauft haben, das neben der Beförderung eine **Unterkunft** für die Zeit ihres Aufenthalts im Zielgebiet sowie gegebenenfalls weitere Leistungen wie Transfers, Ausflüge etc. einschließt. Die gebuchte Unterkunft muß die Gewährung von Übernachtung in gewerblich betriebenen Räumen in Hotels, Pensionen und Ferienwohnungen oder auf gewerblich betriebenen Campingplätzen (Stellung eines Zelts nicht erforderlich) sowie in Wohnmobilen und Schiffen mit Übernachtungsmöglichkeit beinhalten; der Bundesminister für Verkehr kann in besonderen Fällen eine Ausnahmegenehmigung erteilen. Bloße Unterkunftsbestätigungen oder Mietverträge werden nicht als Leistungsgutscheine anerkannt. Über die Unterkunft, die eindeutig bestimmbar sein muß (also keine Bezeichnungen wie "Mittelklassehotel" oder "Ferienwohnung"), ist durch den Reiseveranstalter ein Leistungsgutschein (Voucher) in zweifacher Ausfertigung auszustellen, der Teil der Reisedokumente des Kunden und von diesem bei der Abfertigung am Flughafen bereitzuhalten ist. Der Voucher muß folgende Angaben enthalten: Name des Reiseveranstalters, Name des Fluggasts, Name der Unterkunft, Mietdauer der Unterkunft und Art der gebuchten Unterkunftsleistung. Ziel dieser Auflage ist es, Verstöße gegen die Pauschalreisebestimmungen aufdecken zu können. Das Bundesverkehrsministerium kann nämlich die Charterfluggesellschaft beauftragen, bei der Abfertigung einen Leistungsgutschein einzubehalten und ihn zusammen mit dem Flugscheincoupon dem Bundesverkehrsministerium zu Kontrollzwecken zu überlassen. Allerdings sind in den letzten Jahren solche Aufforderungen nicht bekannt geworden.

Die Reise darf nur zu einem **Gesamtpreis** angeboten werden, der den Flugpreis und den Preis des Landarrangements (Unterkunft und gegebenenfalls weitere Leistungen) umfaßt; die Nennung des reinen Flugpreises ist nicht erlaubt.

Jede **Werbung** für Pauschalflugreisen muß die Bezeichnung "Flug mit Pauschalreisearrangement" und, sofern eine Fluggesellschaft dafür wirbt, den Hinweis enthalten, daß solche Reisen nur über einen Reiseveranstalter verkauft werden dürfen.

Bei Charterflugpauschalreisen gilt das **Comminglingverbot**; die gleichzeitige Beförderung von Flugreisenden anderer Arten des gewerblichen Gelegenheitsverkehrs ist nicht zulässig.

Vorsätzliche oder fahrlässige Zuwiderhandlungen gegen diese Pauschalreisebestimmungen können nach § 58 Abs. 1 Nr. 11 und Abs. 2 des Luftverkehrsgesetzes mit Geldbußen bis zu DM 10.000,- geahndet werden.

Bei Charterflügen ins Ausland sind zudem die Bestimmungen der Zielländer zu beachten. Während innerhalb der EG der grenzüberschreitende Charterverkehr ohne die oben genannten Auflagen abgewickelt werden kann, gelten für Reisen in Nicht-EG-Staaten länderspezifische Auflagen. Ein Beispiel dafür ist etwa Zypern: "In letzter Zeit finden Kontrollen statt, ob die Bestimmungen für den Charterverkehr eingehalten werden. Bekanntlich dürfen Charterflüge nach den Charterflugbestimmungen nur in Zusammenhang mit einem Landarrangement, sprich Hotelbuchung, benutzt werden. Bei diesen Kontrollen wurde festgestellt, daß eine große Anzahl von Reisenden aus Großbritannien Charterflüge ohne Hotelarrangement benutzten, was einen Verstoß gegen die Bestimmungen der Charterverträge darstellt. Die Kunden wurden nicht gleich zurückgeschickt, sondern nach Beendigung ihrer Ferien beim Rückflug mit der Linie geflogen. Der Preis für den Linienflug wurde den Reiseveranstaltern in Rechnung gestellt. Für den Kunden entstanden keine Unannehmlichkeiten oder Beeinträchtigungen seiner Ferien" (aus einem Schreiben der Fremdenverkehrszentrale Zypern, o. V., veröffentlicht in FVW Nr. 16/1992 S. 9).

5.3.3 Kostenvorteile des Charterverkehrs

Die Flugpreise für eine Beförderung im Charterverkehr sind infolge der charterspezifischen Kostenvorteile niedriger als für eine Beförderung im Linienverkehr. Trotzdem kann ein einzelner Kunde und manchmal auch ein Reiseveranstalter bei der Linie durchaus zu Preisen einkaufen, die unterhalb von denen der Charterfluggesellschaften liegen. Hierbei handelt es sich dann aber entweder um Überkapazitäten, die sich durch den Einsatz eines für das normale Streckenaufkommen zu groß dimensionierten Flugzeugs entstehen, also um strukturelle Überkapazitäten, die nur zu bestimmten nachfrageschwachen Zeiten entstehen, oder um Restkapazitäten aus einem anormalen Buchungsverlauf. Diese Angebote sind im Rahmen der Mischkalkulation der Linienfluggesellschaften wirtschaftlich sinnvoll, da sie über den Grenzkosten liegen und so zusätzliche Deckungsbeiträge bringen. Allerdings muß die Zahl der zu diesen Preisen angebotenen Plätze limitiert werden, da sie bei Vollkostenrechnung nicht kostendeckend sind. Für den Pauschalflugreisemarkt bedeutet das, daß damit nur ein kleiner Teil der Nachfrage abgedeckt werden kann und für den Rest kostendeckende Preise verlangt werden müssen; und dort bietet der Charterverkehr eindeutige Preisvorteile, da zu niedrigeren Stückkosten (Kosten pro verkauftem Personenkilometer) produziert werden kann.

Im Charterverkehr kann mit einem höheren Sitzladefaktor kalkuliert werden. Dieser ergibt sich zunächst einmal daraus, daß nur Strecken mit einem auslastungssicheren Mindestaufkommen im Punkt-zu-Punkt-Verkehr angeboten werden. Die für den Linienverkehr wichtige Netzbildung ist im Charterverkehr ohne Bedeutung; dadurch entfallen sowohl die Bedienung unrentabler Anschlußstrecken wie Einnahmeausfälle durch die pro-rata-Anteile bei Flügen mit mehreren Teilstrecken. Da keine Verkehrspflicht besteht und auch die Abflugzeiten unverbindlich sind, besteht die Möglichkeit, schlecht gebuchte Flüge zu konsolidieren, d. h. zusammenzulegen; durch die Umbuchung auf einen anderen Flug zum gleichen Zielort wird gleichzeitig auch die Auslastung des durchgeführten Flugs gesteigert. Im Charterverkehr werden den Reisenden feststehende Aufenthaltsdauern (z. B. ein, zwei und drei Wochen) angeboten, während der Linienpassagier seine Flugtermine frei wählen kann. Diese geringere Flexibilität stört den Reisenden in der Regel nicht, erhöht aber den Sitzladefaktor, da die Auslastung besser gesteuert werden kann. Veränderungen des Rückflugtermins nach Reiseantritt sind bei Charterflügen nur in Ausnahmefällen möglich, so daß hier die bei Linienflügen übliche Vorhaltung freier Plätze bis kurz vor Abflug entfällt. Im Ergebnis erreichen Charterfluggesellschaften durchschnittliche Sitzladefaktoren zwischen 80 und 90%, die europäischen Linienfluggesellschaften 69,8% (Inlandsflüge 66,3%, internationale Flüge 70,1%; AEA, 1996).

Während eine Charterfluggesellschaft bei den direkten Kosten für den Flugbetrieb (Betriebsstoffe, Instandhaltung, Abschreibung, Cockpitpersonal) kaum Vorteile erzielen kann, können indirekte Kosten (Stationskosten, Passagierservice, Verkauf und Werbung, Verwaltung und sonstige Gemeinkosten) erheblich reduziert werden. So entstehen für eine Liniengesellschaft hohe Fixkosten für eine eigene Station für die Abfertigung von Passagieren, Gepäck und Flugzeug, die sie auf regelmäßig von ihnen bedienten Flughäfen unterhalten; Charterfluggesellschaften können diese Kosten durch Bezug dieser Leistungen bei anderen Fluggesellschaften dynamisieren (d. h. zu variablen Kosten umgestalten) und damit reduzieren. Kosteneinsparungen im Personalbereich werden sowohl durch eine geringere Betreuungsdichte an Bord (Verhältnis Stewardessen zu Passagieren bei Linie ca. 1:20, beim Charter ca. 1:30) als auch durch die nur saisonweise Beschäftigung von Kabinen- und Aushilfspersonal erzielt.

Der Vertrieb über Reiseveranstalter führt zu Kosteneinsparungen, die beim Linienverkehr nicht möglich sind. Da ein Charterunternehmen lediglich mehrere Dutzend Reiseveranstalter als direkte Kunden hat, braucht es keinen aufwendigen Verkaufs- und Buchhaltungsapparat zu unterhalten. Die Reiseveranstalter übernehmen auch die Funktion Verkauf (einschließlich Flugscheinausstellung) an die Endverbraucher, so daß die Chartergesellschaften weder ein Reservierungssystem noch Verkaufsbüros benötigen. Der dem Reiseveranstalter berechnete Flugpreis enthält auch keine Provisionen, die bei den Liniengesellschaften ca. 9% der Kosten ausmachen. (Der Reisepreis für den Kunden enthält allerdings beim indirekten Vertrieb eine Agenturprovision).

Da der Kunde den Flug als Teil des Veranstalterprodukts erwirbt, liegen die Werbeaufwendungen beim Reiseveranstalter; die Charterfluggesellschaft kann sich im Bereich der Kommunikationspolitik weitgehend auf PR-Maßnahmen beschränken. Durch die Kombination mit anderen Reiseleistungen kann die Verwendung des Produkts Flug (nach Produkttyp als Teil einer Jugend-, Bade-, Studienreise; für unterschiedliche Preissegmente der gleichen Produktart) sehr genau an die einzelnen Nachfragesegmente angepaßt werden, so daß eine hohe Marktausschöpfung erzielt wird. Gleiches gilt für die Preisdifferenzierungsmöglichkeiten, also hinsichtlich zeitlicher Preisstaffelungen, Kinderermäßigungen etc. Während also von der Kostenseite her der Veranstalter über eine ganze Angebotsperiode einen Einheitsflugpreis für einen bestimmten Flug zugrundelegt, wird von der Verkaufsseite her der Charterflug als Bestandteil der Pauschalreise wesentlich differenzierter und aktiver vermarket als ein Linienflug. Da für den Kunden bei der Stornierung einer Pauschalreise (und damit auch des darin enthaltenen Charterflugs) Stornierungsgebühren anfallen, kommt dies weniger häufig vor als Stornierungen bei Linienflügen, bei denen der zum Normaltarif fliegende Kunde, der einen gebuchten Flug nicht antritt, den Flugpreis rückerstattet bekommt. Damit erhält der Reiseveranstalter eine Erstattung der aufgewendeten Kosten, er muß sie also nicht wie eine Linienfluggesellschaft auf die Flugpreise überwälzen.

Im Charterverkehr eingesetzte Flugzeuge weisen eine im Vergleich zum Linienverkehr dichtere Bestuhlung auf. Während im Linienverkehr gegenwärtig ein Sitzabstand von 84 cm als untere Norm in der günstigsten Beförderungsklasse gilt, liegt dieser Wert bei Chartergesellschaften oft niedriger. Gegenüber der Einheitsklasse in den meisten Charterflugzeugen bieten die Liniengesellschaften mehrere Beförderungsklassen an, bei denen Sitzabstand und Sitzbreite wichtige Unterscheidungskriterien darstellen. Zusammen mit den Platzeinsparungen durch weniger Toiletten und eingeschränkten Küchenraum führt dies dazu, daß im Charterverkehr mit dem gleichen Flugzeugtyp mehr Passagiere befördert werden können als im Linienverkehr. So wird etwa bei der Lufthansa eine Boing 737-300 mit 121 Sitzen, bei der Condor mit 144 Sitzen eingesetzt.

Unter finanziellen Aspekten ergibt sich für Charterfluggesellschaften durch die Vorauszahlung der Reiseveranstalter ein Liquiditätsvorteil gegenüber den Liniengesellschaften. Die Charterverträge sehen in der Regel vor, daß die Bezahlung eines Flugs mindestens drei Tage vor Abflug zu erfolgen hat. Je nach Wettbewerbssituation können die Chartergesellschaften mitunter sogar Monate vor Beginn der Flüge Abschlagszahlungen von den Reiseveranstaltern verlangen. Im Linienverkehr werden die Zahlungen der Agenturen erst am 15. des auf den Verkauf folgenden Monats fällig, so daß der Großteil der Gelder ebenso wie die Einnahmen aus Verkäufen über Kreditkarten erst Wochen nach der Leistungserbringung eingehen.

Umsätze aus dem Duty-free-Verkauf an Bord haben bei den Charterfluggesellschaften eine größere Bedeutung für die Erlössteigerung als bei den Liniengesellschaften, die im Kurz- und Mittelstreckenverkehr häufig sogar auf den Verkauf zollfreier Waren verzichten. Dagegen erwirtschaften englische und skandinavische Chartergesellschaften zwischen 25 bis 30% ihrer Gewinne durch den Bordverkauf (DOGANIS, 1991, S. 195).

Benachteiligt sind die Charterfluggesellschaften allerdings durch die Tatsache, daß sie vorhandenen Beförderungsraum nur in geringem Ausmaße für den Frachttransport nutzen können und damit auf potentielle Einnahmequellen verzichten müssen. Die Ein- und Ausfluggenehmigungen von Nicht-EU-Ländern sehen eine kommerzielle Beförderung von Fracht und Post nicht vor. Im EU-Binnenverkehr ist der Gütertransport zwar erlaubt, ist aber nur dann rentabel, wenn bei der Abwicklung keine besonderen Aufwendungen für Lagerung, Umschlag und Verteilung entstehen. Auch die saisonalen Nachfrageschwankungen sind beim Charterverkehr höher als beim Linienverkehr, so daß die aufs Jahr bezogene Einsatzdauer der einzelnen Flugzeuge ungünstiger ist.

Schätzungen und Kostenvergleiche kommen zu dem Ergebnis, daß die Charterfluggesellschaften auf der Basis "gleiche Strecke, gleicher Flug" um ca. 30-40% niedrigere Durchschnittskosten pro befördertem Passagier aufweisen als die Linienfluggesellschaften.

Ein Teil der oben beschriebenen Kostenvorteile geht verloren, wenn die Charterfluggesellschaften den Vertriebsweg Einzelplatz-Einbuchungen nutzen. Dafür muß dann eine eigene Verkaufsabteilung eingerichtet werden, es fallen Provisionen für die Agenturen und Nutzungsgebühren für ein fremdes Reservierungssystem (START, BTX) an. Allerdings führen die über Einzelplatz-Einbuchung verkauften Flüge insofern zu Ertragssteigerungen, als ein höherer Preis als beim Verkauf an Reiseveranstalter erzielt werden kann.

5.3.4 Beschaffung

Die Zahl der für einen Charterflug/eine Charterflugkette benötigten Plätze wird durch die Verkaufsplanung vorgegeben. Dabei entsteht häufig das Problem, daß diese Planzahlen sich nicht exakt realisieren lassen, da die Einkaufsmengen pro Umlauf von Seiten der Fluggesellschaften oder des Konsolidators fix oder sprungfix sind, so daß sich der Veranstalter mit suboptimalen Ergebnissen abfinden muß. Generell stehen dem Reiseveranstalter folgende Möglichkeiten der Kapazitätsplanung zur Verfügung:

- Variable Kapazität je nach Teilnehmeraufkommen: Diese Möglichkeit ist für einzelne Reisen durch Einzelplatz-Einbuchung oder Gruppenbuchung zu realisieren, jedoch nicht bei Kettencharterflügen.

- Konstante Kapazität während der ganzen Saison: Damit übernimmt der Reiseveranstalter das Auslastungsrisiko, das wiederum von den zeitlichen Schwankungen der Nachfrage abhängt.

- Variable Kapazität durch Aufstockung: Der Veranstalter hat über die gesamte Saisondauer ein fixes Grundkontingent, das er zu Zeiten starker Nachfrage durch Einsatz eines größeren Flugzeugs, einer Zusatzmaschine, durch den Zukauf von pro-rata-Plätzen oder Buchung von Linienflügen erhöht.

- Variable Kapazität durch Flugzusammenlegung: Bei der Bedienung mehrerer Abflug- und Zielorte besteht die Möglichkeit, durch die Bildung sog. Luftkreuze die Bedienung der Strecken aufrechtzuerhalten, indem bisherige Non-stop-Verbindungen als Direkt- oder Umsteigeverbindungen über einen gemeinsamen Zwischenlandeort geführt werden (vgl. Abb. 5.5).

Die Einkaufsmenge von Charterflugplätzen für eine bestimmte Strecke ist damit nicht nur vom prognostizierten Aufkommen je Flugtermin abhängig, sondern vor allem von den am Markt realisierbaren Möglichkeiten. Daneben spielt auch der geplante Sitzladefaktor eine Rolle, der wiederum von den Finanz- und Marketingzielen für dieses Programm abhängig ist. Verfolgt der Reiseveranstalter ausschließlich das Ziel der Gewinnmaximierung, dann wird er versuchen, über einen hohen Auslastungsgrad niedrige Flugkosten pro Person zu erzielen. Verfolgt er dagegen auch andere Ziele wie etwa das der Vergrößerung des Marktanteils durch Teilnehmermaximierung, dann wird er seine Kapazität eher an der Spitzennachfrage orientieren und zu weniger gefragten Terminen eine Überkapazität in Kauf nehmen. Der erreichbare Sitzladefaktor ist auch von der Struktur der Aufenthaltsdauer abhängig; je mehr unterschiedliche Aufenthaltsdauern angeboten werden, desto schwieriger gestaltet sich die Verkaufssteuerung zur Erzielung einer hohen Auslastung bei den Rückflügen. Bietet der Reiseveranstalter im Extremfall nur eine einzige Aufenthaltsdauer, z. B. zwei Wochen, an, dann entspricht die Zahl der zu einem Termin rückreisenden Gäste genau der Zahl der zwei Wochen vorher angereisten Gäste. Bietet er dagegen mehrere Aufenthaltsdauern an, also etwa 3, 4, 7, 10, 14, 17 und 21 Tage, dann setzt sich die Zahl der zu einem Termin rückreisenden Gäste aus sieben verschiedenen Ankunftstagen zusammen; damit ist die Auslastung des Rückflugs umso schwieriger zu steuern, je unregelmäßiger die Struktur der Aufenthaltsdauer ist.

Charterflugreisen _____ 217

Abb. 5.5: Luftkreuz im Charterflugverkehr

Streckennetz mit Non-Stop-Bedienung

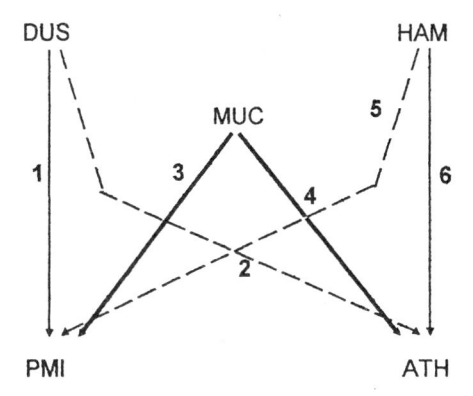

```
DUS                        HAM
 |\                       /|
 | \          MUC      5/ |
 |  \         /\       /  |
1|   \3      /  \  4_-/   |6
 |    \     /    \_-/     |
 |     \   / _-2  \       |
 |      \ /_-      \      |
 v       v          v     v
PMI                       ATH
```

Die Bedienung dieses Streckennetzes mit je drei Ab- und Zielflughäfen im Non-Stop-Verkehr erfordert den Einsatz von 6 Flugzeugen.

Durch die Einrichtung eines Luftkreuzes in München kann das gleiche Streckennetz statt mit 6 mit nur 2 Flugzeugen bedient werden.

Streckennetz mit "Luftkreuz"

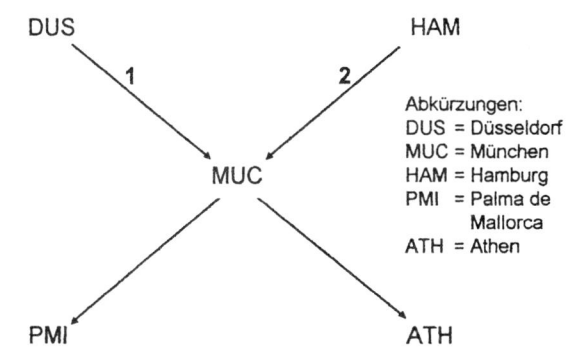

```
DUS                      HAM
   \                    /
    \1                2/
     \               /
      v             v
          MUC
      /             \
     /               \
    v                 v
PMI                      ATH
```

Abkürzungen:
DUS = Düsseldorf
MUC = München
HAM = Hamburg
PMI = Palma de Mallorca
ATH = Athen

Maschine 1 fliegt von DUS mit Passagieren für ATH und PMI nach München. Maschine 2 fliegt von HAM mit Passagieren für ATH und PMI nach München.
In München steigen die Passagiere nach PMI in Maschine 2 um, Passagiere nach PMI fliegen gemeinsam mit den Passagieren nach ATH aus Maschine 2 und den Zusteigern in München nach ATH weiter. Maschine 2 fliegt mit verbleibenden Passagieren HAM-PMI, den Umsteigern aus Maschine 1 und den Zusteigern aus München nach PMI weiter.

Als Folge kann sich ergeben, daß dadurch die erzielbare Auslastung niedriger wird, der Reiseveranstalter also zur Abwicklung einer bestimmten Teilnehmerzahl mehr Flugsitze einkaufen muß als bei einer konstanten Aufenthaltsstruktur. Weiterhin ist in die Kapazitätsüberlegungen einzubeziehen, inwieweit selbst nicht benötigte Kapazitäten anderweitig vermarktet werden können, etwa durch Weitergabe an andere Reiseveranstalter zur Organisation von Gruppenreisen in der Nebensaison oder zum Verkauf von Last-Minute-Reisen mit oder ohne Unterkunft.

Bei der Organisation von Charterflügen können folgende Charterkonzepte unterschieden werden:

- **Vollcharter (plane load charter):** Der Reiseveranstalter nimmt alle Plätze eines Flugzeugs unter Vertrag; er hat die Möglichkeit, selbst nicht benötigte Plätze an andere Reiseveranstalter weiterzuverkaufen.

- **Splitcharter:** Mehrere Reiseveranstalter teilen sich die Kapazität eines Flugzeugs, wobei jeder Veranstalter einen Vertrag mit dem Vercharterer abschließt. Ein einzelner Reiseveranstalter kann hierbei nur kündigen, wenn alle anderen Mitcharterer ebenfalls kündigen. Jeder Reiseveranstalter ist nur für die Auslastung seines eigenen Kontingents verantwortlich, das Risiko, daß alle Plätze unter Vertrag genommen werden, liegt beim Vercharterer, der ein Konsolidator oder die Luftverkehrsgesellschaft selbst sein kann. Ein Konsolidator ist ein Unternehmen, das als Großhändler bei einer Fluggesellschaft ein bestimmtes Kontingent unter Vertrag nimmt und es an Reiseveranstalter oder veranstaltende Reisebüros weiterverkauft. Er ist kein Agent der Luftverkehrsgesellschaft, sondern operiert auf eigenes Risiko.

- **Partcharter:** Ein Reiseveranstalter chartert eine bestimmte Zahl von Plätzen (einen Block) auf einem Linienflug. Dabei wird nicht ein Flugtarif berechnet, sondern ein zwischen den Vertragspartnern ausgehandelter Preis.

- **Einzelplatz-Einbuchung:** Der Reiseveranstalter bucht je nach Bedarf einzelne Plätze entweder bei der Fluggesellschaft, einem Konsolidator oder einem anderen Reiseveranstalter (vgl. HIT-Flüge der TUI, Tip-Flüge von NUR).

5.3.5 Chartervertrag

Der Reiseveranstalter schließt in der Regel mit der Charterfluggesellschaft zunächst einen Rahmenvertrag ab, der die Bedingungen regelt, die für alle Einzelcharterverträge gelten sollen. Danach werden Einzelverträge geschlossen, die nur noch die Leistungen beider Seiten für einen konkreten Flug/eine konkrete Flugkette betreffen. Die folgende Darstellung orientiert sich an dem zwischen Vertretern der Reiseveranstalter und deutschen

Charterfluggesellschaften entworfenen Rahmenvertrag (siehe dazu auch SCHWENK, o. J., Rdnr. 4-15).

Im Charterrahmenvertrag verpflichtet sich die Fluggesellschaft, für den Reiseveranstalter die in den Einzelverträgen näher festgelegten Beförderungsleistungen mit einem ordnungsgemäß ausgerüsteten, bemannten und betankten Flugzeug (sog. wet lease) zur Durchführung von Pauschalreisen zur Verfügung zu stellen. Der Veranstalter verpflichtet sich, die Beförderungsleistungen abzunehmen und zu den jeweiligen Fälligkeitszeitpunkten zu bezahlen. Weiterhin wird geregelt:

- **Kündigungen:** Der Reiseveranstalter hat das Recht, einen oder mehrere Flüge zu kündigen und die Verpflichtung, in einem solchen Falle Stornierungsgebühren zu bezahlen (Beispiel für Stornogebühren: bei Kündigung vom 28. Tage bis spätestens 14. Tage vor Abflugzeit 15% des vereinbarten Preises, vom 13. Tage bis spätestens zum 7. Tage 30%, bei Kündigung von weniger als 7 Tagen vor Abflug 50%). Die Stornierungsgebühren sind frei aushandelbar und ergeben sich aus der Verhandlungsmacht der beiden Vertragspartner. Die Charterfluggesellschaft kann Flüge nur kündigen, wenn sie diese aus technischen oder betrieblichen Gründen nicht durchführen kann; sie ist verpflichtet, dem Veranstalter alle durch die Kündigung entstehenden Kosten und Aufwendungen zu ersetzen.

- **Preise:** Die in jedem Einzelvertrag angegebenen Flugpreise schließen ein
  - Aufwendungen für Betrieb und Wartung des Flugzeugs;
  - Vergütung für das fliegende Personal;
  - Prämien für Versicherungen;
  - Lande- und Abfertigungsgebühren, Bodendienste;
  - Abfertigung von Fluggästen und Gepäck;
  - Bordverpflegung;
  - Fluggaststeuern und -gebühren, soweit sie nach den gesetzlichen Bestimmungen von der Fluggesellschaft zu entrichten sind.

- **Reiseunterlagen und Beförderungsdokumente:** Der Veranstalter stellt die Reiseunterlagen inklusive Flugscheine aus und übermittelt sie dem Fluggast. Die für die Flugdurchführung notwendigen Dokumente werden von der Fluggesellschaft ausgestellt; der Veranstalter übermittelt die dazu notwendigen Angaben über Fluggäste, Gepäck und Fracht rechtzeitig an die Fluggesellschaft.

- **Leistungsmängel:** Bei Verspätungen von mehr als zwei Stunden stellt die Fluggesellschaft auf ihre Kosten Erfrischungen, Mahlzeiten je nach Tageszeit und gegebenenfalls Übernachtungsmöglichkeiten zur Verfügung.

- **Freistellung:** Die Fluggesellschaft stellt den Veranstalter von Ansprüchen der Passagiere auf Schadenersatz, Wandlung oder Minderung frei, soweit sie sich als Auswirkung einer Leistungsstörung im Zusammenhang mit der Luftbeförderung ergeben. Die Haftungshöchstsummen entsprechen bei Schadenersatzansprüchen den gesetzlichen Bestimmungen, sie sind bei Gewährleistungsansprüchen auf die Höhe des Charterpreises der im Einzelvertrag vorgesehenen Beförderungskapazität begrenzt. In jedem Falle aber ist die Freistellung durch die Fluggesellschaft auf die bei Vertragsabschluß geltenden Haftungsbedingungen und Haftungshöchstsummen des Veranstalters begrenzt.

- **Abflugverzögerung:** Kommt es zu Verspätungen, weil die Fluggäste aus vom Veranstalter zu vertretenden Gründen nicht rechtzeitig oder wegen mangelhafter Dokumentation nicht zur Flugabfertigung bereit sind, dann wird die Fluggesellschaft den Abflug in angemessenem Rahmen verzögern, soweit diese Verspätung nicht zu erheblichen flugbetrieblichen oder sonst mit erheblichen Kosten verbundenen Auswirkungen führt.

- **Vorbehalt:** Der Rahmenvertrag wird unter dem Vorbehalt abgeschlossen, daß die Fluggesellschaft die notwendigen behördlichen Genehmigungen, insbesondere die notwendigen Lande-, Start- und Verkehrsrechte im Ausland erhält. Dieser Vorbehalt ergibt sich aus der Tatsache, daß einerseits Charterverträge lange Zeit vor dem Abflugtermin geschlossen werden, andererseits die Behörden Verkehrsrechte jeweils nur für eine Flugplanperiode, meist ein halbes Jahr, erteilen.

- **Pauschalflugreise-Bestimmungen:** Der Veranstalter verpflichtet sich zur Einhaltung der vom Bundesminister für Verkehr erlassenen Bestimmungen über die Durchführung von Pauschalflugreisen. Entstehen der Fluggesellschaft Geldbußen, die durch vorsätzliche oder fahrlässige Zuwiderhandlung des Reiseveranstalter verursacht werden, so hat der Veranstalter diese zu erstatten.

5.4 Linienflugreisen

5.4.1 Marktregulierung

Die Durchführung des Luftverkehrs wird stark von staatlichen Regulierungen auf unterschiedlichen Ebenen (international, national, regional) beeinflußt, die seine Erscheinungsformen und damit auch seine Nutzung für die Touristik prägen. Gründe dafür sind die Gewährung ausreichender Sicherheit, die Aufrechterhaltung eines wirtschaftlichen und zuverlässig bedienten Streckennetzes, die Verfolgung nationaler Interessen sowie der Umweltschutz (vgl. POMPL, 1991a, S. 202-248).

Um den Liniengesellschaften den Aufbau und Betrieb eines auf die Bedürfnisse der nationalen Nachfrager ausgerichteten und wirtschaftlichen Streckennetzes zu ermöglichen, wurde der Luftverkehr in vielen Bereichen wie etwa Marktzugang, Angebotsmengen oder Preisbildung dem freien Markt entzogen und staatlichen Genehmigungen unterworfen. Allerdings zeichnet sich gegenwärtig in vielen Verkehrsgebieten eine Entwicklung in Richtung zunehmender Liberalisierung des Luftverkehrs ab. Trotzdem aber haben die einzelnen Staaten noch immer ein starkes Interesse daran, daß der Verkehrsbedarf des eigenen Landes durch nationale Unternehmen abgedeckt wird. Diese Transportautarkie soll einerseits verhindern, daß eine wichtige Grundvoraussetzung moderner Volkswirtschaften durch ausländische Unternehmen fremdbestimmt wird, andererseits ist der Luftverkehr selbst ein Wirtschaftszweig, der einheimischen Unternehmen ein Betätigungsfeld ermöglicht, der Bevölkerung zu Arbeitsplätzen verhilft und dem Staat Deviseneinnahmen bringt. Darüber hinaus hat die zivile Luftfahrt die Bedeutung einer "militärischen Einsatzreserve", da die materielle Infrastruktur, die Flugzeuge und das Personal im Kriegsfalle auch für militärische Zwecke benutzt werden können. Nicht wenige Staaten sehen in ihren Fluggesellschaften auch Träger nationalen Prestiges, die so die Außenpolitik eines Landes wirksam unterstützen und damit eine Aufgabe von nationalem Interesse erfüllen können.

Der Linienluftverkehr wird durch internationale Institutionen wie ICAO und IATA sowie durch bilaterale Luftverkehrsabkommen zwischen den Staaten reguliert (vgl. POMPL 1997a, Kap. 8).

Im Rahmen der ICAO (International Civil Aviation Organisation, internationale Zivilluftfahrtbehörde, der ca. 150 Mitgliedstaaten angeschlossen sind) wurde bereits 1944 versucht, wichtige Bereiche des internationalen Luftverkehrs weltweit zu regeln. Das ICAO-Abkommen umfaßt Bestimmungen über die Zulassung von Verkehrsflugzeugen, Luftverkehrsregeln, Flugsicherung, Lizensierung von Personal, Grundsätze für bilaterale Luftverkehrsabkommen, Verfahren bei Zollabfertigung und Einreise etc. Neuere Abkommen beziehen sich auf Verminderung des Fluglärms und Bekämpfung terroristischer Anschläge.

Die IATA (International Air Transport Association, ca. 230 Luftverkehrsgesellschaften als Mitglieder) regelt vor allem kommerzielle Bereiche wie die Tariffindung, Abrechnung zwischen den Fluggesellschaften oder die Verwendung gemeinsamer Beförderungsdokumente; sie ist aber auch mit technischen Angelegenheiten (Standardisierung eingesetzter Geräte, Nachrichtenverbindungen, Meteorologie) und Rechtsfragen betraut. Obwohl im Verlaufe der US-amerikanischen Deregulierung und der europäischen Liberalisierung der Einfluß der IATA bei der Tariffindung wesentlich zurückging, ist sie auch hier weiterhin von enormer Wichtigkeit für die Fluggesellschaften, da sie für viele Verkehrsgebiete weiterhin die Tarifkoordination durchführt.

Oberste nationale Regelungsinstanz für den Luftverkehr ist in fast allen Ländern ein von der Regierung damit beauftragtes Ministerium. In der Bundesrepublik ist dies das Bundesministerium für Verkehr, das dafür zusätzliche Institutionen wie das Luftfahrtbundesamt (LBA), die Bundesanstalt für Flugsicherung (BFS) und den Flugplankoordinator als Genehmigungs- und Aufsichtsbehörden gegründet hat. Die Bundesländer erhielten im Rahmen der Luftverkehrsverwaltung Aufgaben und Zuständigkeiten, die sich vorwiegend auf die allgemeine Luftfahrt (Sport- und sonstige private Luftfahrt), den Bautenschutzbereich und den Schutz vor Angriffen auf den Luftverkehr beziehen. Im Rahmen des internationalen Verkehrs schließt das Verkehrsministerium bilaterale und multilaterale Luftverkehrsabkommen mit anderen Staaten.

Ergebnis der Deregulierungs- und Liberalisierungsbestrebungen des letzten Jahrzehnts ist, daß heute im internationalen Luftverkehr verschiedene Regulierungssysteme nebeneinander bestehen. So gelten für Flüge aus der Bundesrepublik

- innerhalb der EG und den assoziierten Ländern die Bestimmungen des Gemeinsamen Marktes,

- nach Nordamerika die liberalisierten bi- und multilateralen Abkommen,

- nach den anderen Ländern die den Wettbewerb streng regulierenden bilateralen Abkommen.

Unter wirtschaftlichen Gesichtspunkten bezieht sich die Regulierung des Luftverkehrs auf die Bereiche

- Marktzulassung: Zahl der für eine Strecke zugelassenen nationalen Fluggesellschaften;

- Verkehrsrechte: zugestandene Freiheiten, die eine Fluggesellschaft auf einer Strecke ausüben darf;

- Kapazitäten: Zahl der auf einer bestimmten Flugstrecke angebotenen Sitzplätze (= Zahl der Sitzplätze des Flugzeugs x Anzahl der Flüge);

- Preise: Umfang, in dem die auf einer Strecke angebotenen Flugpreise einer Genehmigung durch staatliche Stellen unterliegen;

- Kooperationen: Möglichkeiten der operativen (z. B. Absprachen über Flugpläne), technischen (z. B. gemeinsame Flugzeugwartung) oder kommerziellen Zusammenarbeit (z. B. gemeinsames Vertriebssystem) zwischen den Fluggesellschaften.

Der Luftverkehr innerhalb der Europäischen Gemeinschaft wurde in den achtziger Jahren schrittweise liberalisiert, d. h. die zwischen den Mitgliedsstaaten bestehenden bilateralen Verträge wurden durch ein Gemeinschaftsrecht für den EG-Binnenmarkt mit dem Ziel abgelöst, die "Freiheit des Dienstleistungsverkehrs" durchzusetzen, und mit der Anwendung der Wettbewerbsbestimmungen des EWG-Vertrags eine bessere Versorgung der Nachfrager zu günstigeren Preisen zu erreichen.

5.4.2 Flugtarife

Der Ausdruck Tarif umfaßt sowohl die Preise, die für eine Beförderung zu bezahlen sind (materieller Tarif), als auch die Bedingungen, zu denen sie anzuwenden sind (formeller Tarif), einschließlich der Provisionen für Agenturleistungen. In den Tarifen nicht eingeschlossen, für die Reisepreiskalkulation aber wichtig sind Steuern und Gebühren, die aufgrund besonderer nationaler Bestimmungen an staatliche Stellen zu entrichten sind.

Flugtarife unterliegen entweder der staatlichen Genehmigung oder, in der EU und in liberalisierten Verkehrsgebieten, der staatlichen Aufsicht hinsichtlich des Mißbrauchs einer marktbeherrschenden Position, verbotener Preisabsprachen und der ruinösen Konkurrenz (Verdrängungswettbewerb mit Dumpingpreisen). Allerdings hat sich im vergangenen Jahrzehnt gezeigt, daß die Marktentwicklung auf vielen Strecken zu Preisen geführt hat, die unterhalb der staatlich genehmigten Tarife liegen, und die Aufsichtsbehörden gegenwärtig Tarifunterschreitungen weitgehend stillschweigend dulden. Daraus resultiert ein gespaltener Markt für Flugpreise: einmal der Markt für staatlich genehmigte Tarife, die vorwiegend nach den Preisbildungskriterien der IATA berechnet werden und als Festpreise über einen längeren Zeitraum Gültigkeit haben, und außerdem der sog. Graumarkt mit günstigeren Preisen, die von den Fluggesellschaften oder von Konsolidatoren als Nettopreise (ohne Provision) nach der aktuellen Marktsituation festgelegt werden und starken Schwankungen unterliegen.

Zunächst wurden nur Flüge in der niedrigsten Beförderungsklasse über den Graumarkt vertrieben. Seit Mitte der 90er Jahre existieren aber auch in der Bundesrepublik Offerten für Flüge in der Business-Class. So wurde etwa im Herbst 1996 die Strecke Frankfurt/M - Singapur für DM 2.980.- (Tarif DM 6.473.-), die Strecke Frankfurt/M - Chicago für DM 2.800.- (Tarif DM 5.610.-) angeboten.

Jeder Flugpreis ist durch besondere Anwendungsbedingungen gekennzeichnet. Ausgangspunkt dafür sind die in der IATA Standard Note S999 festgelegten Standardbedingungen für Sondertarife. Die Anwendungsbedingungen sind umso restriktiver, je billiger ein Tarif ist. Die folgende Auflistung (vgl. Abb. 5.6) zeigt und erkärt diese Tarifpositionen anhand der von der Lufthansa im Tarifwerk "Flugpreise Ausgabe Deutschland - PT Nr. 87" verwendeten Darstellung. Hier ist besonders zu beachten, daß diese Sondertarife nicht auf allen Strecken und nicht von allen Fluggesellschaften angeboten werden; sie haben zudem bei den einzelnen Fluggesellschaften oft unterschiedliche Bezeichnungen, so nennt etwa die Lufthansa die PEX-Tarife Holiday-Tarife und die APEX-Tarife Super Flieg & Spar-Tarife.

Abb. 5.6: Standardbedingungen für Sondertarife

1. Anwendung/Application:
Art des Reisewegs:
OW: Einfachreise
RT: Hin- und Rückreise
CT: Rundreise
OJ: Gabelreise
Gepäck:
Freigepäck 20 kg.

2. Ermäßigungsberechtigung/ Eligibility:
Keine Einschränkungen.
Ausnahmen für Affinitäts- und Incentive-Tarife.

3. Flugpreise/Fares:
Siehe veröffentlichte Tarife oder Ermäßigungen, wie in der Tarif-Anmerkung angegeben.
Tarife sind nur anwendbar bei Flugscheinkauf vor Reiseantritt.
Der Preis einer Gabelreise errechnet sich aus der Summe der anwendbaren, halben RT-Tarife vom Ausgangsort für jede Teilstrecke der Gabelreise. Die beiden Endpunkte einer Gabelreise werden tarifarisch als Umkehrort angesehen.

4. Kinder-, Kleinkinderermäßigungen/Children, Infant fares:
Kinder (2 bis einschließlich 11 Jahre) zahlen 50 % des anwendbaren Erwachsenen-Tarifs (CH50).
Kleinkinder (unter 2 Jahren) zahlen 10% des anwendbaren Erwachsenen-Tarifs (IN90)

5. Mindestgruppengröße/Minimum group size:
Siehe Tarif-Anmerkung.
Zur Feststellung der Gruppengröße werden nur Passagiere gezählt, die den vollen, anwendbaren Erwachsenenflugpreis zahlen, wobei folgendes gilt:
- Ein Kleinkind/Kind, das weniger als den vollen Gruppentarif bezahlt, wird nicht als Gruppenmitglied gezählt.
- Zwei Passagiere, von denen jeder den anwendbaren Kinder-Gruppentarif bezahlt, werden als ein Gruppenmitglied gezählt.

6. Anwendungsperiode/Periods of application:
Ganzjährig.
Saisonale Anwendung: Das Datum des Reiseantritts auf dem ersten internationalen Sektor bestimmt den anwendbaren Flugpreis für die gesamte Reise.

7. Mindestaufenthalt/Minimum stay:
Keine Bedingungen.
SU-Regel ("Sunday-Return"): Die Rückreise vom letzten Flugunterbrechungsort außerhalb des Ausgangslandes darf nicht vor 00.01 Uhr an dem Sonntag erfolgen, der dem Datum der Ankunft am ersten Flugunterbrechungsort außerhalb des Ausgangslandes folgt.

8. Änderung des Mindestaufenthalts/Waiver of Minimum stay:
Nur im Todesfall gestattet.

9. Maximaldauer/Maximum stay:
Ein Jahr.
Maximaldauer heißt:
- Anzahl der Tage, gerechnet vom Tage nach dem Reiseantritt
oder
- Anzahl der Monate, gerechnet vom Tag des Reiseantritts bis zum letzten Tag, an dem die Rückreise vom letzten Flugunterbrechungsort (einschließlich) Umkehrort angetreten werden darf.

10. Verlängerung der Gültigkeit/Extension of validity:
Nur erlaubt im Fall von
- Flugunterbrechungen,
- Buchungsfehlern,
- keinem freien Platz, obwohl vorher von der Gesellschaft bestätigt,
- Krankheit des Passagiers,
- Tod.

11. Flugunterbrechungen/Stopovers:
Erlaubt.
Bei Einschränkungen zu Flugunterbrechungen gilt folgende Definition:
Aufenthalt an einem Zwischenort, von dem der Passagier am Ankunftstag planmäßig nicht mehr weiterfliegt. Wenn am Ankunftstag keine flugplanmäßige Anschlußmöglichkeit besteht, der Weiterflug jedoch innerhalb von 24 Stunden erfolgt, gilt der Aufenthalt nicht als Flugunterbrechung.

12. Leitwege/Routing:
Keine vorgeschriebene Flugroute.

13. Transfers:
Erlaubt.
Oneline-Transfer heißt: Wechsel von einem Dienst zu einem anderen Dienst derselben Gesellschaft.
Interline-Transfer heißt: Wechsel vom Dienst einer Gesellschaft zum Dienst einer anderen Gesellschaft.

14. Konstruktionen und Kombinationen/constructions and combinations:
Keine Einschränkungen.

15. Werbung und Verkauf/Advertising and sales:
Keine Einschränkungen.

16. Reservierung/Reservations:
Keine Einschränkungen, außer für
a) APEX-Tarife: Letzter Termin vor Reiseantritt: Siehe Tarif-Anmerkung. Reservierung für die gesamte Reise muß im voraus erfolgen.
b) PEX-Tarife: Reservierung muß zur gleichen Zeit wie Bezahlung und Flugscheinaustellung erfolgen. Reservierung für die gesamte Reise muß im voraus gemacht werden.
c) Gruppen-Tarife: Reservierung für die gesamte Reise muß im voraus erfolgen.
d) Pauschalreisen (IT): Allgemeine Bestimmungen für IT-Tarife sind zu beachten.
17. Bezahlung/Payment:
Keine Einschränkungen, außer für
a) APEX-Tarife: Letzter Termin vor Reiseantritt: sie Tarif-Anmerkung.
b) PEX-Tarife: Bezahlung muß zur gleichen Zeit wie Reservierung und Flugscheinausstellung erfolgen.
c) Gruppentarife: Vor Reiseantritt muß volle Bezahlung geleistet werden.
18. Flugscheinausstellung/Ticketing:
Keine Einschränkungen, außer für
a) APEX-Tarife:
-letzter Termin vor Reiseantritt: siehe Tarif-Anmerkung.
- die Flugscheine müssen bestätigte Reservierungen für die gesamte Reise aufweisen.
b) PEX-Tarife:
- Flugscheinausstellung muß zur gleichen Zeit wie Reservierung und Bezahlung erfolgen.
- Die Flugscheine müssen bestätigte Reservierungen für die gesamte Reise aufweisen.
19. Abbestellung und Erstattung/Refund for cancellation, No-show:
Keine Einschränkungen.
20. Reservierungs- und Reisewegsänderungen/Rebooking and Rerouting:
Freiwillige/unfreiwillige Änderungen sind erlaubt.
Ausnahme für Gruppentarife: Freiwillige Änderungen für einzelne Gruppenmitglieder sind nicht gestattet.
21. Ermäßigung für IATA-Agenturen/Agent discounts:
Nicht gestattet.
22. Ermäßigung für Reiseleiter/Tour conductors discounts:
Nicht gestattet.
23. Gemeinsame Reise/Travel together:
Gruppentarife: Die Gruppe muß auf der gesamten Reise zusammen fliegen.
Bei Gruppen von mehr als 20 Personen: Falls die Gruppe wegen fehlender Sitzplatzkapazität nicht zusammen fliegen kann, so können einige Mitglieder der Gruppe auf dem nächsten vorhergehenden und/oder folgenden Flug, auf dem Platz vorhanden ist, reisen.
24. Reisedokumente/Documentation:
Keine Bedingungen.
25. Transitkosten/Passenger expenses en route:
Übernahme von Transitkosten durch die Fluggesellschaft nicht gestattet.

Quelle: LUFTHANSA, Flugpreise Ausgabe Deutschland, Anwendungsbestimmungen, Mai 1996, S. V-VII

Struktur der Passagetarife:

Im Linienflugverkehr können folgende formelle Tarifgruppen unterschieden werden

- Normaltarife,
- ermäßigte Flugpreise,
- Sonderflugpreise,
- Gruppentarife,
- Kombinationstarife (vgl. Abb. 5.7).

Abb. 5.7: Struktur der Passagetarife

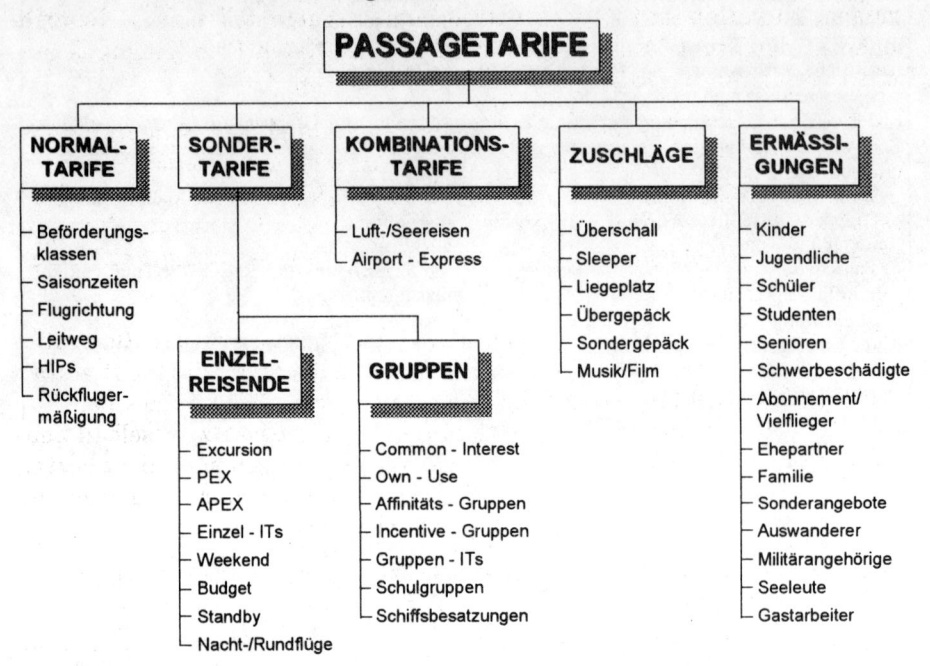

PASSAGETARIFE

- **NORMALTARIFE**
  - Beförderungsklassen
  - Saisonzeiten
  - Flugrichtung
  - Leitweg
  - HIPs
  - Rückflugermäßigung

- **SONDERTARIFE**
  - **EINZELREISENDE**
    - Excursion
    - PEX
    - APEX
    - Einzel - ITs
    - Weekend
    - Budget
    - Standby
    - Nacht-/Rundflüge
  - **GRUPPEN**
    - Common - Interest
    - Own - Use
    - Affinitäts - Gruppen
    - Incentive - Gruppen
    - Gruppen - ITs
    - Schulgruppen
    - Schiffsbesatzungen

- **KOMBINATIONSTARIFE**
  - Luft-/Seereisen
  - Airport - Express

- **ZUSCHLÄGE**
  - Überschall
  - Sleeper
  - Liegeplatz
  - Übergepäck
  - Sondergepäck
  - Musik/Film

- **ERMÄSSIGUNGEN**
  - Kinder
  - Jugendliche
  - Schüler
  - Studenten
  - Senioren
  - Schwerbeschädigte
  - Abonnement/Vielflieger
  - Ehepartner
  - Familie
  - Sonderangebote
  - Auswanderer
  - Militärangehörige
  - Seeleute
  - Gastarbeiter

Anmerkung: Diese Ermäßigungen und Sonderflugpreise sind nicht auf allen Strecken und für alle Fluggesellschaften anwendbar, die Liste ist unvollständig und vorwiegend auf den Verkauf ab Deutschland abgestellt. Da die Sonderflugpreise häufigen Änderungen unterworfen sind, ist der aktuelle Stand nur in den Tarifwerken der Fluggesellschaften und in den Agenturdiensten zu finden.

Quelle: POMPL, 1991a, S. 117

Der **Normaltarif** ist auf die Bedürfnisse und Ausgabebereitschaft der Geschäftsreisenden zugeschnitten. Er ist daher durch größtmögliche Flexibilität hinsichtlich der Wahl der Flugstrecke und der Zahl der Flugunterbrechungen, der kostenfreien Stornierung und Umbuchung sowie der Wahl der Fluggesellschaft gekennzeichnet.

Ermäßigungen auf den Normaltarif sind als Form der personellen Preisdifferenzierung an besondere persönliche Voraussetzungen gebunden. Sie werden für folgende Personengruppen angeboten: Kinder, Jugendliche, Studenten, Senioren, Ehegatten, Gastarbeiter, Auswanderer, Seeleute, Pilger, Militärpersonal und Schwerbehinderte.

Sonderflugpreise für Einzelpersonen und Gruppen sind durch Restriktionen gekennzeichnet, die gegenüber dem Normaltarif die Anwendungsmöglichkeiten einschränken. Diese Restriktionen zielen darauf ab, die Nutzung der Sondertarife durch Geschäftsreisende, die als Vollzahler hohe Erträge bringen, zu verhindern. Für Privatreisende dagegen stellen diese Restriktionen in der Regel (Ausnahme: Reisen in dringenden Familienangelegenheiten) keine Einschränkungen ihrer Reisepläne dar.

Der Excursion Tarif ist gegenwärtig (ab Deutschland) der Sondertarif mit den wenigsten Einschränkungen, er ist daher auch der teuerste Sondertarif. Von den Anwendungsbedingungen her unterscheidet er sich vom Normaltarif lediglich dadurch, daß keine Einwegbeförderung und nur die Economy-Klasse angeboten wird sowie durch die Mindestaufenthaltsdauer, d. h. die Sunday Rule.

Der PEX-Tarif (Purchase-Excursion-Tarif) hat als zusätzliche Restriktionen: eine Verlängerung der Gültigkeitsdauer bei Krankheit ist nicht gestattet, Flugunterbrechungen sind nicht oder nur gegen Aufpreis möglich, Reservierung, Bezahlung und Flugscheinausstellung müssen zum selben Zeitpunkt erfolgen, Reservierungs- oder Reisewegänderungen sind nicht gestattet, bei Abbestellung vor oder nach Reiseantritt fallen Stornierungsgebühren bis zu 100% des Flugpreises an

Beim APEX-Tarif (Advance-Purchase-Excursion-Tarif) müssen Reservierung und Bezahlung 14 Tage vor Reiseantritt erfolgen; der Wechsel der Fluggesellschaften (Interlining) ist eingeschränkt, ebenso die Kombination mit lokalen Tarifen.

Der Super-APEX-Tarif kann nur auf den Diensten einer Fluggesellschaft angewendet werden, Flugunterbrechungen sind nicht gestattet, die maximale Gültigkeitsdauer des Flugscheins beträgt drei Monate.

Bei Standby-Tarifen, die ab Deutschland nicht angewendet werden, ist keine längerfristige Reservierung, also nur die Buchung kurzfristig vor Abflug (Abflugtag oder vorhergehender Tag) möglich.

Bei Rundreise-Sondertarifen kann zu einem Einheitspreis entweder eine bestimmte Zahl von Flügen oder das gesamte Streckennetz einer Fluggesellschaft innerhalb einer befristeten Zeit beflogen werden.

Kombinationstarife gelten für Reisen, bei denen ein Teil der Strecke mit einem anderen Beförderungsmittel zurückgelegt wird. Um den Reisepreis nachfragerfreundlich gestalten zu können, wird für die Flugstrecke nicht der Normaltarif, sondern ein ermäßigter Sondertarif angewendet.

Tab 5:2: Innerdeutsche Tarife der Lufthansa

Name	Tarifart	Besondere Restriktionen	Preisbeispiel Frankfurt/M-Berlin Hin-u. Rückflug
Business	Normaltarif	keine	DM 800,-
Economy	PEX	- nur Hin- und Rückflug, einfache Gabelreise - nur auf LH-Diensten gültig - Flugunterbrechung nicht gestattet - Stornierung. Reservierungs- und Reisewegänderungen gebührenpflichtig	DM 680.-
Economy-Spar	APEX	zusätzlich - Mindestaufenthalt 3 Tage oder SU-Regel* - Höchstaufenthaltsdauer 3 Monate - Reservierung bis 7 Tage vor Reiseantritt - Bezahlung innerhalb von 24 Std. nach Reservierung	DM 370,-
Super-Spar	APEX	zusätzlich - SU-Regel - Reservierung, Bezahlung, Flugscheinausstellung 14 Tage vor Reiseantritt	DM 240,-

* SU-Regel: "Sunday Return". Rückreise nicht vor 00.01 Uhr an dem Sonntag, der dem Datum der Ankunft am Zielort folgt.

Quelle: LUFTHANSA, Flugpreise Ausgabe Deutschland, Nr. 100 (Juli 1996)

5.4.3 Pauschalreisen mit Linienbeförderung

Ein Reiseveranstalter hat zunächst grundsätzlich die Möglichkeit, jeden Tarif, soweit die Bestimmungen es zulassen, für die Organisation einer Pauschalreise zu benutzen. Aus Kostenerwägungen wird er jedoch den für eine Reise jeweils günstigsten zulässigen Tarif anwenden. Dies ist in der Regel der IT-Tarif, und nur für Strecken, auf denen ein IT-Tarif nicht angeboten wird, wird auf andere Tarife zurückgegriffen.

Inclusive Tours sind von IT-Veranstaltern zusammengestellte Einzel- oder Gruppenpauschalreisen, die der Öffentlichkeit mittels Werbeliteratur zugänglich gemacht werden und bei denen bestimmte Sondertarife (IIT = Tarife für Einzelreisen, GIT = Tarife für Gruppenreisen) zur Anwendung kommen. Unter den Begriff IT-Flugreisen fallen:

- Ferienreisen als reine Aufenthaltsreisen,
- Ferienreisen als Rundreisen,

- Ferienreisen als kombinierte Reisen mit anderen Verkehrsmitteln (z. B. Kreuzfahrten),
- Fly & Drive-Reisen,
- Reisen für Sondergruppen zu Messen, Kongressen, Sportveranstaltungen etc.

Die Verwendung von IT-Tarifen zur Durchführung von Pauschalreisen ist an eine Reihe von Auflagen gebunden (LUFTHANSA, 1993):

- **Genehmigung:** IT-Flugreisen müssen mindestens vier Wochen vor Veröffentlichung des Prospekts/Katalogs durch eine IATA-Luftverkehrsgesellschaft zum Verkauf genehmigt werden. Die Gültigkeit der Genehmigung beträgt zwei Jahre.

- **IT-Referenz-Nummer:** IT-Flugreisen sind unter einem besonderen Kennzeichen (Referenz-Nummer) auszuschreiben. Diese IT-Referenz besteht aus einem Code von 12 Buchstaben und Zahlen; sie ist bei der entsprechenden Destination im Prospekt zu nennen und im Flugschein in die Spalte "Tour Code" einzutragen.

    Beispiel: IT3LH2RSF111
    IT   = Abkürzung für Inclusive Tour
    3   = Endziffer des Jahres, in dem die Genehmigung erteilt wird
    LH = IATA-Code der genehmigenden Luftverkehrsgesellschaft
    2   = Konferenzgebiet TC 2 (= Europa, Afrika)
    RSF = individuelle Abkürzung des Reiseveranstalternamens
    111 = mit den Zahlen von 001 bis 999 sind die Zielflughäfen des Veranstalters zu unterscheiden.

- **Touristische Leistungen:** Folgende drei Leistungen sind für eine Pauschalreise als Minimum erforderlich:
    - Flug,
    - Unterkunft (Ausnahme Fly & Drive) und
    - eine weitere Leistung wie Transfer, Stadtrundfahrt o. ä.

    Den Reisenden müssen für die bezahlten Leistungen Gutscheine in doppelter Ausfertigung ausgestellt werden.

- **Mindestaufenthaltsdauer:** Im allgemeinen sind sechs Übernachtungen vorgeschrieben; Ausnahmen davon gelten für Sondergruppen, IT-Reisen und Wochenendreisen.

- **Prospektgestaltung:** Der Prospekt muß aus mindestens vier voneinander unabhängig gestalteten, zusammenhängenden Seiten bestehen, in einem Druckverfahren hergestellt werden und mit einer Mindestauflage von 2000 Exemplaren erscheinen.

- **Flugpreis:** Auf dem Flugschein wird kein Flugpreis eingetragen, sondern lediglich die Abkürzung "IT".

Besondere Pauschalreisen auf IT-Basis:

- **Air-Sea-Pauschalreisen:** Bei der Konstruktion von kombinierten Schiffs- und Flugreisen, die zusammen eine geschlossene Reiseroute bilden, kann auf der Flugstrecke der halbe IT-Tarif für Einzel- oder Gruppenreisen angewandt werden.

- **Fly & Drive-Reisen:** Mit Flug und Mietwagen sind hier nur zwei Mindestleistungen vorgeschrieben; die Mindestgruppengröße beträgt zwei Personen.

- **IT-Sondergruppen:** Der Sondergruppen-IT-Tarif ist anwendbar für Incentive-Reisen, Kongresse, Tagungen und Veranstaltungen (einschließlich internationaler Sportveranstaltungen) sowie einmalig durchzuführende Sonderreisen. Bei Auslandsreisen ist mindestens eine Übernachtung im Umkehrgebiet vorgeschrieben, innerdeutsche Reisen zu Sportveranstaltungen sind auch ohne Übernachtung zulässig. Die maximale Aufenthaltsdauer im Umkehrgebiet beträgt fünf Übernachtungen.

- **Weltreisen:** Für von Deutschland ausgehende Pauschalreisen "Rundum-die-Welt" bietet die Lufthansa in Zusammenarbeit mit anderen Fluggesellschaften Pauschaltarife an, die dem Reisenden große Freizügigkeiten in der Wahl der Reiseroute gewähren. Die Reise muß entweder ostwärts oder westwärts in der gleichen globalen Richtung verlaufen und darf nur auf Diensten der kooperierenden Fluggesellschaften durchgeführt werden.

Weitere Gruppen-Sondertarife, die für die Durchführung von Pauschalreisen verwendet werden können (vgl. POMPL, 1991a, S. 127f.) sind

- Common Interest-Gruppen (gemeinsames Reiseinteresse),
- Affinitätsgruppen (bestehende Gruppen wie Vereine),
- Incentive-Gruppen (Teilnehmer einer Incentive-Reise),
- Own-Use-Gruppen (Eigenbedarf eines Unternehmens) und
- Schulgruppen.

Gerade diese Gruppentarife werden nur noch sporadisch angeboten, sind je nach Fluggesellschaft höchst unterschiedlich und unterliegen häufigen Veränderungen. Es hat sich zudem gezeigt, daß die Fluggesellschaften aus Wettbewerbsgründen zunehmend bereit sind, den einzelnen Reiseveranstaltern je nach Abnahmemenge **Nettotarife** einzuräumen.

5.4.4 Beschaffung

Ein Reiseveranstalter kann ein benötigtes Kontingent an Linienflugplätzen entweder über den IATA-Vertriebsweg, über einen Konsolidator oder direkt bei der Fluggesellschaft beschaffen.

Die meisten Reiseveranstalter sind im Besitz einer IATA-Agenturlizenz, die es ihnen erlaubt, Flüge für eigene Pauschalreisen über den IATA-Vertriebsweg zu reservieren und zu buchen. Die Zulassung als IATA-Agent erfolgt nach Antragstellung und Überprüfung der Zulassungsvoraussetzungen. Nach diesen kann jedes Unternehmen als IATA-Agentur akkreditiert werden, das sich wie ein Reisebüro mit regulären Öffnungszeiten verhält, eine fachliche Beratung gewährleistet und den Nachweis einer ausreichenden finanziellen Basis erbringt. Da die IATA-Agenturen für den Verkauf von Flugscheinen eine Inkasso-Vollmacht haben, die Überweisung der eingenommenen Kundengelder aber erst zum 15. des Folgemonats erfolgt, verlangt die IATA eine Absicherung der in der Zwischenzeit treuhänderisch verwalteten Gelder, die durch eine Bankbürgschaft oder die Teilnahme an einer Haftungsgemeinschaft erbracht werden kann. Nach der Ernennung kann die Agentur Flugscheine für alle der IATA angeschlossenen Fluggesellschaften ausstellen.

Auch Linienfluggesellschaften bedienen sich zunehmend der Konsolidatoren, die als Großhändler eine bestimmte Anzahl von Flugsitzen abnehmen und sie zu Nettopreisen an Reisebüros und Reiseveranstalter weiterverkaufen. Die Buchung von Flügen für größere Gruppen und für regelmäßig im Katalog angebotene Reisen erfolgt über die regionalen Verkaufsbüros der jeweiligen Fluggesellschaften. Da diese Buchungen mitunter eine erhebliche Kapazität eines Flugs in Anspruch nehmen oder gar eine Änderung des eingesetzten Fluggeräts erfordern, sind sie mit einer längeren Vorlaufzeit und auf der Basis von Gruppenverträgen zu buchen.

Auf dem **grauen Markt** werden Flugscheine zu Zielen außerhalb der EU und von Fluggesellschaften aus Drittländern auch für innereuropäische Verbindungen zu Preisen unterhalb der staatlich genehmigten Tarife oder unter Umgehung der Anwendungsbestimmungen verkauft. Diese Praxis ist an sich nicht neu, ihre Ausweitung in den achtziger Jahren führte aber insofern zu einem gespaltenen Markt, als die Zahl der Strecken, für die Graumarkttickets angeboten werden, ebenso rapide wuchs wie die Zahl der Agenturen und Fluggesellschaften, die diese Flugscheine verkaufen. Der zunächst von Seiten der Genehmigungsbehörden, den Verbänden und tariftreuen Agenturen angestellte Versuch, diesem ungesetzlichen Verhalten Einhalt zu gebieten, war jedoch erfolglos. So werden seit mehreren Jahren solche Tarifumgehungen nicht mehr juristisch verfolgt mit der Konsequenz, daß die auf solche Flugpreise spezialisierten Agenturen unbehindert arbeiten und dafür auch in den Printmedien umfangreiche Werbung betreiben. Zwischenzeitlich sind Flugscheine zu Graumarktpreisen auch über die großen CRS buchbar, so daß eher von einem zweiten Vertriebsweg als von einem grauen Markt gesprochen werden kann.

Für die Reiseveranstalter, deren Charterflugpauschalreisen früher die preisgünstigsten Angebote für Flugreisen ins Ausland waren, bedeutete die Ausweitung des Graumarkts zunächst einen Verlust derjenigen preissensiblen Nachfrager, die auf die eigentliche Veranstalterleistung keinen Wert legen, sondern nur möglichst billig ins Zielgebiet fliegen wollen, um dort ihren Aufenthalt selbst zu arrangieren. Dies ist heute insbesondere auf den Fernstrecken der Fall, wo die Graumarktflugpreise der Liniengesellschaften eine ernsthafte Konkurrenz für die Charterflüge der Reiseveranstalter darstellen. Die Veranstalter reagierten darauf zunächst einmal damit, daß sie bei Gruppenpauschalreisen nicht mehr den jeweils zutreffenden Sondertarif buchten, sondern in direkten Verhandlungen mit den Fluggesellschaften Nettoflugpreise vereinbarten. Eine weitere Reaktion bestand darin, zunehmend die Charterflugbestimmungen zu umgehen, indem dem Kunden nur ein Flugpreis berechnet und für die nach den Bestimmungen notwendige Unterkunft ein "Mondvoucher" (Hotelgutschein ohne tatsächliche Übernachtungsmöglichkeit) ausgestellt wurde. Bei diesem Verfahren liegt die Abwicklung bei den Reisebüros, die nach einer Flugpreisliste mit Nettopreisen verkaufen und selbst entscheiden, inwieweit sie einen Flug mit einer tatsächlichen oder einer vorgeblichen Unterkunftsleistung verkaufen. Da zudem das Auslastungsrisiko einer Charterkette infolge des zunehmenden Splitcharters sich immer häufiger auf die Charterfluggesellschaften zurückverlagerte, führten diese das System der Einzelplatzbuchung ein, bei dem das Reisebüro den Flug nicht mehr aus dem Kontingent eines Reiseveranstalters, sondern direkt bei der Fluggesellschaft einbucht.

Für die zukünftige Entwicklung des Graumarkts lassen sich zwei Thesen aufstellen:

- Auf Strecken innerhalb und zwischen Verkehrsgebieten mit liberalisierter Preisbildung werden Graumarkttickets weitgehend überflüssig. Da Tarifkoordinationen und Tarifgenehmigung durch beide betroffenen Staaten entfallen, können die einzelnen Fluggesellschaften diejenigen Preise verlangen, die ihnen je nach Marktsituation als vertretbar erscheinen. Die Genehmigungsbehörden, denen die Tarife gemeldet werden müssen, können einen Niedrigtarif nur noch dann verbieten, wenn sie nachweisen können, daß er gezielt zur Verdrängung eines Mitbewerbers eingesetzt wird. Dieser Nachweis dürfte nicht nur wegen der generellen Problematik der Zuordnung von Fixkosten, sondern auch wegen der von den Fluggesellschaften angewendeten Mischkalkulationen und den für bestimmte Tarife kontingentierten Kapazitäten allerdings nur sehr schwer zu erbringen sein. Die den Reiseveranstaltern für Pauschalreisen angebotenen Flugpreise unterliegen generell keiner Tarifpflicht. Im Charterverkehr werden durch den Wegfall der Paketpflicht Umgehungen weder nötig noch überhaupt möglich sein.

- Auf Strecken, die weiterhin einer Tarifregulierung unterliegen, werden Graumarktflugpreise fortbestehen, allerdings an Bedeutung verlieren, da zu erwarten ist, daß von den liberalisierten Verkehrsgebieten ein Preisdruck auch auf diese Strecken ausgeht, der zu niedrigeren Sondertarifen führen wird. Dies trifft vor allem für jene Staaten zu, bei denen hohe Flugpreise eine Verlagerung der Touristenströme in konkurrierende Zielgebiete zur Folge haben.

Vertiefende Literatur zum Flugtourismus:

BANFE, C.:
   Airline Management, Englewood Cliffs (N. J.) 1992
DOGANIS, R.:
   Flying off Course - The Economies of International Airlines, 2. Aufl., London 1991
FORSCHUNGSGEMEINSCHAFT URLAUB + REISEN (F.U.R.)
   Reiseanalyse Urlaub + Reisen 1996, Hamburg 1996
HANLON, P.:
   Global Airlines: Competition in a Transnational Industry, Oxford 1996
IATA (Hrsg.):
   Airline Marketing, Montreal/Genf 1992
KRSTGES, T.:
   Strukturanalyse des deutschen Veranstaltermarktes 1995, Arbeitspapier des Lehrgebiets Tourismuswirtschaft an der Fachhochschule Wilhelmshafen, Wilhelmshafen 1996
LUFTHANSA (Hrsg.):
   Jahrbücher 1984 - 1992, Köln
PRESSEDIENST DES BUNDESMINISTERS FÜR VERKEHR
   Nr. 114/1996 vom 10.05.1996
POMPL, W.:
   Luftverkehr - Eine ökonomische Analyse, 3. Aufl., Berlin/Heidelberg/New York 1997
SABATHIL, S.:
   Lehrbuch des Linienluftverkehrs, 2. Aufl. Berlin 1993
SHAW, S.:
   Airline Marketing and Management, 3. Aufl., London 1990
SHEARMAN, P.:
   Air Transport, London 1992
STERZENBACH, R.:
   Luftverkehr, München/Wien 1996
TEUSCHER, W. R.:
   Zur Liberalisierung des Luftverkehrs in Europa, Göttingen 1994

Fachausdrücke aus dem Luftverkehr:

Adult (Erwachsener): Passagier, der seinen 12. Geburtstag gefeiert hat und den vollen Tarif zahlt.

Anstoßflugpreis: Tarif für eine inländische Teilstrecke einer internationalen Strecke, für die kein Durchgangstarif veröffentlicht wurde.

BARIG: Board of Airline Representation in Germany; Interessengemeinschaft der die Bundesrepublik Deutschland anfliegenden IATA-Luftverkehrsgesellschaften.

Child (Kind): Passagier zwischen 2 und 12 Jahren, zahlt den halben Tarif.

Conjunction Ticket: Zwei oder mehr Flugscheine, die einem Passagier gemeinsam ausgestellt werden und zusammen einen einzigen Beförderungsvertrag bilden.

Durchgangstarif: In den Tarifwerken der CRS veröffentlichter Flugpreis zwischen zwei Orten, der bei der Ermittlung des Flugpreises über Konstruktionsverfahren nicht unterboten werden darf.

Fare calculation point: Der Punkt einer Tarifkalkulation, an dem der eine Beförderungstarif endet und der folgende beginnt.

Flight coupon (Flugabschnitt): Derjenige Teil des Flugscheins, der als Beförderungsgutschein zwischen den dort genannten Orten gilt.

Frequent Flyer: Vielflieger.

Frequenz: Zahl der Flüge, die von einer Fluggesellschaft auf einer bestimmten Strecke innerhalb eines bestimmten Zeitraums (Tag/ Woche) angeboten werden.

Gateways, North America: Im internationalen Luftverkehr übliche Bezeichnung für Flugplätze eines Landes, auf denen eine oder mehrere Fernstreckenverbindungen beginnen oder enden.

Go-Show: Fluggast, der, ohne vorher eine Flugbuchung vorgenommen zu haben, zum Abflug eines Flugzeugs erscheint.

Graumarkt: Verkauf von Flugscheinen zu Preisen unterhalb der genehmigten Tarife oder unter Umgehung der Anwendungsbestimmungen.

Ground Transportation: Bus-/Limousinen-/Taxi-Service zwischen dem Stadtterminal einer Fluggesellschaft und dem Flughafen.

Handling Fees: Abfertigungsgebühren für Bodenabfertigung von Flugzeugen und Luftfracht.

Infant: Passagier unter zwei Jahren, zahlt 10% des Beförderungstarifs.

Interim Traveller: Reisender, der die Geschäftsreise mit einem privaten Aufenthalt verbindet.

JAR OPS 145: Joint Aviation Regulation-Operations der EU Luftfahrtbehörde Joint Aviation Authority, die ab 1998 die Einrichtung des Qualitätsmanagement-Systems für die fliegerischen und technischen Bereiche fordert.

Konferenzgebiet: von der IATA für die Tarifkonferenzen vorgenommene Zusammenfassung von Regionen. TC 1 Amerika; TC 2 Europa; TC 3 Fernost, Pazifik.

Layover: Für den Passagier unfreiwillige Flugunterbrechung aufgrund fehlender sofortiger Anschlußverbindungen.

Leitweg (Routing): Tarifliche, für eine Verbindung zwischen zwei Orten, festgelegte alternative Flugstrecken mit möglichen Zwischenlandungen.
Normal Fare: Der Tarif, der ohne jegliche Restriktionen in der ersten, der Touristen oder Economy Klasse angewendet wird.
No-Show: Ein Passagier, der eine reservierte Leistung (aus anderen Gründen als dem des verpaßten Anschlusses) nicht in Anspruch nimmt.
Onward combination: Addition von zwei oder mehreren einzelnen Flugstrecken zu einem aufeinanderfolgenden Streckenabschnitt.
Open Jaw Trip (Gabelflug): Single Open Jaw bedeutet eine Hin- und Rückreise, bei der die Abflug- und Ankunftsorte nicht identisch sind, oder bei der der Ankunftsort im Zielgebiet nicht der gleiche des dortigen Abflugs ist.
Overhead costs: Langfristig feste Kosten für Verwaltung, Personal, Miete etc. (Gemeinkosten).
Periodic Traveller: Geschäftsreisender, der regelmäßig die gleichen Strecken fliegt.
PKM (Passagierkilometer): Verkehrsleistungsgröße der Nachfrage im Passagierluftverkehr, die sich aus der Multiplikation der Zahl der beförderten Passagiere mit der jeweils zurückgelegten Entfernung in Kilometern ergibt.
Pool Arrangement: Eine Vereinbarung zwischen zwei oder mehreren Luftverkehrsgesellschaften über den gemeinsamen Betrieb des Flugverkehrs auf einer Strecke oder in bestimmten Gebieten und über die Teilung der Einnahmen und/oder Ausgaben für dessen Betriebsführung sowie die Aufteilung des Verkehrs nach festgelegten Schlüsselwerten.
Refund: Erstattung eines Teils oder des gesamten Flugtarifs für nicht in Anspruch genommene Beförderung an den Passagier.
Slot: Die für den Flugverkehr genehmigten Start- und Landezeiten.
Stopover: Vom Fluggast vorgesehene Reiseunterbrechung an einem Ort zwischen Abgangs- und Bestimmungsflughafen, welcher der Luftfrachtführer im voraus - durch entsprechende Eintragung im Flugschein - zugestimmt hat.
Tarife: Veröffentlichte Flugpreise, Gebühren, Raten und/oder damit zusammenhängende Beförderungsbedingungen.
Terminal: Abfertigungsgebäude für Passagiere oder Fracht am Flughafen oder auch Baulichkeiten in der Stadt, sofern dort bereits ein Abfertigungsvorgang für die Luftbeförderung stattfindet.
Three-Letter-Code: Drei-Nummern-Code zur schnellen Identifikation der Luftverkehrsgesellschaften und Flughäfen.
Turnaround: Der Punkt einer Rundreise, an dem die Hinreise endet und die Rückreise beginnt.
Vielfliegerprogramme: Auch Bonusprogramm oder Frequent Flyer Club (Lufthansa: Miles & More) genanntes Marketinginstrument zur Kundenbindung. Die bei der Airline geflogenen Strecken werden auf einem Meilenkonto gutgeschrieben und gegen Flüge oder sonstige Leistungen eingetauscht.

6 Bus

6.1 Busreisemarkt

6.1.1 Nachfrage

Für die Beschreibung der **langfristigen Entwicklung** der Bedeutung des Busses als Reiseverkehrsmittel kann auf die Reiseanalyse zurückgegriffen werden. Für Westdeutschland zeigt sich (vgl. auch Abb. 5.1), daß der Bus bei der Haupturlaubsreise bis Mitte der siebziger Jahre fast die Hälfte seines früheren Marktanteils verlor, dann zwischenzeitlich seine Position verbessern konnte, aber seit Anfang der neunziger Jahre wieder Rückgänge hinnehmen mußte. 1995 wurden in Westdeutschland nur noch 8,4% der Haupturlaubsreisen (= 4,3 Mio Reisen) mit dem Bus unternommen. In den neuen Bundesländern, für die erst seit 1990 vergleichbare Zahlen vorliegen, war nach der Erlangung der Reisefreiheit der Bus zunächst nach dem PKW das zweitwichtigste Urlaubsverkehrsmittel. 1995 aber verreisten auch in Ostdeutschland erstmals mehr Urlauber mit dem Flugzeug (19,2%) als mit dem Bus (15,4%). Der Verkehrsmittelanteil des Busses von 9,8% für Gesamtdeutschland (1995) dürfte sich also zukünftig noch weiter verringern, da davon auszugehen ist, daß sich das Reiseverhalten der ostdeutschen Bevölkerung dem der westdeutschen Bevölkerung weiter annähern wird.

Für die Busreiseveranstalter kommt erschwerend hinzu, daß der Anteil der Mietwagenfahrten ohne Arrangement (vgl. Kap. 6.2.1) steigt, so daß sich ihre Funktion zunehmend auf die des bloßen Carriers beschränkt. Zuwächse konnten in den letzten Jahren vor allem mit zielgruppenspezifischen neuen Produkten wie Reisen zu Musicals und kulturellen Events, Aktivreisen (Wellness-, Snowboard-, Langlaufexpress-, Radreisen), Packages zu Themen- und Freizeitparks sowie Reisen mit Verkehrsmittelkombination (z. B. Flug-/Buskombination) erzielt werden.

Bei der Einschätzung der Bedeutung der Busreisen ist jedoch zu berücksichtigen (vgl. DRV 1996, S. 89), daß

- der durchschnittliche Preis bei Busreisen mit DM 105,- pro Urlaubstag um DM 5,- über den Ausgaben anderer Pauschalurlauber liegt (1995);

- der Anteil der Busreisen bei den zweiten und weiteren Urlaubsreisen höher ist als bei der Haupturlaubsreise;

- bei Pauschalreisen die Stellung des Busses (ca. 25%) stärker ist als bei den Urlaubsreisen insgesamt;

- der Bus bei den Kurzreisen von zwei bis vier Tagen Dauer mit 5 Mio. Teilnehmern (1995) ein beliebtes Verkehrsmittel ist;

- jährlich ca. 25 Mio. Busausflüge durchgeführt werden, und
- der Bus in den Zielgebieten das wichtigste Verkehrsmittel für Transfers, Ausflüge und Rundreisen darstellt.

Die **Reiseziele** der Haupturlaubsreise mit dem Bus liegen zu ca. 75% im Ausland; Italien (13,8% aller Urlaubsreisen, aber 24,3% aller Busreisen), Spanien (16,8%) und Österreich (16,5%) stellen die quantitativ wichtigsten Zielländer dar (vgl. Tab. 6.1). Bezogen auf den Marktanteil der einzelnen Verkehrsmittel bei Reisen in die jeweiligen Länder ist der Bus vor allem bei Reisen nach Osteuropa (z. B. 33,3% aller Reisen nach Polen, vgl. Tab. 6.1) und Skandinavien von Bedeutung.

Tab. 6.1: Buszielgebiete der Haupturlaubsreise 1995

Reiseziel	Anteil in % aller Urlaubsreisen ins Ausland	Anteil in % aller Busreiseziele ins Ausland	Anteil der Busreisen in % aller Reisen in dieses Land
Italien	13,8	24,3	20,7
Spanien	18,4	16,8	10,7
Österreich	11,5	16,5	16,7
Frankreich	6,7	10	17,6
Skandinavien	2,4	5,3	26,4
Schweiz	3,3	4,2	15
Großbritannien/ Irland	2,3	3,6	18,7
Niederlande	3,7	3,1	10
Polen	1,0	3,0	33,3
andere osteuropäische Länder	3,6	4,1	13,1
Ungarn	3,6	2,8	11,6
Griechenland	2,9	2,5	5,3
Dänemark	5,5	1,1	3,6
Fernreisen	3,6	0,8	0,7
ehem. Jugoslawien	12,9	0,6	6,3
andere Mittelmeerländer	1,2	0,2	0,5
Sonstige	3,6	-	-

Quelle: F.U.R., RA 96, zitiert nach RDA 1996, S. 34

Busreisende können (vgl. GUTJAHR, 1978, S. 7ff.) in zwei Gruppen eingeteilt werden. Die "positive Auswahl" entscheidet sich für den Omnibus, weil er das Verkehrsmittel ist, mit dem sich ihre Urlaubs- und Reisewünsche am besten erfüllen lassen. Dazu zählen die Gruppen

- Kontaktsuchende,
- Bildungs- und Erlebnishungrige,
- bestehende Reisegruppen (z. B. Vereine),
- passiv Erlebnissuchende,
- Zweiturlauber.

Die sog. "negative Auswahl" entscheidet sich für den Bus, weil sie kein anderes Verkehrsmittel wählen kann. Dazu zählen nicht nur Personen mit geringem Urlaubsbudget (wie Rentner, Arbeitslose, Schüler), sondern auch psychisch oder physisch in ihrer Bewegungsfreiheit eingeschränkte Personen (z. B. Ältere oder alleinreisende Frauen).

Auf Seiten der Nachfrager zeigen sich gewisse Sättigungstendenzen bei steigendem Preis- und Qualitätsbewußtsein. Das führt dazu, daß der Marktanteil der Ferienzielreisen stagniert; diese Ferienzielreisen werden in zunehmendem Maße nicht mehr von Busunternehmen, sondern von branchenfremden Reiseveranstaltern und von Organisationen wie Sportvereinen, Kirchen und Volkshochschulen durchgeführt, so daß in diesen Fällen für das Busunternehmen nur noch die Beförderung als Wertschöpfung bleibt. Dagegen sind in den Angebotssegmenten Studien-, Rund- und Städtereisen Zunahmen zu verzeichnen.

6.1.2 Angebot

Die **Angebotsseite** des Markts für Busreisen (vgl. Abb. 6.1) ist von der Struktur her gekennzeichnet durch eine große Zahl von kleinen und mittelständischen Unternehmen sowie einer erheblichen Marktzersplitterung. Laut Arbeitsstättenzählung (STATISTISCHES BUNDESAMT, 1989, S. 27ff.) beträgt die Zahl der Busunternehmen in den alten Bundesländern ca. 5.200, in den Neuen Bundesländern ca. 600, von denen die meisten nicht nur im Linienverkehr, sondern auch als Veranstalter von Busreisen tätig sind, aber nur ca. 1.200 Unternehmen weisen eine nennenswerte Bustouristik auf.

Bedingt durch diese von kleinen und mittelständischen Unternehmen geprägte Anbieterstruktur ist der Busreisemarkt durch ca. 120 regionale und lokale Teilmärkte gekennzeichnet. Die dort tätigen Veranstalter können auf einen im Branchenvergleich überdurchschnittlich hohen Anteil von bus- und veranstaltertreuen Kunden zählen.

Der Markt ist durch Überkapazitäten auf der Seite der Busunternehmen gekennzeichnet. Die relativ niedrigen Marktzutrittsschranken, die Verkaufspolitik der Bushersteller und die Finanzierungsmethoden der Banken ermöglichen es vielen Angestellten des Gewerbes, ein eigenes Unternehmen zu gründen. Das Angebot wurde aber auch durch eine oftmals falsche Investitionspolitik der bestehenden Unternehmen ausgeweitet, denn, so FROHNERT (o. J., S. 121), "Pferdestärken und technische Finessen spielen bei Investitionsentscheidungen oftmals eine größere Rolle als Platzkosten, Auslastung und Einsatzmöglichkeiten". Die Folge davon ist ein äußerst harter Preiswettbewerb unter den Busunternehmen.

Abb. 6.1: Anbieter von Busreisen

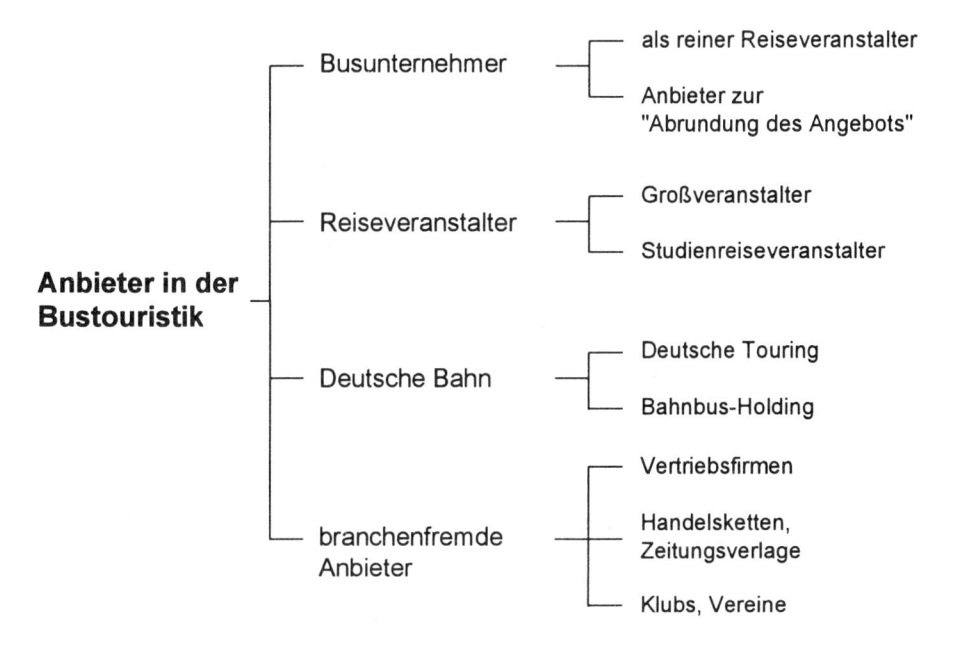

Anbieter in der Bustouristik
- Busunternehmer
  - als reiner Reiseveranstalter
  - Anbieter zur "Abrundung des Angebots"
- Reiseveranstalter
  - Großveranstalter
  - Studienreiseveranstalter
- Deutsche Bahn
  - Deutsche Touring
  - Bahnbus-Holding
- branchenfremde Anbieter
  - Vertriebsfirmen
  - Handelsketten, Zeitungsverlage
  - Klubs, Vereine

Quelle: WOLFF, o. J., S. 20

Auf dem touristischen Sektor des Busverkehrs brachten der Einstieg von Großveranstaltern und branchenfremden Handelsketten in den Busreisemarkt und die Aktivitäten staatlicher und kommunaler Betriebe zusätzliche Konkurrenten, die mit ihrer Einkaufsmacht und einem überregionalen Vertriebsnetz über Wettbewerbsvorteile verfügen, die der einzelne mittelständische Unternehmer nur schwer ausgleichen kann. Allerdings konnten die ebenfalls Busreisen anbietenden überregionalen Touristik-Großveranstalter, bedingt durch das Zusteige- und Zwischenbedienungsverbot, keine nennenswerten Marktanteile (TUI, NUR und ITS zusammen weniger als 0,5%; GAUF, 1993, S. 591; vgl. Tab. 6.2) erringen. Zudem zeigt sich bei den Werbefahrten die Tendenz, neben den eintägigen Ausflugsfahrten

(Kaffeefahrten) zunehmend auch mehrtägige Pauschalreisen ins In- und Ausland anzubieten.

Die relativ gleichartigen Produkte in den Katalogen der Busreiseveranstalter führt FROHNERT (o. J., S. 122) darauf zurück, daß sich die Omnibusbetriebe kaum noch über die Busqualität von der Konkurrenz abheben können, da nahezu alle Betriebe über einen technisch ausgezeichneten Fuhrpark verfügen. Darüber hinaus nimmt die Profilierungsmöglichkeit der Busreiseveranstalter über das Veranstaltungs-Know-how ab, da durch den Einkauf bei Paketreiseveranstaltern auch Unternehmer ohne Erfahrung Busreisen veranstalten können. Aus der relativen Gleichartigkeit des formalen Produkts ergibt sich aber die Chance, über Produkterweiterungen und durch die Gestaltung der Prozeßqualität, also der Servicekomponente, zu einem profilierten Angebot zu kommen.

Tab. 6.2: Die größten Reiseveranstalter in der Bustouristik 1996

Reiseveranstalter	Teilnehmer
Graf	89.493
Hafermann	84.042
DER	62.500
TRD	51.824
Hirsch	22.679
NUR	22.351
Jäger	19.521
INS	19.120
RUF-Reisen	17.950
Schauinsland	16.620
Studiosus	11.281
TUI KG	10.000

Quelle: FVW International, Beilage zu Nr. 28/1996, S. 12

Auf dem Busreisesektor waren in der Vergangenheit häufig Reiseveranstalter und Verkehrsträger identisch, "d. h. es handelt sich um das gleiche Unternehmen bzw. eine Unternehmensgruppe, wobei z. B. der ursprüngliche Mischbetrieb in einen Reiseveranstalter- und in einen Verkehrsbetrieb aufgespalten wird. Letzteres wird praktiziert, um das in die Busse investierte Kapital vor den kaufmännischen Risiken einer Reiseveranstaltung abzusichern" (GAUF, 1993, S. 588).

Die angesprochenen Entwicklungstendenzen (Einstieg von Reiseveranstaltern ohne eigene Busse, Zunahme des Mietwagenverkehrs mit Vereinen, Vordringen der Paketreiseveranstalter) allerdings weisen auf eine zunehmende Umstrukturierung des Busgewerbes hin, wie sie sich beispielsweise in den Niederlanden schon vollzogen hat: die Auflösung des Mischunternehmens mit einer eindeutigen Trennung von Reiseveranstalter und Verkehrsträger.

Die Öffnung der innerdeutschen Grenzen brachte den Busunternehmern und Busreiseveranstaltern neue Chancen. Neben dem Angebot einer Vielzahl von Tagesausflügen und Kurzreisen kam es zu zahlreichen Kooperationen, Joint-ventures und Fusionen mit Unternehmen aus den neuen Bundesländern. Nach Einschätzung des DRV (Geschäftsbericht, 1991, S. 140) "entsprach der Markt zwar nicht den hochgeschraubten Erwartungen, war jedoch für viele Firmen als zusätzliches Tätigkeitsfeld von großem Interesse. Gleichzeitig wurde dadurch die Situation des Überangebots an Reisebussen auf dem Gebiet der alten Bundesländer etwas entschärft. Auch einige junge Unternehmer aus den östlichen Bundesländern, die mit viel Euphorismus und großen Hoffnungen in den Bereich Bustouristik eingestiegen waren, mußten feststellen, daß mit Motivation und Einsatzfreudigkeit allein kein solides Unternehmen in diesem Bereich aufzubauen ist. Dort, wo es an Erfahrung, Fachwissen und insbesondere einer ausreichenden Kapitaldecke mangelte, blieben Insolvenzen und Betriebsschließungen leider nicht aus. Die wirtschaftlichen Schäden für die Kunden und Leistungsträger hielten sich dabei jedoch offensichtlich in weitaus erträglicheren Grenzen als die Image-Schädigungen, die durch verantwortungslose Unternehmen aus den Alt-Bundesländern mit zum Teil spektakulären Fehlleistungen verursacht wurden".

6.2 Arten von Busreisen

6.2.1 Busreisen nach dem Personenbeförderungsgesetz

Der Omnibusverkehr wird in der Bundesrepublik im wesentlichen durch das Personenbeförderungsgesetz (PBefG) und die EG-Richtlinien geregelt. Die starke Regulierung des Gelegenheitsverkehrs erklärt sich aus dem vom Gesetzgeber unterstellten besonderen Schutz der Linienverkehrsunternehmen, die weitgehend in öffentlichem Besitz sind und von den privaten Busunternehmern nicht gefährdet werden sollen (Primat des Linienverkehrs). Das Personenbeförderungsgesetz unterscheidet zunächst zwischen Linien- und Gelegenheitsverkehr (vgl. Abb. 6.2).

Abb. 6.2: Verkehrsformen nach dem Personenbeförderungsgesetz

Linienverkehr	Gelegenheitsverkehr
allgemeiner Linienverkehr	Ausflugsverkehr
Berufsverkehr	Ferienzielreisen
Schülerverkehr	Verkehr mit Mietomnibussen
Marktfahrten	Verkehr mit Mietwagen
Theaterfahrten	

Quelle: Personenbeförderungsgesetz

6.2.1.1 Linienverkehr

Das Personenbeförderungsgesetz (§ 42) bestimmt den Linienverkehr mit Omnibussen als "eine zwischen bestimmten Ausgangs- und Endpunkten eingerichtete regelmäßige Verkehrsverbindung, auf der Fahrgäste an bestimmten Haltestellen ein- und aussteigen können." Die Regelmäßigkeit besteht darin, daß Fahrten in erkennbarer zeitlicher Ordnung wiederholt werden, so daß sich die Fahrgäste auf das Vorhandensein dieser Verbindung einrichten können. In der Praxis konkretisiert sich die Regelmäßigkeit auch in einem im voraus veröffentlichten Fahrplan. Die Einrichtung und Betreibung einer Omnibuslinie ist genehmigungspflichtig.

Infolge des geringen Streckennetzes im Fernverkehr kommt dem Linienverkehr für die Durchführung von Pauschalreisen nur eine geringe Bedeutung zu. In der Bundesrepublik Deutschland nutzt - mit Ausnahme der Touring GmbH, einer Tochterfirma der Deutschen Bundesbahn- kaum ein Reiseveranstalter die Angebote des Linienverkehrs.

6.2.1.2 Gelegenheitsverkehr

Der Gelegenheitsverkehr wird im PBefG nicht positiv definiert, sondern nur als "die Beförderung von Personen mit Kraftfahrzeugen, die nicht Linienverkehr ist", abgegrenzt. Die für die Touristik wichtigsten Formen des Gelegenheitsverkehrs sind die Ausflugsfahrt, der Ferienzielreiseverkehr und der Mietwagenverkehr.

Ausflugsfahrt:

Der Ausflugsverkehr in der Form von Halbtages- oder Tagesausflügen stellt eine Ergänzung des touristischen Angebots in den Zielgebieten dar. Nach der Legaldefinition in § 48 Abs. 1 handelt es sich dabei um Fahrten, die der

Unternehmer mit Omnibussen nach einem bestimmten, von ihm aufgestellten Plan zu einem für alle Teilnehmer gleichen und gemeinsam verfolgten Ausflugszweck durchführt. Die Fahrt muß wieder an den Ausgangsort zurückführen. Ein Wechsel der Fahrgäste während der Fahrt (Unterwegsbedienung) ist nicht zulässig. Auch dürfen Ausflugsfahrten nicht laufend nach einem festen Fahrplan so durchgeführt werden, daß sie die öffentlichen Verkehrsinteressen, also den Linienverkehr, beeinträchtigen.

Ferienzielreise:

Die Durchführung von Ferienzielreisen **innerhalb** Deutschlands ist durch § 48 PBefG ausführlich geregelt. "Ferienzielreisen sind Reisen zu Erholungsaufenthalten, die der Unternehmer mit Kraftomnibussen oder Personenkraftwagen nach einem bestimmten, von ihm aufgestellten Plan zu einem Gesamtentgelt für Beförderung und Unterkunft mit oder ohne Verpflegung anbietet und ausführt. Es dürfen nur Rückfahrscheine und diese nur auf den Namen des Reisenden ausgegeben werden. Die Fahrgäste sind zu einem für alle Teilnehmer gleichen Reiseziel zu bringen und an den Ausgangspunkt der Reise zurückzubringen. Auf der Rückfahrt dürfen nur Reisende befördert werden, die der Unternehmer zum Reiseziel gebracht hat. Die Genehmigung darf nur solchen Unternehmern erteilt werden, die auf dem Gebiet des Reiseverkehrs über ausreichende Erfahrung verfügen." Diese Bestimmungen sind wie folgt auszulegen (vgl. ZUCK, 1980, S. 300-324):

- **Erholungszweck:** Der Zweck einer Ferienzielreise ist ein Erholungsaufenthalt; diese Bestimmung ist jedoch faktisch bedeutungslos, da auch Studien-, Sport- und Rundreisen ein Erholungscharakter zugeschrieben wird.

- **Unternehmerplan:** Der Veranstalter, der entweder der Busunternehmer selbst oder ein Reiseveranstalter, der einen Bus angemietet hat, sein kann, muß einen Reiseplan aufstellen, der Fahrtziel, Fahrtzweck, Ausgangs- und Zielort, Gesamtentgelt sowie Einzelheiten der Reisedurchführung enthält. In der Regel wird dieser Plan entweder in einem Katalog, auf einem Plakat, in der Presse oder auf Handzetteln veröffentlicht.

- **Gesamtentgelt:** Die Ferienzielreise umfaßt als Pauschalreise neben den Beförderungs- immer auch Unterkunftsleistungen, gegebenenfalls weitere Leistungen wie Verpflegung oder Besichtigungen; dieses Arrangement muß zu einem Gesamtpreis angeboten werden. Es ist auch nicht zulässig, einem Teil der Fahrgäste nur die reine Beförderungsleistung zu offerieren; in der Praxis wird diese Bestimmung durch das Angebot von Scheinunterkünften, z. B. Unterkunft auf einem Campingplatz, umgangen.

- **Rückfahrschein:** Der Unternehmer muß Rückfahrscheine auf den Namen der Reisenden ausstellen, die nicht auf andere Personen übertragbar sind.

- **Abfahrtsort:** Auf der Hinfahrt müssen sämtliche Reiseteilnehmer die gleiche Reise machen. Das bedeutet, daß nur ein Abfahrtsort (Omnibuspunkt) eingerichtet werden darf. Ob dieser eine Omnibuspunkt nur als eine einzige Haltestelle oder als mehrere Haltestellen in einem Ort zu verstehen sind, ist nicht abschließend geklärt (ZUCK, 1980, S. 305f.).

- **Reiseziel:** Die Reiseteilnehmer müssen als geschlossene Gruppe an ein gemeinsames Reiseziel gebracht werden. Dies bedeutet jedoch nicht an einen einzigen Endpunkt oder Ort, sondern in ein in sich geschlossenes Fremdenverkehrsgebiet, z. B. das "Werdenfelser Land".

- **Rückbeförderung:** Alle Reiseteilnehmer müssen an den Ausgangspunkt der Fahrt zurückgebracht werden. Allerdings muß die Gruppe auf der Rückfahrt nicht mit der auf der Hinfahrt identisch sein, so daß für die Teilnehmer die Möglichkeit der individuellen Aufenthaltsverlängerung im Zielgebiet besteht.

- **Zusteigeverbot:** Eine Ferienzielreise darf keine verschiedenen Ausgangspunkte haben, da sie dem Unterwegsbedienungsverbot nach § 48 Abs. 3 PBefG unterliegt. Für Abfahrten in benachbarten Orten, die wirtschaftlich so miteinander verbunden sind, daß sie ein einheitliches Verkehrsnetz haben, sowie für Orte im ländlichen Raum bis zu 30 km Entfernung kann die Genehmigungsbehörde Ausnahmen für den Einzelfall oder für eine unbestimmte Vielzahl von Fällen (Generalausnahme) gestatten.

- **Betriebspflicht:** Ferienzielreisen unterliegen nicht der Betriebspflicht, sie können also vom Unternehmer abgesagt werden, wobei § 651 BGB (Reiseveranstaltungsgesetz) zu beachten ist.

- **Beförderungspflicht:** Ferienzielreisen unterliegen rechtlich nicht der Beförderungspflicht, d. h. der Reiseveranstalter muß nicht jeden interessierten Kunden mitnehmen. Tatsächlich jedoch ist es aus Gründen der negativen Öffentlichkeitswirkung kaum möglich, einem Kunden trotz freier Plätze die Buchung einer Reise zu verweigern.

Mietomnibusverkehr:

Beim Mietomnibusverkehr wird das Fahrzeug im ganzen an eine fremde Person/Organisation/Firma vermietet, wobei der Mieter über Zweck, Ziel und Ablauf der Fahrt bestimmt. In der Praxis wird unterschieden zwischen Mietomnibusverkehr ohne Arrangement und Mietomnibusverkehr mit Arrangement; bei letzterem bestimmt der Mieter auch die touristischen Leistungen (z. B. Unterkunft), sie werden jedoch vom Busunternehmen organisiert.

6.2.2 Busreisen nach Produktart

Die Gütegemeinschaft Buskomfort e. V. (GBK) bemüht sich seit Jahren um eine Normung der Busreisearten, um damit die Unternehmer zu einer korrekten Ausschreibung und qualifizierteren Durchführung der Reisen zu motivieren. In einem ersten Schritt wurde versucht, Mindestanforderungen für jede Busreiseart zu formulieren. Die GBK unterscheidet folgende Busreisen:

- **Ausflugsfahrt:** Ausflugsfahrten sind organisierte Reisen ohne Übernachtung bis zu einem Tag. Im Rahmen von Pauschalreisen werden sie entweder von der Zielgebietsagentur organisiert oder, innerhalb der EG, auch mit dem Bus, der die Gäste ins Zielgebiet gebracht hat, durchgeführt. Eine Ausflugsfahrt (oder Exkursion) steht unter einem bestimmten Thema (z. B. "Blumeninsel Mainau" oder "Schwäbischer Barock") und wird von einer Reiseleitung begleitet.

- **Kurzreise:** Kurzreisen haben eine Dauer von 2 - 4 Tagen und werden entweder als Rundreisen oder als Reisen mit festem Bestimmungsort durchgeführt. Auch Kurzreisen stehen in der Regel unter einem bestimmten Thema und können durch fakultative Ausflüge, Besichtigungen und Stadtrundfahrten ergänzt werden. Die Betreuung der Reisegruppe bei der Hin- und Rückfahrt kann auch vom Busfahrer übernommen werden, wenn dieser unterwegs die Sehenswürdigkeiten und Besonderheiten der Reiseroute erklären kann; am Zielort wird dann auf örtliche Reiseleiter zurückgegriffen. Die Größe der Reisegruppe sollte so überschaubar bleiben, daß das Rahmenprogramm sinnvoll durchgeführt werden kann.

- **Städtereise:** Bei dieser Reiseart liegt der Schwerpunkt auf dem Aufenthalt in einer Stadt von historischem oder kulturellem Reiz mit entsprechendem Bekanntheitsgrad. Die Anreise erfolgt auf dem direkten Weg, die Übernachtung in der jeweiligen Stadt; eine ortskundige Reiseleitung ist obligatorisch.

- **Rundreise:** Rundreisen dauern fünf Tage oder länger und führen zu verschiedenen Aufenthalts- und Besichtigungsorten. Im Gegensatz zur Studienreise sind die hier eingeplanten Besichtigungen und Erklärungen weniger ausführlich angelegt. Die Auswahl des Besichtigungsprogramms muß touristisch ausgewogen sein und einen Eindruck von Land und Leuten vermitteln.

- **Studienreise:** Bei der Studienreise entscheidet die Themenstellung über die Gestaltung der Reise. Zur Anreise gehört eine ausgewogene Etappenplanung, die auch Sehenswürdigkeiten außerhalb der allgemeinen touristischen Ziele berücksichtigt. Das Besichtigungsprogramm im Zielgebiet ist so gestaltet, daß ausreichend Zeit für gründliche Information besteht; dieses Programm inklusive Eintrittsgelder ist im Reisepreis inbegriffen. Eine ständige Reiseleitung, die die Gruppe vom Beginn bis zum Ende der Reise betreut, ist obligatorisch; sie muß so landeskundig sein, daß sie während der Fahrt die notwendigen Erklärungen zu den durchfahrenen Gebieten geben sowie Zusammenhänge geographischer und geschichtlicher Art aufzeigen kann. Im Zielgebiet ist auf örtliche Führer zurückzugreifen, sofern dies gesetzlich vorgeschrieben ist oder die ständige Reiseleitung nicht ortskundig genug ist, um bei Führungen und Besichtigungen detaillierte und erschöpfende Auskünfte und Interpretationen geben zu können.

- **Ferienzielreise:** Die klassische Pauschalreise mit dem Bus als Verkehrsmittel ist die schon dargestellte Ferienzielreise.

- **Kombinierte Reise:** Busreise, bei der eine Teilstrecke mit einem anderen Verkehrsmittel (z. B. Schiff oder Bahn) zurückgelegt wird.

- **Special-event-Reise:** Eine Sonderfahrt, in deren Mittelpunkt der Besuch eines besonderen sportlichen, gesellschaftlichen oder kulturellen Ereignisses (z. B. Besuch eines Musicals) steht.

Ergänzend zu dieser Einteilung der GBK können noch zwei weitere Busreisearten angeführt werden:

- **Camping-Fahrt**, bei der neben der Beförderung lediglich eine Übernachtungsmöglichkeit auf einem Campingplatz (ohne Stellung des Zelts) angeboten wird; Zweck dieses Angebots ist der Verkauf freier Plätze an Personen, die lediglich an der Beförderung interessiert sind und die oft auch gar nicht vorhandene Unterkunft nicht in Anspruch nehmen, sowie die

- **Werbefahrt**, bei der im Rahmen von Tagesausflügen oder mehrtägigen Reisen die Fahrgäste die Möglichkeit haben, an einer Verkaufsveranstaltung teilzunehmen. Der Fahrpreis liegt weit unter dem Preis vergleichbarer Reisen und enthält bei Ausflügen neben der Fahrt meist auch ein Mittagessen, bei mehrtägigen Reisen auch die Unterkunft sowie eine Reihe von Nebenleistungen. Solche Werbefahrten werden seit ca. 20 Jahren durchgeführt. 1992 konnten 5,5 Mio. Teilnehmer, 125.000 Fahrten sowie 490 Mio. DM Umsatz beim Verkauf, also ohne die Umsätze aus den Reisepreisen, die bei ca. 100 Mio. DM liegen, verzeichnet werden (SCHMITT, 1992, S. 8f.).

Ein Beispiel für ein solches Angebot:

Tagesfahrt von Stuttgart ins Allgäu zum Preis von DM 19,90. Im Preis inbegriffen sind die Beförderung, ein Abendessen, ein Unterhaltungsprogramm, die Möglichkeit zur Teilnahme an einer Werbeverkaufsschau sowie als Reiseandenken "1 praktisches elektrisches Einschweißgerät für die moderne Küche; ein Super-Messerset, rostfrei, 6tlg.; ein Pinselset, Chinaborste, 5tlg.; Kulturtasche mit kompl. Inhalt, 7tlg.; Ehepaare erhalten dazu zusätzlich eine elektrische Handnähmaschine, bekannt aus der Fernsehwerbung" (Postwurf-Prospekt der Firma RP-Reisen-Vertriebs GmbH, Willebadessen).

Bei solchen Werbefahrten mietet die Vertriebsfirma als Veranstalter den Bus im ganzen an, die Teilnehmerwerbung erfolgt durch das ausführende Busunternehmen, meist durch einen Handzettel, der als Postwurfsendung an alle Haushalte des Einzugsgebiets verteilt wird. Obwohl der Preis unter den Selbstkosten liegt, erzielt die Vertriebsfirma mit einer solchen Fahrt einen Gewinn: Die während der Verkaufsveranstaltung angebotenen Waren (z. B. Rheumadecken, Sprudelbäder, Schnellkochtöpfe oder Teppiche) werden mit hohen Gewinnzuschlägen versehen und trotz der überhöhten Preise infolge mangelnder Preisinformationen bei den Kunden und außerordentlich geschickter Verkaufsmethoden auch tatsächlich verkauft. Die starke Konkurrenz der Anbieter von Werbefahrten hat dazu geführt, daß bei vielen Busunternehmen die Zahl der eigenveranstalteten Tagesfahrten drastisch zurückging. Entgegen der häufigen Darstellung als Fahrten mit psychologischem Verkaufszwang etc. ergab eine Untersuchung der GfK-Marktforschung (zitiert nach SCHMITT, 1992, S. 9) 82% Stammkunden, praktisch jeder zweite Teilnehmer ist in den letzten 24 Monaten vor der Befragung mehr als fünfmal dabeigewesen, 23% so oft, daß sie sich nicht mehr an die genaue Zahl erinnern können. Es wurde eine hohe Zufriedenheit der Teilnehmer ermittelt: 79,6% verteilten die Note 1 (= sehr gut) und 2 (= gut), 93,6% wollten wieder eine solche Reise unternehmen. Da zunehmend auch mehrtägige Fahrten angeboten werden, stellen Werbefahrten eine ernsthafte Konkurrenz für Buspauschalreisen im untersten Marktsegment dar.

6.3 Genehmigungen

6.3.1 Genehmigungen im innerdeutschen Verkehr

Organisiert ein Reiseveranstalter Ausflugsfahrten und Pauschalreisen mit eigenen oder angemieteten Fahrzeugen, dann betreibt er Personenbeförderung im eigenen Namen, unter eigener Verantwortung und für eigene Rechnung und benötigt dafür eine Genehmigung. Diese Genehmigung erstreckt sich sowohl auf den Unternehmer wie auf die eingesetzten Fahrzeuge. Genehmigungsvoraussetzungen sind Betriebssicherheit, Leistungsfähigkeit, Zuverlässigkeit und fachliche Eignung:

- Die **Betriebssicherheit** bezieht sich auf die korrekte Betriebsführung und die einwandfreie Fahrzeughaltung.

- Die finanzielle **Leistungsfähigkeit** soll den Betrieb in sicherem Zustand halten und wird durch die Vorlage der Jahresbilanz oder, bei Neugründungen, durch einen Finanzierungsplan für die Anlaufperiode nachgewiesen.

- Die charakterliche **Zuverlässigkeit** des Unternehmers wird grundsätzlich unterstellt, es sei denn, es liegen Tatsachen vor, die die Unzuverlässigkeit dartun; solche Tatsachen können sein: wiederholte Bestrafung wegen Verstoßes gegen die Straßenverkehrsvorschriften, entehrende Vorstrafen, Trunksucht oder Verstöße gegen behördliche Anordnungen, die in Beziehung zur Betätigung als Unternehmer stehen.

- Die **fachliche Eignung** kann durch eine Fachkundeprüfung oder durch eine angemessene (mindestens dreijährige, nicht untergeordnete) Tätigkeit in einem Unternehmen des Straßenpersonenverkehrs nachgewiesen werden. Ersatzweise wird auch eine Hochschulausbildung in Touristik- oder Verkehrsbetriebswirtschaftslehre anerkannt. Bei der Genehmigung für den Ferienzielreiseverkehr wird zudem der Nachweis über ausreichende Erfahrung auf dem Gebiet des Reiseverkehrs verlangt.

Die von der Landesregierung beauftragte Genehmigungsbehörde, in der Regel das Regierungspräsidium als sogenannte Mittelbehörde, hat nach der Antragstellung ein Anhörverfahren durchzuführen, bei dem auch die für den Betriebssitz des Unternehmens jeweils zuständige Bundesbahndirektion, die Industrie- und Handelskammer, der Landes-Fremdenverkehrsverband, die Fachgewerkschaft und die Fachverbände der Verkehrstreibenden zu hören sind. Die Genehmigung für den Gelegenheitsverkehr wird für eine Dauer von bis zu vier Jahren erteilt und kann, bei Vorliegen der Voraussetzungen, beliebig häufig verlängert werden. Da dabei auch die einzelnen Busse unter Angaben ihrer amtlichen Kennzeichen für den jeweils beantragten Verkehr genehmigt werden, ist für einen Fahrzeugtausch oder für den Einsatz zusätzlicher Fahrzeuge eine ergänzende Genehmigung zu beantragen.

Führt ein Reiseveranstalter also eine Reise mit einem angemieteten Bus durch, dann muß sowohl der Busunternehmer als auch der Reiseveranstalter und der eingesetzte Bus eine Genehmigung aufweisen.

6.3.2 Genehmigungen im EG-Binnenverkehr

Für den Verkehr innerhalb des Gemeinsamen Markts der EG-Mitgliedsstaaten gilt die **Verordnung (EWG) Nr. 684/92 des Rates vom 16. März 1992 zur Einführung gemeinsamer Regeln für den Grenzüberschreitenden Personenverkehr mit Kraftomnibussen.** Diese Richtlinie teilt die für die Touristik relevanten Verkehrsarten anders ein als das deutsche Personenbeförderungsgesetz und unterscheidet in Gelegenheitsverkehr, Pendelverkehr mit Unterbringung und örtliche Ausflüge.

Grundsätzliches Ziel der Verordnung ist die Gewährung des freien Dienstleistungsverkehrs in der EG; sie bezieht sich auf den Verkehr mit Fahrzeugen mit mehr als neun Personen (einschließlich des Fahrers) und bringt als wesentliche Neuerung, daß die oben genannten Reisearten nicht mehr von ausländischen Behörden genehmigt werden müssen. Deshalb ist "jeder gewerbliche Verkehrsunternehmer [...] ohne Diskriminierung aufgrund der Staatsangehörigkeit oder des Ortes der Niederlassung des Verkehrsunternehmens zu Verkehrsdiensten [...] zugelassen, wenn er

- im Niederlassungsstaat die Genehmigung für Personenbeförderung im Linien-, Pendel oder Gelegenheitsverkehr mit Kraftomnibussen erhalten hat;

- die Voraussetzungen der gemeinschaftlichen Rechtsvorschriften über den Zugang zum Beruf des Personenkraftverkehrsunternehmers im innerstaatlichen und grenzüberschreitenden Verkehr erfüllt;

- die Rechtsvorschriften über die Sicherheit im Straßenverkehr für Fahrer und Fahrzeuge erfüllt" (Artikel 3 (1), Nr. 684/92).

Beim **Pendelverkehr mit Unterbringung** werden vorab gebildete Gruppen von Fahrgästen bei mehreren Hin- und Rückfahrten von demselben Ausgangsort zu demselben Zielort befördert und bei einer späteren Fahrt wieder an den Ausgangsort der Reise zurückgebracht. Der Begriff "Ort" umfaßt jeweils ein Gebiet im Umkreis von 50 km um den Punkt des Reiseantritts oder Zielortes. Neben dem eigentlichen Abfahrtsort können an drei weiteren Haltestellen (die auch in einem anderen Mitgliedstaat liegen können) Gäste zusteigen und zudem im Zielgebiet an drei weiteren Haltestellen außerhalb des Zielortes Reisende abgesetzt werden. Das bedeutet beispielsweise, daß ein niederländischer Busunternehmer mit dem Abfahrtsort Amsterdam ohne Genehmigung belgischer, deutscher, französischer und spanischer Behörden dort zunächst im Umkreis von 50 km beliebig viele Haltestellen einrichten kann, um dann in Brüssel, Köln und Freiburg weitere Gäste aufzunehmen; als Absetzpunkte kann er Köln, Straßburg und Poitiers wählen, bevor er im Umkreis von 50 km um seinen eigentlichen Zielpunkt Lloret de Mar wiederum an beliebig vielen Punkten Gäste aussteigen lassen kann. Es ist zudem erlaubt, beim Pendelverkehr mit Unterbringung bis zu 20% der Fahrgäste auch ohne Unterbringung (nur Fahrt) zu befördern. Die Mindestaufenthaltsdauer am Zielort beträgt zwei Nächte.

Beim **Gelegenheitsverkehr** handelt es sich um Fahrten, die nicht den Bestimmungen des Pendelverkehrs entsprechen; er umfaßt

- Rundfahrten mit ein und demselben Fahrzeug für eine vorab gebildete Reisegruppe, die entweder wieder an den Ausgangsort zurückgebracht wird oder an einem anderen Ort aussteigt (z. B. Zubringer zu einer Kreuzfahrt ab Genua),

- nur einmal oder sporadisch durchgeführte Pauschalreisen mit Unterkunft am Zielort sowie
- Verkehrsdienste zu besonderen Veranstaltungen wie Seminaren, Konferenzen, Kultur- und Sportereignissen.

Die Reisegruppe muß dabei mindestens 12 Personen oder mindestens 40% der Kapazität des Busses ohne den Fahrer betragen. Diese Arten des Gelegenheitsverkehrs brauchen von den Behörden der Transit- und Zielstaaten nicht mehr genehmigt zu werden.

Die Bestimmung über **örtliche Ausflüge** (Artikel 12, Nr. 684/92) bedeutet, daß "im Rahmen des grenzüberschreitenden Pendelverkehrs mit Unterbringung sowie des grenzüberschreitenden Gelegenheitsverkehrs ein Verkehrsunternehmen zum Gelegenheitsverkehr (örtliche Ausflüge) in einem anderen Mitgliedstaat als dem in dem er niedergelassen ist, zugelassen ist". Es darf dabei aber nur die Personen befördern, die er selbst in das Land gebracht hat. Aufgrund dieser Bestimmung kann beispielsweise ein Unternehmer, der Gäste im Pendelverkehr nach Lloret de Mar bringt, für diese Urlauber dort auch Ausflüge veranstalten, um seinen Bus besser beschäftigen zu können.

Die Liberalisierung der Personenbeförderung auf der Straße verschlechtert die Wettbewerbsposition der deutschen Busreiseunternehmer gegenüber ausländischen Konkurrenten. Hohe Unterschiede bei der KFZ-, Kraftstoff- und Mehrwertsteuer ebenso wie eine höhere Belastung durch Versicherungsgebühren, Löhne und Sozialkosten führen dazu, daß ausländische Unternehmen ihre Leistungen zu günstigeren Preisen anbieten können als inländische Unternehmen. So kommt etwa eine Modellkalkulation des BDO (MÖRL, 1991, S. 269) dazu, daß ein spanisches Busunternehmen pro Bus und Jahr einen Kostenvorteil von 20.000 ECU (ca. 40.000 DM) aufweisen kann. Es besteht also die Gefahr, daß deutsche Busreiseveranstalter ihre Transportleistungen zunehmend von ausländischen Busunternehmen erbringen lassen. Für die Busreiseveranstalter ihrerseits besteht die Gefahr, daß Reiseveranstalter aus den Nachbarstaaten auf dem Weg in die Zielgebiete beim Transit durch die Bundesrepublik im Heimatland nicht verkaufte Plätze mit deutschen Kunden füllen werden.

6.3.3 Genehmigungen im sonstigen internationalen Verkehr

Der internationale Busreiseverkehr mit den nicht EG-Ländern Finnland, Norwegen, Schweden, Österreich, Schweiz und Türkei wurde 1983 durch das **Übereinkommen über die Personenbeförderung im grenzüber-**

schreitenden Gelegenheitsverkehr mit Kraftommnibussen ASOR (Accord relatif aux services occasionnels internationaux de voyageurs par route effectués par autocars ou par autobus) geregelt. Danach sind sogenannte Rundfahrten mit geschlossenen Türen, d. h. Fahrten mit demselben Fahrzeug, das auf der gesamten Fahrtstrecke dieselbe Reisegruppe befördert und sie an den Ausgangsort zurückbringt, sowie Fahrten, bei denen entweder die Hin- oder die Rückfahrt eine Leerfahrt ist, im Ausland nicht mehr genehmigungspflichtig.

Fahrten in Länder, die weder zur EG gehören noch am ASOR beteiligt sind, werden nach Bestimmungen abgewickelt, die in den jeweiligen bilateralen Verkehrsabkommen geregelt sind.

6.4 Qualitätskriterien

6.4.1 Imageprobleme des Busses

Der Bus hat insbesondere bei Personen ohne Busreiseerfahrung, also bei potentiellen Kunden, ein Image, bei dem die negativen Dimensionen überwiegen (GUTJAHR, 1978; EMNID, 1992; vgl. Abb. 6.3). Dies ist für die Busbranche umso gravierender, als dieses abträgliche Image in vielen Bereichen in krassem Gegensatz zur Realität moderner Busbeförderung steht. **Negative** Imagekomponenten sind

- **Gruppenzwang:** mangelnde Bewegungsfreiheit, verbunden mit dem Zwang, längere Zeit mit fremden Personen, die man nicht selbst ausgewählt hat, verbringen zu müssen;
- **Unbequemlichkeit:** räumliche Enge, geringer Komfort, fehlende Möglichkeit der Toilettenbenutzung, Lärm- und Geruchsbelästigung (durch Raucher);
- **Unsicheres Verkehrsmittel:** häufige Presseberichte über Unfälle und Fahrer, die die Lenkzeiten überschreiten, fördern das Image eines unsicheren Verkehrsmittels;
- **Nahverkehrsmittel:** vor allem Personen ohne Erfahrung mit Busreisen übertragen ihr Urteil, das sie sich anhand des Busses als Nahverkehrsmittel gebildet haben, auch auf den Bus als Verkehrsmittel für Urlaubsreisen. Hinzu kommt eine hohe Staugefährdung bei Fahrten auf der Autobahn;
- **Verkehrsmittel für Unterprivilegierte:** der Bus gilt hier als wenig prestigeträchtiges Verkehrsmittel, das vorwiegend von Alten ("Rentnerjet"), Auszubildenden und Arbeitslosen genutzt wird.

Abb. 6.3: Image des Busses bei der Gesamtbevölkerung

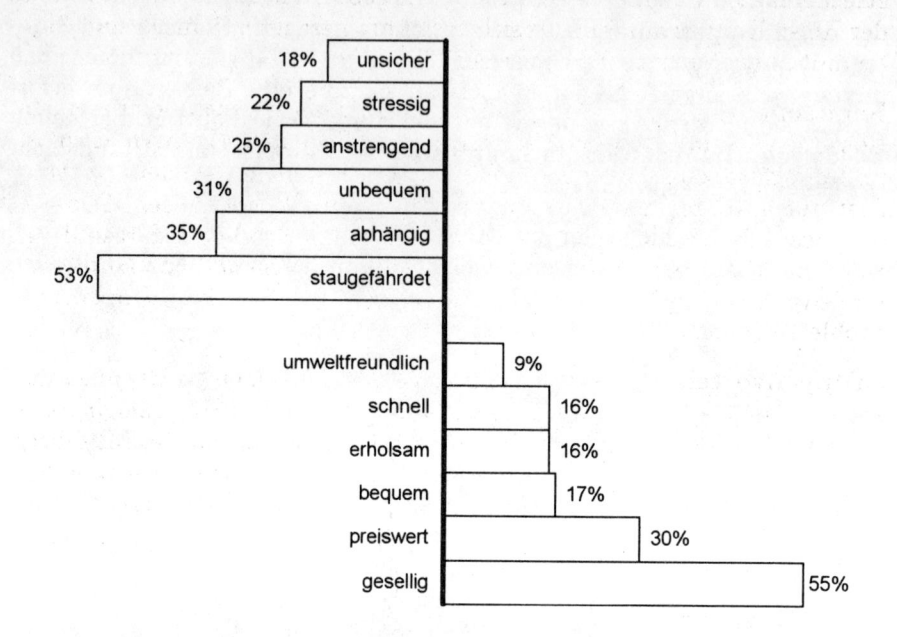

Negativ	%
unsicher	18%
stressig	22%
anstrengend	25%
unbequem	31%
abhängig	35%
staugefährdet	53%

Positiv	%
umweltfreundlich	9%
schnell	16%
erholsam	16%
bequem	17%
preiswert	30%
gesellig	55%

Quelle: EMNID, 1992, zit. nach LETTL-SCHRÖDER, 1993, S. 9

Da Images nicht nur auf der Grundlage eigener Produkterfahrung und tatsächlicher Produkteigenschaften gebildet werden, sondern auch Meinungen, Vorstellungen, Phantasien und persönliche Präferenzen mit eingehen, treten bei den positiven Imagekomponenten auch solche auf, die auch bei den negativen genannt wurden. Als **positive** Imagekomponenten wurden ermittelt: Bequemlichkeit, Komfort, Geselligkeit, Möglichkeit zu passiven Reiseerlebnissen und Preisgünstigkeit.

6.4.2 Busspezifische Produktvorteile

Der Omnibus weist einige spezifische Produktvorteile auf, die ihn für bestimmte Reisearten (z. B. Rund- und Studienreisen) und Zielgruppen (z. B. ältere Personen, Gruppen) als besonders geeignetes Verkehrsmittel erscheinen lassen (vgl. POMPL, 1993b, S. 85):

- **Mobilität:** Mit dem Bus kann nahezu jedes Reiseziel direkt angefahren werden, so daß der Kunde ohne Wechsel des Verkehrsmittels direkt zu seiner Urlaubsunterkunft gebracht werden kann.

- **Flexibilität:** Da der Bus im Gelegenheitsverkehr weder zeitlich noch streckenmäßig an einen festen Fahrplan gebunden ist, können während der Reise Kundenwünsche hinsichtlich Abfahrtszeiten, Pausen und Routenänderungen berücksichtigt werden.

- **Bequemlichkeit:** Vor allem die im Pauschalreiseverkehr eingesetzten Busse der 3- und 4-Sterne-Kategorie ermöglichen durch ihren Komfort und die Zusatzausstattungen nicht nur ein bequemes, sondern zumindest auf mittleren Strecken auch ein ermüdungsfreies Reisen. Das Gepäck wird ohne Mithilfe des Reisenden direkt ins Hotel befördert und mit dem Reiseleiter oder zumindest dem Busfahrer ist immer eine Hilfs- und Begleitperson als Ansprechstelle für eventuell auftretende Fragen und Probleme dabei.

- **Gruppenvorteil:** Die Beförderung von nur relativ kleinen Gruppen auf engem Raum erleichtert die Kontakt- und Kommunikationsmöglichkeiten zwischen den Fahrtteilnehmern. Dieser Anschluß an die Mitfahrer bedeutet für alleinreisende und reiseunerfahrene Personen, während der Reise und am Zielort auch besser zurechtzukommen. Für geschlossene Gruppen kann in aller Regel ein separater Bus zur Alleinbenutzung durch die Gruppe eingesetzt werden.

Abb. 6.4: Transport-Energiebilanz ausgewählter Reisen pro Gast und Ferientag

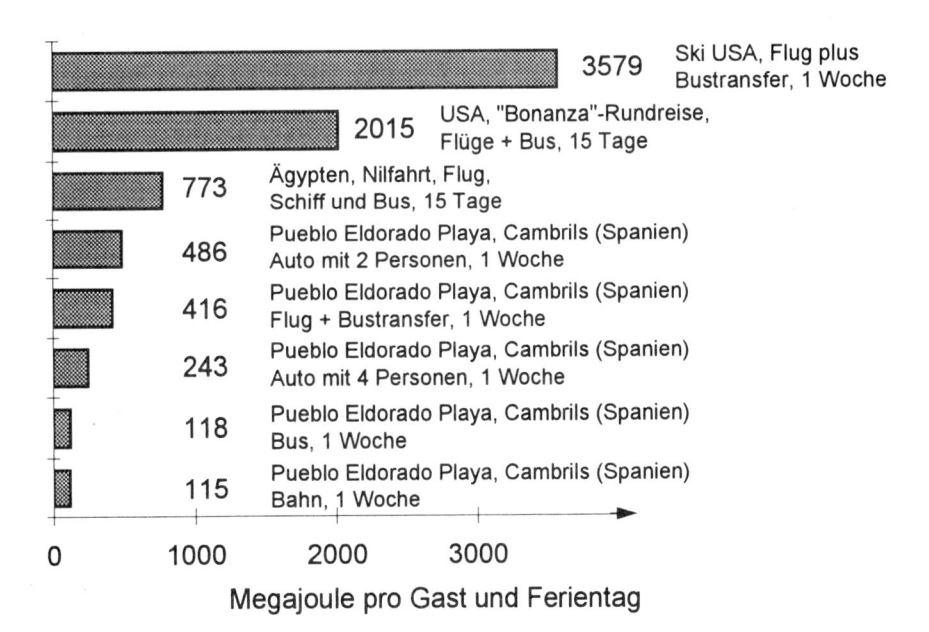

Megajoule pro Gast und Ferientag	Reise
3579	Ski USA, Flug plus Bustransfer, 1 Woche
2015	USA, "Bonanza"-Rundreise, Flüge + Bus, 15 Tage
773	Ägypten, Nilfahrt, Flug, Schiff und Bus, 15 Tage
486	Pueblo Eldorado Playa, Cambrils (Spanien) Auto mit 2 Personen, 1 Woche
416	Pueblo Eldorado Playa, Cambrils (Spanien) Flug + Bustransfer, 1 Woche
243	Pueblo Eldorado Playa, Cambrils (Spanien) Auto mit 4 Personen, 1 Woche
118	Pueblo Eldorado Playa, Cambrils (Spanien) Bus, 1 Woche
115	Pueblo Eldorado Playa, Cambrils (Spanien) Bahn, 1 Woche

Quelle: MÜLLER/MEZZASALMA, 1993, S. 101

- **Umweltverträglichkeit:** Die Beförderung im Bus führt insbesondere gegenüber dem PKW und dem Flugzeug zu erheblich geringerer Umweltbelastung und zu einem sparsameren Energieverbrauch (vgl. Abb. 6.4). Zudem ist seit 1993 für Busse mit Dieselmotor die Abgassonderuntersuchung (ASU) obligatorisch.

- **Preisgünstigkeit:** Im Urlaubsreiseverkehr ist der Bus preisgünstiger als die konkurrierenden Massenverkehrsmittel Flugzeug, Bahn und Flußschiff; bei Anwendung der Vollkostenrechnung ist selbst eine Fahrt im vollbesetzten privaten PKW nicht kostengünstiger.

6.4.3 Qualitätskriterien für Buskomfort

Die rückläufigen Marktanteile des Busses im Reiseverkehr und sein generell schlechtes Image bewegten anfangs der siebziger Jahre die Mitgliedsverbände des Bundesverbandes des Deutschen Personenverkehrsgewerbes e. V. (BDP) und des Reiserings Deutscher Autobusunternehmer (RDA) dazu, in Zusammenarbeit mit den Herstellern von Bussen und Busaufbauten Qualitätskriterien für Busse zu entwickeln. Die 1974 gegründete Gütegemeinschaft Buskomfort e. V. erhielt die Aufgabe, dieses Gütezeichen zu verwalten und zu verleihen. "Das Publikum sollte informiert werden, daß der Bus von einer neutralen Stelle nach objektiven Qualitätskriterien bewertet und mit einer Kennzeichnung versehen wurde, die verläßlich Aufschluß über seinen Komfort gibt" (HELM, 1979, S. 29).

Wichtigstes Ziel war, eindeutige Kriterien und Maßstäbe für die Busausstattung zu entwickeln und durchzusetzen, um das Image des Busses an die Realität des verbesserten Produkts anzupassen und das Preis-Leistungs-Verhältnis überzeugend darzustellen zu können. Dem Kunden soll vermittelt werden, daß Bus nicht gleich Bus ist, um für qualitativ bessere (und damit teurere Busse) auch einen entsprechenden Preis am Markt durchsetzen zu können. Um die Einteilung der Busse in Qualitätsklassen rechtlich abzusichern und wirksam gegen Mißbrauch zu schützen, wurde die Anerkennung als Gütezeichen durch den Ausschuß für Lieferbedingungen und Gütesicherung RAL (heute als Deutsches Institut für Gütesicherung und Kennzeichnung mit der Verwaltung und Kontrolle des Gütezeichenwesens beauftragt) notwendig.

Das Gütezeichen ordnet Busse je nach Komfort und Ausstattung in die Gütestufen eins bis fünf ein, wobei dem Sitzabstand für die Einstufung wesentliche Bedeutung zukommt. Da durch den Sitzabstand auch die Zahl der Plätze in einem Bus bestimmt wird, nehmen die Sterne des Gütezeichens nicht nur Bezug auf die Sitzbequemlichkeit, sondern auch auf die Größe der Reisegruppe. Weitere Kriterien beziehen sich auf den allgemeinen Pflegezustand des Busses, Frischluftzufuhr, motorunabhängige Heizung, Geräuschpegel, Radio-/Mikrofonanlage, Nachtbeleuchtung sowie auf technische Ausstattung wie Motorleistung und Bremsvorrichtungen etc. (vgl. Tab. 6.3). Zur Erleichterung der Kommunizierbarkeit wurden den einzelnen Kategorien Markennamen zugeordnet:

*	= Transport Class
**	= Standard Class
***	= Tourist Class
****	= Comfort Class
*****	= Exclusive Class.

Das Gütezeichen wird nach einer Prüfung durch den Technischen Überwachungsverein (TÜV) oder den Deutschen Kraftfahrzeug-Überwachungsverein (DEKRA) jeweils für die Dauer eines Jahres verliehen. Seit Januar 1987 werden alle neuen Omnibusse direkt ab Werk nach den Kriterien des Gütezeichens abgenommen, so daß die Erstprüfung entfällt.

In der Praxis konnte sich das Gütezeichen Buskomfort nur langsam durchsetzen. Allerdings kann heute davon ausgegangen werden, daß die Mehrzahl der stark im Busreiseverkehr tätigen Busunternehmen sich an der Klassifizierung beteiligt. Von den geschätzten 1.800 Busreiseunternehmen im Touristikbereich der Bundesrepublik ließen 866 Unternehmen 2.439 Busse klassifizieren (Stand 31.12.1995).

Als hauptsächlichen Einwände gegen eine Klassifikation werden von den Unternehmen genannt:

- **Kosten:** Ist das Fahrzeug nicht bereits vom Herstellerwerk klassifiziert worden, entstehen zunächst je Fahrzeug Kosten in Höhe von DM 300,- zzgl. MwSt. für die Erstklassifizierung und DM 200,- für die jährliche Wiederholungsklassifizierung. Diese Aufwendungen lassen sich durch eine Mitgliedschaft bei der GBK beträchtlich reduzieren. Zusätzliche Kosten aber können entstehen, wenn Bewertungsmerkmale wie Fußstützen, Fensterrollos oder Thermostate teilweise außer Funktion sind und nur zum Zecke der Wiederholungsklassifizierung wieder instandgesetzt werden. Ähnliches gilt für die Aufrechterhaltung eines ausreichenden Pflegezustands. Betrachtet man diese Kosten aber im Zusammenhang mit dem Kaufpreis eines neuen Busses (DM 500.000 bis DM 700.000 für einen 4-Sternebus), dann sind sie in einer Größenordnung, die unter Investitionsgesichtspunkten nur eine geringe Bedeutung hat. Wesentlich kostenrelevanter ist dagegen die Tatsache, daß die Zahl der Beförderungsplätze wegen des größeren Sitzabstands bei gleichbleibender Länge des Busses mit steigender Qualität (Zahl der Sterne) reduziert wird und damit die Kosten je Sitzplatz steigen.

- **Eingeschränkte Dispositionsfreiheit:** Wird bei der Reiseausschreibung mit der Komfortklasse (Zahl der Sterne) geworben, dann ist der Unternehmer zur Vermeidung von Reisemängeln verpflichtet, die Fahrt auch mit einem Bus der angegebenen Qualitätsstufe durchzuführen. Dadurch aber wird die Einsatzmöglichkeit seines Fahrzeugparks eingeschränkt.

- **Mangelnde Kundenwirksamkeit:** Das Gütezeichen ist dann wirkungslos, wenn es den Kunden unbekannt ist, die Nachfrager ihre Buchungsentscheidung ausschließlich nach dem Motto "Hauptsache billig" treffen oder das Unternehmen nur Fahrzeuge der unteren Qualitätsstufe besitzt. Da nur das Bildzeichen, nicht aber die Sterne warenzeichenrechtlich geschützt sind, besteht eine - zwar beschränkte, aber dennoch vorhandene - Möglichkeit des Trittbrettfahrens: Manche Busunternehmer verzichten auf eine Klassifikation ihrer Fahrzeuge und versehen sie mit "Schmucksternen", um dennoch von der Wirkung des Systems zu profitieren.

- **Informationsaufwand:** Gütezeichen und Sterne am Bus nutzen nur dann etwas, wenn die Kunden deren Bedeutung kennen. Also muß darüber im Prospekt, in den Zeitungsannoncen und beim Kundengespräch informiert werden; dieser Informationsaufwand umfaßt auch die eigenen Mitarbeiter (Verkaufspersonal, Fahrer, Reiseleiter). Die GBK stellt allerdings kostengünstige Informations- und Verkaufsförderungshilfen zur Verfügung.

Tab. 6.3: Die wichtigsten Kriterien für das Gütezeichen Buskomfort

Kriterium	Sterne-Klassen
Sitzabstand (4*: 83; 3*: 77; 2*: 72; 1*: 68 cm)	5
Sitze verstellbar zum Mittelgang	3, 4, 5
Sitzplatzbreite im Fond mind. 50 cm	4, 5
verstellbare Fußstützen	4
Fußstützen in Höhe und Tiefe verstellbar	5
Leselampe pro Sitz	3, 4, 5
gleichbleibende Tischstellung, unabhängig vom Vordersitz	5
Rollos oder Vorhänge	2, 3, 4, 5
ABS, ASR, Retarder	3, 4, 5
drahtloses, durchschaltbares Mikrofon	5
mind. ein Lautsprecher für vier Sitze	3, 4, 5
Temperaturunterschied vorne/Mitte/hinten: +/- 2°C	3, 4, 5
Müllbehälter im Fahrgastraum	1, 2, 3, 4
zentrale Abfallbeseitigung mit Sortiermöglichkeit	5
Kühlschrank mit 0,8 l Inhalt pro Sitzbar	2, 3, 4, 5
Reiseleitersitz mit Ablagefläche, Stauraum	5
Miniküche mit festgelegter Ausstattung	3, 4, 5
WC mit festgelegten Maßen und "winterfest"	3, 4, 5
Klimaanlage mit festgelegter Leistungsfähigkeit (für 1, 2, 3 Sonderausstattung)	4, 5

Quelle: GÜTEGEMEINSCHAFT BUSKOMFORT

- **Investitionsdruck:** Die Klassifikation hat auch mit dazu beigetragen, daß in der Branche noch immer ein genereller Trend zu hochwertigeren und damit teureren Bussen besteht. Bei einer stark preisorientierten Produktpolitik aber widerspricht dieser Investitionsdruck der Unternehmensstrategie dieser Busreiseveranstalter.

Das Gütezeichen Buskomfort ist vom Deutschen Institut für Gütesicherung und Kennzeichnung e. V. (Nachfolgeinstitution des Reichsausschusses für Lieferbedingungen und Gütesicherung RAL), das in Deutschland das Gütezeichenwesen verwaltet und kontrolliert, als Gütezeichen anerkannt.

Der Bildteil des Gütezeichens (Pfeilfigur) mit dem Schriftzug 'Gütezeichen Buskomfort RAL' ist als deutsches Warenzeichen geschützt; dieser Schutz erstreckt sich nicht auf die Symbole für die Sonderausstattung. Auch die zur Kennzeichnung der Komfortstufe eines Busses verwendeten Sterne sind als sog. Freizeichen zwar nicht als Warenzeichen schützbar, ihr werblicher Einsatz ist aber nur möglich, wenn sie von den Kunden eindeutig als Dekoration und nicht irregeführt als Qualitätskennzeichen verstanden werden (vgl. dazu HELM, 1979, S. 31f.). Verwendet ein Unternehmen das Gütezeichen für einen Bus, der nicht klassifiziert wurde, oder verwendet es ein Zeichen, das mit dem Gütezeichen verwechselt werden kann, dann ist die Gütegemeinschaft verpflichtet, auf Unterlassung zu klagen.

Die Bewertung der GBK bezieht die Sonderausstattungen eines Busses nicht als Kriterien für den Komfort ein, sondern macht sie durch Symbole zusätzlich kenntlich. Solche Sonderausstattungen sind WC, Garderobe, Bordküche, Kühlbar und Klimaanlage (soweit sie nicht Voraussetzung für die 4- und 5-Sterne Kategorie sind).

Darüber hinaus setzen manche Busunternehmer auch Sonderanfertigungen ein, etwa durch die Einrichtung von zwei Beförderungsklassen, bei der sich die erste Klasse (z. B. Royal Class bei Globus Reisen) durch extrabreite Komfortsessel von der zweiten Klasse unterscheidet. Ein Bus kann auch zusätzlich noch mit Audio- (Kopfhörer und mehrere Musikprogramme zur Auswahl) und Videoanlage/Fernsehgerät ausgerüstet werden. Bei Doppeldeckerbussen besteht die Möglichkeit, das obere Deck mit Schlafsesseln, das untere Deck als Bistro (Sitzgruppen mit Tischen) auszustatten. Die Busse des Spezialveranstalter Alternativ Bus Reisen verfügen neben 36 Sitzplätzen über eine Liegewiese im Heckteil, auf der rund 10 Personen Platz finden. Weltweit einmalig sind die rollenden Hotels von Rotel Tours. Diese sog. "Rotels" sind Omnibusse, bei denen sich im Fahrzeug selbst oder in einem mitgeführten Anhänger entsprechend der Anzahl der Sitzplätze Schlafkabinen (Länge: 1,90 m, Höhe: 0,80 m, Breite: 0,75 m; öffenbares Fenster) befinden.

Behindertenfreundliche Reisen lassen sich insbesondere für Körperbehinderte nur mit Spezialfahrzeugen durchführen. Diese sind mit einem Lift ausgestattet, der einen bequemen Ein- und Ausstieg erlaubt, die Behinderten können umgesetzt werden oder während der Fahrt im Rollstuhl sitzen bleiben. Das im Umgang mit Behinderten erfahrene Personal kümmert sich auch während der Hoteleinweisung um die Fahrgäste.

6.4.4 Bordservice

Das Angebot von Speisen und Getränken schließt eine Leistungslücke des Busses gegenüber Bahn und Flugzeug, macht die Fahrt angenehmer und kurzweiliger und führt zu Nebeneinnahmen. Dabei sind die Vorschriften des Gewerbe-, Gaststätten-, Steuer und Zollrechts zu beachten.

Nach § 14 Gewerbeordnung muß ein Unternehmer, der den Gegenstand seines Gewerbes auf Waren oder Leistungen ausdehnt, die bei Gewerbetreibenden der angemeldeten Art nicht geschäftsüblich sind, dies der zuständigen Behörde anzeigen. Über die Geschäftsüblichkeit entscheiden die Verwaltungsvorschriften der IHK. So hat ein Unternehmer, der bisher nur im Linienverkehr tätig war, eine solche Geschäftsausweitung anzumelden. "Hat der Unternehmer aber auch schon Ferienzielreiseverkehr oder Pauschalfahrten mit Arrangement durchgeführt, so sind Speisen und Getränke in aller Regel Bestandteil der Pauschalreise und damit geschäftsüblich. Daß solche Verpflegungsleistungen nicht nur oder erst am Zielort erbracht werden, oder unterwegs außerhalb des Busses, sondern im Bus, ändert nur die Modalität, nicht die Geschäftsüblichkeit" (ZUCK, 1980, S. 327). Wird die Verantwortung für den Bordservice allerdings dem Fahrer oder der Hostess übertragen, dann wird diese Person selbständige Gewerbetreibende und unterliegt der Anzeigepflicht.

Durch das Angebot von Speisen und Getränken im Bus verwandelt sich dieser in eine Schank- und Speisewirtschaft. Sofern nicht nur alkoholfreie Getränke und zubereitete Speisen (d. h. ohne Bearbeitung durch das Buspersonal eßfertige Speisen wie Backwaren oder Schokoladeriegel) angeboten werden, bedarf dies nach § 2 Abs. 1 des Gaststättengesetzes einer besonderen Erlaubnis. Diese Erlaubnis wird nur auf Antrag erteilt, und es besteht ein Rechtsanspruch darauf, sofern keine Versagungsgründe vorliegen. Voraussetzungen für die Erteilung sind nach § 4 Gaststättengesetz:

- der Antragsteller besitzt die erforderliche Zuverlässigkeit, er ist insbesondere nicht dem Trunke ergeben;
- der Betriebsraum ist für den Gebrauch als Gaststätte geeignet; konkret bedeutet das, daß der Bus mit einer Toilette ausgestattet sein muß;
- der Antragsteller hat durch eine Bescheinigung der zuständigen IHK nachgewiesen, daß er oder sein Stellvertreter über die Grundzüge der notwendigen lebensmittelrechtlichen Kenntnisse unterrichtet worden ist.

Die Einnahmen aus dem Verkauf von Speisen und Getränken im Bus unterliegen, soweit diese im Inland entstehen, der Umsatzsteuer. Vertreibt der Fahrer diese Waren auf eigene Rechnung, wie dies aus organisatorischen Gründen häufig der Fall ist, dann muß er diese gewerblichen Einkünfte versteuern.

Bei Auslandsreisen sind die zollrechtlichen Bestimmungen der jeweiligen Länder zu berücksichtigen.

Unter Gesichtspunkten des Umweltschutzes ist beim Bordservice auf folgendes zu achten:

- Auswahl von Verpflegung und Getränken nach dem geringsten Müllanfall (z. B. Getränke-Mehrweggebinde);

- getrenntes Sammeln unvermeidbaren Restmülls nach Wiederverwendungsmöglichkeiten und dessen fachgerechte Entsorgung;

- Pausen sollten grundsätzlich dort eingelegt werden, wo eine regionaltypische Gastronomie mit ausreichenden sanitären Einrichtungen die Bewirtung von Busgruppen mit landestypischen Gerichten, Vollwertmenüs oder Biokost gewährleistet.

6.5 Anmietung eines Busses

Bei der Anmietung eines Busses für eine oder mehrere Fahrten hat der Reiseveranstalter im eigenen Interesse darauf zu achten, daß er einen Werkvertrag (§ 631 BGB) und keinen Mietvertrag abschließt, da sich daraus für ihn vorteilhaftere Haftungspflichten des Busunternehmens ergeben. Wird nämlich ein Mietvertrag geschlossen, dann bedeutet dies, daß der Busunternehmer lediglich sein Fahrzeug inklusive Fahrer für eine bestimmte Zeit zur Verfügung stellt. Fällt daher beispielsweise das Fahrzeug während der Reise wegen eines Motorschadens aus, dann hat der Busunternehmer für ein Ersatzfahrzeug oder eine Ersatzbeförderung zu sorgen. Er haftet hier aber nicht für dem Reiseveranstalter anderweitig entstandene Kosten, etwa für eine notwendig gewordene Zusatzübernachtung. In einem entsprechenden Fall entschied das Oberlandesgericht Stuttgart (AZ 10 U 184/86), daß bei einem Mietvertrag der Busunternehmer nur zur Bereitstellung des Transportmittels verpflichtet sei, darüber hinaus sei er nicht schadenersatzpflichtig. Vielmehr müsse die Gefahr einer Störung, die ohne Verschulden einer der Vertragsparteien eintritt, dem Risikobereich des Veranstalters zugerechnet werden, der die gesamte Reise organisiert habe und sich gegen derartige Störungen entsprechend versichern könne. Wird dagegen ein Werkvertrag abgeschlossen, dann wird die darin vereinbarte Leistung geschuldet. Folgen aus den Leistungsmängeln gehen hier zu Lasten des Busunternehmers, da er für den Erfolg der tatsächlichen Durchführung der

Beförderung verantwortlich ist; er müßte also im obigen Falle die dem Veranstalter zusätzlich entstandenen Kosten tragen.

Bei den Preisverhandlungen zieht der Busunternehmer neben den Kosten auch die Beschäftigungssituation seiner Fahrzeuge in Betracht. Dabei gehen in die Kalkulation zunächst folgende Kosten ein (vgl. dazu ausführlich STERZENBACH, 1982; KRÄMER, 1981; zur Kostenstruktur vgl. Abb. 6.5):

- der Tagessatz für das Fahrzeug, der die beschäftigungsunabhängigen Kosten auf der Basis der Einsatztage pro Jahr (ca. 200-230 Tage) deckt. Diese Fixkosten umfassen Abschreibungen, Steuern und Versicherungen, Kapitaldienste, Verwaltungskosten, Garage sowie Fahrerlohn und Sozialaufwand (bei fest angestelltem Personal);

- die kilometerabhängigen Verbrauchskosten für Kraft- und Schmierstoffe, Reifen, Wartung und Reparaturen;

- die tourenspezifischen Kosten wie etwa Maut- und Schwerverkehrsabgaben, Fähr- und Parkgebühren, Spesen für Übernachtungen, Sonntags-, Feiertags- und Nachtarbeitszuschläge, Aufwendungen für einen zweiten Fahrer; wird die Fahrt von einem Aushilfsfahrer durchgeführt, dann sind diese Kosten hier zu berücksichtigen;

- der Unternehmerlohn und die Verzinsung des eingesetzten Eigenkapitals einschließlich eines Risikozuschlags für das unternehmerische Wagnis.

Bei der Festlegung seines Angebotspreises hat der Busunternehmer zu entscheiden, ob er auf der Basis der Vollkostendeckung kalkuliert, oder ob es für ihn sinnvoller ist, durch ein nur einen Teil der Kosten deckendes Angebot dennoch seinen Gesamtertrag der Periode zu steigern. Entscheidend dafür ist die Beschäftigungssituation seines Fuhrparks. Hat er für die nachgefragte Zeit einen Bus unbeschäftigt, und er nimmt an daß er diesen Bus nicht noch anderweitig einsetzen kann, dann bedeutet ein Preis, der über den variablen (kilometerabhängigen Verbrauchs- und tourenspezifischen Kosten) liegt, auch dann eine Verbesserung des Unternehmensergebnisses, wenn die Fahrt die Vollkosten nicht deckt. Denn die positive Differenz zwischen dem Verkaufspreis und der Summe der variablen Kosten deckt einen Teil der Fixkosten, die in jedem Falle, also auch bei Nichtbeschäftigung des Busses, entstehen. Setzt ein Unternehmer einen Bus ein, der ansonsten im Linienverkehr beschäftigt wird und damit den Großteil seiner Fixkosten deckt, kann dem Reiseveranstalter ebenfalls ein Preis unterhalb der Vollkostendeckung angeboten werden. Der Busunternehmer verfolgt damit auch das Ziel, "durch eine marktorientierte, flexible und saisonorientierte Preispolitik zur Angleichung von Angebot und Nachfrage beizutragen. Preisliche Anreize in nachfrageschwachen Zeiten können einen wesentlichen Beitrag zur Entzerrung der Nachfrage darstellen" (STERZENBACH, 1991, S. 154). Der Busunternehmer darf sich aber selbst unter den Bedingungen eines Verdrängungswettbewerbs, wie er gegenwärtig auf vielen Busmärkten der Bundesrepublik herrscht, nicht dazu verleiten lassen, Preise zu vereinbaren, mit denen auf das Rechnungsjahr bezogen eine Vollkostendeckung nicht erreichbar ist.

Abb. 6.5: Typische Kostenstruktur eines Reisebusses

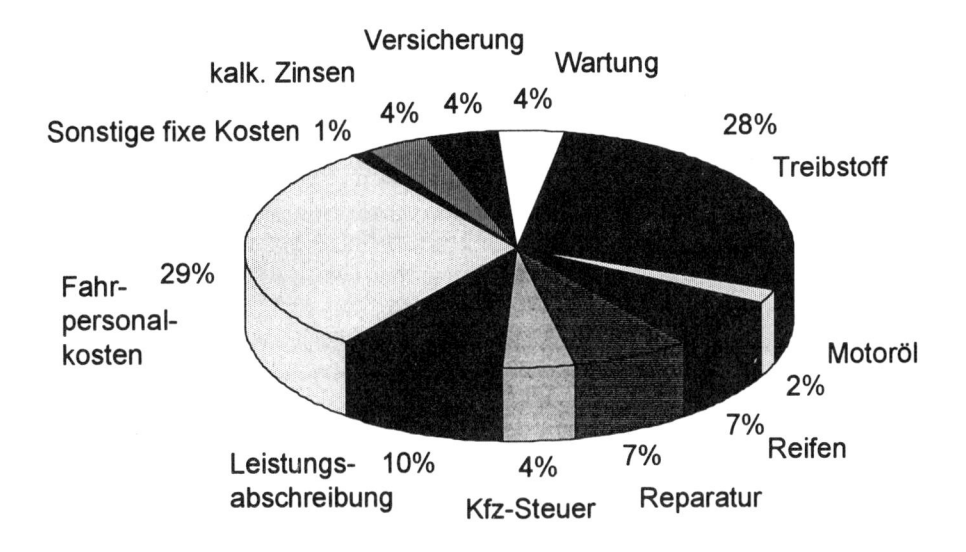

- Versicherung 4%
- kalk. Zinsen 4%
- Wartung 4%
- Sonstige fixe Kosten 1%
- Treibstoff 28%
- Fahrpersonalkosten 29%
- Motoröl 2%
- Reifen 7%
- Reparatur 7%
- Kfz-Steuer 4%
- Leistungsabschreibung 10%

Quelle: o. V., in: Omnibus Revue, Nr. 5/1992, S. 74

Aus Sicht des Reiseveranstalters ist es wichtig, in Betracht zu ziehen, daß das billigste Angebot nicht immer das für ihn beste ist. Neben dem Preis spielen Qualitätsüberlegungen eine wichtige Rolle: Der schnelle Einsatz eines Ersatzbusses bei Pannen, die Einhaltung der Lenkzeiten durch den Fahrer oder der technische Zustand des Busses sind Faktoren, die auch ihren Preis haben.

Da jeder Reisemangel unbeschadet der rechtlichen Verantwortung zunächst einmal auf den Reiseveranstalter zurückfällt, empfiehlt sich bei angemieteten Bussen eine besondere Sorgfalt hinsichtlich der Leistungsqualität, insbesondere als der Bus trotz seiner hohen Verkehrssicherheit (bezogen auf Verkehrsunfälle und Personenschäden pro gefahrenen Personenkilometer) das Image eines unsicheren Verkehrsmittels hat. Insofern zählt auch die zumindest stichprobenartige Überprüfung der Einhaltung der Lenkzeiten (vgl. Abb. 6.6) oder des Allgemeinzustands des eingesetzten Fahrzeugs zu den Aufgaben der Busreiseveranstaltung.

Abb. 6.6: EG- Sozialvorschriften

EG-Sozialvorschriften (Verordnung EWG 3820/85; gültig ab 29. September 1986)

Zahl der Fahrer	Bezugs-zeitraum	Tagesruhezeit	Schichtzeit	Lenkzeit	Lenkzeitunterbrechung
1	24 Std.	a) 11 Std. (3 x 9 Std.) Verkürzungsausgleich bis Ende der folgenden Woche b) unterbrochene Ruhezeit 12 Std., davon mind. einmal 8 Std., Reststd. in maximal 2 Teilen	a) 13 Std. (3 x 15 Std.) b) 16 Std. incl. 4 Std. Restta-gesruhezeit	9 Std. bzw. je Kalender-woche 2 x 10 Std. je Schicht **höchstzulässig** zweiwöchentlich 90 Std.	Nach spätestens 4,5 Std. 45 Minuten Lenkzeitunterbrechung oder Aufteilung der 45 Minuten Lenkzeitunterbrechung in mehrere Teile; jede Teilunterbrechung muß mind. 15 Minuten betragen
2	30 Std.	je 8 Std. (ohne Ausgleich)	22 Std.	9 Std. bzw. 2 x wöchent-lich 10 Std.	wie vor, jedoch darf bei Ablö-sung die Lenkzeitunterbrechung im fahrenden Fahrzeug ver-bracht werden
1 und 2	Kalender-woche Montag 00.00 bis Sonntag 24.00 Uhr	**Wochenruhezeit** **- nationale Verkehre** 45 Std. inkl. Tagesruhezeit spätestens nach 6 Tagen und höchstens 56 Std. Lenkzeit **Zulässige Abkürzungen** a) Am Standort des Fahrzeugs oder Wohnort des Fahrers 36 Std. b) außerhalb 24 Std. Ausgleich bis zum Ende der dritten folgenden Woche zusam men mit Tagesruhezeit von mind. 8 Std.	**Wochenruhezeit** **- grenzüberschreitender Verkehr** 45 Std. pro Woche. Nach höchstens 12 Tageslenkzeiten und 90 Std. Lenkzeit muß eine wöchentliche Ruhezeit genommen werden. Die in der einen Woche nicht genommene Ruhezeit kann auf die folgende Woche übertragen werden.		

Quelle: Verordnung EWG 3820/85

Um das Problem der Leerfahrten kostensparend zu lösen, können die Dienste der Omnibus-Vermittlungszentrale (OVZ), eines Privatunternehmens mit ca. 1.000 Reiseveranstaltern und Busunternehmen als Mitglieder, genutzt werden. Die Maklertätigkeit der OVZ besteht in der Vermittlung sowohl von Gruppen an Busunternehmer, die Leerfahrten oder nicht ausgebuchte Busse haben, als auch umgekehrt von Bussen an Reiseveranstalter, die Fahrgäste, aber keine oder nur unzureichende Beförderungskapazität haben. Außerdem stellt die OVZ Kontakte zwischen Reiseveranstaltern her, die zum gleichen Zeitpunkt eine ähnliche Reise ausgeschrieben haben, sie aber wegen jeweils zu geringer Teilnehmerzahl nicht durchführen können, um durch Zusammenlegung der Gruppen die Fahrt dennoch realisieren zu können. Die OVZ unterhält eine Datenbank mit allen Reiseangeboten der Mitglieder und vermittelt die Kontakte zwischen den Unternehmen telefonisch oder per Telefax mit Abruffunktion; daneben gibt sie 14-tägig eine aktuelle Angebotsliste heraus.

Vertiefende Literatur zur Bustouristik:

BIDINGER, M.:
Der Omnibusunternehmer, 4. Aufl., München 1985
BIDINGER, M., BARTL, H.:
Moderne Bustouristik, Frankfurt (Main) 1981
FEY, M.:
Bustouristik, in: KLATT, H. (Hrsg.), Recht der Touristik, Loseblattsammlung, Neuwied/Darmstadt, o. J.
GAUF, D.:
Partner in der Bustouristik, München 1987
GAUF, D.:
Touristik-Marketing für Busunternehmer, München 1982
STERZENBACH, R.:
Omnibusverkehr - Eine Dienstleistungslehre, München 1991
STERZENBACH, R.:
Kostenrechnung im Straßenpersonenverkehr, München 1982
ZUCK, R.:
Die Omnibusreise - Theorie und Praxis, München 1980

Fachausdrücke aus der Bustouristik:

Anschlußkabotage: Die Durchführung eines innerstaatlichen Verkehrs durch einen ausländischen Busunternehmer im Anschluß an eine Beförderung ins Ausland.

ASOR: Accord relatif aux services occasionnels internationaux de voyageurs par rout effectués par autocars ou par autobus; internationales Übereinkommen der EG mit Nicht-EG-Ländern von 1983 über die Personenbeförderung im grenzüberschreitenden Gelegenheitsverkehr mit Kraftomnibussen.

Bahnbus-Holding GmbH: Tochtergesellschaft der Deutschen Bundesbahn, in der die regionalen Bahnbusgesellschaften zusammengeschlossen wurden.

BdO: Bundesverband Deutscher Omnibusunternehmer e. V.; Dachverband der Landesverbände des privaten Busgewerbes.

BDP: Bundesverband des Deutschen Personenverkehrsgewerbes e. V., bis 1980 gemeinsame Vereinigung des privaten Omnibusgewerbes und des Taxigewerbes.

Bistrobus: Doppelstöckiger Bus, der im oberen Stockwerk mit Fahrgastsesseln, im unteren Stockwerk mit Bordküche, Tischen, Stühlen und WC ausgestattet ist.

CEMT: Conférence Européenne des Ministres des Transports; Konferenz der Europäischen Verkehrsminister; seit 1953 zur Koordination und Beratung gesamteuropäischer Verkehrsfragen; also keine Institution mit Weisungsbefugnis.

Einsatzzeit: Zeit, in der ein Omnibus für einen bestimmten Auftrag eingesetzt wird. Wichtige Bezugsgröße in der Kostenrechnung, bei der die zeitabhängigen Kosten auf die Einsatztage eines Jahres umgelegt werden.

GBK: Gütegemeinschaft Buskomfort e.V., 1974 von Busunternehmen gemeinsam mit den Verbänden RDA, BDP und WBO (= Verband Baden-Württembergischer Omnibusunternehmer e.V.) sowie einigen Busherstellern gegründet mit dem Ziel, die Qualität und Leistungsfähigkeit der Busreisen zu steigern; mit der Entwicklung und Überwachung des Gütezeichens Buskomfort beauftragt.

IRU: International Road Transport Union, Weltverband der Straßenverkehrsunternehmen sowie der privatwirtschaftlichen Bahnen.

Kabotage: Durchführung innerstaatlichen Busverkehrs durch ausländische Busunternehmen ohne Betriebssitz im Inland.

Leereinfahrt: Die Einfahrt in ein Land wird mit einem leeren Bus durchgeführt, beispielsweise um eine Reisegruppe abzuholen.

ÖPNV: Öffentlicher Personen- und Nahverkehr

Paketreiseveranstalter: Vermitteln als Großhändler Hotelunterkünfte oder Leistungspakete an Busreiseveranstalter, die durch Hinzufügen der eigenen Beförderungsleistung Pauschalreise durchführen.

Pendelverkehr: Bei mehreren Hin- und Rückfahrten von jeweils demselben Abfahrtsort zum selben Zielort werden Reisegäste befördert, die zuvor in Gruppen zusammengefaßt wurden. Die erste Rückfahrt und die letzte Hinfahrt sind daher jeweils Leerfahrten.
RDA: Reise-Ring Deutscher Autobusunternehmungen e. V. international, Sitz: Köln, seit 1951, versteht sich als Interessengemeinschaft der Busreiseveranstalter und deren Vertragspartner.
Rundfahrten mit geschlossenen Türen: Fahrten, die mit demselben Bus durchgeführt werden, der auf der gesamten Fahrstrecke dieselbe Reisegruppe befördert und sie an den Ausgangsort zurückbringt.

UDS: Unfall-Daten-Speicher, ähnlich wie "Black-Box" im Flugzeug.
Umgekehrte Pendelverkehrsdienste: Entsprechen vom Grundsatz her dem Pendelverkehr. Allerdings sind hier die erste Hinfahrt zum Abholen der Reiseteilnehmer und die letzte Rückfahrt (zum Sitz des Busunternehmens) Leerfahrten.
ZOB: Zentraler Omnibusbahnhof
Zusteigeverbot: Nach § 48 Abs. 3 des Personenbeförderungsgesetzes ist es unzulässig, bei Ausflugsfahrten und Ferienzielreisen unterwegs Fahrgäste zu- oder aussteigen zu lassen. Oft auch als Unterwegsbedienungsverbot bezeichnet.

7 Bahn

7.1 Bahnreisemarkt

Die Bahn ist der große Verlierer unter den Verkehrsmitteln des modernen Tourismus. Ihr Marktanteil bei der Haupturlaubsreise fiel von 56% im Jahre 1954 auf 8% im Jahre 1995. Einer der Hauptgründe dafür war sicherlich die zunehmende Motorisierung der bundesdeutschen Haushalte. Darüber hinaus aber war auch eine Verschlechterung des Angebots - Ausdünnung der touristikrelevanten Strecken und Fahrpläne, Überalterung des Wagenparks - ebenso ein Grund wie die Verlagerung der Touristenströme in Zielgebiete, die mit der Bahn nicht (Kanarische Inseln, nördliches Afrika, Fernreisen) oder nur allzu umständlich (z. B. Balearen, Griechenland, Türkei) erreicht werden können.

Das Marktsegment Urlaubsreisen mit der Bahn teilt sich in die Bereiche

- Bahnpauschalreisen;

- Teilpauschalreisen: nur die Beförderungsleistung wird aus dem Katalog eines Reiseveranstalters gebucht;

- Individualreisen: der Kunde kauft lediglich den Fahrschein im Reisebüro oder direkt am Fahrkartenschalter der Bahn.

Bei den ca. 3.500 Reisebüros mit DB-Lizenz hat die Bahn einen durchschnittlichen Umsatzanteil von 11% (DRV 1995, S. 89). Für die Reisebüros ist der Verkauf von Bahnwerten (ca. 20% der Privatreisenden und 80% der Geschäftsreisenden buchen über diesen Vertriebsweg) trotz der überdurchschnittlich hohen Provisionssätze (ca. 12%) insofern ein wenig ertragreiches Geschäft, als die Provisionen wegen der geringen Umsätze pro Buchung (ca. DM 45,-) den Kostenaufwand der Beratung und des organisatorisch mitunter komplizierten Buchungsvorgangs kaum zu decken vermögen.

Für den Reiseveranstalter ist der Einkauf von Bahnleistungen relativ einfach, da hinsichtlich

- der Einkaufsmengen aufgrund der Variabilität der Beförderungskapazität nur ein geringes Auslastungsrisiko besteht;

- der Preis- und Konditionenpolitik ein Tarifsystem vorgegeben ist, das lediglich beim Sonderverkehr Verhandlungsmöglichkeiten zuläßt;

- der Qualitätspolitik das Angebot des Verkehrsträgers transparent ist und vom einzelnen Veranstalter nicht beeinflußt werden kann.

Der Reiseveranstalter kann also bei der Festlegung der Bahnbeförderung lediglich den für seine Reisen jeweils günstigsten Tarif, die Zugart, Beförderungsklasse, Reisezeit und eventuelle Nebenleistungen aus einem vorgegebenen Angebot auswählen.

Bahnpauschalreisen können organisiert werden mit den Angeboten der

- Deutschen Bahn AG,
- nichtbundeseigenen (NE) Bahnen,
- Museumsbahnen privater Träger,
- ausländischen Bahn im Rahmen des internationalen Verkehrs.

Wichtigster Vertragspartner der Reisebüros und Reiseveranstalter ist allerdings die DB, da die NE- und Museumsbahnen meist nur für Nostalgiefahrten im Rahmen von Tagesausflügen interessant sind, und die DB aufgrund des "Übereinkommens über den Internationalen Eisenbahnverkehr (COTIF)" vom 9. Mai 1980 für die organisatorische (geregelt im CIV, Einheitliche Rechtsvorschriften für den Vertrag über die Beförderung von Personen und Gepäck) und tarifliche Abwicklung (geregelt im TCV, Gemeinsamer internationaler Tarif für die Beförderung von Personen und Gepäck) des grenzüberschreitenden Verkehrs zuständig ist.

7.2 Produktpalette der Bahn

7.2.1 Beförderung

Die Produktpalette der Deutschen Bahn AG (DB) umfaßt die Beförderung in unterschiedlichen Zügen und Beförderungsklassen sowie eine Reihe sonstiger Serviceleistungen, die im Zusammenhang mit Bahnfahrten genutzt werden können. Die Personenbeförderung unterscheidet sich nach

- **Zuggattungen**, die sich primär von der Fahrgeschwindigkeit/Zahl der Haltestellen, also der Reisedauer ableiten, sich aber auch durch die Zugausstattung unterscheiden. Die wichtigsten Zuggattungen sind: Regelzüge (wie z. B. InterCityExpress ICE, InterCity IC, Interregio IR), Sonderzüge der DB, Autoreisezüge und Turnus-Sonderzüge.

- **Wagenart** mit Sitzwagen (Abteilwagen, Großraumwagen, Schnellzugwagen für den Fernverkehr, InterRegio-Wagen mit Bistro); Liegewagen, der auch als Sitzwagen verwendet werden kann, mit je sechs Sitz- oder Liegeplätzen; Schlafwagen mit Einbett-, Zweibett- und Dreibettabteil; Restaurantwagen. Auf gesonderte Bestellung hin sind verfügbar: Salonwagen mit Besprechungsraum für 8 - 25 Personen, WC mit Dusche, Postfunkeinrichtung, Farbfernseher und Begleiter, der auch für den Service zur Verfügung steht; Gesellschaftswagen mit Bar, Tanzfläche, Projektionswand und eigener Küche.

- **Wagenausstattung**, die von der Zuggattung und der Beförderungsklasse abhängig ist.
- **Zugbegleitung** durch Schaffner oder Service-Teams.

Für den **Autotransport** werden auf ausgewählten Strecken und im Rahmen des Urlaubsexpresses Wagen für die Beförderung von PKWs und Motorrädern bereitgestellt.

Abb. 7.1: Zuggattungen

ICE	**Inter City Express**: Vollklimatisierter Hochgeschwindigkeitszug (280 kmh); Konferenzraum mit Funktelefon und Telefax; ab 1997 Nachfolgemodell ICE 2, ab 1998 ICE 3 mit Mehrstromsystem für Auslandsfahrten.
EC	**EuroCity**: Internationales Qualitätsprodukt von 16 europäischen Eisenbahnen.
EN	**EuroNight**: Nachtreisezüge mit international festgelegtem Standard; auch CityNightLine.
IC	**InterCity**: Verbindet mit ca. 100 Städten die wichtigsten Wirtschaftszentren des Landes.
ICN	**InterCityNight**: Auf den Strecken Berlin-Bonn und Berlin-München; 2-Bett-Kabinen in der 1. Klasse, Schlafsessel in der 2. Klasse; Autotransport.
IR	**InterRegio**: Überregionaler Zug mit gehobenem Komfort.
RE	**RegionalExpress**: Nahverkehrszug zwischen der Region und den Zentren.
RB	**RegionalBahn**: Für die Verbindungen in der Fläche und als Zubringer für den RegionalExpress; hält auf allen Bahnhöfen.
SE	**StadtExpress**: Verbindet den Kern der Ballungsräume mit dem weiteren Umland.
ARZ	**Autoreisezug**: Verkehrt als AutoExpress zwischen 13 deutschen Städten und als UrlaubsExpress von 7 deutschen Städten aus nach Frankreich, Italien, Österreich, Ungarn und Slowenien.
CNL	**CityNightLine**: "Hotelzug", der nachts auf den Strecken Dortmund - Wien, Berlin - Zürich und Hamburg - Zürich eingesetzt wird. **UrlaubsExpress**: Für Individual- und Veranstalterreisen.

Quelle: DEUTSCHE BUNDESBAHN

Die DB betreibt weiterhin **Personenverkehr mit Bussen**. Die DB-Tochtergesellschaft Deutsche Touring führt den Linienverkehr des Europabusses durch. 17 Regionale Busgesellschaften, koordiniert durch die 1990 gegründete Bahnbus-Holding (BBHG), ergänzen besonders in ländlichen Gegenden das Schienennetz der DB (vgl. STERTKAMP 1996). Der **Personenverkehr mit Schiffen** umfaßt die "Weiße Flotte" der Ausflugsschiffe auf dem Bodensee, den Trajektverkehr mit Hochseefähren auf der Ostsee sowie mit kleineren Schiffen den Liniendienst des Nordseeinselverkehrs.

Touristisch interessante Züge im Ausland werden zunehmend auch wieder für Bahnpauschalreisen genutzt. Zu diesen Zügen zählen:

- Glacier-Express als Sightseeing-Zug in der Schweiz für Tagesfahrten von Zermatt nach Chur;
- Transsibirische Eisenbahn von Moskau nach Wladiwostok und Peking;
- Blue Train in Südafrika von Kapstadt über Johannesburg nach Pretoria;
- Venice-Simplon-Orient-Express von London und Düsseldorf nach Venedig;
- Nostalgie Orient-Express von Moskau nach Peking;
- Royal Scotsman von Edinburgh aus in das schottische Hochland;
- Al Andaluz Expreso: Rundreisen durch Andalusien ab Sevilla;
- The Royal Orient: 8-tägige Rundreise von Delhi über Jaipur, Jodhpur und Agra (Taj Mahal);
- Eastern & Oriental Express zwischen Bangkok und Singapur.

7.2.2 Serviceangebote

Die DB bietet folgende Serviceleistungen an:

- **Elektronische Fahrplanauskunft:** Elektronisches Kursbuch auf CD-ROM, Elektronische Städteverbindungen Deutschland auf Diskette zur Nutzung auf dem PC des Kunden.
- **Elektronisches ReiseCentrum:** Über T-Online (*DB#) Zugriff auf alle Zugverbindungen und Fahrpreise, Platzreservierung, Buchung von Fahrscheinen und Information über Serviceleistungen. Reiseauskünfte in Compuserve über "gobahn", im Internet über "http://www.bahn.de".
- **Sitzplatzreservierung:** Gebührenpflichtige Platzreservierung ab 2 Monate vor Reiseantritt für Einzelreisende und Gruppen
- **Express-Verkauf:** Besondere Schalter in allen größeren Bahnhöfen für Reisende, die ihre Fahrkarte ohne besondere Beratung kaufen wollen.

- **Kreditkarten:** Die Bahn akzeptiert an ca. 1100 Bahnhöfen, in vielen Reisebüros, am Mobilen Terminal der Zugbegleiter und in den Restaurants der Fernverkehrszüge alle gängigen Kreditkarten.

- **Guthabenkarte DB/Citybank Elektronische Bahncard:** Test seit März 1996, Gemeinschaftsprojekt von DB, Deutscher Telecom und Verband Deutscher Verkehrsunternehmen zur Einführung des bargeldlosen Zahlungsverkehrs. Über die mit einem Chip ausgestattete Guthabenkarte können Bahnkunden Fahrkarten an Automaten kaufen. Aufladen bis DM 200,- möglich.

- **Gepäck-Service:** Als KurierGepäckBeförderung (Koffer, Reisetaschen, Skier bis max. 30 kg, Rollstühle und Fahrräder) zum Festpreis von Haus zu Haus; als PostGepäckBeförderung wie bei einem regulärem Post-Paket.

- **Gepäckträger-Service:** Gepäcktransport in den Bahnhöfen Dresden, Frankfurt/M, Hamburg, Leipzig, München und Stuttgart; Gebühr: 2 Gepäckstücke: DM 5,-.

- **Bewirtschaftung:** Angebot von Speisen und Getränken durch Minibar-Service im Abteil, im Bord-Treff im Bistro-Stil oder im Zugrestaurant durch die DB-Tochtergesellschaft MITROPA.

- **Park & Rail:** Die Bahn stellt in unmittelbarer Nähe von ICE/IC-Bahnhöfen Fernreisenden Parkplätze zu ermäßigten Gebühren zur Verfügung, die auch telefonisch reserviert werden können.

- **Park & Ride:** Ein Parkplatzservice der Bahn im Regionalverkehr, vor allem im Einzugsgebiet von Großstädten.

- **Rail & Road:** In Zusammenarbeit mit Avis, Hertz und Sixt können an mehr als 60 InterCity-Bahnhöfen Mietwagen reserviert werden, so daß der Reisende direkt vom Zug in den Leihwagen umsteigen kann.

- **InterCity-Hotels:** Gebührenfreie Reservierung von Übernachtungen erfolgt in den InterCity-Hotels (1996: 7 Hotels) in unmittelbarer Bahnhofsnähe durch alle DB-Verkaufsstellen.

- **Bahnhofstaxi:** Seit Ende 1996 wird in sechs Städten (Frankfurt/M, Hannover, Hamburg, Köln, München, Nürnberg) ein Modellversuch mit Sammeltaxen durchgeführt, der bei Erfolg auf alle Großstädte ausgedehnt werden soll. Der Reisende erhält für einen Pauschalpreis zwischen DM 12,- und DM 17,- einen von der DB oder dem Reisebüro (über START) ausgestellten Fahrschein für spezielle Taxis, die im Sammelverkehr bis zu vier Fahrgäste vom und zum jeweiligen Bahnhof befördern.

- **Reiseversicherungen:** Bei allen DB-Verkaufsstellen können Reiseversicherungen der Europäischen Reiseversicherungs-AG abgeschlossen werden.

- **Wechselstuben:** Die Deutsche Verkehrs- und Kreditbank (DVKB; eine Tochtergesellschaft der DB) bietet an vielen Bahnhöfen einen Geldwechselservice auch außerhalb der gewöhnlichen Banköffnungszeiten an.
- **Fahrradbeförderung:** An ca. 400 Bahnhöfen in der Bundesrepublik stehen Fahrräder zum Ausleihen zur Verfügung.
- **Transfer vor Ort:** In Zusammenarbeit mit den örtlichen Fremdenverkehrsstellen konnte die Bahn in einer Reihe von Orten erreichen, daß die Unterkunftsbetreiber den Urlaubsgästen, die mit der Bahn anreisen, einen kostenlosen Transfer vom und zum Bahnhof anbieten.

7.2.3 Die touristischen Aktivitäten der Deutschen Bahn AG

Die Deutschen Bahn AG tritt in verschiedenen Bereichen selbst als Reiseveranstalter auf:

- Die Tochtergesellschaft AMEROPA ist der größte Veranstalter von Bahnpauschalreisen (1995 ca. 530 000 Teilnehmer). Ihre Programmschwerpunkte sind Städtetouren, Clubtouren, Ferienwohnungen, Tanzzüge und Seereisen.
- Das Schulfahrtprogramm der Regionalbereiche bietet für Schulen und Jugendgruppen Tagesfahrten und mehrtägige Pauschalreisen zu in- und ausländischen Reisezielen sowie zu Schullandheim-Aufenthalten katalogmäßig an.
- Das Programm "Der Schöne Tag" ist auf regionale Tagesreisen in Regel- und Sonderzügen spezialisiert, die teilweise auch als Individualreisen (freie Terminwahl, keine Reiseleitung) gebucht werden können.
- Das Angebot "Club Individuell" offeriert für Gruppen ab 10 Personen individuell organisierte Reisen.
- Die Tochtergesellschaft Deutsche Touring (Buslinienverkehr auf Mittel- und Langstrecken) veranstaltet Städte- und Eventreisen.
- Darüber hinaus ist die Deutsche Bahn AG durch ihre Beteiligungen an Reiseveranstaltern (TUI, DER), Reisebüros (ABR, Rominger, DER-Part) und START sowie durch die InterCityHotels in der Touristik aktiv.

7.3 Qualitative Aspekte der Bahnbeförderung

Der Basisnutzen der Bahnbeförderung liegt in den Bereichen Schnelligkeit, Streßfreiheit, Pünktlichkeit und Zuverlässigkeit. Daneben weist die Bahn im Vergleich zu anderen Reiseverkehrsmitteln folgende spezifische Produktvorteile auf:

- mehr Platz als in anderen Verkehrsmitteln;
- größerer Komfort hinsichtlich Beweglichkeit und Kommunikation;
- Umweltfreundlichkeit;
- stärkeres Erleben der Landschaft.

Das Produkt Bahnreise beschränkt sich aus Kundensicht allerdings nicht auf die bloße Beförderung zwischen Abfahrts- und Zielbahnhof einschließlich Komfort und Betreuungsservice (vgl. Abb. 7.2), sondern umfaßt auch vor- und nachgelagerte Bereiche, die nur durch eine qualitative Produktstrategie einzubeziehen sind (z. B. Fahrplanauskunft, Gepäckbeförderung zum Bahnhof, Transfer im Zielgebiet). Gerade hier aber zeigt der Verkehrsträger Bahn eine Reihe von Schwächen, die den Gesamtnutzen für den Kunden erheblich reduzieren. Qualitative Mängel bei der Nutzung der Bahn als Urlaubsverkehrsmittel sind vor allem:

- **Transfer zum/vom Bahnhof:** Der Bahnurlauber ist bei der Anfahrt zum Bahnhof mehr und mehr auf fremde Verkehrsmittel angewiesen, da durch den Rückzug aus der Fläche Nebenlinien stillgelegt oder durch Busverbindungen ersetzt wurden. Das dadurch notwendige Umsteigen mindert die Reisebequemlichkeit ebenso wie die Tatsache, daß bei der Ankunft im Zielgebiet für den Transfer vom Bahnhof zur Unterkunft entweder ein Taxi oder ein Bus des Personennahverkehrs genutzt werden muß, dessen Abfahrtszeiten sich eher nach dem örtlichen Verkehrsaufkommen als nach den Ankunftszeiten der Züge richten, so daß oft lange Wartezeiten anfallen.

- **Umsteigen:** Die Anreise zum Urlaubsort erfordert, insbesondere im Inlandsverkehr, der eigentlichen Domäne des Bahntourismus, durch Wegfall der Turnussonderzüge und der FD-Züge oft ein mehrfaches Umsteigen. Durch die Integration des Bahntourismus in den Regelverkehr entfallen umsteigefreie Direktverbindungen vom Quellgebiet ins Zielgebiet ebenso wie die urlauberfreundlichen Fahrplanzeiten mit Ankunft am Nachmittag und Abfahrt am Vormittag.

- **Gepäckprobleme:** Der Reisende muß auf fast allen Bahnhöfen entweder sein Gepäck selbst transportieren - dies ist besonders für ältere Leute und Familien mit Kindern bei Umsteigeverbindungen mit Wechsel des Bahnsteigs beschwerlich, wenn Gepäcktransportbänder fehlen und Kofferkulis nicht in ausreichendem Maße zur Verfügung stehen -, oder er muß es, als Reisegepäck oder Kuriergepäck, der Bahn zum Transport überlassen; letzteres ist nicht nur umständlich, weil das Gepäck nicht mit dem Fahrgast reist, sondern schon am Tag vor der Abreise abgeholt und erst am dem auf den Reisetag folgenden Werktag am Zielort zugestellt wird, es verursacht zudem zusätzliche Kosten.

Abb. 7.2: Das Produkt Bahnreise

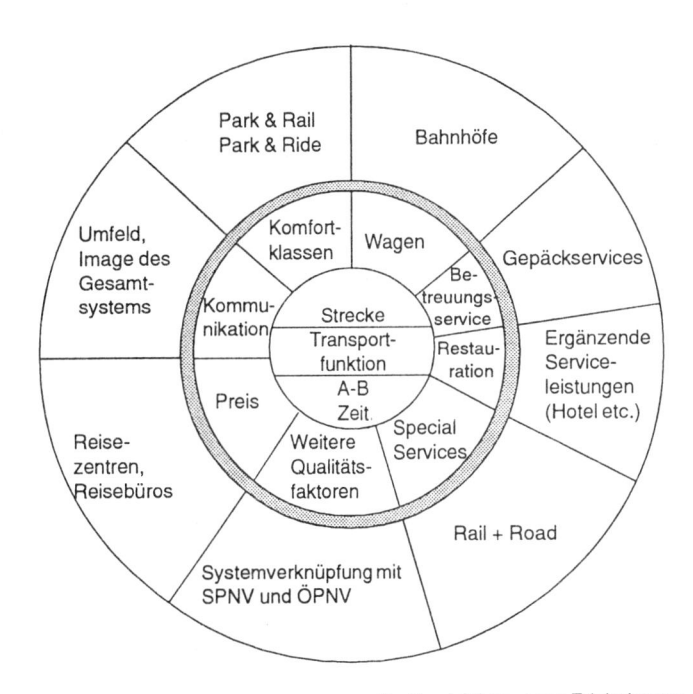

(Schematische Darstellung: Konzentrische Kreise mit innerem Kern "Strecke, Transportfunktion, A-B Zeit" und äußeren Segmenten: Park & Rail / Park & Ride, Bahnhöfe, Gepäckservices, Ergänzende Serviceleistungen (Hotel etc.), Rail + Road, Systemverknüpfung mit SPNV und ÖPNV, Reisezentren/Reisebüros, Umfeld/Image des Gesamtsystems. Mittlerer Ring: Komfortklassen, Wagen, Betreuungsservice, Restauration, Special Services, Weitere Qualitätsfaktoren, Preis, Kommunikation.)

◎ = Produktbezogene Erlebnisaura

Quelle: DEUTSCHE BUNDESBAHN

- **Preisprobleme:** Der Bahn fehlt gegenwärtig ein für Urlaubsreisende attraktives und - vor allem gegenüber dem PKW - konkurrenzfähiges Preissystem. So fordert etwa der DEUTSCHE FREMDENVERKEHRSVERBAND (1992, S. 6) "die Einführung familiengerechter Tarifangebote für Benutzerzeiten außerhalb der Verkehrsspitzen und die Wiedereinführung der Tourenkarte für Fahrten im Zielgebiet". Für Reiseveranstalter sind vor allem die Sondertarife für Einzelreisende ein Problem, da sie z. T. unter den Einkaufspreisen der Reiseveranstalter liegen, die ihrerseits zudem noch Abrechnungsgebühren, Betreuungsgebühren und natürlich ihre eigenen Deckungsbeiträge aufschlagen müssen.

- **Regionalisierung:** Im Rahmen der Bahnreform übergab der Bund am 01.01.1996 seine Aufgaben- und Ausgabenverantwortung an die Länder. Ziel dieser "Regionalisierung" ist es, daß die Länder oder von ihnen beauftragte Unternehmen neben dem übrigen Öffentlichen Personennahverkehr (ÖPNV) auch den Nahverkehr auf der Schiene (SPNV) möglichst marktnah vor Ort organisieren. Der Bahnausschuß des DRV fordert dazu, daß das bisherige Prinzip "ein Fahrplan, ein Fahrschein, ein Preis" aufrechterhalten wird (DRV 1995, S. 90). "Sollte es nicht gelingen, auch zukünftig den Fernverkehr mit dem Nahverkehr reibungslos zu verknüpfen, würden nicht nur die Grundlagen des Reisevertriebs, sondern auch die des Fremdenverkehrs insbesondere in deutschen Ferienregionen und -orten zutiefst erschüttert werden. Dasselbe gilt analog für den Incoming-Verkehr. Die Schnittstellen zwischen Fern- und Nahverkehr bzw. dem verkehrsverbundüberschreitenden Verkehr würden dann ein neuer Engpaß werden, der letztendlich u.a. darüber entscheidet, ob das Reisen mit der Bahn von den Nutzern als vorteilhaft angesehen wird."

- **Mobilität am Urlaubsort:** Die Anreise mit der Bahn stellt ein großes Manko dar, wenn am Urlaubsort Ausflüge gemacht oder die Sehenswürdigkeiten der Umgebung besichtigt werden sollen. Eine angestrebte Kooperation mit Autovermietern mit dem Ziel, den mit der Bahn angereisten Urlaubsgästen einen Kleinwagen zu günstigen Konditionen zur Verfügung stellen zu können, wurde bisher nicht realisiert.

- **Kundenorientierung des Personals:** Dort, wo der Reisende mit Mitarbeitern der Bahn in Kontakt kommt, hat er trotz aller Marketingbemühungen der Bahnführung noch allzuoft das Gefühl, nicht als Kunde, sondern als Beförderungsobjekt behandelt zu werden, wenn Abfertigungsschalter, Fahrtdienstkontrolleure und unfreundliches Auskunftspersonal statt Serviceorientierung die Erlebniskomponenten der Bahnfahrt bestimmen.

7.4 Fahrpreise

7.4.1 Touristikrelevante Normaltarife

Der Fahrpreis wird nicht nach den in den Fahrplänen angegebenen Streckenkilometern, sondern nach "Tarifentfernungen" berechnet, für die ein einheitlicher Grundpreis pro Kilometer gilt. Lediglich für Fahrten bis 100 km gilt ein Zonentarif. Für mehrere zwischen zwei Bahnhöfen bestehende Verbindungen mit geringen Entfernungsunterschieden wird häufig eine einheitliche Tarifentfernung angewendet. Der mit einem Fahrausweis benutzbare Reiseweg wird durch eine Raumbegrenzungsnummer gekennzeichnet; enthält die Fahrkarte keine Wegangabe, so gilt sie nur für die kürzeste Verbindung. Für Fahrten über einen Umweg, d. h. über einen längeren Weg als den auf der Fahrkarte angegebenen, ist eine zusätzliche Umwegekarte zu lösen. Die Fahrpreise sind in einer Tabelle im Kursbuch veröffentlicht. Für Hin- und Rückfahrt sind die angegebenen Fahrpreise zu verdoppeln. Die Fahrausweise gelten auf Entfernungen bis zu 100 km an dem auf dem Fahrausweis angegebenen Tag, über 100 km für einfache Fahrten vier Tage, für Hin- und Rückfahrten einen Monat; die Fahrt kann beliebig oft unterbrochen werden (vgl. Abb. 7.3).

Für Fahrten mit den seit 1991 verkehrenden InterCityExpress-Zügen (ICE) gelten Relationspreise (auch Loco-Preise genannt), die auf der Basis der Verkehrsnachfrage zwischen den einzelnen ICE-Haltebahnhöfen festgesetzt werden. Für diesen Zug gibt die DB eine Pünktlichkeitsgarantie: hat der ICE am Ankunftsbahnhof mehr als 30 Minuten Verspätung, erhält der Reisende eine Gutschrift, die er bei einem späteren Kauf eines ICE-Fahrscheines einlösen kann. Die Höhe der Gutschrift ist abhängig von der befahrenen ICE-Relation und der Beförderungsklasse.

Abb. 7.3: Die Preise der Deutschen Bahn im Fernverkehr

Angebot	2. Klasse	1. Klasse
Normalfahrpreis *	DM 0,257	DM 0,396
Sparpreis	DM 199,-	DM 299,-
Mitfahrer-Sparpreis (für 2.-5. Person)	DM 99,-	DM 149,-
ICE-Sparpreis	DM 290,-	DM 435,-
ICE-Mitfahrer-Sparpreis (für 2.-5. Person)	DM 145,-	DM 218,-
ICE-Super-Sparpreis	DM 230,-	DM 345,-
ICE-Mitfahrer-Super-Sparpreis	DM 115,-	DM 173,-

* In den neuen Bundesländern ist der Fahrpreis um 10% ermäßigt. Kinder unter 4 Jahren: frei, Kinder von 4-11 Jahren: 50% Ermäßigung

Quelle: DEUTSCHE BUNDESBAHN, Stand 01.11.1996

Zuschläge werden für InterRegio-, Fernexpress- und Schnellzüge sowie für IC- und EC-Züge erhoben.

Rücknahme von Fahrausweisen: Nicht benutzte Fahrausweise werden von der Ausgabestelle vor dem ersten Geltungstag ohne Gebühr zurückgenommen. Nur teilweise benutzte oder in niederer Wagenklasse benutzte Fahrausweise können zur Erstattung vorgelegt werden, wenn die Nichtausnutzung vom Zugführer oder Aufsichtsbeamten bescheinigt ist; es wird eine Bearbeitungsgebühr erhoben.

7.4.2 Ermäßigungen

Die ermäßigten Bahntarife haben als teilmarktorientierte Promotionspreise (eine Ausnahme stellt lediglich der Familienpaß dar) das Ziel, die Position der Bahn gegenüber konkurrierenden Verkehrsmitteln zu verbessern.

Die DB folgt dabei einem "selektiven Begünstigungssystem", das sich primär an der Abnahmemenge (Zahl der gefahrenen Kilometer, Zahl der Reisenden) und dem Reisetag orientiert (vgl. Abb. 7.4). Ähnlich wie die Flugtarife sind die ermäßigten Bahntarife mit Anwendungsbedingungen ausgestattet, die umso restriktiver sind, je höher die Ermäßigung ist.

Abb. 7.4: Das selektive Begünstigungssystem der DB

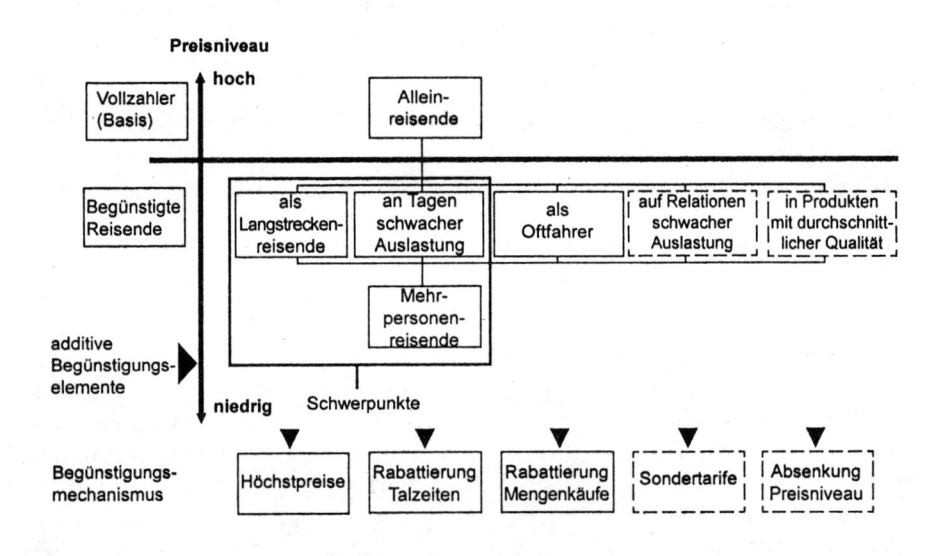

Quelle: in Anlehnung an HAACK/WOLF, 1988, S. 105

- **Sparpreis:** Der Sparpreis (auch als ICE-Sparpreis) ist ein Festpreis für Hin- und Rückfahrt. Er macht sich dann bezahlt, wenn die Reiseentfernung mehr als 390 km (einfache Strecke) beträgt. Entweder ist ein Reisetag ein Samstag oder Sonntag, oder zwischen Hin- und Rückreise liegt ein Sonntag.

- **Super-Sparpreis:** Der Super-Sparpreis ist ebenfalls ein Festpreis (2. Klasse: DM 170,-, 1. Klasse: DM 255,-), allerdings mit der gegenüber dem Sparpreis beschränkten Nutzungsmöglichkeiten an Freitagen, Samstagen, Sonntagen und Montagen; zudem sind Spitzenverkehrstage von der Gültigkeit ausgenommen.

- **Mitfahrer-Fahrpreis:** Diese Ermäßigung gilt für Personengruppen mit mindestens einem Erwachsenen und einem Kind von 4 - 11 Jahren und maximal 5 Erwachsenen und einem Kind von 4 - 11 Jahren. Während die erste Person den vollen Fahrpreis für die Hin- und Rückfahrt bezahlt, zahlen die anderen Mitreisenden nur die Hälfte des Fahrpreises. Diese Ermäßigungen gelten auch bei Nutzung des Sparpreises, des Super-Sparpreises und des ICE-Super-Sparpreises.

- **Guten-Abend-Ticket:** Gültig: 1 Tag (hin und zurück) von 19 Uhr bis 2 Uhr morgens für alle Züge (ausgenommen: InterCityNight, Schlaf- und Liegewagen, Autoreisezüge, Sonderzüge).

- **Schönes-Wochenende-Ticket:** Gültig: von Samstag 0.00 Uhr bis Montag 2.00 Uhr, Sparangebot für alle Züge des Nahverkehrs, 2. Klasse ohne Kilometerbegrenzung. Bis zu fünf Personen pro Ticket. *Preis:* DM 35,-.

- **FerienTicket:** Das FerienTicket wird als Ergänzung einer Hin- und Rückfahrkarte der Bahn (Mindestwert DM 190,- für eine Person, 299,- für mehrere Personen) ausgegeben. Es gilt in der jeweiligen Ferienregion (z.B. Harz, Schwarzwald-Süd oder Erzgebirge) drei Wochen lang täglich ab 08.30 Uhr für beliebig viele Fahrten in Zügen des StadtExpress, der RegionalBahn, des RegionalExpress, des Interregios und ausgewählter IC-Verbindungen.

- **BahnCard:** Der Erwerb der auf den Namen des Besitzers ausgestellten BahnCard oder BahnCard-First berechtigt diesen zu einer Ermäßigung von 50% auf den normalen Fahrpreis; Zuschläge müssen voll bezahlt werden; sie gilt ein Jahr an allen Tagen des Jahres auf dem gesamten Streckennetz der DB, auf den meisten Linien der regionalen Omnibusverkehrsgesellschaften und bei einigen Verkehrsverbünden; Ausnahme: Autoreise- und Sonderzüge. Als DB/Citybank BahnCard auch mit integrierter Zahlungsfunktion (VISA-Kreditkarte) sowie die Zusatzkarte für Ehepartner und für Senioren gibt es die Zusatzkarte Rail Europe S mit einer Ermäßigung von 30% zur Hin- und Rückreise in 25 Länder. Neben der Basiskarte gibt es preisvergünstigte BahnCards für Kinder, Jugendliche, Schüler und Studierende, Senioren und Familien (vgl. Abb. 7.5).

Abb. 7.5: BahnCard der Deutschen Bundesbahn

Art	Alter	Besonderheiten	Preise (DM) inclusive Zahlungsfunktion	
			Bahn-Card	Bahn-Card First
BahnCard Basis	23-59		220,-	440,-
BahnCard Senior	ab 60	Unter bestimmten Voraussetzungen auch für Schwerbehinderte, Frührentner und Pensionäre unter 60 Jahren	110,-	220,-
BahnCard Junior	18-22	Für Schüler und Studenten bis 26 Jahre gegen Berechtigungsausweis. Informationen und spezielle Aufträge bei jeder Verkaufsstelle.	110,-	220,-
Zusatzkarte für Ehepartner	-	Für Ehepartner von Inhabern einer der drei vorgenannten BahnCards. Gleicher Gültigkeitszeitraum wie zugehörige BahnCard (auch bei nachträglicher Bestellung).	110,-	220,-
BahnCard Teen*	12-17	Informationen und spezielle Anträge bei jeder Verkaufsstelle	50,-	100,-
BahnCard Kind*	4-11	50% Ermäßigung auf den Kindertarif. Informationen und spezielle Anträge bei jeder Verkaufsstelle.	50,-	100,-
BahnCard Familie	-	Nur gültig bei gemeinsamen Fahrten von mindestens einem Elternteil und einem Kind bis 17 Jahre. Informationen und spezielle Anträge bei jeder Verkaufsstelle.	110,-	220,-

* Kinder und Teens erhalten die BahnCard **ohne** Zahlungsfunktion.

Quelle: DEUTSCHE BUNDESBAHN

- **Rail & Fly-Ticket:** Zu einem Festpreis (vgl. Abb. 7.6) kann von jedem Bahnhof zu den großen deutschen Verkehrsflughäfen und von dort zurück gereist werden. Rail & Fly-Tickets gelten innerhalb eines Zeitraums von zwei Monaten am Abflugtag und am Tag davor zur Hinreise sowie am Rückflugtag und am Tag danach zur Rückreise.

Abb. 7.6: Rail & Fly-Ticket der Deutschen Bundesbahn

1. Person	2. Klasse	1. Klasse
bis 300 km	DM 110,-	DM 165,-
über 300 km	DM 159,-	DM 239,-
je Begleitperson	DM 69,-	DM 99,-
je mitreisendes Kind von 4-11 Jahren	DM 20,-	DM 30,-
Aufpreis ICE (einfache Fahrt)		
Erwachsene	DM 20,-	DM 30,-
je mitreisendes Kind von 4-11 Jahren	DM 10,-	DM 15,-

Quelle: DEUTSCHE BUNDESBAHN

- **Ermäßigungen für Jugendliche:** Der Inter-Rail-Paß (DM 580,-) berechtigt während eines ganzen Monats die Nutzung des gesamten Schienennetzes von 24 europäischen Ländern und Marokko; für Reisen im Inlandsverkehr wird eine Ermäßigung von 50% auf den Normalpreis 2. Klasse gewährt.

- **Familien-Paß:** Familien und Alleinstehende, die Kindergeld für drei oder mehr Kinder beziehen, erhalten mit diesem kostenlos ausgegebenen Paß eine 50%ige Ermäßigung in der 2. Klasse.

- **Gruppenreisen:** Der Fahrpreis für Gruppen ist abhängig von der Verkehrszeit, der Gruppengröße und der Tarifentfernung (vgl. Abb. 7.7). Bei der Preisbildung werden die allgemeine Verkehrsnachfrage am Reisetag und die Besetzung des Zugs, der bei der Reise benutzt werden soll, berücksichtigt. Die Verkehrszeit A gilt für Fahrten in Zeiten normaler bis angespannter Nachfrage und in normal bis schwach besetzten Zügen. Unter die Verkehrszeit B fallen Fahrten an Spitzenverkehrstagen und in stark besetzten Zügen; zu diesen Spitzenzeiten zählen im allgemeinen die Wochenenden, die Ferienzeiten und die Feiertage. Die Fahrpreisermäßigung beträgt zwischen 40 und 65%, für Schüler und Lehrer öffentlicher und staatlich anerkannter Schulen zwischen 55 und 70% und steigt mit zunehmender Gruppengröße. Es gibt jeweils spezielle Ermäßigungssätze für 6 - 20, 21 - 50 und ab 50 erwachsene Teilnehmer. Als zusätzliche Vergünstigung werden bei jeder Fahrt mit entsprechender Teilnehmerzahl Fahrgäste ohne Fahrpreisberechnung befördert. Daneben werden Reisegepäck und Fahrräder von Gruppenreisenden zu ermäßigten Preisen befördert. Gruppenreisen sind je nach Art des benutzten Zugs mitunter auch anmelde- bzw. reservierungspflichtig.

Abb. 7.7: Schema Fahrpreisberechnung Gruppenreisen

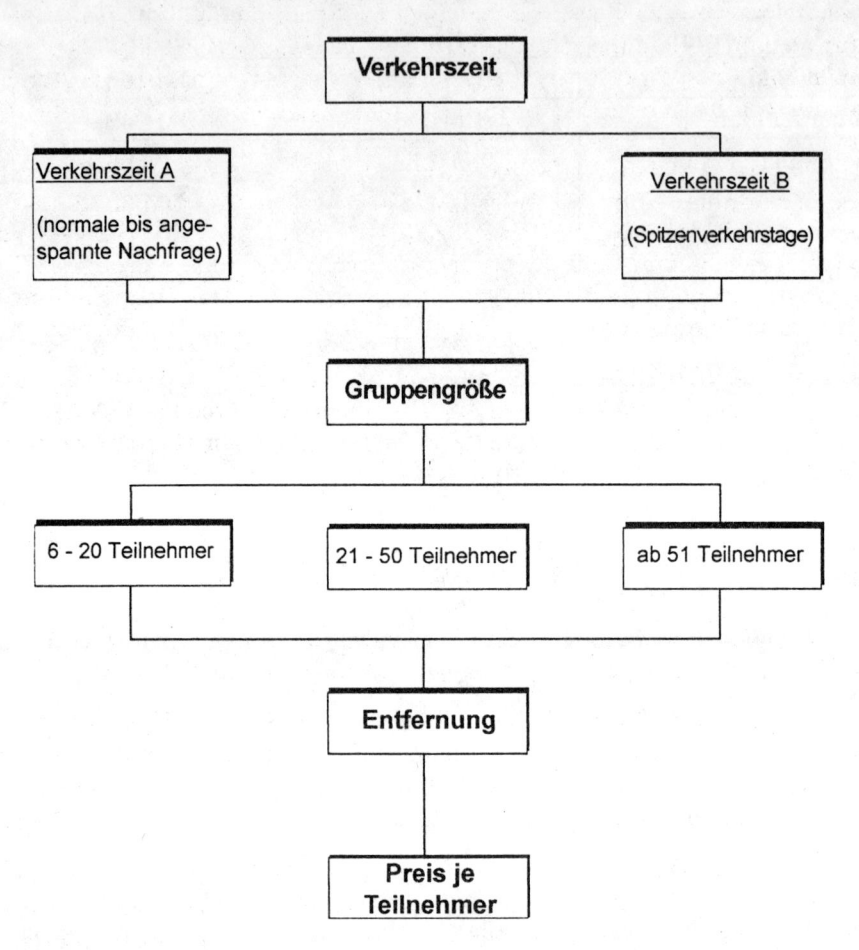

```
                        ┌──────────────┐
                        │ Verkehrszeit │
                        └──────────────┘
          ┌───────────────────┴───────────────────┐
┌──────────────────────┐              ┌──────────────────────┐
│ Verkehrszeit A       │              │ Verkehrszeit B       │
│ (normale bis ange-   │              │ (Spitzenverkehrstage)│
│ spannte Nachfrage)   │              │                      │
└──────────────────────┘              └──────────────────────┘
                        ┌──────────────┐
                        │ Gruppengröße │
                        └──────────────┘
       ┌────────────────────┼────────────────────┐
┌──────────────┐   ┌──────────────────┐   ┌──────────────────┐
│6 - 20        │   │ 21 - 50          │   │ ab 51            │
│Teilnehmer    │   │ Teilnehmer       │   │ Teilnehmer       │
└──────────────┘   └──────────────────┘   └──────────────────┘
                        ┌──────────────┐
                        │  Entfernung  │
                        └──────────────┘
                        ┌──────────────┐
                        │   Preis je   │
                        │  Teilnehmer  │
                        └──────────────┘
```

Quelle: DEUTSCHE BUNDESBAHN

- **EURO-MINIGRUPPEN-Tarif (ZOOM):** Gruppen von zwei bis fünf Personen, darunter mindestens ein Erwachsener und ein Jugendlicher, erhalten auf den Strecken von 16 europäischen Bahnen Ermäßigungen (Personen unter 16 Jahre 50%, über 16 Jahre 25% Ermäßigung).

- **EURO-DOMINO:** Netzfahrkarten für europäische Bahnen mit 3, 5 oder 10 Tagen Gültigkeit, die vor Reisebeginn in Deutschland gekauft werden müssen; für Jugendliche bis 25 Jahre (nur 2. Klasse) mit besonderer Ermäßigung. Die Anfahrt in Deutschland und der Transit durch andere Länder sind um 25% ermäßigt.

- **Sondertarife für Ausländer:** Fast alle europäischen Staatsbahnen bieten neben den üblichen Ermäßigungen für Familien und Gruppen zudem für ausländische Fahrgäste Netzkarten oder Halbpreispässe an. Der German Rail Pass wird nur in Übersee verkauft und wird mit eine Geltungsdauer von 5, 10 oder 15 Tagen ausgegeben; er berechtigt innerhalb von einem Monat an frei wählbaren Tagen zur beliebigen Benutzung der Schienenstrecken der DB, der Buslinien der Deutschen Touring sowie der Schiffe der Köln-Düsseldorfer Deutschen Rheinschiffahrt AD (KD). Andere Beispiele: France Vacances Pass: Netzkarte für alle Strecken inklusive der Pariser Verkehrsbetriebe, gültig an vier innerhalb von 15 Tagen oder an neun Tagen innerhalb eines Monats; Österreich: Halbpreis-Paß: Ermäßigung von 50% auf allen Strecken, Gültigkeit 1 Jahr.

- **Eurailpass:** Für Reisen von Personen, die ihren ständigen Wohnsitz außerhalb Europas haben, gibt es den Eurailpass als europäische Netzkarte 1. Klasse, der nur von bestimmten Verkaufsstellen in Übersee verkauft wird.

7.4.3 Sondertarife für Reiseveranstalter

Zu den von der DB für die Touristik angebotenen Sondertarifen zählen der RIT-Tarif und Rail&Fly für Fluggesellschaften.

- **Rail Inclusive Tours (RIT):** Bahnpauschalreisen für Einzelpersonen und Gruppen, die den ermäßigten Fahrpreis und das von einem Reiseveranstalter organisierte Arrangement (Übernachtung und gegebenenfalls weitere touristische Leistungen) einschließen. Da sich die Mehrzahl der europäischen Bahnen, die Europabus-Gesellschaft und mehrere Schiffahrtsunternehmen am RIT-System beteiligen, hat der Reiseveranstalter auch bei Auslandsreisen nur die Deutsche Bahn AG als Vertragspartner. Der RIT-Preis wird für Arrangements gewährt, die mindestens eine Übernachtung oder einen Mietwagen oder ein Campingarrangement enthalten. Derzeit wird nach dem 3-Stufenmodell verfahren (vgl. Abb. 7.8). Der Mindestverkaufspreis für das RIT-Pauschalreisearrangement muß um mindestens 10% höher sein als der normale Fahrpreis für Einzelreisende. Voraussetzung für die Nutzung dieses Tarifs ist eine Jahresvereinbarung mit der DB die sich auf ein Mindestaufkommen (200 Reisende oder einen Umsatz von DM 15.000,- im ersten Jahr der Vereinbarung, 500 Reisende oder DM 35.000,- im zweiten Jahr) und die Stellung einer Sicherheit durch den Reiseveranstalter (z. B. Bankbürgschaft) bezieht.

Abb. 7.8: RIT-Stufenpreise für alle Strecken der DB AG (Stand 11/1996)

	Klasse	grenznaher Outgoing-Verkehr bis 100 km	Stufe 1 bis 200 km	Stufe 2 201-350 km	Stufe 3 über 350 km
ohne Bahncard	2.	DM 16,00	DM 54,00	DM 98,00	DM 128,00
	1.	DM 24,00	DM 82,00	DM 148,00	DM 192,00
mit Bahncard	2.	DM 12,00	DM 41,00	DM 74,00	DM 96,00
	1.	DM 18,00	DM 62,00	DM 111,00	DM 144,00

Quelle: DEUTSCHE BUNDESBAHN

- **Rail & Fly / Fly & Rail für Fluggesellschaften:** Das von den an diesem Programm beteiligten Fluggesellschaften ausgestellte Ticket berechtigt zur Anreise von allen Bahnhöfen der DB zu einem deutschen Flughafen bzw. zur Abreise von einem deutschen Flughafen zu allen Bahnhöfen der DB. Der zur Bahnfahrt berechtigte Flugschein wird von den Airline-Verkaufsstellen bereits bei der Flugbuchung, auch im weltweiten Ausland, verkauft. Die DB stellt hierbei den Airlines einen ermäßigten Pauschalpreis in Rechnung, den die Airlines in ihr Gesamtheitpreisangebot integrieren. Aus Verkaufsförderungsgründen übernehmen manchen Airlines zudem einen Teil (bis zu 100%) dieser Kosten.

7.5 Sonderverkehr

Neben dem DB-eigenen Sonderverkehr im Rahmen der Produktgruppen "Der Schöne Tag", "Schulfahrten" und "Historische Verkehre" (nostalgische Reisezugwagen und Lokomotiven) hält die DB im Rahmen des **bestellten Sonderverkehrs** folgenden Sonderwagenpark zur Anmietung auf Charterbasis an:

- Touristikzüge
- Gesellschaftswagen
- Salonwagen
- Wagen des ehemaligen Regierungszuges der DDR
- Ausstellungswagen (ShowTrain)
- historische Fahrzeuge.

Daneben können auch alle verfügbaren Wagen des Regelverkehrs angemietet werden; die Beförderung ist als Sonderzug oder als Sonderwagenfahrt im Regelzug möglich. Bestellte Sonderverkehre werden nach den tatsächlich anfallenden Kosten kalkuliert, die veröffentlichten Regeltarife kommen hier nicht zur Anwendung.

Im Rahmen des **Turnussonderzugverkehrs** wurden 1991 die Angebote Alpen-See-Express und TUI-Ferienexpress zum UrlaubsExpress (mit Autotransportwagen) zusammengeführt. Die Koordination dieser Kooperationszüge von DB und Reiseveranstaltern erfolgt durch DER-Traffic (DER Reisebüro GmbH); die einzelnen Reiseveranstalter und Reisebüros ebenso wie die DB buchen dort ein.

7.6 DB - Lizenz

Die Lizenz für den Verkauf von Bahnfahrscheinen wird durch den Generalagenten der DB, die Deutsche Reisebüro GmbH Frankfurt, vergeben (vgl. Zulassungsrichtlinien für die Erteilung einer DB-Lizenz vom 01.10.1995). Sie ist an folgende Voraussetzungen gebunden:

- Die DB-Agentur muß für die Abwicklung des Verkaufs von Bahnwerten über einen klar gegliederten übersichtlichen Verkaufsraum (Ladenlokal oder Etagenbüro in einem Bürohaus) mit moderner Ausstattung verfügen.

- Der Verkaufsraum muß frei zugänglich für jedermann sein.

- Der Verkauf an jedermann muß gewährleistet sein; alle Kunden müssen gleich behandelt werden.

- Zur Gewährleistung der Qualität des Verkaufs muß die DB-Agentur mindestens eine Fachkraft im Bahnverkauf ganztags beschäftigen, die eine abgeschlossene Ausbildung als Reiseverkehrskauffrau/mann oder eine zweijährige Erfahrung im Verkauf von Bahnwerten hat.

- Im Verkaufsraum muß mindestens ein technisches Gerät mit Drucker vorhanden sein, mit dem der Verkauf über die von der Deutschen Bahn zugelassenen Verkaufssysteme mit Funktionen Fahrplanauskunft, Angebotsauskunft (Bedingungen, Preise, Tarife), Fahrscheinerstellung und Reservierung möglich ist.

- Die wirtschaftliche und finanzielle Lage der DB-Agentur muß gesichert sein. Zum Nachweis ist die Vorlage einer zeitnahen Bilanz oder vergleichbarer Unterlagen (z. B. Bankauskunft) und die Stellung einer Sicherheit erforderlich.

Die DB-Lizenz wird für jedes Geschäftslokal (Ladengeschäft oder Etagenbüro) einzeln erteilt. Im Rahmen der Lizenz können auf Antrag auch Firmendienst-Sonderschalter zugelassen werden. Ein Firmendienst-Sonderschalter ist eine in ein Etagenbüro ausgelagerte Abteilung eine bereits bestehenden DB-Agentur am selben Ort oder eine ausgelagerte Abteilung einer bereits bestehenden DB-Agentur bei einem Großkunden (Firma, Behörde, Verband).

Die DB-Lizenz wird zunächst für ein Jahr (Probejahr) erteilt. Sie verlängert sich automatisch, wenn sie nicht von der DB-Agentur oder dem DER widerrufen wird.

Zur Sicherstellung der wirtschaftlichen Basis des Verkaufs wird ein Mindestumsatz (vgl. Tab. 7.1, 7.2) festgesetzt. DB-Fahrgeldeinnahmen aus Verkehren von Bahn-Reiseveranstaltern werden auf den Mindestumsatz abgerechnet. Wird der Mindestumsatz am Ende des Probejahres nicht erreicht, kann das DER die DB-Lizenz widerrufen. Das DER kann jedoch auch ein weiteres Probejahr gewähren.

Für Firmendienst-Sonderschalter ist generell ein Umsatzvolumen von DM 100.000,- in 12 aufeinanderfolgenden Monaten zu erbringen. Wird dieses Volumen nicht erreicht, so ist für den Firmendienst-Sonderschalter von der DB-Agentur eine Aufwandsentschädigung in Höhe von 1% auf den Differenzbetrag zum geforderten Umsatzvolumen an das DER zu zahlen.

Tab. 7.1: Mindestumsätze für DB-Lizenz (alte Bundesländer)

Mindestumsätze (TDM/Jahr) für Einwohnerzahl der politischen Gesamtgemeinde - Alte Bundesländer -							
bis 50.000 Einwohner		bis 30.000 Einwohner		bis 600.000 Einwohner		über 600.000 Einwohner	
Ortskern	Ortsrandlage	Innenstadt	Stadtrandlage	Innenstadt	Stadtrandlage	Innenstadt	Stadtrandlage
100	50	200	100	500	100	600	100

Quelle: DEUTSCHES REISEBÜRO, 1995

Tab. 7.2: Mindestumsätze für DB-Lizenz (neue Bundesläner und Berlin)

Mindestumsätze (TDM/Jahr) für Einwohnerzahl der politischen Gesamtgemeinde - Neue Bundesländer und Berlin-							
bis 50.000 Einwohner		bis 30.000 Einwohner		bis 700.000 Einwohner		über 700.000 Einwohner	
Ortskern	Ortsrandlage	Innenstadt	Stadtrandlage	Innenstadt	Stadtrandlage	Innenstadt	Stadtrandlage
60	30	80	40	150	70	200	70

Quelle: DEUTSCHES REISEBÜRO, 1995

Vertiefende Literatur zur Bahntouristik:

HAACK, M., WOLF, W.:
Brauchen wir die Bahn?, Bonn 1988
KONOW, H., GOLTERMANN, E.:
Eisenbahn-Verkehrsordnung (EVO) nebst Ausführungsbestimmungen - Kommentar, Loseblattsammlung, Berlin/Bielefeld/München, o. J.
FREISE, R.:
Bahntouristik, in: KLATT, RTour, Gruppe 80
SCHNELL, P.:
Bahntourismus, in: HAEDRICH, G., KASPAR, C., KLEMM, K., KREILKAMP, E. (Hrsg.), Tourismus-Management, 2. Aufl., Berlin 1993, S. 13

Fachausdrücke zur Bahntouristik:

AMEROPA GmbH: Als 100%-iges Tochterunternehmen der Reiseveranstalter der DB.
Bahnreform: Durch das "Gesetz zur Neuordnung des Eisenbahnwesens" von 1993 wurde die Gründung der Deutschen Bahn AG beschlossen, die neben der Zusammenfassung von DB und DR das Ziel hat, die Bahn als privatwirtschaftliches Unternehmen zu führen.
CIV: Convention internationale concernant le transport des voyageurs et des bagages par chemins de fer; als internationales Übereinkommen über den Eisenbahnpersonen- und -gepäckverkehr Teil des COTIF.
COTIF: Convention relative aux transports internationaux ferroviaires; Übereinkommen über den internationalen Eisenbahnverkehr vom 9. Mai 1980.

DER: Deutsches Reisebüro GmbH; Anteile DB 50,1%, Generalagent der DB, mit DERTOUR (Reiseveranstalter), DERDATA (Rechenzentrum), DERTRAFFIC (Beförderung)
DPT: Deutscher Eisenbahn Personen-, Gepäck- und Expreßgut Tarif.
Deutsche Touring GmbH: Tochtergesellschaft der DB, die grenzüberschreitenden europäischen Linienverkehr und touristisch interessante innerdeutsche Fernstrecken im Linienverkehr betreibt.
EPA: Elektronische Platzbuchungsanlage über KURS'90.
Eurotunnel: 1994 in Betrieb genommener Eisenbahntunnel unter dem Ärmelkanal zwischen Sangatte (Frankreich) und Folkstone (England).

EVA: Elektronische Verkehrsauskunft über KURS'90.

Kurswagen: Eisenbahnwagen, der auf seiner Laufstrecke Regelzügen verschiedener Linien beigestellt wird und den Reisenden ohne Umsteigen an ein Fahrtziel befördert, das sonst nicht in direkter Zugverbindung erreicht werden kann.

Kurs'90: Bezeichnung für das 1990 eingeführte, computergestütze kundenfreundliche Verkaufs- und Informationssystem der 90er Jahre.

Pendolino: Zug mit in Italien entwickelter Neigungstechnik, die eine höhere Kurvengeschwindigkeit als die herkömmlichen Wagen erlaubt.

SPNV: Schienenpersonennahverkehr.

8 Schiff

8.1 Schiffsreisen

Der Schiffsverkehr zur Personenbeförderung kann zunächst einmal allgemein in die Linienschiffahrt mit regelmäßiger Abwicklung nach Fahrplan, die Bedarfsschiffahrt und in den Bootscharter eingeteilt werden (vgl. Abb. 8.1).

Abb. 8.1: Arten des Schiffsverkehrs

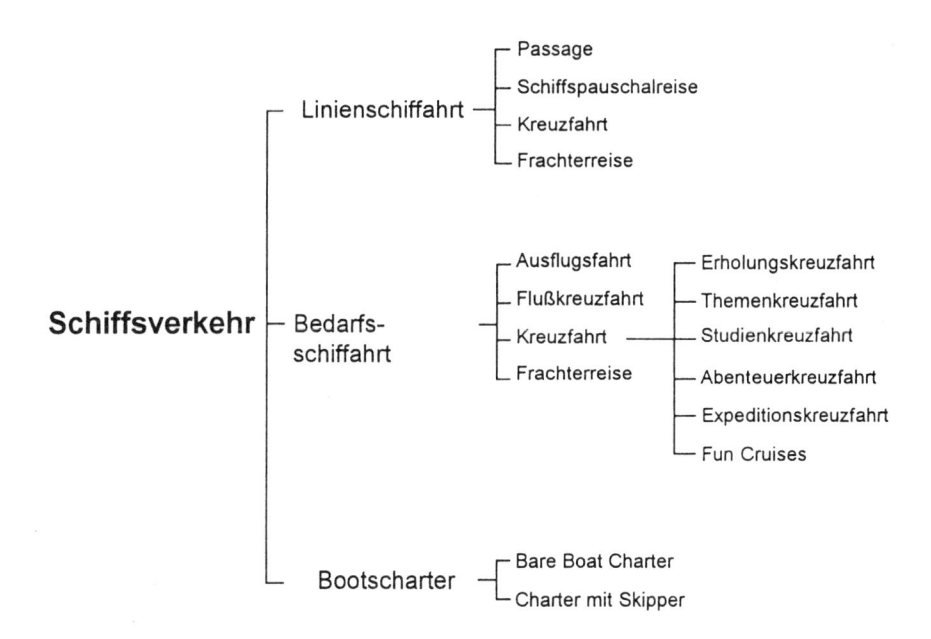

```
Schiffsverkehr ┬─ Linienschiffahrt ─┬─ Passage
               │                    ├─ Schiffspauschalreise
               │                    ├─ Kreuzfahrt
               │                    └─ Frachterreise
               │
               ├─ Bedarfs-         ┬─ Ausflugfahrt
               │  schiffahrt       ├─ Flußkreuzfahrt      ┬─ Erholungskreuzfahrt
               │                   ├─ Kreuzfahrt ─────────┼─ Themenkreuzfahrt
               │                   └─ Frachterreise       ├─ Studienkreuzfahrt
               │                                          ├─ Abenteuerkreuzfahrt
               │                                          ├─ Expeditionskreuzfahrt
               │                                          └─ Fun Cruises
               │
               └─ Bootscharter ─┬─ Bare Boat Charter
                                └─ Charter mit Skipper
```

Da der **Hochseelinienverkehr** seine frühere Bedeutung fast gänzlich verloren hat, werden sowohl reine Passagen (die Leistung besteht allein aus einer Beförderung mit dem Schiff, notwendige Nebenleistungen wie Unterkunft oder Verpflegung treten hinter die Beförderung zurück und führen damit nicht zu einer rechtlichen Einstufung der Leistung als Pauschalreise; vgl. NÖLL, o. J., S. 8) als auch Schiffspauschalreisen mit Unterbrechungen in mehreren Häfen sowie Kreuzfahrten auf Linienschiffen nur noch relativ selten angeboten.

Der Fährverkehr ist ein Linienverkehr mit Fluß-, Binnensee- und Seeschiffen, der als Direktverbindung im Punkt-zu-Punkt-Verkehr zwischen zwei Häfen der Beförderung von Passagieren und rollender Fracht (PKW, Wohnwagen, Bus, LKW und Eisenbahnzügen) dient. Die Reedereien versuchen zunehmend, vor allem außerhalb der Hochsaison, mit Pauschalangeboten neue Zielgruppen anzusprechen.

Die Mitfahrt auf Frachtschiffen im Linienverkehr wird nur noch von wenigen Reedereien angeboten und ist für die Touristik von geringer Bedeutung.

Die Schiffstouristik wird von der **Bedarfsschiffahrt**, und hier von den Kreuzfahrten, bestimmt. Kreuzfahrten sind mehrtägige Urlaubsreisen mit dem Schiff auf offener See oder auf Binnengewässern (z. B. Flußkreuzfahrt), bei der mehrere Häfen angelaufen werden; das Arrangement schließt Beförderung, Unterkunfts- und Verpflegungsleistungen sowie Sport- und Unterhaltungsmöglichkeiten ein; die angebotenen Landausflüge sind meist optional. Eine Kreuzfahrt dauert in der Regel mindestens sieben Tage; eine kürzere Reisedauer findet man vor allem bei den Fun Cruises in der Karibik und bei den kreuzfahrtähnlichen Kurzreisen der Fährschiffreedereien.

Der Bootscharter, bei dem kleinere Kajütboote oder Yachten über Reiseveranstalter an Privatpersonen vermietet werden, gewinnt vor allem auf Binnengewässern zunehmend an Bedeutung für die kommerzielle Touristik.

8.2   Kreuzfahrten

8.2.1   Entwicklung

Obwohl die Kreuzfahrttouristik eine lange Tradition aufweist - nach GOLD (1990, S. 3) wurde bereits 1844 von P&O Lines die erste Kreuzfahrt ins Mittelmeer durchgeführt - und in den dreißiger Jahren ein wichtiger Bestandteil der nationalsozialistischen Freizeitorganisation "Kraft durch Freude" (KdF) war, erschien diese Reiseart erst zu Beginn der sechziger Jahre wieder in den Katalogen der Reiseveranstalter. Dabei wurden zunächst fast ausschließlich Pauschalreisen auf Passagierschiffen von Liniendiensten veranstaltet. Mit dem Niedergang der Linienschiffahrt, ausgelöst durch die Entwicklung des Luftverkehrs zum Massenverkehrsmittel auch für Langstrecken, wurde es für die Reedereien notwendig, die ehemaligen Linienschiffe für die Ansprüche der Kreuzfahrtpassagiere umzurüsten, und zusätzlich neue Schiffe auf den Markt zu bringen.

Kreuzfahrten stellten in den letzten 10 Jahren weltweit einen Wachstumsmarkt dar (PEISLEY, 1989, S. 7). In der Bundesrepublik hat sich die Zahl der Kreuzfahrtteilnehmer von ca. 150.000 im Jahre 1985 auf ca. 310.000 im Jahre 1995 verdoppelt (vgl. Tabelle 8.1). Die Tabelle 8.2 zeigt die größten deutschen Seereiseveranstalter. 1995 lag der durchschnittliche Reisepreis bei DM 3.661,-; die mittlere Reisedauer betrug 12 Tage. GÖCKERITZ (DRV, 1991, S. 55) kommt zu der Feststellung: "Auf dem deutschen Kreuzfahrtmarkt hat es zwar Verschiebungen, aber keine wesentlichen Bewegungen gegeben. Das Marktpotential ist aber keineswegs erschöpft. Es fehlt jedoch an überzeugenden Initiativen, die aus einer Kreuzfahrt-Bereitschaft eine Kreuzfahrt-Buchung werden lassen." Dies ist bei den generell steigenden Zahlen der Pauschalreisen insofern verwunderlich, als heute den Nachfragern ein nach Routen, Reisearten, Schiffstypen und Preisklassen differenziertes Angebot zur Verfügung steht und das Kreuzfahrtpotential bei ca. 3,5 Mio. Passagieren eingeschätzt wird.

Neben verkaufsbedingten (die Beratung eines anspruchsvollen Klientels setzt detaillierte Produktkenntnisse bei den Verkäufern im Reisebüro voraus) und produktbedingten (Anreiseprobleme zu den Häfen insbesondere im Ausland) Hemmnissen sind es besonders die Vorurteile gegenüber einer Kreuzfahrt, die bisher ein stärkeres Wachstum verhinderten. Das Image von Kreuzfahrten ist bei Personen ohne Kreuzfahrterfahrung noch immer mit Wertungen wie "zu teuer", "langweiliger Luxus", "steife Atmosphäre", "Seniorenarche", "Kalorienorgien" und "Seekrankheit" negativ besetzt (GOLD, 1990, S. 36f.). So sind es weiterhin vorwiegend ältere Menschen, die eine Kreuzfahrt buchen. Versuche, die Kreuzfahrt zu verjüngen, waren nur bedingt erfolgreich. Solche Ansätze bestanden etwa darin, in Zusammenarbeit mit Zeitungsverlagen, durch Werbung für "Kreuzfahrten ohne Nerz und Krawattenzwang" oder durch - in Anlehnung an die erfolgreichen Fun-Cruises in der Karibik - stark auf Vergnügen und Unterhaltung abgestellte Reisen neue Nachfragerschichten zu erreichen.

Die Gründe für die steigende Beliebtheit des Produktsegments Flußkreuzfahrten gegenüber den Hochseekreuzfahrten sind vor allem in dem informelleren Bordleben, kürzeren Fahrtstrecken, der Abwechslung durch tägliche Landausflüge sowie der Möglichkeit, abends selbst etwas einkaufen zu können, da das Schiff nachts vor Anker geht, zu sehen. Der Preis spielt ebenfalls eine nicht zu unterschätzende Rolle: Obwohl es auch in diesem Segment Luxusschiffe mit Tagessätzen bis zu DM 500,- gibt, liegt der Schwerpunkt des Angebots im preisgünstigeren Bereich.

Tab. 8.1: Die Entwicklung des deutschen Kreuzfahrtmarktes

Die Entwicklung des deutschen Kreuzfahrtmarktes (Schätzung für die Periode 1984-1994)						
Jahr	Teilnehmer	Umsatz in Mill. DM*	durchsch n. Preise in DM*	durchschn. Tagesrate in DM*	Kreuzfahrt-Nächte	durchschn. Reisedauer
1984	143.000	500	3.496	250	2.000.000	14
1985	150.000	570	3.800	276	2.100.000	14
1986	148.000	560	3.800	272	2.072.000	14
1987	158.000	570	3.600	257	2.212.000	14
1988	147.000	600	4.080	291	2.058.000	14
1989	171.000	720	4.210	300	2.394.000	14
1990	184.000	778	4.230	306	2.539.000	13,8
1991	185.000	810	4.378	326	2.465.000	13,4
1992	201.000	860	4.278	342	2.572.000	12,5
1993	248.000	1.058	4.266	371	2.852.000	11,5
1994	296.000	1.148	3.869	325	3.527.000	11,9
1995	308.721	1.130	3.661	301	3.748.000	12,1

* In diesen Zahlen sind teilweise auch die Kosten für Flugtransport-Leistungen enthalten.

Quelle: BEILAGE ZUR FVW, Nr. 27, 1995; POLLAK, A., 1996

Tab. 8.2: Die größten deutschen Seereiseveranstalter 1995

Veranstalter	Kreuzfahrtteilnehmer	Umsatz in Mio. DM
Phönix-Reisen	42.442	163
Seetours	32.650	150
Hapag Lloyd	30.000	180
NUR	15.200	-
Air Maritim	14.000	-
Hanseatic	10.900	96
DER Tour	8.046	14,5
Festival	8.000	16,5
Delphin	7.850	40
Intermaris	5.200	12,5
Ameropa	3.400	13,5

Quelle: Beilage zur FVW Nr. 27/1995, S. 6 f.

8.2.2 Produkttypen

Kreuzfahrten haben den Schiffstransport als natürlichen Produktvorteil, der sich nicht nur in der Romantik der Seefahrt niederschlägt, sondern auch in einer Art des Reisens, die den Besuch mehrerer weit entfernter Attraktionen ohne Wechsel der Unterkunft erlaubt. BEAVER (1980, S. 631) beschreibt den Vorteil des "schwimmenden Hotels" wie folgt: "On a cruise, the holidaymaker has the chance of all the interest of a coach tour, but none of the boredom of travel between the places being visited." Die Hauptmotive, sich für eine Kreuzfahrt zu entscheiden, sind denn auch "viel von der Welt sehen", "komfortables Reisen mit gutem Service in einer angenehmen Umgebung" und "Erholung in sonnendurchfluteter Seeluft" (POLLAK, 1992, S. 329).

Nach produktpolitischen Kriterien können folgende Kreuzfahrttypen unterschieden werden (POMPL, 1987, S. 68f.; GANSER, 1991, S. 144-148):

- **Erholungskreuzfahrt:** Ein bequemer und komfortabler Reiseverlauf, Erholung und Entspannung sowie interessante Anlaufhäfen stehen im Mittelpunkt.

- **Themenkreuzfahrt:** Fahrtroute, Bordprogramm und Landausflüge stehen unter einem bestimmten Thema, zu dem auch Expertenvorträge, Workshops und Seminare abgehalten werden. Themenbeispiele: Musik-Festival, Foto- und Video-Seminar. Kreuzfahrten eignen sich auch für Incentive-Reisen, da auf einem Schiff die Themen des Wettbewerbs und der Reise vielfältig dargestellt werden können.

- **Studienkreuzfahrt:** Reiseroute und Reiseverlauf orientieren sich an kulturellen Sehenswürdigkeiten; es werden vergleichsweise viele Häfen angelaufen, wobei die Schiffe schwerpunktmäßig nachts fahren, um den Gästen tagsüber Gelegenheit zu Landausflügen zu geben. Die Landausflüge erfolgen in kleinen Gruppen unter der Leitung qualifizierter Reiseleiter.

- **Abenteuerkreuzfahrt:** Das Abenteuer "Schiffsfahrt" steht im Mittelpunkt. Die Angebote reichen von küstennahen "Piratentörns" auf umgebauten Frachtschonern über Inselkreuzen mit Motoryachten bis hin zu Hochseefahrten mit aufwendig restaurierten Oldtimer-Segelschiffen; mitunter können sich die Passagiere auch mithelfend seemännisch betätigen.

- **Expeditionskreuzfahrt:** Die Durchführung erfolgt mit speziell ausgerüsteten kleineren Schiffen, und die Routen bewegen sich abseits der traditionellen Fahrtgebiete in schwer zugänglichen bzw. landschaftlich extremen Gebieten, wie z. B. Inside Passage zu den Gletschern Alaskas, Oberlauf des Orinoko oder indonesische Inselwelt.

- **Fun Cruises:** Diese vorwiegend auf dem amerikanischen Markt angebotenen Kreuzfahrten kürzerer Dauer zielen vor allem auf Familien mit Kindern und junge Leute; betont lässige Bordatmosphäre; Hauptattraktion ist ein buntes Unterhaltungsprogramm mit Shows, Spielautomaten und Spielkasinos.

- **Ausflugsfahrten:** Tagesschiffsreisen mit gleichem Ausgangs- und Zielhafen, mit oder ohne Zwischenstation, oft auch als bloßes Angebot für zollfreie Einkaufsmöglichkeiten ("Butterfahrten").

- **Frachtschiffsreisen:** Seereisen mit Frachtschiffen, die entweder nur über Passagierkabinen (maximal 12 Passagiere, da ansonsten ein Arzt an Bord sein müßte; dies würde zu relativ starken Kostensteigerungen führen) verfügen oder als Kombischiffe gezielt auch für den Passagierverkehr ausgelegt sind. Frachtschiffsreisen werden entweder auf Linienfrachtern (z. B. die Postschiffe der Hurtigruten in Norwegen) oder auf Trampschiffen, deren Route und Aufenthaltsdauer in den angelaufenen Häfen von den jeweiligen Frachtverträgen bestimmt wird, durchgeführt.

8.2.3 Produktelemente einer Kreuzfahrt

Schiffsgröße:

Die Größe eines Schiffes wird technisch in Bruttoregistertonnen (BRT), wirtschaftlich in Passagierplätzen gemessen. Die Produktpositionierung, im wesentlichen vom Kreuzfahrttyp und dem angestrebten Qualitätsniveau bestimmt, und die geplanten Absatzzahlen sind hier die für den Veranstalter entscheidenden Kriterien. Der Raumkoeffizient aus Größe zu Passagierzahl ist ebenso ein wichtiger Qualitätsindikator wie die Relation Zahl der Besatzungsmitglieder zu Passagierzahl.

Bei den Kreuzfahrtschiffen zeichnet sich ein Trend dahingehend ab, daß die Reedereien neben den klassischen Kreuzfahrtschiffen einerseits Mega-Schiffe für bis zu 2.000 Passagiere einsetzen, und andererseits kleinere Spezialschiffe wie Sailcruiser (mit computergesteuerten Segeln wie etwa die Schiffe Club Med I und Club Med II), speziell ausgerüstete Expeditionsschiffe für ungewöhnliche Destinationen in der Antarktis oder am Great Barrier Reef (z. B. Explorer oder World Discoverer) und yachtähnliche Schiffe der Ultra-de-Luxe-Klasse für Marktnischen (z. B. Sea Cloud oder Sea Goddess) anbieten.

Schiffstechnik:

Zu den technischen Kriterien zählen

- Ausstattung mit Stabilisatoren, die das Schlingern des Schiffes verhindern und damit eine ruhigere Fahrt und bessere Manövrierfähigkeit gewährleisten; Klimaanlage; Eismeertauglichkeit ("Eisklasse"); biologische Abwasserkläranlage;
- Geschwindigkeit;
- Aktionsradius (Treibstoff- und Wasservorratskapazität);
- Schiffssicherheitsstandard nach internationalen Kategorien;
- Flagge (Staat, in dem das Schiff registriert ist) wegen eventueller Anlaufsbeschränkungen;
- Ein- oder Mehrklassenschiff, bezogen auf die Zahl der Beförderungsklassen;
- Ausstattung mit Restaurants, Bars, Swimmingpools, Sport- und Fitneßräumen, Salons, Boutiquen, Spielkasinos (vgl. Abb. 8.2).

Abb. 8.2: Steckbrief MS Europa

MS "Europa"
37.012 Bruttoregistertonnen - Eine Klasse - Baujahr1981, renoviert 1987 - Geschwindigkeit 21 Knoten - Länge 200 m - Breite 28,5 m - 600 Passagiere - 300 Besatzungsmitglieder - Stabilisatoren - Abwasseraufbereitungs- und Müllverbrennungsanlage - Klimaanlage - 13 Decks - 5 Gesellschaftsräume - 7 Bars - 3 Swimmingpools (2 außen/1 innen) - Kinderbecken - Kinderspielzimmer - Restaurant (1 Tischzeit) - Champagnerbar - Cafeteria - Theater - Bibliothek - Boutique - Juwelier - Friseur - Hospital - Gymnastikraum - Solarium - Sauna/Massage - FKK-Deck - Wäscherei - Stromspannung: 220 V Wechselstrom, 60 Hertz - Flagge: Deutschland

---

Quelle: Reederei HAPAG-LLOYD, Kreuzfahrten GmbH, Bremen

Kabinen:

Neben der Größe der Kabinen ist deren Lage ausschlaggebend für Preis und Qualität. Kabinen sind umso teurer, je höher das Deck liegt, auf dem sie sich befinden (bessere Aussicht, näher an den Gesellschaftsräumen). Außenkabinen sind qualitativ besser als Innenkabinen ohne Tageslicht und

Aussicht. Ein weiteres Kriterium ist die Entfernung zu den Schiffsmotoren im Hinblick auf Lärmbelästigung; mittschiffs gelegene Kabinen bieten einen ruhigeren Fahrtverlauf als Kabinen in Heck- oder Bugnähe.

Bei Kabinen für zwei Personen wird zwischen "Doppelkabine" mit einem Unter- und einem Oberbett und "Zweibettkabine" mit zwei unteren Betten unterschieden. Unter "Pullmannbett" wird ein klappbares Oberbett verstanden, unter "Studiobett" ein Unterbett, das tagsüber in ein Sofa verwandelt werden kann.

Verpflegung:

Der Verpflegung an Bord kommt insofern eine gehobene Bedeutung zu, als auf den Schiffen die Möglichkeit entfällt, in andere Restaurants zum Essen zu gehen, und die bis zu sechs Mahlzeiten eine der Hauptattraktionen im Tagesablauf darstellen. Weisen die Restaurants eines Kreuzfahrtschiffes aus wirtschaftlichen Gründen nicht genügend Plätze auf, um alle Passagiere gleichzeitig bedienen zu können, werden die Mahlzeiten in zwei zeitlich aufeinanderfolgenden "Sitzungen" angeboten.

Unterhaltungsangebot:

Das Unterhaltungsangebot auf einem Kreuzfahrtschiff umfaßt neben umfangreichen Sportmöglichkeiten vor allem gesellschaftliche Veranstaltungen vom Tanztee über Bingo bis hin zu abendlichen Galaveranstaltungen wie dem Kapitänsdinner, Konzerte mit bekannten Künstlern, Kostümbälle, Kabarett, kulturelle Programme mit Filmen und Vorträgen sowie Animationsangebote wie Sprach- oder Hobbykurse. Die Passagiere werden über die aktuellen Tagesprogramme durch eine Bordzeitung, zum Teil sogar durch bordeigene Radio- und Fernsehprogramme informiert.

Qualitäts- und Preisklassen:

Ähnlich wie bei Hotels besteht auch bei Schiffen die Möglichkeit der Qualitätsklassifikation. So führt etwa die International Cruise Passengers Association (ICPA) für die bekanntesten Kreuzfahrtschiffe eine solche Bewertung durch; ähnliche Klassifikationen finden sich im "Berlitz Handbook of Cruising" und in WARD's Complete Handbook to cruising (1992). In Deutschland führte 1970 der Reiseveranstalter Seetours für sein Programm ein Schiffskategorisierungssystem ein, das fünf Qualitätsklassen unterscheidet (vgl. Abb. 8.3). In den Katalogen der anderen deutschen Seereiseveranstalter finden sich ansonsten nur selten Hinweise auf die genannten Qualitätsklassifikationen. BAUMANN (1993, S. 254) vermutet, daß dies zum einen mit der Tatsache zusammenhängt, daß nicht alle angebotenen Schiffe von den Klassifikationen erfaßt werden, und zum andern weil die Qualität starken Veränderungen unterliegen kann, wenn etwa eine Teilrenovierung durchgeführt oder der Caterer gewechselt wird.

Preisklassen nach Tagessätzen zu bilden, erscheint insofern wenig aussagekräftig, da auf jedem Schiff je nach Lage, Größe und Belegung der Kabine unterschiedliche Preise verlangt werden. Zudem variieren die Preise je nach Attraktivität der Route und der Saisonzeit. Nimmt man das Schiff "MS Europa", von Seetours als Schiff der Spitzenklasse eingestuft, so liegt der Tagessatz (Stand 1997, ohne Anreise) pro Person in einer Zweibettkabine zwischen DM 410,- und DM 570,-, in einer Zweibettkabine außen zwischen DM 590,- und DM 870,-, in einer Suite bei ca. DM 1.300,-.

Abb. 8.3: Qualitätsklassen Seetours

$	**Einfache, zweckmäßige Schiffe:** Zünftige Schiffe, zuweilen im Liniendienst, und große Ferienschiffe, die in ihrer Ausstattung meist etwas schlicht sind - was aber der ausgelassenen Stimmung an Bord nur förderlich zu sein scheint. Legerer und informeller Stil, schmackhaftes Essen.
$ $	**Familiäre Ferienschiffe:** Populäre Mittelklasse, Service und Küche entsprechen dem eines "gutbürgerlichen" Hotels an Land; preisgünstig für die gebotenen Leistungen. Der Stil ist eher unkompliziert, die Stimmung schlägt zuweilen Wogen.
$ $ $	**Schiffe der guten Mittelklasse:** Solide Ausstattung, aufmerksamer Service, gehobenes kulinarisches Angebot und vielfältige Bordprogramme. Der Stil ist gediegen.
$ $ $ $	**Erster Klasse-Schiffe:** Schiffe mit komfortabler Ausstattung, ausgezeichneter Küche, sehr gutem Service und niveauvoller Unterhaltung. Der Stil spannt sich vom klassisch-formellen Umgang bis zum amerikanisch-legeren.
$ $ $ $ $	**Schiffe der Spitzenklasse:** Schiffe mit unübertroffenem Komfort, hervorragender Gastronomie und bestem Service. Gleich Zugvögeln ziehen sie mit der Sonne - über alle Meere. Der Stil wird durch die Gäste geprägt, die ausnahmslos gehobenen gesellschaftlichen Schichten angehören.

Diese Tagessätze erscheinen zunächst sehr hoch. Doch ist zu berücksichtigen, daß die Leistungen nicht nur die Unterbringung in geräumigen Kabinen, eine hochrangige Gastronomie mit Galadiners und Mitternachtssnacks, das gesamte Unterhaltungsprogramm und die Nutzung der sportlichen Einrichtungen umfassen, also alle Leistungen eines Spitzenhotels, sondern zudem noch den Transport über zum Teil weite Entfernungen enthalten. Addiert man die Preise, die ein Kunde dafür bei separater Berechnung zahlen müßte, dann ergibt sich für die Tagessätze in der Regel ein sehr günstiges Preis-Leistungs-Verhältnis. Kreuzfahrten sind zwar nicht preisgünstig, aber preiswürdig.

Im Kreuzfahrtpreis nicht eingeschlossen sind die Ausgaben für Getränke, Trinkgelder und Kosten für optionale Landausflüge. Gelegentlich müssen auch die Hafengebühren oder die Miete für Deckliegestühle zusätzlich bezahlt werden.

8.2.4 Fahrgebiete und Routen

Die Auswahl der anzubietenden Kreuzfahrtrouten orientiert sich zunächst grundsätzlich an den metereologischen und klimatischen Bedingungen eines Fahrgebiets, insbesondere für Nordmeer-, Atlantik- und Mittelmeerfahrten. Dies ist einerseits für die nautische Navigation von Bedeutung, andererseits zählen ruhiges Fahrwasser und sonniges Wetter zu den Produkterwartungen der Gäste. Bei Flußkreuzfahrten bestimmt zudem der Wasserstand die Durchführungsmöglichkeit. Daneben aber gibt es auch klimatisch begünstigte Regionen, die ganzjährig befahren werden können (z. B. die Karibik).

Von den 1995 in Deutschland gebuchten Seereisen führten ca. 65% in europäische und ca. 35% in überseeische Gewässer. Die wichtigsten Fahrgebiete weltweit sind in Tab. 8.3 und 8.4 dargestellt (vgl. dazu auch HEINEMANN, 1988, S. 13-54; GOLD, 1990, S. 155-167; HOLLOWAY, 1986, S. 114ff.).

Flußkreuzfahrten werden vornehmlich auf Flüssen und Kanälen veranstaltet, die durch reizvolle Landschaften führen und kulturell oder touristisch interessante Orte berühren. In der Bundesrepublik sind neben Fahrten auf den traditionellen Strecken wie Rhein, Donau, Rhein-Main-Donau-Kanal, Mosel, Neckar und Main seit der Vereinigung der beiden deutschen Staaten jetzt auch wieder die Elbe, die Oder und der Nord-Ostseekanal im Programm. Kreuzfahrttouristische Attraktivität weisen folgende ausländische Binnengewässer auf: auf anderen Kontinenten der Nil, der Mississippi, der St. Laurence-Strom, der Jangtsekiang sowie der Amazonas, der bis Manaus/Brasilien sogar mit Hochseeschiffen bis zu 40.000 BRT befahren werden kann und in Europa die Wolga, der Don, die Dnjepr, Rhône, Saône und Seine.

Tab. 8.3: Fahrgebiete Kreuzfahrten 1995

Hochseekreuzfahrten	
Global	ca. %
Europäische Gewässer	65,1
Überseeische Gewässer	34,9
Fahrtgebiete	
Europ. Nordland	29,11
Westeuropa/Atl. Inseln	15,34
Mittelmeer-Raum	20,65
Karibik/USA	20,81
Übersee (ohne USA)	14,09
Flußkreuzfahrten	
Fahrtgebiete	
Deutsche Flüsse	32,09
Donau	33,83
Franz. Flüsse	8,25
Russ. Flüsse	8,8
Nil (u.a.)	17,05

Quelle: POLLACK 1996, S. 14

Die Fahrtenplanung für ein Kreuzfahrtschiff wird jedes Jahr neu konzipiert, um den Stammkunden eines Schiffes (zwischen 40 und 60% der Teilnehmer) ein neues Angebot präsentieren zu können. Planungsgrundlage ist eine Einsatzzeit von 350 Tagen pro Jahr. Dabei, so POLLAK (1992, S. 328), "geht man in der Regel so vor, daß zuerst 'Block-outs', d. h. größere Zeiträume gebildet werden, in denen das Schiff in den verschiedenen Fahrtgebieten beschäftigt werden soll. Als nächsten Schritt gliedert man die Block-outs in kürzere Zeiträume für die einzelnen Fahrten. Hierbei muß man dann vorab geeignete, gut zu erreichende Ein-/Ausschiffungshäfen wählen und unter Berücksichtigung von Feiertagen, Ferienzeiten etc. die Abfahrts-/Rückkunftstage (möglichst Wochenenden) festlegen. Die einzelnen Fahrten werden entsprechend der gegenwärtigen Präferenz meist zweiwöchig ausgelegt mit bewußt eingebauten längeren und auch kürzeren Reisen, die Anreiz zum Kombinieren aufeinanderfolgender Reisen ausüben sollen. Eine diffizile Aufgabe ist die Auslegung der erforderlichen Positionsreisen - Fahrten von einem Fahrtgebiet ins andere -, da diese oft weniger Anklang finden".

8.2.5 Organisation

Im Rahmen des Beschaffungsmanagements hat ein Reiseveranstalter folgende Möglichkeiten, Kapazitäten auf einem Kreuzfahrtschiff unter Vertrag zu nehmen:

- Der Reiseveranstalter bucht die von ihm benötigten Schiffspassagen bei der Kreuzfahrtreederei zu einem Nettopreis und ohne Auslastungsrisiko ein und ergänzt sie eventuell mit weiteren touristischen Leistungen wie An- und Abreise oder Versicherungen.

- Der Reiseveranstalter ist Generalagent einer Reederei und vertreibt ein Schiff in seiner Verkaufsregion exklusiv. Auch hier liegt das Auslastungsrisiko bei der Reederei, der Veranstalter kann aber je nach seiner Bedeutung die Produktgestaltung beeinflussen, etwa hinsichtlich der Sprachkenntnisse der Hostessen, des angebotenen Unterhaltungsprogramms oder der Verpflegung.

- Der Reiseveranstalter chartert einen Teil der Beförderungskapazität, meist von einem anderen Veranstalter, der das Schiff im Vollcharter unter Vertrag hat, auf eigenes Risiko.

- Der Reiseveranstalter nimmt das gesamte Schiff für einen bestimmten Zeitraum unter Vertrag. Er trägt damit das volle Auslastungsrisiko, hat aber einen großen Einfluß auf die Produktgestaltung. Er legt Routen und Termine fest, bestimmt Art und Umfang der Gastronomie, das Unterhaltungsprogramm sowie die Landausflüge. In der Regel werden die Charterverträge so abgeschlossen, daß die Reederei das Schiff mit Besatzung stellt, der Veranstalter über den Caterer mitbestimmt und neben der Kreuzfahrtleitung (Cruise staff mit Cruise Director, Ausflugsmanager, Verwaltungspersonal, Hostessen, Reieseleitung) auch für das Unterhaltungsprogramm und die Landausflüge eigenverantwortlich zeichnet. Er hat damit umfangreiche Möglichkeiten, das Kreuzfahrtprodukt nach seinem Marketingkonzept zu gestalten. Hinsichtlich der Vertragsgestaltung besteht die Möglichkeit, sich an dem vom DRV als Vertreter der Reiseveranstalter und dem Seepassage-Komitee-Deutschland als Vertreter der Reedereien (bis 1991) ausgearbeiteten Mustervertrag zu orientieren.

Nach Reiseorganisation und -ablauf ergeben sich vier grundsätzliche Produktkonzeptionen:
- die klassische Kreuzfahrt entweder als Rundreise vom Ausgangs- zum identischen Zielhafen oder als Fahrt zwischen verschiedenen Häfen;

- die Flug/Schiff-Kombination, bei der eine Reisestrecke (Hin- oder Rückreise) mit dem Flugzeug, die andere mit dem Kreuzfahrtschiff zurückgelegt wird;
- das Fly-and-Cruise-Arrangement, bei dem der Flug zum Abfahrtshafen und der Rückflug vom Zielhafen Bestandteile der Pauschalreise sind. Diese Angebotsform ermöglicht auch die Buchung einer Teilpassage (z. B. eine zweiwöchige Reise) auf einer mehrmonatigen Kreuzfahrt rund um die Welt;
- die Sail-and-Stay-Kreuzfahrt, eine Kombination aus Kreuzfahrt und Landaufenthalt. Die Kunden haben die Möglichkeit, ein Vor- oder Nachprogramm zu buchen und im Ausgangs- oder Ankunftsland einen Hotelaufenthalt einzulegen oder eine Rundreise zu unternehmen. Werden Kreuzfahrten im Turnusprogramm durchgeführt - das Schiff befährt regelmäßig die gleiche Route -, dann besteht auch die Möglichkeit, die Reise in einem der angelaufenen Häfen zu unterbrechen, um bei der nächsten Fahrt wieder an Bord zu gehen.

8.3 Fährverkehr

8.3.1 Allgemein

Der Fährverkehr spielt in der Touristik vor allem bei Busreisen und PKW-Packages sowie bei der Vermittlung von Fährpassagen für Individualreisende eine Rolle. Wegen der nur kurzen Aufenthaltsdauer an Bord und der Dominanz des reinen Beförderungszwecks wird der Fährverkehr von den meisten Autoren (vgl. etwa ARETZ, 1972, S. 46; GANSER, 1991, S. 144) nicht zur Seetouristik gezählt, obwohl im Seefährverkehr durch die Ausgestaltung der Schiffe und das Bordprogramm die Überfahrten zunehmend den Charakter von Kurzkreuzfahrten annehmen und in Kombination mit anderen Leistungen zur Zusammenstellung von Pauschalreisepaketen genutzt werden.

Für Reisen aus der Bundesrepublik sind die Fährdienste nach Skandinavien, England und Irland, zu den Inseln und Anrainerstaaten des Mittelmeers sowie im Seebäderverkehr zu den deutschen Nordseeinseln von Bedeutung.

Die kombinierten Personen- und Autofähren sind je nach Länge der Fährstrecke/Dauer der Überfahrt unterschiedlich ausgestattet (HEINEMANN, 1988, S. 90). So bieten Fährschiffe, die ausschließlich im Tagesverkehr eingesetzt werden, keine Kabinenunterkunft, sondern lediglich Aufenthaltsräume mit Sitzgelegenheit. Dagegen finden sich auf Linien, die auch Nachtfahrten einschließen, Fährschiffe mit Schlafmöglichkeiten in Pullmansesseln (verstellbare Liegesessel), Couchettes (einfache Mehrbettkabinen mit Gemeinschaftswaschräumen und -toiletten) und Kabinen unterschiedlichen Komforts.

Zur Erleichterung und Beschleunigung des Fahrzeugtransports erfolgt die Verladung nach dem Roll-on/Roll-off-Verfahren (Ro/Ro-System), bei dem die Fahrzeuge nicht mehr mit Hilfe eines Verladekrans (Lift-on/Lift-off-System) an Bord gebracht werden, sondern über eine Rampe (am Bug/Heck) direkt auf das Schiff fahren und es über eine Rampe (am Heck/Bug), ohne die Fahrtrichtung zu verändern, wieder verlassen.

8.3.2 Pauschalreiseprodukte

Sowohl von den Fährlinien selbst wie auch von Reiseveranstaltern werden Fährpassagen in Kombination mit anderen Leistungen als Pauschalreisen angeboten, die folgende Elemente einschließen können:

Anreise mit Flugzeug, Bahn, Bus oder Autoreisezug, Bustransfer zum Kai; während der Überfahrt Kabinenbelegung, Verpflegungspauschalen, Benutzung sämtlicher Schiffseinrichtungen, Bordreiseleitung; Unterkünfte im Zielland, Kulturscheck zum Besuch kultureller Veranstaltungen, Sightseeingpaß für den Eintritt bei Sehenswürdigkeiten oder für Ausflüge und Rundfahrten, Einkaufspaß mit besonderen Rabatten und Mehrwertsteuerrückerstattung, Ship-and-car-Scheck für Mietwagen.

Als spezielle Produkttypen sind im Fährschiffsverkehr anzutreffen:

- Tagesausflüge für bestimmte Zielgruppen, z. B. als Seniorenausflug, Betriebsausflug, Einkaufsfahrt, Bordfest;

- "Kreuzfahrtähnliche Kurzreisen" mit mindestens einer Übernachtung an Bord, auch als Festtagsreisen (z. B. Jahreswechsel mit besonderem Silvestermenue und -unterhaltungsprogramm);

- Schülerreisen, die in Verbindung mit den Kultusministerien der einzelnen Länder durchgeführt werden, mit Informationen über nautische und technische Einrichtungen, Brückenbesichtigungen, Erläuterungen über den Fahrtverlauf und das Fahrgebiet durch das Bordpersonal; auch mit mehrtägigem Landprogramm mit Besuch kultureller Einrichtungen;

- Städtereisen mit ein- oder mehrtägigen Aufenthalten am Zielort oder mit Bustransfer zu einer nahegelegenen Großstadt;

- Konferenzveranstaltungen während der Fahrt, zu deren Durchführung manche Fährschiffe mit speziell dafür vorgesehenen Tagungsräumen und Präsentationseinrichtungen ausgestattet wurden.

Besonders Fährschiffe für längerdauernde Überfahrten werden zunehmend von reinen Beförderungsmitteln zu Freizeitstätten ausgebaut. Ein differenziertes gastronomisches Angebot, komfortable Kabinen, mehrsprachiges Personal, Kinos, Spielsalons, Sauna, Swimmingpool, Kinderspielräume und Unterhaltungsshows sollen der Überfahrt den Charakter einer kurzen Kreuzfahrt, eines eigenständigen Erlebnisses also, geben. Erweiterte Einkaufsmöglichkeiten in Shopping-Malls mit Boutiquen für Textilien, Elektronik, Spielwaren und Reiseartikel sind auch unter dem Aspekt der Kompensation des nach 1999 wegfallenden Verkaufs von Duty-free-Waren zu sehen. Die Kanalfähren zwischen England und Frankreich wollen gerade diesen Erlebnisaspekt einer Seereise als qualitativen Wettbewerbsparameter gegenüber der durch die Eröffnung des Eurotunnels zwischen Sangatte/Calais und Farthingloe/Folkstone neu entstehenden Konkurrenz ausbauen.

8.4 Bootscharter

Ähnlich wie bei den Kreuzfahrten kann auch beim Bootscharter zwischen den Fahrgebieten Binnengewässer (Flüsse und Kanäle in Irland, Frankreich und Holland als wichtigste Angebotsregionen) und Hochsee unterschieden werden. Im Angebot finden sich fast alle Bootstypen, von Jolle (offenes Boot mit aufholbarem Schwert, mit dem vorwiegend von einem festen Standort aus Tagestörns unternommen werden) über motorgetriebene Kajütboote bis hin zu Großyachten (z. B. Zweimast-Schoner). Die Boote werden mit oder ohne Besatzung verchartert.

Arten der Vercharterung

- **Bare Boat Charter:** Vermietung eines Boots ohne Besatzung an Kunden, die alle notwendigen Voraussetzungen (insbesondere die jeweiligen national erforderlichen Führerscheine) zum selbständigen Führen eines Schiffes aufweisen. Für die Anmietung von Booten auf Binnengewässern ist häufig kein Bootsführerschein notwendig (mit Ausnahme von Deutschland und Schweden), es erfolgt lediglich eine kurze Einweisung durch den Vercharterer.
- **Yachten mit Skipper:** Vermietung eines Schiffes mit Besatzung, ein revierkundiger Skipper (Kapitän) übernimmt die Schiffsführung.
- **Flottillensegeln:** Eine Flottille besteht aus mehreren Yachten, die gemeinsam eine bestimmte Seestrecke zurücklegen; sie wird dabei von einer Yacht begleitet, auf der sich ein Skipper, ein Mechaniker und eine Hosteß befinden. Der Skipper, von den Teilnehmern über Funk erreichbar, trägt die Verantwortung für den Fahrtverlauf und informiert täglich über Navigation und Seebedingungen; der Mechaniker ist für die In-

standhaltung der Yachten und eventuelle Reparaturen zuständig; die Hosteß berät die Flottillenteilnehmer hinsichtlich Sehenswürdigkeiten, Restaurants, Sportmöglichkeiten und Einkäufe in den angelaufenen Häfen. Die Flottillenteilnehmer mieten entweder beim Veranstalter, der die Crews zusammenstellt, jeweils eine Yacht privat oder buchen als Einzelteilnehmer die Mitsegelmöglichkeit.

Beim Bootscharter wird entweder nur die Anmietung des Schiffes vermittelt, oder der Reiseveranstalter stellt Pauschalpakete zusammen, zu denen Produktelemente wie Anreise, Unterkunft vor oder nach der Schiffsreise sowie Aufenthalt in einem Wassersportclub mit Möglichkeiten zum Erwerb eines Ausbildungsscheins gehören können.

8.5 Liberalisierung im Seereiseverkehr

Auch im Seeverkehr werden die Duty-free-Verkäufe im Inner-EG-Verkehr zukünftig abgeschafft werden; nach der Richtlinie vom 16.12.1991 sind sie in einer Übergangsperiode bis 1.1.1999 weiter erlaubt. Davon sind besonders die Fährschiff-Reedereien betroffen, deren Umsätze sich zwischen 3 und 30% aus dem Verkauf von zollfreien Waren ergeben (LENNER, 1992, S. 156).

Die Umsatzbesteuerung von Seereisen innerhalb der EG ist nach dem Umsatzsteuergesetz und der Durchführungsverordnung in der Fassung vom 8.2.1991 im Rahmen von Pauschalreisen bisher frei. Die Frage, ob und in welcher Höhe die grenzüberschreitende Beförderung von Personen im europäischen Binnenmarkt der Mehrwertsteuer unterliegen soll, wurde noch nicht endgültig entschieden.

Hinsichtlich der Verkehrsrechte erfolgt eine stufenweise Freigabe der Kabotage im europäischen Seeverkehr für Schiffe, die in einem EG-Staat registriert oder in dem noch zu schaffenden Gemeinschaftsregister "Euros" eingetragen sind. Zunächst wurde ab 1.1.1995 die Festlandskabotage, d. h. der Seeverkehr zwischen zwei Häfen ein und desselben Landes freigegeben, dann ab 1.1.1999 auch die Inselkabotage für Fahrten vom Festland zu den Inseln ein und desselben Mitgliedsstaats; da Griechenland davon besonders betroffen sein wird, bleibt dort der Passagierdienst bis zum Jahr 2004 den einheimischen Reedereien vorbehalten.

Vertiefende Literatur zur Schiffstouristik

BAUMANN, E.J.:
  Kreuzfahrten, in: MUNDT, J. (Hrsg.), Reiseveranstaltung, München 1996, S. 295
BEAVER, A.:

Mind Your Own Travel Business, Vol. II, Edgeware 1980
GANSER, A.:
Kreuzfahrten, in: WOLF, J., SEITZ, E., Tourismus-Management und Marketing, Landsberg (Lech) 1991, S. 137
GOLD, H.:
The Cruise Book: From Brochure to Bon Voyage, New York 1990
HEINEMANN, H., KREITMAYR, A., PAHLSSON, L., SCHÜSSLER, O.:
Schiffahrt, Melsungen 1994

Fachausdrücke aus der Schiffstouristik:

Antriebsart: Bezeichnung für die maschinelle Einrichtung, mit der ein Schiff angetrieben wird. Die Antriebsart eines Schiffes kann den Abkürzungen vor dem Schiffsnamen entnommen werden.

Ausbooten: Wenn ein Schiff wegen seiner Größe oder seines Tiefgangs nicht in einem Hafen anlegen kann, werden die Passagiere mit kleinen Motorbooten oder Barkassen an Land gebracht.

Bordbuch: Auch als Schiffahrtsbuch bezeichnetes, auf den Namen des Passagiers ausgestelltes, repräsentativ gestaltetes Buch, in das jede Kreuzfahrtteilnahme eingetragen und vom Kapitän bestätigt wird.

Bruttoregistertonne (BRT): Allgemein gebräuchliche Maßeinheit für die Größe (Tonnage) eines Schiffes. Die BRT dient zur Berechnung des Gesamt-Rauminhalts eines Schiffes. Eine Registertonne entspricht dem Rauminhalt von 2,83 m^3.

Bugstrahlruder: Das An- und Ablegen eines Schiffes am Kai wird durch Manövrierhilfen, den sog. Bugstrahlrudern, erleichtert, die dem Schiff Seitwärtsbewegungen erlauben. So kann ein Schiff ohne Schlepperhilfe an- und ablegen. Dies ist besonders bei Fährschiffen mit ihren meist kurzen Liegezeiten ein großer Vorteil.

Hovercraft: Luftkissenfahrzeug, das auf einem motorisch erzeugten Luftpolster über der Wasseroberfläche schwebend fährt; vorwiegend im Fährverkehr eingesetzt.

Katamaran: Doppelrumpf-Schiff; Neuentwicklung für Passagierschiffahrt und Geschwindigkeiten bis zu 45 Knoten (ca. 85 kmh).

Schlingern: Bezeichnung für die seitlichen Bewegungen des Schiffes von Backbord nach Steuerbord (von links nach rechts) und umgekehrt. Schlingerbewegungen werden durch den Seegang und die Fahrtrichtung des Schiffes ausgelöst, und zwar dann, wenn Wellen und Dünung seitlich auf das Schiff treffen.

Seemeile: Entfernungen werden in der Schiffahrt nicht in Kilometern, sondern in Seemeilen angegeben. Eine Seemeile entspricht 1,852 km.

Skipper: Kapitän auf einer Segelyacht.
Stabilisatoren: Technische Einrichtungen, die das Schlingern des Schiffes bei Seegang vermindern. Dazu werden unter der Wasserlinie befindliche tragflächenähnliche Flossen ausgefahren, die die Lage des Schiffes stabilisieren.
Tender: Bordeigene Motorboote, meistens zwei bis vier, je nach Größe des Schiffes, mit denen Passagiere und Besatzungsmitglieder vom Schiff an Land und zurück befördert werden, wenn das Schiff auf Reede liegt.
Trajektschiff: Größere Fähre zur Beförderung von Eisenbahnzügen und Fahrzeugen über Seestrecken.
Zahlmeister: Der Oberzahlmeister und seine Mitarbeiter im Zahlmeisterbüro sind eine wichtige Kontaktstelle für alle Passagiere. Hier werden Geldgeschäfte und Paßformalitäten erledigt, es können Wertsachen deponiert und Telegramme aufgegeben werden.

9 Gästebetreuung

9.1 Einführung

Die Funktion von Reiseleitern und Animateuren besteht nicht nur in einer korrekten und mängelfreien Gästebetreuung. Bei vielen Reisearten beeinflußt der Erfolg oder Mißerfolg ihrer Tätigkeit die Kundenzufriedenheit mit der gesamten Reise. Zudem ist das Betreuungspersonal vor Ort meist auch der einzige Ansprechpartner und Mitarbeiter des Reiseveranstalters, den der Kunde zu sehen bekommt. Daher erbringt der Reiseleiter/Animateur mit der Gästebetreuung nicht nur eine Teilleistung des Pauschalpakets, er repräsentiert auch das Unternehmen. Dieser Bedeutung steht eine Arbeitssituation gegenüber, die durch hohe Dauerbelastung, ungesicherte berufliche Position und fehlende sozialversicherungsmäßige Absicherung gekennzeichnet ist.

Der Arbeitstag der Reiseleitung beschränkt sich nicht nur auf die Zeit, in der die Gruppe betreut wird. Verwaltungsaufgaben, organisatorische Vorbereitung von Programmpunkten, Besprechungen mit Leistungsträgern, Dienstzeiten in der Agentur und Erledigung von Sonderwünschen der Gäste kommen ergänzend hinzu, so daß tägliche Arbeitszeiten von 10 bis 12 Stunden die Regel sind. Diese Belastung muß über lange Arbeitsperioden hinweg ertragen werden, denn solange ein Reiseleiter mit einer Gruppe unterwegs ist, wird er von dieser als im Dienst befindlich betrachtet. Standortreiseleiter und Animateure kommen zumindest in der Hochsaison selten dazu, ihre freien Tage gänzlich von beruflichen Verpflichtungen freizuhalten. Die soziale Situation des Reiseleiters ist u. a. auch dadurch gekennzeichnet, daß er zwar viele Kontakte zu anderen Menschen hat, die aber fast ausschließlich beruflicher Art sind. Durch den periodischen Wechsel der Gäste und wechselnde Einsatzorte bedingt ist es kaum möglich, längere Beziehungen zu entwickeln und aufrechtzuerhalten, so daß kaum Möglichkeiten der emotionalen Entlastung bestehen: "Mit seinen persönlichen Gefühlen, Konflikten und Schwierigkeiten hat er selber in irgendeiner Weise fertig zu werden. Die soziale Isolation, in der er sich trotz ständigen Kontaktes mit anderen Menschen befindet, trägt weiter dazu bei, die inneren Spannungen aufrechtzuerhalten. Alkohol oder andere inadäquate Mittel schaffen oft den Ersatz für jenes ganz normale 'Entlastungsgespräch', das ein Angestellter oder Arbeiter zu Hause mit seinem Ehepartner oder seinen Freunden beinahe jeden Abend führen kann" (PETER, 1991, S. 175). Zudem entstehen oft Rollenkonflikte, wenn der Reiseleiter einerseits die berechtigte Reklamation von Gästen akzeptieren, andererseits aber in Loyalität zu seinem Arbeitgeber stehen muß.

Die für die Gästebetreuung eingesetzten Mitarbeiter können in die drei Gruppen der Gästeführer, Reiseleiter und Animateure zusammengefaßt werden, wobei innerhalb der Gruppen starke Binnendifferenzierungen festzustellen sind.

9.2 Gästeführung

Im Reiseprogramm enthaltene Ortsbesichtigungen, Stadtrundfahrten oder Museumsbesuche werden in der Regel durch vom Veranstalter engagierte örtliche Fremdenführer durchgeführt. Ausnahmen davon finden sich lediglich bei Städtereisen und Studienreisen, die von einem orts- und sachkundigen Reiseleiter begleitet werden; Voraussetzung dafür ist allerdings, daß die Gesetze des besuchten Landes die Gästeführung durch nicht ortsansässige Personen erlauben. Für den Bereich der EG hat der Europäische Gerichtshof entschieden (Urteil vom 26.2.1991, C-154-180-198/8), daß Reiseleiter aus Mitgliedstaaten grundsätzlich in allen EG-Ländern diese Tätigkeit ausführen dürfen; eine Einschränkung zugunsten einheimischer Gästeführer kann lediglich bei speziellen Einrichtungen wie Museen oder Denkmälern gemacht werden. Manche Länder, wie z. B. Frankreich, erlauben aber auch in diesen Fällen die Gästeführung durch Ausländer, wenn diese eine für einheimische Fremdenführer vorgeschriebene Prüfung ablegen.

9.3 Reiseleitung

9.3.1 Arten der Reiseleitung

Nach Einsatzort, Reiseart und hauptsächlicher Tätigkeit können folgende Arten der Reiseleitung unterschieden werden:

- **Reisebegleitung:** Eine Begleitperson des Veranstalters betreut die Gäste während der An- und Rückreise mit Bus, Zug oder Flugzeug.

- **Zielortreiseleitung:** Der am Zielort fest stationierte Reiseleiter betreut die Gäste während der Zeit ihres Aufenthalts, indem er entweder in den jeweiligen Hotels oder an einem zentralen Ort (meist das Büro der Zielgebietsagentur) regelmäßige Sprechzeiten anbietet.

- **Rundreiseleitung:** Der Reiseleiter betreut die Gruppe organisatorisch während der gesamten Reise und gibt fahrtbegleitende Informationen; für Besichtigungen werden örtliche Fremdenführer eingesetzt.

- **Studienreiseleitung:** Die Aufgaben eines Studienreiseleiters umfassen neben der organisatorischen Betreuung vor allem die Vermittlung von Landeskenntnissen, die Interpretation von Sehenswürdigkeiten und die Gestaltung der eigentlich programmfreien Zeit. Je nach der Konzeption der Reise kann dabei die Reiseleitung eher allgemein länderkundlich oder stärker fachwissenschaftlich orientiert sein.

- **Sonderformen der Reiseleitung:** Bei einigen sehr zielgruppenorientierten Reisen kommen der Reiseleitung weitere spezifische Funktionen zu. So haben etwa Jugendreiseleiter zusätzliche Aufgaben im Bereich der Urlaubsgestaltung und, sofern es sich um minderjährige Teilnehmer handelt, der Aufsichtspflicht. Für Betreuer internationaler Jugendbegegnungen ist die Initiierung und Begleitung interkultureller Lernprozesse die zentrale Aufgabe (vgl. ARBOGAST/LENHARD/POMPL, 1979, S. 77ff.; MÜLLER, 1992, S. 102). Die Reiseleitung bei Kreuzfahrten untersteht dem Cruise Director, der den Einsatz der engagierten Künstler und Gastreferenten, Hostessen, Reiseleiter und Ausflugsbegleiter koordiniert.

9.3.2 Aufgaben der Reiseleitung

Zu den allgemeinen Aufgaben der Reiseleitung zählen:

- **Gästebetreuung:** Begrüßung, Feststellung der Vollzähligkeit der Reisegruppe und des Gepäcks, Reise- bzw. Transferbegleitung, Zimmerverteilung, Entgegennahme und Behebung von Reklamationen, Hilfe bei individuellen Problemen und Sprachschwierigkeiten, Vermittlung von Ausflügen und Mietfahrzeugen, Betreuung bei der Abreise.

- **Gästeinformation:** Reisetechnische Hinweise bezüglich Reiseablauf, Zoll-, Paß- und Devisenbestimmungen, Information über Möglichkeiten der Urlaubsgestaltung, Beratung hinsichtlich eigener Aktivitäten der Gäste und Einkäufe, Empfehlungen für den Umgang mit der einheimischen Bevölkerung, für das Verhalten an religiösen Orten, für Kleidung und Trinkgelder.

- **Organisation:** Überprüfung der Zimmerreservierungen, Veranstalten von Ausflügen und Festen, Leistungskontrolle, Reklamationsbearbeitung, Überprüfung der Rechnungen der Leistungsträger, Erstellung von Fahrt- oder Zielgebietsberichten und Ausarbeitung von Vorschlägen zur Produktverbesserung.

- **Gruppenklima:** Dort, wo der Reiseleiter über längere Zeit hinweg engen Kontakt zur Reisegruppe hat (z. B. bei Rundreisen oder im Jugendtourismus), gehört auch die Erkennung und Beeinflussung von gruppendynamischen Prozessen zu seinen Aufgaben. Dazu zählen: Herstellung von Kontakten zwischen den Reiseteilnehmern, Beeinflussung der Stimmung in der Gruppe, Integration von Außenseitern, Besänftigung von Querulanten, Lösung von Konflikten zwischen den Gruppenmitgliedern, Koordination der Interessen bei gemeinsamen Unternehmungen.

Besondere inhaltliche Aufgaben der Reiseleitung ergeben sich bei Studienreisen. Ihrem Selbstverständnis nach sind Studienreiseleiter, so KAECHELE (1990, S. 5), "Reisepädagogen, die auf dem Hintergrund ihrer persönlich erworbenen Landeskenntnis sowie ihrer (meist) fachwissenschaftlichen Kompetenz (Kunstgeschichte, Ethnologie, Geologie) als interkulturelle Lehrer und Moderatoren wirken. Studienreisen sind jedoch nicht - was ihr Name suggerieren könnte - Lehrveranstaltungen schulischer Art, bei denen das Niveau sich durch die Fülle und Detailfreude der verabreichten Information definiert. Die Verknüpfung der vom Kunden mitgebrachten Kenntnisse und Phantasien mit neuen vertiefenden Aspekten des Erlebens und Erfahrens ist angestrebt".

9.3.3 Arbeitsverhältnisse

Reiseleiter werden entweder als festangestellte Mitarbeiter, Saisonkräfte oder als freie Mitarbeiter beschäftigt. Darüber hinaus kann die Reiseleitung auch einer Zielgebietsagentur übertragen werden, deren Angestellte dann die Gästebetreuung übernehmen.

Die Beschäftigung der Reiseleiter als ganzjährige Angestellte führt zu Kosteneinsparungen bei der Personalbeschaffung und der Grundausbildung und erhöht die Motivation durch die stärkere Bindung an das Unternehmen und den sozialversicherungsrechtlich besseren Status. Da nachfragebedingt die Zahl der benötigten Reiseleiter in der Sommersaison wesentlich größer ist als in der Wintersaison, besteht nicht für alle Mitarbeiter die Möglichkeit einer festen Anstellung. Der Veranstalter sollte daher mit den neu eingestellten Reiseleitern zunächst grundsätzlich nur Saisonverträge abschließen und sich am Saisonende von den leistungsschwachen Mitarbeitern trennen; für die Reiseleiter, die er weiter beschäftigen möchte und für die im Außendienst kein Bedarf besteht, kann er Einsatzmöglichkeiten im Innendienst und im Verkauf finden.

Entgegen der weithin gepflogenen Praxis, für freiberuflich tätige Reiseleiter keine Sozialversicherungsbeiträge (Renten-, Arbeitslosen- und Krankenversicherung) zu entrichten, hat das Bundessozialgericht bereits 1982 (AZ 2 RU 67/80) für Recht erkannt, daß eine solche Sozialversicherungspflicht besteht. Begründet wird dies dadurch, daß für die Abgrenzung abhängiger Arbeit von selbständiger Tätigkeit das Vorhandensein eines eigenen Unternehmerrisikos sowie die Verfügungsmöglichkeit über die eigene Arbeitskraft bedeutsame Anhaltspunkte sind. Dabei kommt es auf das Gesamtbild der Tätigkeit an und nicht auf die zivilrechtliche Erscheinungsform oder die von den Vertragspartnern gewählten Bezeichnungen. Insbesondere Rund- und Studienreiseleiter sind zur strikten Befolgung des vom Veranstalter vorgeplanten und ausgeschriebenen Programms ebenso verpflichtet wie zur Einhaltung der allgemeinen und der die jeweilige Reise betreffenden besonderen Anweisungen. Andere Umstände, wie etwa die für Beschäftigungsverhältnisse nicht typische Entlohnung nach einer Tagespauschale treten dagegen in den Hintergrund.

Eine vollständige Befreiung von sozialversicherungs- und steuerrechtlichen Arbeitgeberpflichten ist daher wohl nur gegenüber jenen Zielgebietsreiseleitern möglich, die der Reiseveranstalter mit der Betreuung seiner Gäste beauftragt und die diese Aufgabe dann ohne Einbindung in die Reiseleiterorganisation des Unternehmens in eigener Regie und Verantwortung ausüben.

9.4 Animation

9.4.1 Begriff

Animation als Erlebnismanagement ist eine vom Reiseveranstalter, Hotel oder Fremdenverkehrsort angebotene Urlaubsdienstleistung, die zu mehr gemeinsamer geselliger, geistiger und sportlicher Aktivität anregt. Sie ist, so FINGER/GAYLER (1990, S. 17), "ein aktiver Vorgang der Ermunterung, Ermutigung und freundlichen Aufforderung. Animation ist also mehr als Information, [...] mehr als die Zur-Verfügung-Stellung von Infrastruktur [...]. Die Interaktion ist der Kern der Animation, die Partizipation, die aktive Teilnahme an der gemeinsamen Aktion ihre eigentliche Wesensart".

Die Bandbreite der als Animation angebotenen Konzepte erstreckt sich von der bloßen Organisation einzelner Angebote wie Picknick oder Tanzabend bis hin zu einem zwanzigstündigen Vollprogramm vom frühen Morgen bis in die späte Nacht und an allen Wochentagen. Dementsprechend bewegt sich auch die Organisation der Animation von der Beschäftigung eines Sportlehrers, der auch noch die Aufgabe des Diskjockeys übernimmt, bis zu einem das ganze Hotel einbeziehenden integrierten Service-Konzept. Der Reiseveranstalter kann das Produktelement entweder als Bestandteil der Unterkunftsleistung als Fremdleistung einkaufen oder es durch eigene Mitarbeiter selbst erstellen. Letzteres ist besonders bei Kinder-, Jugend- und Seniorenreisen der Fall. Ebenso in den Ferienclubs, die von den Reiseveranstaltern in der Regel über einen längeren Zeitraum hinweg gepachtet werden, wird sowohl der operative Teil des Hotelbetriebs wie auch das gesamte Sport- und Animationsprogramm vom Reiseveranstalter konzipiert und durchgeführt.

9.4.2 Betriebswirtschaftliche Ziele der Animation

Das Produktelement Animation ist keine soziale Zugabe, sondern eine kostenverursachende Dienstleistung, mit dem ganz konkrete Marketingziele verfolgt werden:

- **Wettbewerbsvorteil:** Zielgruppenorientierte Animationsprogramme führen zu einer Produkterweiterung mit hoher Problemlösungskompetenz für die Urlaubsgestaltung. Der Reiseveranstalter kann dadurch eine Unique Selling Proposition (USP) aufbauen und erhebliche Wettbewerbsvorteile gegenüber der Konkurrenz erzielen.

- **Kundenbindung:** Die Problemlösungskompetenz des Animationsprodukts hat zur Folge, daß der Kunde weniger durch den Preis als durch die besondere Urlaubsqualität an den Reiseveranstalter gebunden wird. So ist der Anteil der veranstaltertreuen Kunden bei Clubreisen wesentlich höher als bei normalen Aufenthaltsreisen. Ein weiterer erwünschter Nebeneffekt ist die stärkere Mundwerbung der Kunden im Bekanntenkreis, da es wegen des höheren Ereigniswerts Vieles und Positives zu berichten gibt.

- **Ertragssteigerung:** Die Anziehungskraft des Animationsprogramms ebenso wie das Vorhandensein von Einkaufsstätten mit allen von den Urlaubern benötigten Waren - von der Ansichtskarte über Souvenirs bis zur Modekollektion - führen dazu, daß die Gäste "hausorientiert" bleiben; zudem liegen Ferienclubs oder Clubhotels aus Gründen der landschaftlichen Schönheit und des hohen Flächenbedarfs meist eher isoliert außerhalb von größeren Ortschaften. Ein attraktives Unterhaltungsprogramm bringt die Gäste in trinkfreudigere Stimmung, sie ziehen sich später in ihre Zimmer zurück, d. h. ihre Konsumzeit wird länger. Der Großteil der Nebenausgaben der Gäste geht daher nicht an Geschäfte im Ort, sondern fließt in die Kassen der Bars, Restaurants, Boutiquen und Sportzentren des Hotels. Der Reiseveranstalter ist daran entweder direkt beteiligt, wenn er den Club oder die Geschäfte selbst betreibt, oder er erhält eine Umsatzprovision.

- **Saisonverlängerung:** Ein weiteres Ergebnis der Animationsaktivitäten besteht darin, daß die Attraktivität eines Aufenthalts in einem Hotel weniger von der touristischen Infrastruktur und vom Wetter am Urlaubsort abhängig ist. Nahezu alle Sport- und Unterhaltungsbedürfnisse können im Hotel/Club selbst befriedigt werden, und "Schlechtwetterprogramme", die in überdachten Räumen stattfinden oder die sogar ihre Attraktivität gerade aus den ungünstigen Witterungsverhältnissen beziehen (z. B. Regenwanderung), kompensieren jahreszeitbedingte Wetterkonditionen, die ansonsten die Urlaubsaktivitäten einschränken und beeinträchtigen.

Die Durchführung von Animationsprogrammen stellt jedoch auch einen Kostenfaktor dar, da sie Investitionen in Bauten (Theatersaal, Sportanlagen), Geräte (Sportgeräte, Musikanlagen) und Einrichtungen (Töpferwerkstatt, Malatelier) ebenso voraussetzt wie ein qualifiziertes Team von Animateuren, das fachlich kompetent (als Sport-, Musik- oder Kinderanimateur), kontaktfreudig und kommunikationsfähig, flexibel und belastbar sein muß. Je nach Art und Umfang des angebotenen Animationsprogramms entstehen Kosten, die zwischen 3 und 10% der Hotelleistung ausmachen. Da nun aber nicht alle Gäste auch alle angebotenen Aktivitäten nutzen, gehen die Veranstalter den Weg, ein Animationsgrundprogramm in den Preis einzubeziehen und für die Beteiligung an besonders teuren Sportprogrammen wie Reiten oder Golf ein gesondertes Entgelt zu verlangen. Bei kunsthandwerklichen Kursen wird oft ein Beitrag zu den Materialkosten erhoben.

9.4.3 Inhaltliche Ziele der Animation

Die inhaltlichen Ziele der Animation gehen über bloßes Entertainment hinaus, sie sind auf eine Steigerung der Urlaubsqualität durch Eigenaktivitäten der Gäste gerichtet. Ausgehend von den Bedürfnissen und Wünschen der Urlauber bietet Animation unverbindlich Ideen, Realisierungsmöglichkeiten und Realisierungshilfen an. Zu den intendierten Zielen gehören nach FINGER/GAYLER (1990, S. 23):

- Befriedigung von Urlaubsbedürfnissen;
- abwechslungsreichere Urlaubsgestaltung;
- Steigerung der Eigenaktivität;
- Vermehrung von Kontakten zu Miturlaubern und Einheimischen;
- mehr Kommunikation;
- intensiveres Urlaubserlebnis;
- Erhöhung von Spaß, Freude, Vergnügen;
- Chance der Weiterwirkung der gemachten Erfahrungen im Alltag.

Dagegen kann Animation keine therapeutischen Intentionen verfolgen! Wer zuhause kontaktscheu ist, kann in zwei Wochen Urlaub nicht davon befreit werden, es wird ihm lediglich leichter gemacht, sich anderen anzuschließen; wer im Alltag unsportlich ist, kann nur eingeladen und angeregt werden, sich aktiv zu betätigen.

9.4.4 Animationsbereiche

Infolge der nach Reisetyp, Zielgruppe und Veranstalter stark variierenden Animationsangebote kann sich dieses Produktelement auf nur wenige Bereiche im Hotel (z. B. Sport) beschränken oder als integratives Konzept alle Serviceleistungen des Hotels und des Reiseveranstalters durchdringen. Die folgenden Ausführungen beziehen sich auf den im kommerziellen Veranstalterbereich wichtigsten Einsatzbereich der Animation, den Urlaub im Clubhotel oder Ferienclub (zum von dieser Clubanimation unterschiedlichen Konzept der animativen Gästebetreuung in Hotels vgl. FINGER, 1993, S. 248f.).

- **Sport und Bewegung:** Unter dem Aspekt Animation ist der Bereich der sportlichen Aktivitäten nicht in der gezielten Erlernung oder Perfektionierung einer bestimmten Sportart, sondern im Spaß an der Bewegung zu sehen. Darüber hinaus baut eine gemeinsame Betätigung in einem Team - einer durchaus auch gemischten Mannschaft - Kontaktbarrieren ab und fördert so die Kommunikation unter den Teilnehmern. Es geht hier also nicht um systematisches, wettkampfbezogenes Training im Sinne des Leistungssports, sondern um spiel- und spaßorientierte körperliche Betätigung, an der jeder ohne große Vorkenntnisse teilnehmen kann. Beispiele hierfür sind: Aerobic und Jazzgymnastik, Ballspiele am Strand oder im Pool, Darts an der Bar oder ein Rock'n Roll-Tanzturnier. Der Übergang zwischen einer sportorientierten Animation und einer Sportausbildung ist freilich fließend. Ein typisches Beispiel dafür sind die sog. Schnupperangebote für potentielle Einsteiger. Sie bieten die Möglichkeit, sich ohne jegliche Vorkenntnis einmal unter Anleitung in einer bestimmten Sportart zu versuchen, um bei Gefallen dann an einem entsprechenden Trainingskurs teilzunehmen.

- **Hobbies und Kreativität:** Die Ausübung von Hobbies im Urlaub kann entweder darauf beruhen, daß der Urlauber endlich einmal genügend Zeit hat, einer geliebten Freizeitbeschäftigung nachzugehen - dazu braucht er keine besondere Anregung; Animation kann dann dazu verhelfen, Gleichgesinnte für Erfahrungsaustausch und Fachsimpelei zu finden. Zum anderen kann die Motivation dazu darin liegen, daß der Gast einmal etwas Neues ausprobieren möchte. Der Urlaubsatmosphäre entsprechend bieten Animationsprogramme weniger isoliert zu betreibende und leistungsorientierte Betätigungen an, sondern eher gemeinschaftlich und kreativ orientierte Aktivitäten in musischen, kunsthandwerklichen oder bildnerischen Bereichen. Sie wollen die Phantasie, Spontaneität und Kreativität der Gäste ansprechen und suchen auch hier mehr den Spaß und die Freude am eigenen Tun als die technische Perfektion.

- **Geselligkeit und Unterhaltung:** Geselligkeit ergibt sich, wenn die Gäste miteinander Kontakt aufnehmen und sich gemeinsam betätigen. Dies erfolgt durch feste Programmpunkte in der Animation wie eine Begrüßungsparty, Spielrunden und Spielturniere (Karten- und Brettspiele), Beteiligung an einer wöchentlichen Show mit Gästen oder Tanzfeste. Unterhaltung bietet aber auch die Beobachtung der aktiven anderen Gäste, etwa als Zuschauer beim Volleyballspiel, beim Kostümball oder beim Showprogramm der Animateure. Daneben spielt die Förderung informeller Geselligkeit durch bauliche Einrichtungen (z. B. Getränkebar am Wassersportzentrum, Sitzecken) und Rituale (z. B. große Tische, an denen das Essen erst serviert wird, wenn alle Plätze besetzt sind) eine wichtige Rolle.

- **Erleben und Entdecken:** Im Zusammenhang mit Urlaubsanimation sind erlebnisorientierte Urlaubsabenteuer nicht als Extremsituationen mit hohem körperlichen Einsatz wie z. B. eine Saharadurchquerung oder eine Hochalpintour zu sehen, sondern als außergewöhnliche Höhepunkte im Urlaub, die die Routine des Ferienalltags durchbrechen. Beispiele dafür sind ein abendliches Barbeque an einem einsamen Strandabschnitt, bei dem die Lebensmittel und Getränke von den Teilnehmern selbst in örtlichen Geschäften besorgt werden, Rafting (Floß- oder Schlauchbootfahrten) auf interessanten Flußabschnitten oder populärbotanische Exkursionen in die Umgebung des Hotels. Die länderkundliche Animation versucht, den Ausflügen und Exkursionen den Charakter belehrender Kulturfahrten zu nehmen und sie als aktive Begegnung mit der Alltagswelt des Gastlandes zu gestalten (vgl. MÜLLENMEISTER/WASCHULEWSKI, 1978, S. 225-253).

- **Ruhe und Entspannung:** Sowohl im Tages- wie im Wochenablauf des Urlaubs gibt es Zeitabschnitte, in denen der Gast sich ganz gezielt auf niedrigem Aktionsniveau entspannen will oder solche, die er als leere Übergangszeiten empfindet (z. B. die "blaue Stunde" zwischen Strandaufenthalt und Abendessen, nachmittägliche Siesta). Hier können sanfte Animationsangebote kontemplativer und musischer Art wie z. B. klassische Musik zum Sonnenuntergang am Strand oder auf der Hotelterrasse, Gedichtrezitationen am Kamin, Meditation mit psychodelischen Dias nicht nur die Zeit überbrücken, sondern zu intensiv empfundenen eigenständigen Erlebnissen werden.

9.4.5   Prinzipien der Animation

Jedes überlegt konzipierte Animationsangebot folgt bestimmten grundlegenden Prinzipien, nach denen die einzelnen Aktivitäten geplant und durchgeführt werden. Dazu zählen vor allem (vgl. POMPL, 1992a, S. 116f.):

- **Freiwillige Teilnahme:** Grundprinzip jeder Urlaubsanimation ist die Freiwilligkeit der Teilnahme. Alle Angebote sind offen, der Gast soll nur mitmachen, wenn ihm auch wirklich danach zumute ist. "Die Animation trägt zum Erfolg des Urlaubs vor allen Dingen auch dadurch bei, daß sie nicht die Freiheit des Individuums und die Unabhängigkeit seiner Entscheidung beeinflußt" (HERMELIN, 1973, S. 131). Dieses Konzept kommt auch in Slogans wie "Jedem das Seine" (Robinson Club) zum Ausdruck.

- **Aufforderung durch Vormachen:** Wirksamer als die bloße Ankündigung im Wochenprogramm und als die häufig auch als belästigend empfundene persönliche Aufforderung ist das Initiieren einer Aktivität durch bloßes Vormachen durch die Animateure und ihre "Verbündeten", die Stammurlauber. Interessiert sich ein Gast für das Angebot, dann reicht eine ermutigende Einladung. Schließlich könnte es auch sein, daß sein Interesse über das des Zuschauens nicht hinausgeht.

- **Dominanz der spielerischen Elemente:** Weil Spaß und nicht Leistung das Ziel der Animation darstellt, sollten spielerische und lustbetonte Aktionen im Vordergrund stehen. Urlaub bedeutet ja auch, die Leistungsnormen, Regulierungen und Zwänge des Alltags zumindest zum Teil und auf Zeit außer Kraft zu setzen.

- **Keine Diskriminierung einzelner:** Viele Spiele und Veranstaltungen ziehen ihren Unterhaltungswert daraus, daß sich das Publikum über das Mißgeschick von anderen amüsiert (sog. "Ätsch-Spiele"), etwa wenn zwei Personen versuchen, sich bei verbundenen Augen gegenseitig mit Schlagsahne zu füttern. Der Betroffene selbst kann dies jedoch als weitaus weniger lustig, gar als blamabel empfinden.

- **Situationsorientierte Programme:** Ein Animationsprogramm muß flexibel auf die Wünsche der Gäste und auf äußere Umstände reagieren, statt als starres Angebot, nur weil es so geplant ist, durchgezogen zu werden. Dazu ist ein Reservoir an Alternativen ebenso notwendig wie ein Gespür für die Stimmung der Gäste. Zielgruppenspezifische Animationsprogramme werden für Kinder, Jugendliche und Senioren angeboten.

- **Organisatorische Vorbereitung:** Für ein Gelingen der Animation ist eine gute organisatorische Vorbereitung eine Grundvoraussetzung. Dies betrifft sowohl den Bereich der materiellen Ausstattung wie auch den Bereich des Personals. Reparaturanfällige Geräte, Wartezeiten und überlastete Animateure wirken eher kontraproduktiv. Hier ist zu beachten, daß die Qualität des Programms nicht unter Kostensparmaßnahmen leiden darf.

9.4.6 Zur Kritik der Animation

Während von Kundenseite vorwiegend Leistungsmängel des Beherbergungs- und Verpflegungsbereichs oder persönliche Fehlleistungen einzelner Animateure kritisiert werden, nicht aber das Animationskonzept als solches, werden von kulturkritischer und sozialpädagogischer Seite grundsätzliche Bedenken dagegen erhoben (vgl. SCHERER, 1990; BLEISTEIN, 1977). Diese können in vier Thesen zusammengefaßt werden:

- **These 1:** Die propagierte Freiwilligkeit der Teilnahme an den verschiedenen Aktivitäten stimmt zwar formal, faktisch aber führt die Tatsache, daß man durch die Inklusivpreisgestaltung dafür schon bezahlt hat, zu einem indirekten Beteiligungszwang. Das widerspricht prinzipiell den Erwartungen an die Freizeit und führt letztlich zu einer Reproduktion der Leistungsnormen des Arbeitslebens.

- **These 2:** Die Individualität der Urlaubsgestaltung wird eher unterdrückt als gefördert, weil das Verhalten fremdbestimmt wird. Der Gast wird vom autonom Handelnden zum Ausführenden dessen, was sich andere für ihn als Beschäftigungstherapie ausgedacht haben.

- **These 3:** Die Animation kreiert besonders in Ferienclubs eine Scheinwelt auf Zeit, manipuliert durch künstliche Fröhlichkeit, schafft lediglich eine Pseudoharmonie und führt zu bloß unverbindlichen, flachen Kontakten zwischen den Urlaubern.

- **These 4:** Spontaneität kann sich nicht einstellen, weil Organisationszwänge (Essenszeiten, reservierte Termine), Programmhektik und informelle Normen permanente Anpassung fordern.

Tatsache ist aber wohl, daß die Beurteilung der Animation sehr stark von den individuellen Werten, Einstellungen und Bedürfnissen abhängt und daher grundsätzlich konträr bewertet wird. Der hohe Anteil von Wiederbuchern und die höheren Auslastungsquoten von Hotels mit Animationsangeboten sind allerdings deutliche Hinweise darauf, daß die überwiegende Mehrheit der Urlauber ihre Erfahrungen mit dieser Art der Urlaubsgestaltung positiv bewertet. Inwieweit ein Gast unter Beteiligungsdruck in Urlaubsstreß und Fremdbestimmung gerät, weil er nichts auslassen möchte, für das er schon bezahlt hat, ist auch Ergebnis des Lernens vom Umgang mit Überfluß, ähnlich wie bei Buffetmahlzeiten. In den postmateriellen Industriegesellschaften liegt für zunehmend mehr Bevölkerungsschichten und Nachfragebereiche die Optimierung des Konsumverhaltens nicht länger in einer quantitativen Güter-, sondern in einer qualitativen Nutzenmaximierung. Und daß es Animationsprogramme und Animateure gibt, die manipulative Methoden anwenden, um gegen den eigentlichen Willen der Gäste versteckt und unkontrollierbar eigene Ziele zu fördern, ist sicherlich möglich, spricht aber nicht grundsätzlich gegen diese Art der Urlaubsgestaltung.

9.5 Voraussetzungen qualifizierter Gästebetreuung

Aus der Bedeutung der Gästebetreuung und der besonderen beruflichen Situation ergibt sich, daß ein gesteigerter Wert auf Personalauswahl, Personalschulung und Personalentwicklung zu legen ist. Daneben aber sind auch materielle Aspekte wie leistungsgerechte Bezahlung und Organisationshilfen wichtige Determinanten der Arbeitsqualität der Reiseleitung.

Personalauswahl

Zur Ermittlung der für die Tätigkeit als Reiseleiter oder Animateur notwendigen Voraussetzungen empfiehlt es sich, zunächst eine detaillierte Arbeitsplatzbeschreibung zu erstellen, von der dann das jeweils spezifische Anforderungsprofil abgeleitet werden kann (vgl. dazu FINGER/GAYLER, 1990, S. 204f.; ZUCK, 1980, S. 668f.).

Zu den festzulegenden **formalen Voraussetzungen** zählen Altersstufe, Schulbildung und Sprachkenntnisse; je nach Einsatzbereich von Animateuren auch eine besondere Ausbildung als Sportlehrer, Pädagoge, Kindergärtnerin oder in einem künstlerischen Beruf. Wünschenswert sind Berufserfahrung und spezielle Länderkenntnisse.

Der Katalog der wünschenswerten **persönlichen Eigenschaften** umfaßt: sympathisches, gepflegtes Äußeres, Kontakt- und Kommunikationsfähigkeit, Organisationstalent, Verantwortungsbewußtsein, Einsatzbereitschaft, Belastbarkeit und Serviceorientierung. Besonders für Animateure sind Kooperationsbereitschaft, Eigeninitiative, Fröhlichkeit und Optimismus, Toleranz und Geduld wichtige Anforderungen. Für die Leitung von Studienreisen werden neben den auch bei anderen Formen der Reiseleitung notwendigen Fähigkeiten besondere Kompetenzen gefordert; so etwa "Fähigkeiten zur didaktisch-methodisch angemessenen Gestaltung der Informationen: Übersichts- und Schwerpunkt-Vorträge, fahrtbegleitende Information, Museums- und Outdoor-Führungen, Objekterläuterungen. Gruppenbetreuung: durch Erfahrung und Schulung gewonnene Fähigkeiten, mit gruppendynamischen Strukturen und Prozessen im Szenario einer Reise umzugehen, vor allem mittels trainierter Wahrnehmung, Beurteilungssicherheit und Intervention" (KAECHELE/VOGEL, 1991, S. 561).

Da die Tätigkeit des Reiseleiters oder Animateurs zum überwiegenden Teil in der Erbringung persönlicher Dienstleistungen besteht, kommt der **Einstellung** des Mitarbeiters eine überdurchschnittliche Bedeutung zu. Der Begriff Einstellung bezeichnet ein verfestigtes System von Anschauungen,

Meinungen und Überzeugeungen, die sich in spezifischen Situationen hinsichtlich der Wahrnehmung, Motivation, emotionalen Bewertung und des Verhaltens auswirken. Die Einstellung eines Mitarbeiters bestimmt also seine Verhaltensweise bei der Arbeit und gegenüber den Kunden. Eine dienstleistungsorientierte Einstellung (Serviceorientierung) sollte weder vom Standpunkt des arroganten, weil überlegenen Spezialisten noch von dem des servilen Dieners bestimmt sein, sondern durch Kommunikation auf der Ebene gleichwertiger Partner zum Ausdruck kommen.

Bei der Formulierung solcher Anforderungsprofile ist jedoch darauf zu achten, nur solche Kriterien aufzunehmen, die beim Bewerbungsgespräch auch geprüft werden können. So scheint es schwierig zu sein, die häufig geforderte Eigenschaft "Menschenkenntnis" zu ermitteln.

Personalschulung

Bevor Reiseleiter und Animateure in den Einsatz gehen, müssen sie unternehmensspezifisch geschult werden. Dauer und Umfang dieser Kurse variieren je nach Vorkenntnissen der Reiseleiter, Einsatzdauer und der Bedeutung, die ein Unternehmen ausgebildeten Reiseleitern zumißt.

Reiseveranstalter, die lediglich nebenberuflich tätige Reiseleiter für einzelne Reisen beschäftigen, beschränken sich meist auf bloß mehrstündige Einweisungen in unternehmensspezifische Organisation und Abwicklung, also auf die technischen Aspekte der Reiseleitung. Landeskenntnis, berufliche Fertigkeiten und Fähigkeiten werden als vorhanden angenommen.

Reiseveranstalter, die vorwiegend Standortreiseleiter über längere Zeit hinweg einsetzen, müssen häufig Berufsanfänger beschäftigen. Da Standortreiseleiter während ihres Einsatzes eine große Zahl von Veranstaltergästen betreuen und im Zielgebiet auch den Veranstalter repräsentieren, ist eine besondere Schulung unumgänglich. Ziele der Grundausbildung sind die Vermittlung von Daten und Fakten des Unternehmens sowie von organisatorischen, urlaubsgestalterischen und administrativen Grundlagen zur Sicherstellung einer qualifizierten Gästebetreuung. Dafür ist zeitlich mindestens eine Woche anzusetzen. Schulungsinhalte sollten sein: das Unternehmen und dessen Programm, Urlaubserwartungen der Gäste, Aufgaben der Gästebetreuung, Reiserecht, kaufmännische Abwicklung, Vortrags- und Präsentationstechniken, praktische Übungen wie z. B. Gestaltung eines Info-Cocktails, Reklamationsgespräche, Ausflugsverkauf. Um die Realitätsnähe der Ausbildung zu fördern, sollte sie in einem Ort im Zielgebiet durchgeführt werden. Zudem sollte ein neuer Reiseleiter in der ersten Woche seinen Dienst zusammen mit einem erfahrenen Kollegen absolvieren, um durch dieses "Training on the job" am praktischen Vorbild lernen und die Besonderheiten des Zielgebiets kennenlernen zu können.

Für Studienreiseleiter, Animateure, Seniorenreiseleiter, Begegnungsleiter und Betreuer von Reisen mit besonderen Inhalten und Aufgaben (z. B. Reisen mit Behinderten) ist die Grundausbildung um diese spezifischen Anforderungen zu erweitern (vgl. SCHMEER-STURM, 1992, S. 94-128; ARBOGAST/LENHARD/POMPL, 1979, S. 5-11).

Zur Stärkung der Position des Reiseleiterberufs, für den es bisher weder ein Berufsbild noch eine allgemein anerkannte Ausbildung gibt, hat das Präsidium der Deutschen Touristikwirtschaft (ein Zusammenschluß der Verbände ADL, ASR, BDO, DRV und RDA) ein "Reiseleiter-Zertifikat" geschaffen, das durch eine Prüfung zu erwerben ist (detailliert dargestellt bei SCHMER-STURM, 1992, Anhang).

Personalentwicklung

Zur Personalentwicklung zählen Fortbildungsmaßnahmen, Karriereplanung, Qualifizierung des Arbeitsplatzes durch Ausdehnung des Verantwortungsbereichs ("job enrichment", z. B. Regelung von Beschwerden auf dem Kulanzwege gleich vor Ort) und systematischer Arbeitsplatzwechsel ("job rotation"). Sie hat unternehmensbezogen die Erweiterung der Kenntnisse, Fähigkeiten und Motivation zum Ziel, damit das Personal den gegenwärtigen und zukünftigen Anforderungen am Arbeitsplatz gewachsen ist. Mitarbeiterbezogen sollen damit höhere Arbeitszufriedenheit erreicht und die Persönlichkeitsentwicklung gefördert werden.

Fortbildungskurse für Reiseleiter und Animateure haben vorwiegend psychologische Aspekte der Gästebetreuung und der Mitarbeiterführung zum Inhalt. Die Funktion von Fortbildungsseminaren liegt zwar primär in einer fachlichen Qualifizierung der Mitarbeiter, sie haben aber wichtige Nebenwirkungen in den Bereichen der Motivationssteigerung durch "Anerkennung und Belohnung", beruflichen Aufstieg und Psychohygiene.

Leistungsgerechte Bezahlung

Es ist sicherlich widersprüchlich, einerseits eine qualitativ hochwertige Serviceleistung von den Animateuren zu verlangen, mit ihnen aber Arbeitsverträge abzuschließen, die sie als Angestellte der jeweiligen Betreibergesellschaft ausländischem Arbeits- und Sozialversicherungsrecht unterstellt und damit meist schlechter stellt als innerhalb eines auf deutschem Recht beruhenden Arbeitsverhältnisses (vgl. SCHMEER-STURM, 1992, S. 41). Dies ist unter Kostengesichtspunkten zwar verständlich, zeugt aber von einer wenig mitarbeiterorientierten Unternehmenskultur und ist sicherlich auch nicht motivationsfördernd. Ebenfalls wichtig ist die Zurverfügungstellung einer adäquaten Unterkunft (Einzelzimmer), um den Reiseleitern und Animateuren einen ungestörten Rückzug von den Teilnehmern und den Schutz der Privatsphäre zu ermöglichen.

Aufgabenbeschreibung und Organisationshilfen

Die Arbeit der Reiseleiter wird erleichtert und im Ergebnis verbessert, wenn der Veranstalter

- ihnen in einer ausführlichen Arbeitsplatzbeschreibung die zu erfüllenden Aufgaben deutlich macht und die Kompetenzen (z. B. Kulanz bei Reklamationen vor Ort, Umfang der Ausflugsveranstaltung in Eigenregie) eindeutig festlegt;
- für häufig wiederkehrende Tätigkeiten Standardprozeduren entwickelt und in einem "Handbuch", auf das der Reiseleiter im Zweifelsfalle zurückgreifen kann, darstellt (als Beispiel zur schematisierten Reklamationsbearbeitung siehe BIDINGER/BARTL, 1981, S. 54);
- Organisationshilfsmittel wie Informationstafeln, Informationsmappen, Papierbögen mit Firmenlogo für Aushänge, Namensschilder oder Firmenuniform zur Verfügung stellt. Durch das Corporate Design dieser Mittel wird zudem die Präsenz des Reiseveranstalters deutlich manifestiert.

Vertiefende Literatur zur Gästebetreuung

BRAUN, A. et al. (Hrsg.):
   Tourismus als Berufsfeld - Handlungskompetenzen für Freizeitberufe im touristischen Bereich, Bd. 1, Frankfurt (Main) 1982
FINGER, K., GAYLER, B.:
   Animation im Urlaub, 2. Aufl., Starnberg 1990
NIEMEYER, W.:
   Zur Stellung des Reiseleiters in der interkulturellen Kommunikation, Basel 1985
PETER, B.:
   Psychohygiene des Reiseleiters, in: GÜNTER, W. (Hrsg.), Handbuch für Studienreiseleiter, Starnberg 1991, S. 174
SCHMEER-STURM, M.-L.:
   Theorie und Praxis der Reiseleitung, Darmstadt 1992

10 Sonstige Leistungsträger

10.1 Zielgebietsagentur

Eine Zielgebietsagentur (auch Handling Agent genannt) vertritt die Interessen des Reiseveranstalters vor Ort und fungiert zum Teil auch als Leistungsträger. Dadurch entstehen dem Veranstalter zwar zusätzliche Kosten, doch wird, so KUBSCH (1991, S. 429), "ein guter Agent eher eine Kostenentlastung für die Reisekalkulation bedeuten. Dazu kommen als weitere Vorteile seine Orts- und Sprachkenntnisse sowie die im eigenen Lande erworbenen Branchen- und Menschenkenntnisse. Diesen Erfahrungsvorsprung muß der Veranstalter nutzen". Zu den hauptsächlichen Aufgaben einer Zielgebietsagentur zählen:

- Organisation und Durchführung des Gästetransfers, von Ausflügen und Rundreisen; Unterstützung der Gäste beim Einchecken ins Hotel und am Flughafen;

- Gästebetreuung, sofern der Reiseveranstalter am Zielort keine eigene Reiseleitung unterhält; Vermittlung von Ausflügen, Mietwagen, Fahrkarten und Flugscheinen;

- Hilfestellung und Beratung bei der Vorbereitung und Durchführung des Hoteleinkaufs; Abwicklung der Reservierungen und des Zahlungsverkehrs mit den Hotels;

- Qualitätskontrolle bei Hotels und sonstigen Vetragspartnern, Hilfe bei der Beseitigung von Reisemängeln im Zielgebiet und bei der Bearbeitung von Reklamationen;

- Marktbeobachtung im Zielgebiet hinsichtlich neuer Hotels, Ausflugsziele, Sport- und Unterhaltungsangebote;

- Repräsentanz gegenüber den offiziellen Tourismusbehörden und Fremdenverkehrseinrichtungen; Beratung in Rechts- und Steuerfragen, Beschaffung von Arbeitsgenehmigungen für Reiseleiter;

- Notfallhilfe bei außergewöhnlichen Vorfällen (Autounfall eines Gastes, vergessenes Medikament, Strafverfolgung eines Kunden) und Anlaufstelle für alle Probleme, die weder von der Zentrale des Reiseveranstalters in Deutschland noch von der örtlichen Reiseleitung gelöst werden können.

Der einer Zielgebietsagentur übertragene Aufgabenbereich ist vorwiegend von der Zahl der gebuchten Gäste abhängig. "Je kleiner das Volumen des Veranstalters für das Ziel, desto umfangreicher werden die Dienste der Agentur in Anspruch genommen. Da die Agentur in der Regel mehrere Veranstalter vetritt, kann sie ihrerseits durch Bündelung des Volumens günstigere Hoteleinkaufspreise erzielen, für eine bessere Hotelauslastung sorgen oder die Reiseleiterkosten senken, indem der agentureigene Reiseleiter mehrere Veranstalter vertritt oder Transfers und Ausflüge gleichzeitig mit mehreren Veranstaltern durchgeführt werden" (HOFMANN, 1993, S. 139).

Die Zielgebietsagentur erhält neben den Kosten für die erbrachten Einzelleistungen (z. B. Transfers) eine Handling Fee, die entweder als Festbetrag, als Fixum pro betreutem Gast oder als Aufpreis in Prozent der vermittelten Leistungen vereinbart werden kann. Führt die Agentur Ausflüge für die Gäste des Reiseveranstalters durch, dann erhalten sowohl die Reiseleitung wie auch der Reiseveranstalter eine Vermittlungsprovision.

10.2 Versicherungen

10.2.1 Versicherungen für Kunden

"Mit jeder Reise", so KLATT (o. J., Gruppe 140, Rdnr. 1), "löst sich der Mensch aus der gewohnten und beschützten Atmosphäre seines Heimes, und es entstehen damit gewisse typische Gefahren, die ihn bedrohen. Diese Erkenntnis führte im Jahre 1919 zur Gründung der ersten deutschen Spezialreiseversicherungsgesellschaft." Der Reiseveranstalter hat nun abzuwägen, inwieweit er die verschiedenen Reiseversicherungen als Bestandteile der Pauschalreise in das Paket aufnimmt. Unter Qualitätsgesichtspunkten bedeutet jede zusätzliche Versicherung eine Produktverbesserung. Als Kostenfaktoren aber erhöhen Versicherungen den Reisepreis.

Die Reisemittler und bei Direktbuchungen auch die Reiseveranstalter haben die Pflicht, ungefragt über die Abschlußmöglichkeit einer Reise-Rücktrittskosten-Versicherung aufzuklären.

Dem Kunden werden folgende Reiseversicherungen angeboten, die entweder einzeln, individuellen Wünschen entsprechend oder in Kombination als Versicherungsbündel abgeschlossen werden können.

Reise-Rücktrittskosten-Versicherung:

Sie versichert die dem Reiseveranstalter geschuldeten Rücktrittskosten bei Nichtantritt der Reise und die Mehrkosten des Versicherten bei Abbruch der Reise oder verspäteter Rückkehr. Die Versicherung wird leistungspflichtig, wenn entweder die Reiseunfähigkeit des Versicherten nach allgemeiner Lebenserfahrung zu erwarten ist oder ihm der Antritt der Reise oder deren planmäßige Beendigung nicht zugemutet werden kann. Hinderungsgründe können sein:

- Tod, schwerer Unfall oder unerwartet Erkrankung des Versicherten, seines Ehegatten, seiner Kinder, Eltern Geschwister, Großeltern, Enkel, Schwiegereltern, Schwiegerkinder oder, wenn die Reise für zwei Personen gebucht wurde, der zweiten Person, vorausgesetzt, daß diese ebenfalls versichert ist;

- Impfunverträglichkeit des Versicherten oder enger Familienangehöriger im Falle einer gemeinsamen Reise;

- Schwangerschaft einer Versicherten oder, im Falle gemeinsamer Reise, der versicherten Ehefrau;

- erheblicher Schaden am Eigentum des Versicherten infolge von Feuer, Elementarereignissen oder vorsätzlicher Straftat eines Dritten.

Der Versicherer haftet nicht bei

- Tod, Unfall oder Krankheit von Angehörigen, die das 75. Lebensjahr vollendet haben;

- Gefahren eines Krieges, Bürgerkrieges, politischer Gewalthandlungen und der Kernenergie.

Der Reisende trägt bei jedem Versicherungsfall einen Selbstbehalt, der in der Regel bei Krankheit 20 % des erstattungsfähigen Schadens, ansonsten DM 50,- beträgt. (Siehe dazu Allgemeine Bedingungen für die Reise-Rücktrittskosten-Versicherung ABRV, abgedruckt in KLATT, o. J. Gruppe 140, Anlage 5.)

Reisegepäck-Versicherung:

Die Versicherung deckt das gesamte Reisegepäck des Versicherungsnehmers und der mit ihm in häuslicher Gemeinschaft lebenden mitreisenden Familienangehörigen und Hausangestellten. Als Reisegepäck gelten sämtliche Gegenstände des persönlichen Reisebedarfs, die während einer Reise mitgeführt oder durch ein übliches Transportmittel befördert werden. Nicht versichert sind Geld, Wertpapiere, Schecks, Fahrkarten, Urkunden und Gegenstände mit überwiegendem Kunst- oder Liebhaberwert sowie Schäden an Land-, Luft- und Wasserfahrzeugen (z. B. Fahrräder oder Schlauchboote), die durch deren bestimmungsmäßigen Gebrauch entstehen. Der Versicherungsschutz besteht, wenn versicherte Gegenstände abhandenkommen, zerstört oder beschädigt werden, solange sich das Reisegepäck im Gewahrsam eine Beförderungsunternehmens, Beherbergungsbetriebs oder einer Gepäckaufbewahrung befindet. Versicherungsschutz gegen Einbruchdiebstahl aus unbeaufsichtigt abgestellten Kraft- und Wassersportfahrzeugen besteht nur, soweit sich das Reisegepäck in einem festverschlossenen Innen- oder Kofferraum befindet. Ausgeschlossen sind die Gefahren des Krieges, Bürgerkrieges oder innerer Unruhen sowie der Kernenergie; der

Versicherer leistet keinen Ersatz für Schäden, die durch natürliche Beschaffenheit der versicherten Sachen, durch Abnutzung oder mangelhafte Verpackung entstehen (siehe dazu Allgemeine Bedingungen für die Versicherung von Reisegepäck, ABV Reisegepäck; abgedruckt in KLATT, o. J., Gruppe 140, Anlage 1).

Reise-Unfallversicherung:

Ein Schadensfall liegt vor, wenn der Versicherte durch ein plötzlich von außen auf seinen Körper einwirkendes Ereignis unfreiwillig eine Gesundheitsschädigung erleidet. Nicht unter den Versicherungsschutz fallen Erkrankungen infolge psychischer Einwirkung und Vergiftungen sowie Unfälle, die durch Kriegsereignisse, Unruhen und Schlaganfälle verursacht werden (siehe dazu Allgemeine Unfallversicherungsbedingungen, AUB; abgedruckt in KLATT, o. J., Gruppe 140, Anlage 2).

Reise-Haftpflichtversicherung:

Der Versicherungsschutz gilt für den Fall, daß der Reisende wegen eines eingetretenen Schadensereignisses, das den Tod, die Verletzung oder die Gesundheitsschädigung von Menschen oder die Beschädigung oder Vernichtung von Gegenständen zur Folge hat, dafür auf Grund gesetzlicher Haftpflichtbestimmungen von Dritten auf Schadenersatz in Anspruch genommen wird. Nicht versichert sind Schäden, die sich als Folge der Jagdausübung, der Durchführung gefährlicher Sportarten oder der Teilnahmen an Pferde-, Rad- oder Kraftfahrzeugrennen ergeben; ausgeschlossen ist weiterhin die Haftpflicht des Eigentümers, Besitzers, Halters oder Führers eines Kraft-, Luft- oder Wasserfahrzeugs (gilt nicht für Ruder-, Tret- und gemietete Segelboote). Die Leistungspflicht der Versicherung umfaßt

- die Prüfung der Haftpflichtfrage,

- den Ersatz oder die Entschädigung und

- die Abwehr unberechtigter Ansprüche.

(Siehe dazu Allgemeine Versicherungsbedingungen für die Haftpflichtversicherung AHB; abgedruckt in KLATT, o. J., Gruppe 140, Anlage 3.)

Reise-Krankenversicherung:

Der Abschluß einer Reise-Krankenversicherung empfiehlt sich, weil sowohl die gesetzlichen wie die privaten Krankenversicherungen mit ihren für das Inland vorgesehenen Tarifsätzen bei Auslandsreisen Behandlungskosten etc. zum Teil nicht oder nur nach den inländischen Gebührensätzen erstatten, die Heilbehandlungs- und Krankenhauskosten im Ausland aber um ein

Vielfaches höher sein können. Zudem sind die gesetzlichen Krankenkassen nach einem Urteil des Bundessozialgerichts von 1978 nicht verpflichtet, die Kosten für medizinisch notwendige und ärztlich angeordnete Rücktransporte aus dem Ausland in die Bundesrepublik Deutschland zu übernehmen (vgl. KLATT, o J., Gruppe 140, Rdnr. 33). Die Reise-Krankenversicherung leistet

- im Ausland Ersatz von Aufwendungen für Heilbehandlung und sonstige vereinbarte Leistungen, bei stationärer Behandlung wahlweise Krankenhaustagegeld; ist der Reisende im Ausland und nach Ablauf der Geltungsdauer der Versicherung nicht transportfähig, so verlängert sich der Versicherungsschutz bis zur Transportfähigkeit, maximal bis zu vier Wochen;

- in der Bundesrepublik bei stationärer Behandlung Krankenhaustagegeld und sonstige vereinbarte Leistungen. Eine Leistungspflicht der Versicherung besteht nicht für Krankheiten, die sich schon vor Versischerungsbeginn bemerkbar gemacht haben, die als Folge von Unfällen oder Kriegsereignissen entstanden sowie für psychoanalytische und psychotherapeutische Behandlungen (siehe dazu Reise-Krankenversicherung/Allgemeine Versicherungsbedingungen, abgedruckt in KLATT, o. J., Gruppe 140, Anhang 4).

Reise-Notfallversicherung:

Die Versicherung von Beistandsleistungen auf Reisen und Rücktransportkosten sieht für Notfälle im Ausland als weltweite Soforthilfe rund um die Uhr folgende Leistungen vor:

- bei Krankheit/Unfall die telefonische Information über Möglichkeiten der ärztlichen Versorgung, die Kontaktherstellung zwischen behandelndem Arzt und Hausarzt, die Information der Angehörigen sowie die Kostenübernahmegarantie gegenüber dem Krankenhaus; die Versicherung organisiert und bezahlt den Rücktransport in die Bundesrepublik, sofern er medizinisch sinnvoll und vertretbar ist;

- bei Verlust von Reisezahlungsmitteln stellt die Versicherung den Kontakt zur Hausbank her oder stellt ein Darlehen, das nach Ende der Reise zurückzubezahlen ist, zur Verfügung;

- bei Strafverfolgungsmaßnahmen hilft die Versicherung bei der Beschaffung eines Anwalts und eines Dolmetschers und verauslagt eine Strafkaution sowie die Kosten des Gerichtsverfahrens (siehe dazu KLATT, o. J., Gruppe 140, Rdnr. 43-47).

Weitere Versicherungen, die auch über Reisebüros vermittelt werden, sind:

- Autoreisezug-/Fähr-Versicherung gegen Schäden, die nicht durch das jeweilige Beförderungsunternehmen abgesichert sind;
- Zusatz-Haftpflichtversicherung für Mietwagen im Ausland, um eventuelle Schadenersatzansprüche, die über die Mindestdeckungssummen der ausländischen Kraftfahrzeug-Haftpflichtversicherung hinausgehen, abdecken zu können;
- Namentliche Luftfahrt-Unfallversicherung, um den Schutz über die gesetzlich vorgesehene Haftung der Luftfahrtgesellschaft zu erweitern.

10.2.2 Versicherungen für Touristikunternehmen

Das Reiseveranstaltergesetz und die Praxis der Rechtsprechung in der Bundesrepublik haben zur Folge, daß ein Reiseveranstalter erhebliche finanzielle Risiken eingeht, insbesondere da er auch für Mängel haftet, die sich aus Verschulden der Leistungsträger ergeben, auf die er häufig nur einen geringen Einfluß ausüben kann. Zudem wird die in den Reisebedingungen vereinbarte Haftungsbeschränkung (nach § 651h Abs. 1 BGB auf maximal den dreifachen Reisepreis) von den Gerichten lediglich im Rahmen der vertraglichen Haftung als zulässig erachtet. Sie umfaßt daher nur die Fälle, in denen entweder der Reiseveranstalter und seine Hilfspersonen (Reiseverkäufer, Buchungssachbearbeiter, Reiseleiter) den Schaden verursacht haben, jedoch kein Vorsatz und keine grobe Fahrlässigkeit vorliegen, oder wenn das Verschulden allein beim Leistungsträger (Hotelier, Fluggesellschaft) liegt. Da diese Risiken existenzgefährdende Höhen erreichen können, kommt TAESLER (o. J., S. 326) zu der Schlußfolgerung: "Kein verantwortlich handelnder Unternehmer kann es sich heute leisten, Reisen zu veranstalten, ohne gegen Personen- und Sachschäden abgesichert zu sein." Dafür und für eine Reihe weiterer Risiken der Reiseveranstaltertätigkeit werden folgende Versicherungen angeboten.

Haftpflichtversicherung gegen Personen- und Sachschäden für Reiseveranstalter:

Diese Versicherung bietet Schutz bei sich aus Personen- und Sachschäden eines Reiseteilnehmers ergebenden Schadenersatzansprüchen wie etwa für Arzt- und Krankenhauskosten, Verdienstausfall, nutzlos aufgewendete Urlaubszeit oder Reisegepäckschäden. Je nach Art des eingesetzten Reiseverkehrsmittels kann der Veranstalter eine Haftpflichtversicherung mit Absicherung des Bodenrisikos oder/und des Risikos als vertraglicher Luftfrachtführer abschließen. Da diese Versicherung nicht für allgemeine Vermögensschäden des Reisenden eintritt, ist es empfehlenswert, sich auch dagegen zu versichern.

Haftpflichtversicherung gegen Vermögensschäden für Reiseveranstalter:

Diese Versicherung gewährt Schutz für den Fall, daß der Reiseveranstalter, ein Mitarbeiter oder ein beauftragter Reiseleiter von einem Reiseteilnehmer für Vermögensschäden aufgrund gesetzlicher Haftungsbestimmungen auf Schadenersatz in Anspruch genommen wird. Versichert sind Ansprüche wegen entgangener Urlaubsfreuden, Verdienstausfall, zusätzlicher Mehraufwendungen oder fehlgeschlagener Aufwendungen des Reisenden, wenn die Reise wegen Überbuchung gar nicht angetreten werden konnte. Ausgeschlossen sind Ansprüche des Reisenden auf Rückzahlung der Reisekosten oder Gewährung von Preisnachlässen. Der Versicherungsschutz erstreckt sich auf die folgenden Tätigkeiten eines Reiseveranstalters:

- Auswahl der Leistungsträger und Überprüfung ihrer Leistungen;
- Zusammenstellung von Einzelleistungen;
- Beschreibung der Leistungen in Katalogen oder Prospekten;
- Bearbeitung der Reiseanmeldung;
- Organisation, Reservierung und Zurverfügungstellung der Leistungen gemäß Reisevertrag;
- Ausstellung und Absendung der Reiseunterlagen;
- Beschaffung von Visa, sonstigen Reisepapieren und ausländischen Zahlungsmitteln, sofern dies ausdrücklich Gegenstand des Reisevertrags ist. Mitversichert ist die gleichartige, persönliche gesetzliche Haftpflicht des Inhabers, der Angestellten und der vom Unternehmer beauftragten Leistungsträger und Erfüllungsgehilfen.

Nicht versichert sind:

- die Unterhaltung von Reisebüros;
- der Betrieb von Hotels, Gaststätten, Restaurants oder gleichartigen Unternehmen;
- die Durchführung von Reisen mit eigenen Transportmitteln.

Die Versicherung deckt allerdings nicht vom Reiseveranstalter verschuldete Mängel, "die Abhilfekosten, die Kosten der Selbstabhilfe durch den Reisenden, die Verluste aus Minderungen des Reisepreises sowie aus der Kündigung eines Reisevertrages wegen Mängeln muß der Reiseveranstalter also wirtschaftlich selbst verkraften" (LÖWE, 1981, S. 164). Die Versicherungssumme ist nach oben begrenzt, und der Reiseveranstalter hat einen nach Prozentsätzen oder als Mindestbetrag festgelegten Selbstbehalt zu tragen. Die Versicherungsprämie berechnet sich nach der Zahl der Reiseteilnehmer und der Art der Reisen. Da ein Versicherungsschutz erst nach Zahlung der

Prämie entsteht, wird der Beitrag zunächst im voraus auf die geschätzte Anzahl der Reiseteilnehmer des laufenden Versicherungsjahres erhoben, sofern nicht der Mindestbeitrag zu berechnen ist. Die endgültige Festsetzung der Prämie erfolgt nach Ablauf des Versicherungsjahres.

Versicherung gegen Vermögensschäden für Reisemittler:

Der Schutz dieser Versicherung bezieht sich auf Risiken aus den typischerweise im Reisebüro anfallenden Tätigkeiten wie

- schriftliche Erteilung von Reiseauskünften,

- Ausstellung und Verkauf von Beförderungsdokumenten,

- Vermittlung von Pauschalreisen und Unterkünften,

- Beschaffung der erforderlichen Reisepapiere und ausländischer Zahlungsmittel sowie

- mündliche und schriftliche Auskünfte über Paß-, Visa-, Impf-, Zoll- und Devisenvorschriften.

Vom Versicherungsschutz ausgeschlossen sind Ansprüche wegen fehlerhafter Preisberechnung oder falscher Tarifanwendung.

Insolvenzversicherung für Reiseveranstalter

Die Richtlinie des Rates der Europäischen Gemeinschaft vom 13.6.1990 (90/314/EWG) - Pauschalreise-Richtlinie -, wurde in Deutschland durch die Einführung des § 651 k n. F. BGB zum 1.11.1994 (Neufassung zum 1.1.1997) umgesetzt. Nach § 651 k I hat der Reiseveranstalter sicherzustellen, daß im Falle seiner Zahlungsunfähigkeit oder seines Konkurses vor Reiseantritt dem Reisenden der gezahlte Reisepreis erstattet wird. Für den Fall der Insolvenz nach Reiseantritt ist die Erstattung notwendiger Aufwendungen für eine eventuelle Rückreise zu sichern. Von dieser Pflicht ausgenommen sind Reiseveranstalter, die nur gelegentlich und außerhalb ihrer gewerblichen Tätigkeit Reisen veranstalten, Reiseveranstaltungen durch juristische Personen des öffentlichen Rechts (z. B. Volkshochschulen) und Reisen, die nicht länger als 24 Stunden dauern, keine Übernachtung einschließen und nicht mehr als DM 150.- kosten.

Die Insolvenzversicherung kann entweder durch eine Versicherung bei einem im Geltungsbereich dieses Gesetzes zum Geschäftsbetrieb befugten Versicherungsunternehmen (z. B. Deutscher Reisepreis-Sicherungsverein VVaG, TourVers Versicherungs-Service GmbH, Travelsafe, Albatros und R+V Versicherungen) oder durch ein Zahlungsversprechen eines im Geltungsbereich dieses Gesetzes zum Geschäftsbetrieb befugten Versicherungsunternehmens erfolgen. Der Reiseveranstalter muß dem Reisenden einen von diesem Unternehmen ausgestellten Sicherungsschein übergeben, wenn er vom Kunden vor Beendigung der Reise Zahlungen fordert oder annimmt; dies gilt auch für Anzahlungen in jeglicher Höhe.

In der Zeit vom 1.1.1993 bis 31.12.1996 entstanden Kundenansprüche in Höhe von ca. DM 40 Mio. Davon ist allerdings die Hälfte vom Bundesjustizministerium zu tragen, da dieses es versäumt hatte, die Pauschalreise-Richtlinie rechtzeitig in deutsches Recht umzusetzen und mit dem Urteil des EuGH verpflichtet wurde, die den Kunden daraus entstandenen Schäden (insbesondere durch den Konkurs des Reiseveranstalters MP Travelline) zu ersetzen.

Weitere Versicherungsmöglichkeiten für Touristikunternehmen:

- Haftpflichtversicherung gegen Vermögensschäden durch den Verlust von Flugdokumenten: Die Verkaufsvereinbarungen zwischen einer Agentur und den Fluggesellschaften (IATA-Agenturvereinbarungen oder Einzelverträge) sehen vor, daß die Agentur bei Mißbrauch der Flugscheine durch unbefugte Dritte den Fluggesellschaften gegenüber schadeneratzpflichtig ist. Ein solcher Mißbrauch kann durch Diebstahl, Raub, räuberische Erpressung oder Verlust der Flugscheine auf dem Transportweg entstehen. Die Haftung der Versicherung setzt voraus, daß die Flugscheine sicher in einem Tresor aufbewahrt wurden und der Verlust unverzüglich sowohl bei der Polizei als auch bei den betroffenen Fluggesellschaften angezeigt wurde. Nicht versichert sind ein bloßes "Nichtauffinden" der Flugscheine und die Unterschlagung durch Mitarbeiter.

- Kautionsversicherung für IATA-Agenturen: Da IATA-Agenturen für den Verkauf von Flugscheinen eine Inkasso-Vollmacht haben, die Überweisung an die Luftverkehrsgesellschaften aber jeweils erst zum 15. des Folgemonats erfolgt, verlangt die IATA eine Absicherung der in der Zwischenzeit durch die Agentur treuhänderisch verwalteten Gelder. Diese Absicherung kann durch eine Bankbürgschaft, durch eine Beteiligung an der vom DRV gegründeten Haftungsgemeinschaft oder durch eine Kautionsversicherung im Rahmen des ASR-Versicherungsmodells erfolgen:

- Vertrauensschaden-Versicherung: Die treuhänderische Verwaltung der eingegangenen Kundengelder bis zur Weiterleitung an den Veranstalter bedeutet für diesen insofern ein Risiko, als die Kunden nach Aushändigung der Reiseunterlagen ein Recht auf die dort spezifizierten Leistungen haben, auch wenn das Geld bis zur Inanspruchnahme nicht beim Reiseveranstalter eingegangen ist. Daher verlangen Veranstalter, bei denen das Inkasso beim Reisebüro liegt, oft eine Bankbürgschaft als Sicherheit. Als Alternative dazu vermittelt die TUI ihren Agenturen eine Vertrauensschadenversicherung, deren Jahresprämien niedriger sind als die

Kosten einer Bankbürgschaft. Andererseits können sich auch Reiseveranstalter selbst gegen die drohenden finanziellen Verluste im Falle der objektiven Zahlungsunfähigkeit von Reisevermittlern versichern.

Neben den bisher genannten Versicherungen besteht eine Reihe weiterer Versicherungsmöglichkeiten für Touristikunternehmen. Dies sind zunächst die Allgemeinen Versicherungen (z. B. gegen die Gefahren von Feuer, Wasser, Raub, Vandalismus, Einbruchdiebstahl; Betriebshaftpflicht), wie sie für alle Unternehmen angeboten werden; darüber hinaus gibt es Spezialversicherungen wie z. B. Versicherung der Gepäckbeförderung bei Omnibussen, Zielgebietsausfall-Versicherung für Reiseveranstalter oder Versandversicherung von Valoren (z. B. Beförderungsdokumente).

10.3 Mietfahrzeugunternehmen

Mietfahrzeuge (PKW, Wohnmobil, Motorrad) werden alternativ als

- Teil eines Pauschalreisepakets (z. B. "Fly and Drive - Angebote"),

- separat zu buchende, zusätzliche Leistung im Veranstalterkatalog,

- Vermittlungsleistung des buchenden Reisebüros oder

- Service durch die örtliche Reiseleitung/Agentur im Zielgebiet

angeboten.

Der Kundenvorteil bei der Buchung schon vor Abreise ist ein doppelter: einmal hat er die Gewißheit, bei der Ankunft ein für ihn reserviertes Fahrzeug seiner Wahl vorzufinden; zum anderen kann er vor Vertragsabschluß in Ruhe Preisvergleiche anstellen, sich hinsichtlich der Vertrags- und Haftungskonditionen in seiner Muttersprache beraten lassen und zu einem Festpreis in Landeswährung buchen.

Bei der Buchung über Reiseveranstalter handelt es sich in der Regel um Inklusivangebote, d. h. der Pauschalpreis enthält mit Ausnahme der Benzinkosten alle Aufwendungen für Miete, Vollkasko- und Haftpflichtversicherung, lokale Steuern und unbegrenzte Fahrtkilometer. Dazu schließt der Reiseveranstalter mit einer international operierenden Unternehmenskette oder einem örtlichen Unternehmen einen Kooperationsvertrag. Ist das gemietete Fahrzeug Teil einer Pauschalreise, dann haftet der Reiseveranstalter für Leistungsmängel.

Zur besseren Erschließung des Marktsegments Urlauber (die anderen Marktsegmente der Mietwagenbranche sind Geschäftsreisende sowie Privatkunden, insbesondere solche, die nach einem Verkehrsunfall ein Leihfahrzeug benötigen) haben viele Autovermieter ebenfalls sog. "Holiday-Tarife" mit Inklusivpreisen entwickelt.

Bei der Vermittlung von Mietfahrzeugen besteht eine besondere Informationspflicht gegenüber dem Kunden hinsichtlich der Haftungsgegebenheiten, Fahrerlaubnis und Verkehrsregeln. Selbst wenn der Mietpreis eine Haftpflicht- und Vollkaskoversicherung einschließt, sollte der Kunde über den Umfang des Versicherungsschutzes aufgeklärt werden, da je nach Land und Mietwagenunternehmen unterschiedliche Deckungsgrenzen bestehen. So besteht etwa in Spanien die gesetzlich festgelegte Mindestsumme bei Unfällen DM 130.000,- bei Personen- und DM 35.000,- bei Sachschäden, in der Türkei DM 10.000,- bei Personen- und DM 4.000,- bei Sachschäden. Da diese Summen bei einem Unfall leicht überschritten werden können, empfiehlt es sich, den Kunden auf die Möglichkeit einer Zusatzversicherung hinzuweisen.

Im Rahmen der Produkterweiterung kooperieren Reiseveranstalter mit Mietwagenfirmen, um den Kunden preisgünstige Sondertarife für die Anreise zum Flughafen zu ermöglichen. So arbeiten etwa die Fluggesellschaft LTU und die zum Konzern gehörenden Veranstalter mit Hertz zusammen. LTU-Fluggäste können zum Pauschalpreis einem PKW für sechs Stunden inklusive 500 km und Versicherungsschutz mieten; der Mietpreis liegt für die meisten Flughäfen unterhalb der Kosten, die dort für ein einwöchiges Parken am Flughafen entstehen.

10.4   Kreditkartenunternehmen

Service cards werden als unternehmensspezifische Kundenkarten oder universelle Kreditkarten eingesetzt (vgl. Abb. 10.1). Der Unterschied liegt in der Akzeptanz: Während Kundenkarten nur für Käufe beim ausstellenden Unternehmen Gültigkeit haben, können Kreditkarten mit allgemeiner Akzeptanz bei allen der jeweiligen Kreditkartenorganisation angeschlossenen Unternehmen als Zahlungsmittel eingesetzt werden.

Kundenkarten werden in der Touristik bisher nur in begrenztem Umfang eingesetzt, so zum Beispiel in Ferienclubs: der Kunde erhält bei Ankunft eine auf seinen Namen ausgestellte Karte, mit der er bei Käufen innerhalb der Anlage bargeldlos bezahlen kann; die Abrechnung erfolgt am Tag vor der Abreise.

Lange Zeit war die Bezahlung von Reiseleistungen mittels Kreditkarte auf Linienflüge beschränkt, da sich lediglich die Fluggesellschaften zur Übernahme des Disagios bereiterklärten. Denn die Kreditkartenorganisation erhebt bei der Abrechnung mit den Akzeptanzstellen eine Gebühr in Höhe von 1,5 - 3% der Verkaufssumme. Bei der niedrigen Umsatzrentabilität der Reisebüros (0,7 - 1,5%) sind diese nicht in der Lage, dieses Disagio aus eigenen Erträgen zu bezahlen.

Abb. 10.1: Kreditkarten

> **Charge cards:** Mit diesen Karten kann der Kunde jeden Monat bis zu einem ihm bekannten Limit einkaufen. Es gibt jedoch auch Charge cards ohne Verfügungsgrenze. In beiden Fällen bekommt der Inhaber einmal monatlich eine Rechnung, die er dann per Scheck, Lastschrift oder Überweisung bezahlen muß, oft mit einem Zahlungsziel von bis zu 30 Tagen nach Rechnungsdatum. Somit bieten manche Charge cards die Möglichkeit eines kurzfristigen Kredits.
>
> **Credit cards:** Über den Rahmen der Charge card hinaus bietet die Credit card die Möglichkeit, die Monatsrechnung in Raten zu bezahlen. Der Kunde bekommt einen individuellen Kreditrahmen, der zugleich der maximale monatliche Verfügungsrahmen ist. Er kann also nur bis zu seiner Kreditlinie einkaufen. Der Inhaber muß nur einen geringen Teil des jeweiligen Rechnungsbetrages sofort zurückzahlen - in der Regel 5 oder 10%, mindestens aber 20 - 100 DM. Wieviel und wann der Kreditkarteninhaber darüber hinaus tilgt, bleibt ihm unterlassen. Auf die Restschuld erhebt das Kartenunternehmen - ähnlich wie bei Dispo-Krediten auf Griokonten - Zinsen. Viele Credit cards bieten neben der Teilzahlung auch die Möglichkeit, Guthaben auf dem Konto zu halten. In diesem Falle werden die Käufe allerdings nicht erst am Monatsende abgerechnet, sondern dem Konto sofort zinswirksam belastet.
>
> **Debit cards:** Bei der Debit card gibt es kein Zahlungsziel. Alle Käufe werden dem Kundenkonto sofort oder mit wenigen Tagen Verzögerung zinswirksam belastet. Oft sind Debit cards direkt ans Girokonto des Inhabers gekoppelt. Wie bei den Credit cards besteht die Möglichkeit, Guthaben auf dem Konto zu sammeln und Zinsen zu kassieren.
>
> **Herkömmliche Kundenkarten:** Sie berechtigen den Kunden zum Einkauf beim Aussteller im Rahmen eines individuellen oder generell festgelegten Einkaufslimits. Das Abrechnungssystem gleicht dem der Charge cards. Beispiele für diesen Typ sind die Karten von Kaufhof und Massa.
>
> **Kundenkreditkarten:** Sie gleichen den Kundenkarten, nur bei der Abrechnung bieten sie wie Credit cards die Möglichkeit der Teilzahlung.

Quelle: FINANZTEST, Nr. 6/1992, S. 17

Daneben geben die Luftverkehrsgesellschaften im Rahmen des Universal Air Travel Plans (UATP; ca. 200 Mitgliedsgesellschaften) mit der Air Travel Card eine auf die Bedürfnisse des Luftverkehrs ausgerichtete Service Kreditkarte heraus. Zusätzlich bietet die Lufthansa in der Bundesrepublik die AirPlus-Kartenfamilie an, die aus der Airplus Travel Card, einer Servicekarte mit Zahlungsfunktion, der Frequent Traveller Card AirPlus und der Senator Card AirPlus besteht. Zunehmend haben sich aber auch Reiseveranstalter bereiterklärt, das Disagio für Kreditkartenverkäufe ihrer Reisen zu übernehmen.

Die Unternehmen ADAC, Sixt, TUI und LTU haben im Rahmen des Cobranding eigene Kreditkarten mit allgemeiner Akzeptanz herausgebracht. Bei diesem Verfahren erwirbt das Touristikunternehmen von einer der großen Kreditkartenorganisationen die Lizenz, eine Kreditkarte herauszugeben. Nach dem eigenen Corporate Design gestaltet, zeigt sie neben dem Logo des Lizenzgebers auch das des Reiseveranstalters. Das Touristikunternehmen übernimmt den Vertrieb der Karte und die Kundenakquisition, das Kreditkartenunternehmen die Abrechnung und das Zahlungsrisiko. Die Gemeinschaftskarten können billiger als die normalen Mutterkarten angeboten werden, da für das Kreditkartenunternehmen selbst nur geringe Vertriebs- und Werbungskosten anfallen und das Touristikunternehmen die Funktion dieser Kreditkarte primär nicht in einer Ertragssteigerung durch den Vertrieb der Karte, sondern in einer erhöhten Kundenbindung sieht. Ein Beispiel dafür ist die Stammkundenkarte der TUI, auf der neben dem Logo von VISA auch das der TUI aufgedruckt ist und die von der TUI mit zusätzlichen Leistungen ausgestattet wurde; ihr Verkaufspreis ist niedriger als der einer normalen VISA-Karte. Der Kunde kann diese Gemeinschaftskarte in einem Reisebüro mit TUI-Lizenz erwerben, sie wie eine Kreditkarte benutzen, zudem aber damit auch Reisen aus dem TUI-Angebot bezahlen und folgende Vergünstigungen in Anspruch nehmen: kostenlose Sitzplatzreservierung im Flugzeug, Reise-Rücktrittskosten-Versicherung, Rabatt bei einer Mietwagenfirma. Eine zusätzliche Partnerkarte für ein weiteres Familienmitglied kann für DM 30,- erworben werden. Die LTU-Karte wird in Zusammenarbeit mit EUROCARD herausgegeben und hat als Zusatzleistungen die Sitzplatzreservierung in LTU-Flugzeugen, 5 kg höheres Freigepäck, Reiseversicherungen, Rabatt bei Mietwagen und beim Bordverkauf.

Die Reiseveranstalter bieten dem Kunden mit solchen Gemeinschaftskarten nicht nur die Vorteile einer normalen Kreditkarte wie

- bequeme Zahlungsweise,

- erhöhte Sicherheit durch die Haltung geringer Bargeldbestände,

- Einräumung eines Zahlungsziels durch monatliche Abrechnung,

- günstiger Umtauschkurs bei Zahlung im Ausland, da in der Regel nicht der Wechselkurs für Bargeld, sondern der günstigere Devisenbriefkurs plus einer geringen Provision berechnet wird,

sondern zudem die oben genannten zusätzlichen Nebenleistungen, die speziell auf die Bedürfnisse der Urlauber zugeschnitten sind. "Über diese Zusatzleistungen sollen bei den Kunden Präferenzen für den Reiseveranstalter geschaffen werden. So werden gerade diese 'Additive' zu einem wesentlichen Wettbewerbsfaktor" (BRUNNER, 1991, S. 528).

Inwieweit die Reiseveranstalter durch Kreditkarten relevante Wettbewerbsvorteile erzielen können, ist empirisch noch nicht belegt. Es ist anzuzweifeln, ob die erfolgreiche Kundenbindung bei Anbietern von Konsumgütern (etwa durch die Kundenkarten von Hertie, Kaufhof oder Quelle) infolge der dort häufigeren Käufe und der geringeren Bedeutsamkeit der einzelnen Käufe auf den Urlaubsmarkt übertragen werden kann. Ähnliches dürfte für das Erzielen höherer Umsätze pro Kaufakt durch niedrigere Ausgabeschwellen und höhere Ausgabebereitschaft gelten. Auch der Vorteil, durch Konsum- und Käuferprofile zusätzliche Marketinginformationen zu erhalten, ist gering, da diese Informationen entweder durch die Buchungsunterlagen weitgehend bekannt sind oder die Reiseveranstalter sich verpflichten, solche Informationen nicht für den Direktvertrieb zu verwenden (vgl. dazu HEBESTREIT, 1992, S. 376f.). Ein Vorteil für die Reisebüros besteht allerdings darin, daß das Risiko der Zahlungsunfähigkeit des Kunden beim Kreditkartenunternehmen liegt, da dieses das Inkasso vornimmt.

Ergänzend seien noch die Firmenkreditkarten erwähnt wie beispielsweise die AMEXCO Corporate Card, die VISA Business Card und die Eurocard, die neben den üblichen Zusatzleistungen wie Versicherungen etc. den Unternehmen einen zusätzlichen Abrechnungsservice bieten. So gehören zu den Serviceleistungen der American Express Corporate Card monatliche Ausgabendokumentationen, Abrechnung der verschiedenen Mitarbeiterkarten, Aufgliederung der Ausgaben nach Geschäftsbereich, Kostenart und Kostenhöhe, Auswertung der Nutzung bestimmter Fluggesellschaften, Hotel- und Restaurantketten.

LITERATURVERZEICHNIS

1. Bücher

AEA (ASSOCIATION OF EUROPEAN AIRLINES):
- Statistical Appendices to Yearbook 1993, Brüssel 1993
- Yearbook 1996, Statistical Appendix, Brüssel 1996

AFHELDT, H. (Hrsg.):
Erfolge mit Dienstleistungen - Initiativen für neue Märkte, Prognos-Forum, Stuttgart, 1988

ANSOFF, H.J.:
Corporate Strategy, New York 1965

ARBOGAST, C., LENHARD, H., POMPL, W.:
Internationaler Jugendaustausch - Konzeption und Mitarbeiterbildung, München 1979

ARETZ, E.:
Tourismus A-Z, Köln 1972

ARNOLD, U.:
Strategische Beschaffungspolitik, Frankfurt/Bern 1982

BAKER, M.J.:
Marketing: An Introducing Text, Oxford 1987

BANFE, C.:
Airline Management, Englewood Cliffs (N. J.) 1992

BARTL, H.:
Verträge mit dem Hotelier, Bonn 1988

BAUM, T.:
Managing Human Ressources in the European Tourism and Hospitality Industry, London 1995

BEAVER, A.:
Mind Your Own Travel Business, Vol. I u. II, Egdeware 1980

BECKER, J.:
Marketing-Konzeption - Grundlagen des strategischen Marketing-Managements, 4. Aufl., München 1992

BEHRENS, G.:
Konsumentenverhalten, Heidelberg 1988

BERG, C.:
Beschaffungsmarketing, Würzburg/Wien 1981

BERGEMANN, N., SOURISSEAUX, A. (Hrsg.):
Interkulturelles Management, Heidelberg 1992

BERNDT, R.:
- Marketing 1, Berlin/Heidelberg 1990 (zit. als 1990a)
- Marketing 2, Berlin/Heidelberg 1990 (zit. als 1990b)
- Marketing 3, Berlin/Heidelberg 1991

BIDINGER, H., BARTL, H.:
Moderne Bustouristik, Frankfurt (Main) 1981

BIDINGER; M.:
Der Omnibusunternehmer, 4. Aufl., München 1985

BIEGER, T., HOSTMANN, M.:
Strategie 2000 für die Freizeitbranche, Grüsch 1990

BIERGANS, B.:
Zur Entwicklung eines marketing-adäquaten Ansatzes und Instrumentariums für die Beschaffung, 2. Aufl., Köln 1986

BIRCHER, B.:
Langfristige Unternehmensplanung, Bern/Stuttgart 1976

BISHOP, J.:
Travel Marketing, o. O., 1981

BITNER, M.J., BOOMS, B.H.:
Marketing Strategies and Organisation Structures for Service Firms. Proceedings of the 1981 Conference in Services Marketing, American Marketing Association, Chicago 1983

BLEICHER, K.:
Das Konzept Integriertes Management, Frankfurt (Main)/New York 1991

BÖCKER, F.:
Marketing, Stuttgart 1987

BÖVENTER, E.v.:
Ökonomische Theorie des Tourismus, Frankfurt (Main) 1989

BOHLI, E.:
Marketing-Planung der Schweizer Reiseveranstalter, Zürich 1980

BORNSTAEDT, F.v.:
Telematik in der Tourismuswirtschaft, München 1992

BOVÉE, C.L., THILL, J.V., WOOD. M.B., DOVEL, G.P.:
Management, New York 1993

BOYER, M.:
Le Tourisme, Paris 1982

BRAKE, T., WALKER, D. M., WALKER, TH.:
Doing Business Internationally. The Guide to Cross-Cultural Success, Burr Ridge (Ill) 1995

BRANDT, A. (Hrsg.):
Ökologisches Marketing, Fankfurt (Main) 1988

BRAUER, K.:
Betriebswirtschaftliche Touristik, Berlin 1985

BRAUN, A. et al. (Hrsg.):
: Tourismus als Berufsfeld - Handlungskompetenzen für Freizeitberufe im touristischen Bereich, Bd. 1, Frankfurt (Main) 1982

BRAUN, O.L., LOHMANN, M.:
: Die Reiseentscheidung, Starnberg 1989

BRUHN, M.:
: Marketing - Grundlagen für Studium und Praxis, Wiesbaden 1990

BUFFA, E.S., SARIN, R.K.:
: Modern Production/Operations Management, New York 1984

BURKHART, A.J., MEDLIK, S.:
- The Management of Tourism, London 1975
- Tourism - Past, Present and Future, 2. Aufl., London 1981

BUSSIEK, J.:
: Anwendungsorientierte Betriebswirtschaftslehre für Klein- und Mittelunternehmen, München/Wien 1994

CAPITAL + IMPULSE (Hrsg.):
: Marktprofil Geschäftsreisen, Hamburg 1992

CASARIN, F.:
: Il marketing dei prodotti turistici: specificatà e varietà, Turin 1996

CERTO, S.C.:
: Principles of Modern Management, 4. Aufl., Needam Heights (Mass.) 1989

CERTO, S.C., PETER, J.P.:
: Strategy Management: A Focus on Process, New York/Singapore 1990

COLLIER, A.:
: Principles of Tourism, Auckland (NZ) 1989

COLTMAN, M.:
: Tourism Marketing, New York 1989

CORSTEN, H.:
- Betriebswirtschaftslehre der Dienstleistungsunternehmen, München 1990
- Die Produktion von Dienstleistungen, 2. Aufl., Berlin 1985

COWELL, D.:
: The Marketing of Services, 2. Aufl., Oxford 1989

DAFT, R.L.:
: Mangement, Orlando 1991

DANY, M., LALOY, J.-R.:
: Le francais de l'hôtellerie et du tourisme, Paris 1980

DATZER, T., LOHMANN, M.:
: Der Beruf des Reiseleiters - Eine soziologische Untersuchung, Starnberg 1981

DAVIDOFF, P.G., DAVIDOFF, D.S.:
: Financial Management for Travel Agencies, Albany (N.Y.) 1988

DAVIS, K.:
:   Marketing Management, 5. Aufl., New York 1985
DEUTSCHE BUNDESBAHN (Hrsg.):
:   Der Fahrplan - Allgemeines Basiswissen und Grundsätze, DB Fachbuch, Bd. 4/21 A, Heidelberg/Mainz 1989
DEUTSCHER HOTEL- UND GASTSTÄTTENVERBAND e. V. (Hrsg.):
:   Die Vollendung des EG-Binnenmarktes - Ihre Auswirkungen auf das Deutsche Gastgewerbe, Bonn, o. J.
DEUTSCHER REISEBÜRO-VERBAND e. V. (Hrsg.):
:   • Auswirkungen des EG-Binnenmarktes auf mittelständische Reiseveranstalter und Reisemittler, Frankfurt (Main) 1992
    • Strategische Partnerschaften, Frankfurt (Main) 1991
    • Tourismusmarkt der Zukunft, Frankfurt (Main) 1995
DOBLER, D.W., BURT, D.N., LEE, L.jr.:
:   Purchasing and Materials Management - Text and Cases, New York 1990
DÖRSCH, W.:
:   Beschaffung von Dienstleistungen, Berlin/Köln/Frankfurt (Main) 1973
DOGANIS, R.:
:   Flying off Course - The Economies of International Airlines, 2. Aufl., London 1991
DONNELLY, J., GEORGE, W.R. (Hrsg.):
:   Marketing of Services, Chicago 1981
DRUCKER, P.F.:
:   • Neue Management-Praxis, Bd. 1 u. 2, Düsseldorf/Wien 1974
    • Die postkapitalistische Gesellschaft, Düsseldorf/Wien 1993
DUNST, K.:
:   Portfolio-Management, 2. Aufl., Berlin/New York 1983
DYLLICK, T.:
:   Management der Umweltbedingungen, Wiesbaden 1989

ECONOMIST INTELLIGENCE, UNIT:
:   Travel and Tourism in the Single European Market, Special Report No. 2014, London 1989
ENGEL, J.F., BLACKWELL, R.D., MINIARD, P.W.:
:   Consumer Behavior, New York 1986
ERNENPUTSCH, M.:
:   Theoretische und empirische Untersuchungen zum Beschaffungsprozess, Bochum 1986
FALK, B.:
:   Dienstleistungsmarketing, Landsberg (Lech) 1980
FAULKS, R.W.:
:   Bus and Coach Operation, London 1987
FAYOL, H.:
:   Administration industrielle et générale, Paris 1916

FEIFER, M.:
: Going Places - The Ways of the Tourist from Imperial Rome to the Present Day, London 1985

FEIGE, M.:
: Zum Ausflugsverkehr im Reisegebieten, Schriftenreihe des DWIF, Heft 41, München 1991

FERRARO, G. P.:
: The Cultural Dimension of International Business, 2nd ed. Englewood Cliffs 1994

FIJALKOWSKI, J. (Hrsg.):
: Transnationale Migranten in der Arbeitswelt, Bonn 1990

FINGER, K., GAYLER, B.:
: Animation im Urlaub, 2. Aufl., Starnberg 1990

FISCHER, D.:
: Qualitativer Fremdenverkehr, Bern 1985

FISCHER, J.:
: Die Konzentration im Reisebürogewerbe, München 1957

FISCHER, P.:
: Haftung des Reiseveranstalters bei Flugbeförderung, Wiesbaden 1990

FORSCHUNGSGEMEINSCHAFT URLAUB + REISEN (F.U.R.):
: Reiseanalyse Urlaub und Reisen 1996

FOSTER, D.:
: Travel and Tourism Management, London 1985

FOXHALL, G.R.:
: Strategic Marketing Management, London 1983

FRAGOLA, M.:
: Marketing per l'industria turistica, Mailand 1993

FREUND, M.:
: Charters interdits, Straßburg 1987

FREYER, W.:
: Tourismus - Einführung in die Fremdenverkehrsökonomie, 4. Aufl., München 1993, 5. Aufl. München/Wien 1995

FRIEDMANN, M.:
: Capitalism and Freedom, Chicago 1962

FÜHRICH, E.:
: Reiserecht, Heidelberg 1990

FUSTER, L.F.:
: Teoria y Técnica del Turismo, Tomo I, Madrid 1973

GÄLWEILER, A.:
: Strategische Unternehmensführung, Frankfurt (Main)/New York 1987

GAUF, D.:
: • Partner in der Bustouristik, München 1987
: • Touristikmarketing für Busunternehmer, München 1982

GAUGLER, E. e. al. (Hrsg.):
  Ausländerintegration in deutschen Industriebetrieben, Königstein/Ts. 1985
GEE, C.Y., CHOY, D.J.L., DEXTER, J.L., MAKENS, J.C.:
  The Travel Industry, Westport (Con.) 1984
GERHARDT, J.:
  Dienstleistungsproduktion, Bergisch Gladbach/Köln 1986
GODALL, B., ASHORTH, G.:
  Marketing in the Tourism Industry, London 1988
GÖRG, B.:
  Zukunft des Managers - Manager der Zukunft, Wien 1989
GOLD, H.:
  The Cruise Book: From Brochure to Bon Voyage, New York 1990
GRAF, P.R.:
  Preisnormierung und Unternehmensklassifikation im Gastgewerbe, unter besonderer Berücksichtigung der Hotellerie, St. Gallen 1976
GRATZE, U.:
  Die Marketing-Konzeption des Reiseveranstalters, München 1992
GRAUMANN, J.:
  Dienstleistungsmarketing, München 1983
GREENLEY, G.G.:
  Strategic Management, Hemel Hempstead (UK) 1989
GROCHLA, E.:
  Grundlagen der Materialwirtschaft, Wiesbaden 1978
GROCHLA, E., SCHÖNBOHM, P.:
  Beschaffung in der Unternehmung, Stuttgart 1980
GRÖNROOS, C.:
  • Strategic Management in the Service Sector, Bromley (UK) 1983
  • Service Management and Marketing, Lexington (UK) 1990
GRUNER + JAHR (Hrsg.):
  G + J-Branchenbild Geschäftsreisen, Hamburg 1992
GÜNTER, W.:
  Handbuch für Studienreiseleiter, 2. Aufl., Starnberg 1991
GUTENBERG, E.:
  Grundlagen der Betriebswirtschaftslehre, Band II, Der Absatz, 15. Aufl., Berlin 1976
GUTJAHR, G.:
  Das Image des Omnibusses als Reiseverkehrsmittel, Starnberg 1978

HAACK, M., WOLF, W.:
  Brauchen wir die Bahn?, Bonn 1988
HABERMAS, J.:
  Der philosophische Diskurs der Moderne, Frankfurt (Main) 1985
HAEDRICH, G., KASPAR, C., KLEMM, K., KREILKAMP, E. (Hrsg.):
  Tourismus-Mangement, 2. Aufl., Berlin 1993

HAEDRICH, G., TOMCZAK, T.:
: Strategische Markenführung, Bern/Stuttgart 1990
HAHN, H., HARTMANN, K.:
: Reiseinformation, Reiseentscheidung, Reisevorbereitung; einige Ergebnisse der psychologischen Tourismusforschung, Starnberg 1973
HAHN, D., TALOR, B.:
: Strategische Unternehmensplanung - Strategische Unternehmensführung, 5. Aufl., Heidelberg 1990
HAHN, H., KAGELMANN, J.:
: Tourismuspsychologie und Tourismussoziologie: ein Handbuch zur Tourismuswissenschaft, München 1993
HALL, E. T.:
: The Silent Language, New York 1990
HALL, W.:
: Managing Cultures: Making Strategic Relationship work, Chichester 1995
HAMER, E.:
: Mittelständische Unternehmen: Gründung, Führung, Chancen und Risiken, Landsberg (Lech) 1990
HAMMANN, P., LOHRBERG, W.:
: Beschaffungmarketing, Stuttgart 1986
HANLON, P.:
: Global Airlines: Competition in a Transnational Industry, Oxford 1996
HANSEN, U.:
: Absatz- und Beschaffungsmarketing des Einzelhandels, 2. Aufl. Göttingen 1990
HANSEN, U., STRAUSS, B., RIEMER, M. (Hrsg.):
: Marketing und Verbraucherpolitik, Stuttgart 1982
HARLANDER, N., PLATZ, G.:
: Beschaffungsmarketing und Materialwirtschaft, 4. Aufl., Stuttgart 1989
HARRIS, N.D.:
: Service Operations Management, London 1989
HARTMANN, K.D., TISCHLER, S., TISCHLER, D.:
: Tourismus Studie, Berlin 1985
HAWKINS, D.E., SHAFER, E.L., ROVELSTAD, J.M.:
: Tourism Marketing and Management Issues, Washington (D. C.) 1980
HAX, A.C., MAJLUF, N.S.:
: Strategisches Management, Frankfurt (Main)/New York 1991
HEBESTREIT, D.:
: • Touristik Marketing, 3. Aufl., Berlin 1992
: • Touristik Marketing, 1. Aufl., Berlin 1975
HEINEMANN, H., KREITMAYR, A., PAHLSSON, L., SCHÜSSLER, O.:
: Schiffahrt, Melsungen 1988

HEINEN, E.:
- Grundlagen betriebswirtschaftlicher Entscheidungen - Das Zielsystem der Unternehmung, 3. Aufl., Wiesbaden 1976
- Unternehmensstrukturen - Perspektiven für Wissenschaft und Praxis, München/Wien 1987

HEINRITZ, S., FARRELL, P.V., GIUNIPERO, L., KOLCHIN, M.:
Purchasing -Principles and Application, Englewood Cliffs (N. J.) 1991

HESKETT, J.L.:
Management von Dienstleistungsunternehmen, Wiesbaden 1988

HIBBS, J.:
Bus and Coach Management, London 1985

HINTERHUBER, H.H.:
Strategische Unternehmensführung, Berlin/New York 1984

HOCHREITER, R., ARNDT, U.:
Die Tourismusindustrie - Eine Markt- und Wettbewerbsanalyse, Frankfurt (Main)/Bern 1978

HODGSON, A.:
The Travel and Tourism Industry - Strategies for the Future, Oxford 1987

HÖMBERG, E.:
Tourismus - Strukturen, Funktionen, Kommunikationskanäle, München 1977

HOFMANN, M., ROSENSTIEL, L.v.:
Funktionale Managementlehre, Berlin/Heidelberg/New York 1988

HOFSTEDE, G.:
- Cuture´s consequences: International Differences in work related values, Beverly Hills/London 1980
- Interkulturelle Zusammenarbeit. Kulturen - Organisationen - Management, Wiesbaden 1993

HOLLOWAY, J.C.:
The Business of Tourism, 4. Aufl., London 1994

HOLLOWAY, J.C., PLANT, R.V.:
Marketing for Tourism, 2. Aufl., London 1992

HOLZINGER, H.P.:
Zur Hotelbeschaffungspolitik des Reiseveranstalters, Dissertation, Wien 1973

HOPFENBECK, W., ZIMMER, P.:
Umweltorientiertes Tourismusmanagement, Landsberg (Lech) 1993

HUNZIKER, W., KRAPF, K.:
Grundriß der allgemeinen Fremdenverkehrslehre, Zürich 1942

IATA (Hrsg.):
Airline Marketing, Montreal/Genf 1992

INSTITUT FÜR INTERKULTURELLES MANAGEMENT (Hrsg.):
Interkulturelles Personalmanagement, Wiesbaden 1994

INSTITUT FÜR TOURISMUS DER FREIEN UNIVERSITÄT BERLIN
UND KIENBAUM UNTERNEHMENSBERATUNG (Hrsg.):
    Strategische Situation bundesdeutscher Reiseveranstalter, Düsseldorf/Berlin 1991
INTERNATIONAL UNION OF OFFICIAL TRAVEL ORGANIZATION:
    Conference on International Travel and Tourism, Genf 1963
IRRGANG, W.:
    Strategien im vertikalen Marketing, München 1989

JAIN, S.C.:
    Marketing Planning and Strategy, Cincinnati (Ohio) 1985
JEFFERSON, A., LICKORISH, L.:
    Marketing Tourism - a Practical Guide, Harlow 1988
JONAS, H.:
    Das Prinzip Verantwortung - Versuch einer Ethik für die technologische Zivilisation, Frankfurt (Main) 1984
JONES, P. (Hrsg.):
    Managing in the Service Industries, London 1989
JOYNT, P., WARNER, M. (eds.):
    Managing Across Cultures: Issues and Perspectives, London/Boston 1996

KAGELMANN, H.-J.:
    Tourismuswissenschaft - Soziologische, sozialpsychologische und sozial- anthropologische Untersuchungen, München 1993
KASPAR, C.:
    • Die Fremdenverkehrslehre im Grundriß, Bern/Stuttgart 1975
    • Einführung in das touristische Management, Bern 1990
KASPAR, C., KUNZ, B.:
    Unternehmensführung im Fremdenverkehr, Bern 1982
KIRSCH, W.:
    Unternehmenspolitik und strategische Unternehmensführung, München 1990
KIRSTGES, T.:
    • Expansionsstrategien im Tourismus, 2. Aufl., Wiesbaden 1996
    • Sanfter Tourismus, München 1992 (zit. als 1992b); 2. Aufl., 1995
    • Management von Tourismusunternehmen: Organisation, Personal- und Finanzwesen, München 1994
    • Strukturanalyse des deutschen Veranstaltermarktes 1995, Arbeitspapier des Lehrgebiets Tourismuswirtschaft an der Fachhochschule Wilhelmshafen, Wilhelmshafen 1996
KLATT, H. (Hrsg.):
    Recht der Touristik, Loseblattsammlung, Darmstadt/Neuwied, o. J.
KLATT, H., FISCHER, J.:
    Die Gesellschaftsreise, Frankfurt 1961

KLEIN, T.:
  Das Marktsegment der Nichtreisenden, Materialien zur Fremdenverkehrsgeographie, Heft 19, Trier 1989
KLIEN, I.:
  Wettbewerbsvorteile von Groß- und Kettenhotels und deren Kompensierbarkeit durch Hotelkooperationen, Wien 1991
KLUCKHOHN, F., STRODTBECK, F. L.,
  Variations in Value Orientation, Evanston (III) 1961
KONOW, O., GOLTERMANN, E.:
  Eisenbahn-Verkehrsordnung (EVO) nebst Ausführungsbestimmungen - Kommentar, Loseblattsammlung, Berlin/Bielefeld/München, o. J.
KOONTZ, H., WEIHRICH, H.:
  Management, 8. Aufl., New York 1988
KOPPELMANN, U.:
  · Einführung in Entscheidungsprobleme des Absatzes und der Beschaffung, Düsseldorf 1990
  · Beschaffungsmarketing, Berlin/Heidelberg 1993
KOSTERS, M.J.:
  Focus Op Toerisme, s'Gravenhage 1985
KOTLER, P.:
  · Marketing-Management, 4. Aufl., Stuttgart 1989
  · Marketing Essentials, Englewood Cliffs (N. J.) 1984
KOTLER, P., BLIEMEL, F.:
  Marketing Management, 7. Auflage, Stuttgart 1992
KOTLER, P., ARMSTRONG, G.:
  Principles of Marketing, Englewood Cliffs (N. J.) 1989
KOTLER, P., ROBERTO, E.:
  Social Marketing, New York 1989
KRÄMER, H.:
  Kalkulations-Handbuch Busverkehr, München 1981
KRAMER, D.:
  Tourismus-Politik, Münster/Hamburg 1990
KREILKAMP, E.:
  Strategisches Management und Marketing, Berlin/New York 1987
KRIPPENDORF, J.:
  · Alpsegen - Alptraum, Bern 1986
  · Marketing im Fremdenverkehr, Bern 1971
  · Der Ferienmensch, Zürich 1984
KRIPPENDORF, J., KRAMER, B., MÜLLER, H.:
  Freizeit und Tourismus, 2. Aufl., Bern 1987
KROEBER-RIEL, W.:
  Konsumentenverhalten, 4. Aufl., München 1990
KÜHNE, K.:
  Evolutionsökonomie, Frankfurt 1982
KÜLP, B.:
  Freizeitökonomie, München 1983

KULINAT, K., STEINECKE, A. (Hrsg.):
: Geographie des Freizeit- und Fremdenverkehrs, Darmstadt 1984

LAMBIN, J.:
: Grundlagen und Methoden strategischen Marketings, Hamburg 1987

LANGE, B.:
: Portfolio-Methoden der strategischen Unternehmensplanung, Düsseldorf/Hannover 1981

LANQUAR, R.:
- L'économie du tourisme, Paris 1987
- Agences et associations de voyages, 2. Aufl., Paris 1986

LAWS, E.:
: Tourism Marketing, Cheltenham 1991

LEENDERS, M.R., BLENKHORN, D.L.:
: Reverse Marketing - Wettbewerbsvorteile durch neue Strategien der Beschaffung, Frankfurt/New York 1989

LESSEM, R., NEUBAUER, F.:
: European Management Systems: Towards Unity out of Cultural Diversity, London 1994

LEVITT, T.:
: The Marketing Imagination, New York 1986

LEWIS, R. D.:
: When Cultures Collide. Managing successfully across cultures, London 1996

LINDNER, T.:
: Strategische Entscheidungen im Beschaffungsbereich, München 1983

LIPPMANN, H.:
- Funktionales Beschaffungsmarketing, Düsseldorf/Augsburg 1979
- Beschaffungsmarketing, Bielefeld/Köln 1980

LÖWE, W.:
: Das neue Pauschalreiserecht, München 1981

LOVELOCK, C.H.:
: Services Marketing: Text, Cases and Readings, Prentice Hall/New York 1984

LÜCHINGER, U.:
: Die Planung des Reiseprodukts, Bern 1975

LÜCKE, M.:
: Kooperationsstudie für individuelles Strategiekonzept, Röderberg 1992

LUFTFAHRTBUNDESAMT (Hrsg.):
: Luftfahrthandbuch Deutschland, Loseblattsammlung, Braunschweig, o. J.

LUFTHANSA (Hrsg.):
: Jahrbücher 1984 - 1992, Köln

LUHMANN, N.:
: Ökologische Kommunikation, Opladen 1986

LUMSDON, L.:
Marketing for Tourism - Case Study Assignments, London 1992
LUNDBERG, D.E.:
The Tourist Business, Boston 1980

McINTOSH, R.W., GOELDNER, C.R.:
Tourism - Principles, Practices and Philosophies, New York 1986
MEDLIK, S.:
Managing Tourism, Oxford 1991
MEFFERT, H.:
- Marketing - Grundlagen der Absatzpolitik, 7. Aufl., Wiesbaden 1989
- Strategische Unternehmensführung und Marketing, Wiesbaden 1988
MERLO, L.:
Elementi di Marketing Turistico, Rom 1985
MEZZASALMA, R.:
Öko-Management für Reiseveranstalter, Bern 1994
MIDDLETON, V.T.C.:
Marketing in Travel and Tourism, London 1988
MIHALIC, T., KASPAR, C.:
Umweltökonomie im Tourismus, Bern 1996
MILL, R.C.:
Tourism: The International Business, Englewood Cliffs (N. J.) 1990
MILL, R.C., MORRISON, A.M.:
The Tourism System, Englewood Cliffs (N. J.) 1985
MINER, J.B.:
Management Theory, New York/Toronto 1971
MONTEFORTE, M., RUMO, N., SOMMER, E. et al.:
Tourismus, Teufen 1973
MORDEN, A.R.:
Elements of Marketing, London 1989
MÜLLER, W.:
Von der "Völkerverständigung" zum "Interkulturellen Lernen", Starnberg 1987
MÜLLER-WENK, R.:
Die ökologische Buchhaltung - Ein Informations- und Steuerungsinstrument für umweltkonforme Unternehmenspolitik, Frankfurt (Main) 1978
MUNDT, J. (Hrsg.):
Reiseveranstaltung, München 1993
MURPHY, P.:
Tourism - A Community Approach, London/New York 1985

NIESCHLAG, R., DICHTL, E., HÖRSCHGEN, H.:
Marketing, 15. Aufl., Berlin 1988

NIEMEYER, W.:
 Zur Stellung des Reiseleiters in der interkulturellen Kommunikation, Basel 1985
NORMANN, R.:
 Dienstleistungsunternehmen, Hamburg 1987

OGLIVIE, F.W.:
 The Tourist Movement, London 1933
OLIVER, G.:
 Marketing Today, London 1986
OPASCHOWSKY, H.W.:
 Mythos Urlaub, Hamburg 1991
OPASCHOWSKY, H.W. (Hrsg.):
 Methoden der Animation - Praxisbeispiele, Bad Heilbrunn 1982

PAMPEL, J.:
 Kooperation mit Zulieferern, Wiesbaden 1993
PERONI, G.:
 Marketing Turistico, Mailand 1989
PETERS, T.J., WATERMAN, R.H.:
 Auf der Suche nach Spitzenleistungen, 2. Aufl., München 1990
PFARR, A.:
 Die Verkehrsliberalisierung im Flugpauschalreisemarkt, Bergisch-Gladbach 1993
PFOHL, H.C. (Hrsg.):
 Betriebswirtschaftslehre der Mittel- und Kleinbetriebe, Berlin 1990
PINOLE, J.A.:
 Gestion y Technicas de Agencias de Viajes, Madrid 1989
POHL, H.J.:
 Mittelständische Unternehmen: Durch qualifiziertes Management zum Erfolg, Bremen 1986
POHL, H.J., REHKUGLER, H.:
 Mittelständische Unternehmen - Durch qualifiziertes Management zum Erfolg, Bremen 1986
POLLAK, A.:
 Der Kreuzfahrten-Markt Deutschland 1995, hrsg. vom DRV, Frankfurt/M 1996
POMPL, W.:
 • Der internationale Tourismus in Kenia und seine Implikationen für die sozioökonomische Entwicklung des Landes, Dissertation, München 1976
 • Leistungsträger in der Touristik, 2. Aufl., Bad Harzburg 1993
 • Luftverkehr - Eine ökonomische Analyse, 2. Aufl. 1991, 3. Aufl. Berlin/Heidelberg/New York 1997
 • Aspekte des modernen Tourismus, 2. Aufl., Frankfurt 1992 (zit. als 1992a)

- Touristikmanagement 2, Qualitäts-, Produkt-, Preismanagement, Berlin/Heidelberg/New York 1996 (zitiert als 1996a)

POMPL, W., LAVERY, P. (Hrsg.):
Tourism in Europe, Wallingford 1993 (zit. als 1993d)

POMPL, W., LIEB, R. (Hrsg.):
Qualitätsmanagement im Tourismus, München/Wien 1997

PORTER, M.E.:
- Wettbewerbsvorteile, 3. Aufl., Frankfurt 1992 (zit. als 1992a)
- Wettbewerbsstrategie, 7. Aufl., Frankfurt 1992 (zit. als 1992b)

POYNTER, J.:
Foreign Independent Tours: Planning, Pricing and Processing, Albany (NY) 1989

PRAHL, H.W., STEINECKE, A.:
Der Millionenurlaub, Darmstadt/Neuwied 1979

PÜMPIN, C.:
Management strategischer Erfolgspositionen, 3. Aufl., Bern/Stuttgart 1986

PÜMPIN, C., KOBI, J., WÜTHRICH, H.:
Unternehmenskultur, Bern 1985

RAEHTZEL, N., SARICA, Ü.:
Migration und Diskriminierung in der Arbeit

RAFFÉE, H. (Hrsg.):
Die Zukunftschancen der Bahn im Tourismus nach Einführung des Europäischen Binnenmarktes, Mannheim 1990

RAYNOUARD, Y.:
Le tourisme social, Paris 1986

RECIO, I.:
Marketing Turistico - Un Desafio Pendiente, Madrid 1983

RENSHAW, M.B.:
The Travel Agent, Newcastle u. T. 1992

RHINESMITH, ST. H.:
A Manager's Guide to Globalization: Six Keys to Success in a Changing World, Homewood (Ill) 1993

ROTH, P., SCHRAND, A.(Hrsg.):
Touristik-Marketing, München 1992

SABATHIL, S.:
Lehrbuch des Linienflugverkehrs, Berlin 1992

SASSER, W.E., OLSEN, R.P., WYCKOFF, D.D.:
Management of Service Operations - Text and Cases, Boston (Mass.) 1978

SCHAEFER, H.:
Betriebliche Ausländerdiskriminierung und gewerkschaftliche Antidiskriminierungspolitik, Berlin 1985

SCHÄTZING, E.:
- Checklisten für das Hotel & Restaurant Management, Landsberg (Lech) 1987
- Qualitätsorientierte Marketingpraxis in Hotellerie und Gastronomie, Stuttgart 1983
- Qualitätssicherung in Hotellerie und Gastronomie, München 1988
- Management in Hotellerie und Gastronomie, 4. Aufl., Frankfurt (Main) 1992

SCHERRIEB, H.R.:
Der westeuropäische Massentourismus, Würzburg 1975

SCHEUCH, F.:
- Marketing, München 1987
- Dienstleistungsmarketing, München 1982

SCHEUING, E.:
Purchasing Management, Englewood Cliffs (N. J.) 1989

SCHIERENBECK, H.:
Grundzüge der Betriebswirtschaftslehre, 8. Aufl., München 1986

SCHIVELBUSCH, W.:
Geschichte der Eisenbahnreise, Frankfurt (Main)/Berlin/Wien 1979

SCHLOTMANN, R.:
Das Recht der Pauschalreise-Reklamationen in der touristischen Praxis, Neuwied 1993

SCHMEER-STURM, M.-L.:
- Theorie und Praxis der Reiseleitung, Darmstadt 1992
- Handbuch der Reisepädagogik, München 1984

SCHROEDER, G.:
Lexikon der Tourismuswirtschaft, Hamburg 1991

SCHULZ, A., FRANK, K., SEITZ, E.:
Tourismus und EDV, München 1996

SCHUPPERT, D., PAPMEHL, A., WALSH, I. (Hrsg):
Interkulturelles Management - Abschied von der Provinzialität, Wiesbaden 1994

SCHWANINGER, M.:
- Integrale Unternehmensplanung, Frankfurt (Main)/New York 1989 (zit. als 1989a)
- Organisatorische Gestaltung in der Hotellerie, Bern/Stuttgart 1985

SEITZ, E., MEYER, W.:
Tourismusmarktforschung, München 1995

SEITZ, G.:
- Konzernhotellerie versus mittelständische Einzelunternehmung - Ein ökonomischer Vergleich in der BRD, Innsbruck 1979
- Hotelmanagement, Berlin/Heidelberg/New York 1997

SESSA, A. (Hrsg.):
Megatrends nel Turismo Internazionale, Rom 1987

SHAW, S.:
Airline Marketing and Management, 2. Aufl., London 1985

SHEARMAN, P.:
Air Transport, London 1992
SIMON, H.:
Goodwill und Marketingstrategie, Wiesbaden 1985
SMITH, S.L.:
Tourism Analysis - A Handbook, Harlow/New York 1989
SONNEMANN, K.:
Beschaffung, Teil 1, 2. Aufl., Wiesbaden 1988
SPIEGEL/MANAGER MAGAZIN (Hrsg.):
Spiegel-Dokumentation Geschäftsreisen, Hamburg 1988
SPIZZICHINO, R.:
Les Marchands de Bonheur - Perspectives et stratégies de l'industrie francaise du tourisme et du loisir, Paris 1991
SPODE, H.:
- Zur Sonne, zur Freiheit, Berlin 1991
- Zur Geschichte des Tourismus - Eine Skizze der Entwicklung der touristischen Reisen in der Moderne, Starnberg 1987
STAEHLE, W.:
Management, 2. Aufl., München 1985
STATISTISCHES BUNDESAMT:
Unternehmen und Arbeitsstättenzählung, Fachserie, Heft 3, Stuttgart 1989
STEGER, K.:
Umweltmangement, Wiesbaden 1988
STEINDL, A.:
Zur Wahl der Absatzmethode von Reiseveranstaltern: Das vermittelnde Reisebüro und vertriebspolitische Alternativen, Dissertation, Wien 1972
STEINDL, A., MERKL, K.:
Betriebswirtschaftslehre des Reisebüros, Wien 1990
STEINECKE, A.:
Lernen auf Reisen? Bildungs- und Lernchancen im Tourismus der 90er Jahre, IFKA-Schriftenreihe, Bd. 9, Bielefeld 1990
STEINMANN, H., SCHREYÖGG, G.:
Management - Grundlagen der Unternehmensführung, 2. Aufl., Wiesbaden 1991
STERZENBACH, R.:
- Kostenrechnung im Straßenpersonenverkehr, München 1982
- Omnibusverkehr - Eine Dienstleistungslehre, München 1991
- Luftverkehr, München/Wien 1995
STEWART, E.C., BENNET, M.J.:
American Cultural Patterns: A Cross-Cultural Perspective, rev. ed. Yarmouth (Maine) 1991
STUDIENKREIS FÜR TOURISMUS (Hrsg.):
- Reiseanalyse 1970 bis 1991, Starnberg

- Urlaubsreisen 1992 - Kurzfassung der Reiseanalyse 1992, Starnberg 1993

SWINGLEHURST, E.:
Cook's Tours - The Story of Popular Travel, Poole 1982

TERRY, G.R.:
Principles of Management, 7. Aufl., Homewood 1977

TEUSCHER, W. R.:
Zur Liberalisierung des Luftverkehrs in Europa, Göttingen 1994

THIEM, M.:
Tourismus und kulturelle Identität, Bern/Hamburg 1994

THIES, G.:
Vertikales Marketing, Berlin/New York 1976

TOCQUER, G., ZINS, M.:
Marketing du Tourisme, Québec 1987

TONNER, K.:
Reiserecht in Europa, Neuwied 1992

TUPY, N.:
Der Beitrag des Reisebüros zur Konsumnäherung von Reiseprodukten, Wien 1984

ULRICH, H., PROBST, G.:
Anleitung zum ganzheitlichen Denken und Handeln, 3. Aufl., Bern/Stuttgart 1991

ULRICH, P., FLURIE, E.:
Mangement, 4. Aufl., Bern/Stuttgart 1986

USUNIER, J:C., WALLISER, B.:
Interkulturelles Marketing, Wiesbaden 1993

VALDAVI, E.:
Marketing Strategico, Mailand 1986

VELLAS, F., BECHEREL, L.:
International Tourism, Houndmills 1995

VESTER, H.-G.:
Kollektive Identitäten und Mentalitäten, Frankfurt 1996

WAHAB, S.:
Tourism Management, London 1975

WAHAB, S., CRAMPON, L., ROTHFIELD, L.:
Tourism Marketing, London 1986

WARD, D.:
Complete Handbook to Cruising, Lausanne 1992

WATES, B.L.:
Timesharing - The Practical Guide, Newton Abbot 1987

WEBSTER, F.E., WIND, Y.A.:
Organizational Buying Behavior, Englewood Cliffs (N. J.) 1966

WEIL, A.:
  Umweltorientiertes Management in Hotel und Gastronomie, Stuttgart 1994
WEINHOLD, M.:
  Der Markt für Veranstalterreisen in der Bundesrepublik Deutschland, Frankfurt (Main) 1992
WHEATCROFT, S.F.:
  Air Transport Policy, London 1964
WILD, J.:
  Grundlagen der Unternehmensplanung, 4. Aufl., Reinbek bei Hamburg 1982
WILER, B., HALL, C.M.:
  Special Interest Tourism, New York 1992
WIRTSCHAFTSWOCHE (Hsrg.):
  Geschäftsreisenstudie 1991, Düsseldorf 1991
WÖHE, G.:
  Einführung in die Allgemeine Betriebswirtschaftslehre, 17. Aufl., München 1990
WÖHLER, K., SCHERTLER, W. (Hrsg):
  Touristisches Umweltmanagement, Limburgerhof 1993
WOLF, J., SEITZ, E.:
  Tourismus-Management und Marketing, Landsberg 1991

YALE, P.:
  The Business of Tour Operations, Harlow (GB) 1995

ZANTKE, S.:
  ABC des Luftverkehrs, Hamburg 1990
ZATO, J.P.:
  Géographie du Tourisme, Paris 1985
ZINS, A. (Hrsg.):
  Strategisches Management im Tourismus, Wien 1993
ZUCK, R.:
  Die Omnibusreise - Theorie und Praxis, München 1980

2. Aufsätze in Sammelbänden und Nachschlagewerken

ARNDT, H.:
  Definition des Begriffes "Fremdenverkehr" im Wandel der Zeit, in: Jahrbuch für Fremdenverkehr, München 1978, S. 160

BAUMANN, E. J.:
  Kreuzfahrten, in: MUNDT, J. (Hrsg.), Reiseveranstaltung, 3. Aufl. München/Wien 1996, S. 295
BRUHN, N.:

Qualitätssicherung im Dienstleistungsmarketing, in: BRUHN, N.,
STAUSS, B. (Hrsg.), Dienstleistungsqualität - Konzepte - Methoden -
Erfahrungen, Wiesbaden 1991, S. 19

BRUNNER, W.L.:
Kreditkarten als produktpolitisches Instrument im Tourismusmarkt,
in: WOLF, J., SEITZ, E., Tourismus-Management und Marketing,
Landsberg (Lech) 1991, S. 517

COOPER, C.:
Tourist product life cycle, in: WITT, S., MOUTINHO, L., Tourism Marketing and Management Handbook, Hemel Hempstead 1989, S. 577

CROTTS, J., WILLSON, D.:
An Integrated Model of Buyer-Seller Relationships in the International
Travel Trade, in: Progress in Tourism and Hospitality Research, 1995
Vol. 1, S. 125-139

DATZER, R.:
Ein Überblick über Ansätze der psychologischen und sozialpsychologischen Tourismusforschung, in: Studienkreis für Tourismus (Hrsg.),
Reisemotive - Länderimages - Urlaubsverhalten, Starnberg 1981, S. 7

DELANAY-SMITH, P.:
The Tour Operator - New and Maturing Business, in: HODGSON, A.,
The Travel and Tourist Industries, Oxford 1987

DUNDLER, F.:
Die Reisenanalyse - ein Instrument zur Grundlagenforschung und
Analyse des touristischen Geschehens, in: HAEDRICH, G., KASPAR,
C., KLEMM, K., KREILKAMP, E. (Hrsg.), Tourismus-Management, 2.
Aufl., Berlin 1993, S. 155

FÄRBER, H.D.:
Die Bedeutung elektronischer Reservierungssysteme in der Touristik,
in: MACHENS, D. (Hrsg.), Strategische Entscheidungen im Tourismus, Worms 1990, S. 66

FINGER, K.:
Animation im Urlaub, in: HAHN, H., KAGELMANN, H.J., Tourismuspsychologie und Tourismussoziologie: Ein Handbuch zur Tourismuswissenschaft, München 1993, S. 245

FREISE, R.:
Bahntouristik, in: KLATT, H. (Hrsg.), Recht der Touristik, Gruppe 80,
Loseblattsammlung, Neuwied/Darmstadt, o. J.

FREYER, W.:
"Alternativtourismus" - Alternativen zum Tourismus, in: Thomas-Morus-Akademie (Hrsg.), Dokumentation zur 1. Lernbörse Reisen,
Bensberg 1985, S. 45

FREYER, W., POMPL, W.:
   Schlüsselkompetenzen im internationalen Tourismusmanagement, in: AIEST (Hrsg.), Globalisation and Tourism, St. Gallen 1996, S. 303

FROHNERT, H.:
   Marktbeeinflussung und Marktveränderung, in: Bildungswerk der Omnibusunternehmer e. V. (Hrsg.), Werben und Verkaufen im Busreisegeschäft, o. J., S. 119

GANSER, A.:
   Kreuzfahrten, in: WOLF, J., SEITZ, E., Tourismus-Management und Marketing, Landsberg (Lech) 1991, S. 137

GAUF, D.:
   Busunternehmen - Ursachen und Entstehen von ausgewählten Eigenarten und Besonderheiten des deutschen Busreisemarktes, in: HAEDRICH, G., KASPAR, C., KLEMM, K., KREILKAMP, E. (Hrsg.), Tourismus-Management, 2. Aufl., Berlin 1993, S. 583

GETZ, D.:
   Special Events, in: MEDLIK, S., Managing Tourism, Oxford 1991, S. 122

HARTMANN, H. J., BAUMANN, A.:
   Das Ökomanagement der NUR Touristic, in: WÖHLER, K., SCHERTLER, W. (Hrsg.): Touristisches Umweltmanagement, Limburgerhof 1993, S. 263

HÖLZEL, R.D.:
   Aufgaben und Leistungen der Reiseveranstalter, in: HAEDRICH, G., KASPAR, C., KLEINERT, H., KLEMM, K., Tourismus-Management, Berlin 1983

HOFMANN, M.:
   Einführende und grundsätzliche Überlegungen zum funktionalen Management, in: HOFMANN, M., ROSENSTIEL, L.v. (Hrsg.), Funktionale Managementlehre, Berlin/Heidelberg 1988, S. 7

HOFMANN, W.:
   Die Flugpauschalreise, in: MUNDT, J. (Hrsg.), Reiseveranstaltung, München 1993, S. 111

KAECHELE, H.:
   Fremdenführung und Reiseleitung in der EG. in: BRAUN-MOSER, U., Europäische Tourismuspolitik, Sindelfingen 1990, S. 96

KAECHELE, H., VOGEL, H.:
   Was sind Studienreiseleiter/innen eigentlich wert?, in: GÜNTER, W. (Hrsg.), Handbuch für Studienreiseleiter, Starnberg 1991, S. 556

KÄMENER, W.:
   Als Animateur bei Robinson, in: Thomas-Morus-Akademie (Hrsg.), Dokumentation zur 1. Lernbörse Reisen, Bensberg Jahr 1985, S. 99

KASPAR, C.:
- Die Bedeutung der Unternehmenskultur für touristische Unternehmungen, in: Institut für Fremdenverkehr (Hrsg.), Jahrbuch der Schweizerischen Tourismuswirtschaft 1988/89, St.Gallen 1989, S. 79
- Das System Tourismus im Überblick, in: HAEDRICH, G., KASPAR, C., KLEMM, K., KREILKAMP, E. (Hrsg.), Tourismus-Management, 2. Aufl., Berlin 1993, S. 13
- Systems Approach in Tourism - the Saint Gall Modell, in: WITT, S., MOUTINHO, L., Tourism Marketing and Management Handbuch, Hemel Hempstead 1989, S. 443
- Die Anwendung der Systemtheorie zur Lösung methodischer Probleme der Fremdenverkehrswissenschaft und -wirtschaft, in: ENDER, W. (Hrsg.), Festschrift zur Vollendung des 70. Lebensjahres von P. Bernecker, Wien 1978, S. 19

KREILKAMP, E.:
- Produkt- und Preispolitik, in: HAEDRICH, G., KASPAR, C., KLEMM, K., KREILKAMP, E. (Hrsg.), Tourismus-Management, 2. Aufl., Berlin 1993, S. 283
- Strategische Planung im Tourismus, in: HAEDRICH, G., KASPAR, C., KLEMM, K., KREILKAMP, E. (Hrsg.), Tourismus-Management, 2. Aufl., Berlin 1993, S. 251

KRIPPENDORF, J.:
Fehlentwicklungen im Schweizer Tourismus, in: Schweizerischer Fremdenverkehrsverband (Hrsg.), Schweizer Tourismus - Weichen für die Zukunft richtig gestellt, Bern 1983, S. 17

KROPP, W.:
Elektronische Reisevertriebssysteme: Von der Strickleiter zum Globalen Ring, in: ROTH, P., SCHRAND, A. (Hrsg.), Touristik-Marketing, München 1982, S. 29

KUBSCH, W.:
Planung, Vorbereitung und Durchführung von Studienreisen, in: GÜNTER, W., Handbuch für Studienreisen, Starnberg 1991, S. 417

KUCHLBAUER, C.:
Der Europäische Reise-Monitor, in: HAEDRICH, G., KASPAR, C., KLEMM, K., KREILKAMP, E. (Hrsg.), Tourismus-Management, 2. Aufl., Berlin 1993, S. 161

KULHAVY, E.:
Dienstleistungsmarketing, in: TIETZ, B. (Hrsg.), Handwörterbuch der Absatzwirtschaft, Stuttgart 1974, S. 459

LANGER, G.:
Strategieentscheidungen in Tourismusorganisationen, in: ZINS, A. (Hrsg.), Strategisches Management im Tourismus, Wien 1993, S. 1

LIEB, M.:
: Internationale Kooperation und Qualitätsmanagement, in: POMPL, W., LIEB, M. (Hrsg.), Qualitätsmanagement in der Touristik, München/Wien 1997, S. 184 (zitiert als 1997c)

LOHMANN, M.:
: Kein Wachstum ohne Ende - Ergebnisse und Überlegungen zur Entwicklung des Urlaubstourismus in Deutschland, in: EUROPÄISCHES TOURISMUS INSTITUT (Hrsg.), Der Tourismusmarkt von morgen - zwischen Preispolitik und Kultkonsum, Trier 1966, S. 73

LUHMANN, N.:
: Moderne Systemtheorien als Form gesamtgesellschaftlicher Analyse, in: HABERMAS, J., LUHMANN, N., Theorie der Gesellschaft oder Sozialtechnologie, 2. Aufl., Frankfurt 1975, S. 7

MALIK, F., HELSING, S.:
: Planungsmanagement, in: HOFMANN, M., ROSENSTIEL, L.v., Funktionale Managementlehre, Berlin/Heidelberg 1988, S. 214

MARTIN, J.:
: Intercultural Communication Competence, in: WISEMAN, R., KOESTNER, J., Intercultural Communication Competence, Newbury Park 1993, S. 16

MEFFERT, H.:
- Markenstrategien als Waffe im Wettbewerb, in: HENZLER, H.A. (Hrsg.), Handbuch Strategische Führung, Wiesbaden 1989, S. 581
- Ökologisches Marketing als Antwort der Unternehmen auf aktuelle Problemlagen der Umwelt, in: BRANDT, A., HANSEN, K., SCHOENHEIT, J., WERNER, K. (Hrsg.), Ökologisches Marketing, Frankfurt (Main) 1988, S. 131

MÜLLENMEISTER, H.M., WASCHULEWSKI, E.:
: Animationsmodell Länderkunde, in: STUDIENKREIS FÜR TOURISMUS (Hrsg.), Mehr Ferienqualität, Bd. II, Starnberg 1978, S. 225

MÜLLER, H., MEZZASALMA, R.:
: Transport- und Energiebilanz: ein erster Schritt zu einer Öko-Bilanz für Reiseveranstalter, in: KASPAR, C. (Hrsg.), Jahrbuch der Schweizerischen Tourismuswirtschaft 1992/93, St. Gallen, S. 101

MÜLLER, H.-R.:
- Touristische Vernetzungsmatrix - Eine Methode für eine gesamtheitliche Schaden-Nutzen-Analyse, in: HAEDRICH, G., KASPAR, C., KLEMM, K., KREILKAMP, E. (Hrsg.), Tourismus-Management, 2. Aufl., Berlin 1993, S. 43
- Ethik im touristischen Marketing, in: Jahrbuch der Schweizerischen Tourismuswirtschaft 1991/92, St. Gallen 1992, S. 155

MÜLLER, W.:
: Interkulturelles Lernen auf Reisen, in: SCHREER-STURM, M.-L., Theorie und Praxis der Reiseleitung, Darmstadt 1992, S. 101

MUNDT, J.:
   Deutschland: Das Rekordland der Pauschalreise, in: MUNDT, J. (Hrsg.), Reiseveranstaltung, München 1993, S. 37
NIESTER, W.:
   Touristik im gewerblichen Gelegenheitsluftverkehr, in: KLATT, H. (Hrsg.), Recht der Touristik, Loseblattsammlung, Neuwied/Darmstadt, o. J.
NICLAUS, K.:
   Cluburlaub, in: MUNDT, J. (Hrsg.), Reiseveranstaltung, München 1993, S. 275
NÖLL, H.:
   Seetouristik, in: KLATT, H. (Hrsg.), Recht der Touristik, Gruppe 110, Loseblattsammlung, Neuwied/Darmstadt, o. J.

OSTERLOH, M.:
   Kulturalismus versus Universalismus - Reflektionen zu einem Grundlagenproblem des interkulturellen Managements, in: SCHIEMENZ, B.,WURL, H-J. (Hrsg.), Internationales Management: Beiträge zur Zusammenarbeit, Wiesbaden 1994, S. 95

PETER, B.:
   Psychohygiene des Reiseleiters, in: GÜNTER, W. (Hrsg.), Handbuch für Studienreiseleiter, Starnberg 1991, S. 174
PICOT, A., ANDERS, W.:
   Telekommunikation als Infrastruktur neuerer Entwicklungen der geschäftlichen Kommunikation, in: HERRMANNS, A., Neue Kommunikationstechniken, München 1986, S. 6
POLLAK, A.:
   Seetours: Durch Produktdifferenzierung zum Marktführer für Kreuzfahrten, in: ROTH, P., SCHRAND, A. (Hrsg.), Touristik-Marketing, München 1992, S. 321
POLLIG, H.:
   Airport Art, in: Institut für Auslandsbeziehungen, Airport Art - Das exotische Souvenir, Stuttgart 1987
POMPL, W.:
   • Das Produkt Pauschalreise - Konzept und Elemente, in: MUNDT, J. (Hrsg.), Reiseveranstaltung, München 1993, S. 69 (zit. als 1993a)
   • Ein neues Paradigma im Service-Marketing, in: KASPAR, C. (Hrsg.), Jahrbuch der Schweizerischen Tourismuswirtschaft 1992/93, St. Gallen 1993, S. 157 (zit. als 1993c)
   • Qualitätsmanagement als strategische Option für Reiseveranstalter, in: AIEST (Hrsg.), Qualitätstourismus, St. Gallen 1991, S. 197 (zit. als 1991b)
   • Internationale Jugendbegegnungen, in: Bundesminister für Unterricht und Kunst (Hrsg.), Handbuch der Jugendarbeit, Wien 1982, ebenfalls abgedruckt in POMPL, 1992a, S. 134

- Moderner Tourismus - Megatrends einer sozialen Bewegung, in: AIEST (Hrsg.), Reisefreiheit im Jahre 2000, St. Gallen 1992, S. 121 (zit. als 1992c)
- Schlüsselqualifikationen der Zukunft: Fachliche und interkulturelle Kompetenz, in: FREYER, W., SCHERHAG, K. (Hrsg.), Zukunftswerkstatt Tourismus, Dresden 1996, S. 71 (zitiert als 1996b)
- Qualität von Dienstleistungen, in: POMPL, W., LIEB, M. (Hrsg.), Qualitätsmanagement in der Touristik, München/Wien 1997, S. 1 (zitiert als 1997b)
- Beschwerdemanagement, in: POMPL, W., LIEB, M. (Hrsg.), Qualitätsmanagement in der Touristik, München/Wien 1997, S. 184 (zitiert als 1997c)
- Luftverkehr, Linienluftverkehr, Passage, Regionalluftverkehr, Stichworte in Vahlens Großes Logistiklexikon (zitiert als 1997c)

ROSENBERG; G.:
Messung der Dienstleistungsqualität durch die Stiftung Warentest, in: BRUHN, M., STRAUSS, B., Dienstleistungsqualität, Wiesbaden 1991, S. 391

ROTH, P.:
Umweltverträglicher Tourismus: Von der Forderung zur Realisierung, in: ROTH, P., SCHRAND, A. (Hrsg.), Touristik-Marketing, München 1992, S. 45

SCHADE, B., HAHN, H.:
Psychologie und Fremdenverkehr, in: Veröffentlichungen der Akademie für Raumforschung und Landesplanung (Hrsg.), Wissenschaftliche Aspekte des Fremdenverkehrs, Bd. 53, Hannover 1969, S. 35

SCHERER, B.:
Das Bild vom Menschen in der Animation - Kritik der Club-Animation, in: FINGER, K., GAYLER, B., Animation im Urlaub, Starnberg 1990, S. 358

SCHERRIEB, H.R.:
Freizeitparks und Freizeitzentren, in: HAEDRICH, G., KASPAR, C., KLEMM, K., KREILKAMP, E. (Hrsg.), Tourismus-Management, 2. Aufl., Berlin 1993, S. 601

SCHEUCH, E.K.:
Ferien und Tourismus als neue Formen der Freizeit, in: SCHEUCH, E. K., MEYERSON, R. (Hrsg.), Soziologie der Freizeit, Köln 1972, S. 304

SCHNEIDER, O.:
Strukturwandel im Reiseveranstalter- und Reisemittlerbereich, in: MACHENS, D. (Hrsg.), Strategische Entscheidungen im Tourismus, Worms 1990, S. 48

SCHNELL, P.:
  Bahntourismus, in: HAEDRICH, G., KASPAR, C., KLEMM, K., KREILKAMP, E. (Hrsg.), Tourismus-Management, 2. Aufl., Berlin 1993, S. 583
SCHÖRCHER, U., BUCHHOLZ, R.:
  Qualitätsmanagement in der Luftfahrt, in: MASING, W. (Hrsg.), Handbuch Qualitätsmanagement, 3. Aufl. München/Wien 1994, S. 833
SCHRAND, A.:
  Das Marketing für Reisebüros und Reisebüroketten, in: ROTH, P., SCHRAND, A. (Hrsg.), Touristik-Marketing, München 1992, S. 337
SCHWANINGER, M.:
  Strategic management in tourism, in: WITT, S., MOUTINHO, L. (Hrsg.), Tourism Marketing and Management Handbook, Hemel Hempstead 1989, S. 433 (zit. als 1989b)
SCHWENK, W.:
  Flugtouristik - Privatrechtliche Fragen, in: KLATT, H. (Hrsg.), Recht der Touristik, Loseblattsammlung, Darmstadt/Neuwied, o. J.
SEEKINGS, J.:
  Components of Tourism, in: WITT, S., MOUTINHO, L. (Hrsg), Tourism Marketing and Mangement Handbook, Hemel Hempstead 1989, S. 57
SOVIS, W.:
  Die Entwicklung von Leitbildern als strategische Analyse- und Planungsmethoden des touristischen Managements, in: ZINS, A. (Hrsg.), Strategisches Management im Tourismus, Wien 1993, S. 31
STRANGFELD, R.P.:
  Rechtliche Rahmenbedingungen, in: HAEDRICH, G., KASPAR, C., KLEMM, K., KREILKAMP, E. (Hrsg.), Tourismus-Management, 2. Aufl., Berlin 1993, S. 104
SÜLBERG, W.:
  Reisevermittler, in: HAEDRICH, G., KASPAR, C., KLEMM, K., KREILKAMP, E. (Hrsg.), Tourismus-Management, 2. Aufl., Berlin 1993, S. 483

TAESLER, R.:
  Reisevertragsrecht, in: Bildungswerk der Omnibusunternehmer e. V. (Hrsg.), Werben und Verkaufen im Busreisegeschäft, Filderstadt, o. J., S. 275
THIESING, E.O., DEGOTT, P.:
  Reiseveranstalter - Ziele, Aufgaben und rechtliche Stellung, in: HAEDRICH, G., KASPAR, C., KLEMM, K., KREILKAMP, E. (Hrsg.), Tourismus-Management, 2. Aufl., Berlin 1993, S. 517
THOM, N.:
  Organisationsmanagement, in: HOFMANN, H., ROSENSTIEL, L.v. (Hrsg.), Funktionale Managementlehre, Berlin/Heidelberg 1988, S. 322

THOMAS, A.:
Analyse der Handlungswirksamkeit von Kulturstandards, in: ders. (Hrsg.), Psychologie interkulturellen Handelns, Göttingen 1996, S. 107

TRENSKY, M.:
Umdenken und Umlernen, Theologisch-ethische Reflexionen zum Thema Mitwelt und Reisen, in: KLINGENGERG, K.H., TRENSKY, M., WINTER, G. (Hrsg.), Wende im Tourismus, Stuttgart 1991, S. 36

WAHL, F.:
Aufenthalt und Verpflegung, in: KLATT, H. (Hrsg.), Recht der Touristik, Gruppe 120, Loseblattsammlung, Neuwied/Darmstadt, o. J.

WEBER, G.:
Was Deutsche über die Amerikaner wissen sollten, in: SCHUPPERT, D., PAPMEHL, A., WALSH, I.: Interkulturelles Management - Abschied von der Provinzialität, Wiesbaden 1994, S. 97-112

WEISSBARTH, R., TROGER, B.:
Tourist Scope, in: HAEDRICH, G., KASPAR, C., KLEMM, K., KREILKAMP, E. (Hrsg.), Tourismus-Management, 2. Aufl., Berlin 1993, S. 169

WIEMANN, P.:
Anforderungen an das Management im Umfeld der Informations- und Kommunikationstechniken, in: HERRMANNS, A., Neue Kommunikationstechniken, München 1986, S. 104

WINKELMANN, T.:
Positionierung, Aufgaben und Organisation von Incomingagenturen, in: HAEDRICH, G., KASPAR, C., KLEMM, K., KREILKAMP, E. (Hrsg.), Tourismus-Management, 2. Aufl., Berlin 1993, S. 539

WÖBER, K.:
Entwicklung von Wettbewerbsstrategien mittels verschiedener Portfolioansätze im Verbund, in: ZINS, A. (Hrsg.), Strategisches Management im Tourismus, Wien 1993, S. 67

WOLFF, H.:
Die Marktpolitik des Busreiseveranstalters, in: Bildungswerk der Omnibusunternehmen e.V. (Hrsg.), Werben und Verkaufen im Busreisegeschäft, Filderstadt, o. J., S. 15

ZIMMERMANN, F.:
Prognosen in der Tourismusforschung: Trends, Szenarien, Delphi-Umfragen am Beispiel der Tourismusentwicklung in Österreich, in: BECKER, C. (Hrsg.), Erhebungsmethoden und ihre Umsetzung in Tourismus und Freizeit, Trier 1992, S. 9

3. Aufsätze und Artikel in Zeitschriften und Zeitungen

ANSOFF, H.J./LEONTIADES, J.C.:
Strategic Portfolio Mangement, in: Journal of General Mangement, 1976/77, S. 13

BARG, C.D.:
- Mit Life-Style zur Seele des Verbrauchers, in: Touristik Management, Nr.1/1989, S. 10
- Generationswechsel in Familienunternehmen: Aus Altersstarrsinn in die Krise, in: Tourismus Management, Nr. 5/1991, S. 13

BRINK, H.J.:
Strategische Beschaffungsplanung, in: Zeitschrift für Betriebswirtschaft, Nr. 11/1983, S. 1090

COHEN, E.:
- Who Is a Tourist? - A Conceptual Cassification, in: Sociological Review, No. 22/1974, S. 527
- Rethinking the Sociology of Tourism, in: Annals of Tourism Research, No. 1/1979, S. 18

DECHÊNE, H.:
Über jugendlichen Reisedrang - Eine motivationspsychologische Studie, in: Zeitschrift für experimentelle und angewandte Psychologie, Bd. VIII, Göttingen 1961, S. 461

DELAVAULT, R.:
Hotellerie de plein air: la qualite Airotels, in: Les Cahiers d'ESPACE, No. 20/1990, S. 103

DERNOI, L.A.:
Alternative Tourism, in: International Journal of Tourism Mangement, Dezember 1981, S. 253

FISCHER, E.:
Die 90er Jahre stellen den Einkauf auf die Probe, in: HARVARDmanager, Nr. 3/1989, S. 61

FREYER, W.:
Tourismus, Touristik oder Fremdenverkehr, in: Fremdenverkehrswirtschaft International, Nr. 16/1991, S. 6

FROHNERT, H.:
Marktbeeinflussung und Marktveränderung, in: Bildungswerk der Omnibusunternehmer e.V. (Hrsg.), Werben und Verkaufen im Busreisegeschäft, Filderstadt, o. J., S. 119

GÖCKERITZ, H.:
Neue Kreuzfahrer durch Umdenken auf breiter Ebene, in: Fremdenverkehrswirtschaft International, Nr. 19/1991, S. 55

HARDING, M.:
Who Really Makes the Purchasing Decision?, in: Industrial Marketing, No. 9/1966, S. 68

HELM, A.:
Rechtsfragen des Gütezeichens Buskomfort, in: Transportrecht, Nr. 29/1979, S. 30

HERMELIN, C.:
Thesenpapier zum Gemeinschaftsreferat auf dem 2. Deutschen Freizeitkongress, in: Der Freizeitberater, Düsseldorf 1973, S. 131

KÖCKMANN, P.:
Strategischer Einkauf, Teil 2, in: Beschaffung aktuell, Nr. 4/1982, S. 36

LENNER, K.:
Die Richtlinien stehen, in: Fremdenverkehrswirtschaft International, Europa Spezial, 27.10.1992, S. 155

LETTL-SCHRÖDER, M:
Die Vorlieben der Busreisenden, in: Fremdenverkehrswirtschaft International, Beilage Reisebüro und Omnibus zu Heft Nr. 17/1993, S. 9

LIEB, M.:
Kosten- und Leistungsrechnung: Rüstzeug für sichere Entscheidungen, in: Touristik Mangement, Nr. 11/1991, S. 24

LÜCKE, M.:
Erfolgreich kooperieren mit Kettenkompetenz, in: Fremdenverkehrswirtschaft International, Nr. 23/1992, S. 12

MacCANNELL, D.:
Staged Authenticity: Arrangements of Social Space in Tourist Settings, in: American Journal of Sociology, 1973, S. 589

McKENNA, R.:
Marketing - ein neues Paradigma setzt sich durch, in: HARVARDmanager, Nr. 3/1991, S. 27

MÖRL, G.:
Ungleiche Kosten bevorteilen Wettbewerber, in: Internationales Verkehrswesen 1991, S. 260

o.V.:
- Touristikmarkt, in: OMNIBUS REVUE, Nr. 5/1992, S. 74
- Zypern stellt fest..., in: Fremdenverkehrswirtschaft International, Nr. 16/1992, S. 9
- Kooperationen, in: Fremdenverkehrswirtschaft International, Nr. 11/1993, S. 27

PAHLKE, H.:
Veranstaltergründungen in den neuen Bundesländern, in: Fremdenverkehrswirtschaft International, Nr. 19/1993, S. 14

PEISLEY, T.:
The World Cruising Industry in the 1990s, in: EIU Travel & Tourism Analyst, No. 6/1989, S. 5

POMPL, W.:
- Lean Management - Stromlinienförmig aus der Krise, in: Touristik Management, Nr. 4/1993, S. 12 (zit. als 1993b)
- The Concept of Animation, in: Tourism Management, Nr. 1/1983, S. 3
- Tourismuspolitik auf den Seychellen, in: Touristik Management, Nr. 3/1992, S. 160 (zit. als 1992b)

ROCHLITZ, K.H.:
Begriffsentwicklung und -diskussion des "sanften Tourismus", in: Freizeitpädagogik, Nr. 10/1988, S. 105

SCHMITT, H.:
Werbefahrten, in: OMNIBUS REVUE, Nr. 11/1992, S. 8

STARK, H.:
Lieferantenpflege - ein Instrument aktiver Einkaufspolitik, in: Beschaffung aktuell, Nr. 8/1978, S. 19

STERTKAMP, W.:
Fünf Jahre erfolgreicher Buskonzern der Deutschen Bahn AG, in: Internationales Verkehrswesen, Nr. 6/1996, S. 31

STRACKE, H.:
Beschaffungsmarketing - Marketing in Beschaffungsmärkten, in: Management-Zeitschrift, Bd. 49, Nr. 10/1980, S. 477

STRECKER, A.:
Ökobilanzen - Sinn und Unsinn, in: Der Betriebsberater, Nr. 6/1992, S. 398

STUCKEN, B.-U.:
Verhandeln mit Chinesen, in: Harvard Business Manager, Nr. 2/1996, S. 115

THOMAS, A.:
Interkulturelles Handlungstraining in der Managementausbildung, in: Wirtschaftswissenschaftliches Studium, Nr. 6/1989, S. 281

THURSTON, P.H.:
Lohnt sich eine formelle Planung?, in: HARVARDmanager, Nr. 3/1984, S. 46

TRIANDIS, H. C.:
A theoretical framework for the more effective construction of cultural assimilators, in: International Journal of Intercultural Relations, Nr. 8/1984, S. 301

WAGENER-FOX, P., KETT, I.:
  Strategisches Umweltmanagement, in: Marketing Journal, Nr. 5/1992, S. 444
WALLE, A. H.:
  Business ethics and tourism: from micro to macro perpectives, in: Tourism Management, Nr. 4/1995, S. 263

4. Dokumente

BUNDESANSTALT FÜR FLUGSICHERUNG (Hrsg.):
  Luftfahrthandbuch Deutschland, Loseblattsammlung, Braunschweig, o. J.
RAT DER EUROPÄISCHEN GEMEINSCHAFT:
  • Verordnung (EWG) Nr. 684/92 des Rates vom 16.03.1992 zur Einführung gemeinsamer Regeln für den Grenzüberschreitenden Personenverkehr mit Kraftomnibussen, ABl. EG Nr. L 74/1 vom 20.03.1992
  • Richtlinie Nr. 90/314/EWG des Rates vom 13.06.1990 über Pauschalreisen, ABl. EG Nr. L 158/59/1990 vom 23.06.1990
  • Verordnung (EWG) Nr. 2408/92 des Rates vom 23.07.1992 über den Zugang von Luftverkehrsunternehmen zu Strecken des innergemeinschaft- lichen Flugverkehrs, ABl. EG Nr. L240 vom 24.08.1992
  • Verordnung (EWG) Nr. 2409/92 des Rates vom 23.07.1992 über Flugpreise und Luftfrachtraten, ABl. EG L240 vom 24.08.1992
  • Verordnung (EWG) Nr. 3820/85 des Rates vom 20.12.1985 über die Harmonisierung bestimmter Sozialvorschriften im Straßenverkehr, ABl. EG Nr. L370 vom 31.12.1985

5. Broschüren und sonstige Quellen

ADAC (Hrsg.):
  Mehr wissen - mehr handeln, Bausteine für eine umweltverträgliche Tourismusentwicklung, München 1991

BLEISTEIN, R.:
  Animation - Hilfe oder Entmündigung?, in: Bildung zum Tourismus, Pastoral-Information 15, Katholisches Auslandssekretariat, Bonn 1977, S. 48
BRANDT, H.:
  Klassenkampf mit Vollpension, Hannover 1972
BUNDESMINISTERIUM FÜR WIRTSCHAFT:
  Thesen des Bundesministers für Wirtschaft zur umweltorientierten und marktwirtschaftlichen Tourismuspolitik, o. O., 1992

DEUTSCHE BUNDESBAHN, DEUTSCHE REICHSBAHN (Hrsg.):
  Die Deutschen Bahnen 1992, Frankfurt (Main)/Berlin, o. J.
DEUTSCHER FREMDENVERKEHRSVERBAND e. V. (Hrsg.):
  Verkehrspolitisches Papier, Bonn 1992
DEUTSCHER HOTEL- UND GASTSTÄTTENVERBAND e. V. (Hrsg.):
  • So führen Sie einen umweltfreundlichen Betrieb, Bonn, o. J.
  • Jahresbericht 1991/92, Bonn 1992
DEUTSCHES REISEBÜRO GMBH (Hrsg.):
  Zulassungsrichtlinien für die Erteilung der DB-Lizenz und Zulassung als DB-Agentur vom 15.04. 1988, Frankfurt
DEUTSCHER REISEBÜRO-VERBAND (Hrsg.):
  • Geschäftsberichte 1985-1992, 1995/96, Frankfurt (Main) 1996
  • Personal Computer im Reisebüro, Frankfurt (Main) 1992
  • Fakten und Zahlen zum deutschen Reisemarkt, Frankfurt (Main) 1993
  • Tourismusmarkt der Zukunft, Frankfurt/M 1995

EMNID:
  Studie im Rahmen des European Travel Monitors, zitiert nach GRUNER + JAHR, Branchenbild Geschäftsreisen, Hamburg 1992, S. 5

FISCHER, J.:
  Kommentar, in: "Die Reise", 1988, S. 2
FREMDENVERKEHRSWIRTSCHAFT INTERNATIONAL:
  • Der deutsche Veranstaltermarkt in Zahlen 1991/92, Beilage zu Heft Nr. 28/1992
  • Europäische Veranstalter 1991/92, Beilage zu Heft Nr. 8/1993
  • Kreuz und Fähr, Fachbeilage zu Heft Nr. 26/1992
  • Reiseanalyse 1992, Reisebüro und Omnibus, Beilage zu Heft Nr. 17/1993

HESSISCHER FREMDENVERKEHRSVERBAND (Hrsg.):
  Empfehlungen zu einem natur- und umweltfreundlichen Tourismus in Hessen, Wiesbaden, o. J.

JET REISEN (Hrsg.):
  Fernreisekatalog, Winter 1984

LUFTHANSA:
  • Passagetarif Deutschland, Ausgabe August 1993, Köln
  • Preise für Inclusive Tours ab Deutschland, Nr. 41, Köln 1993

o.V.:
  Deutsche Industrienorm 18025/1972

RDA INTERNATIONALER BUSTOURISTIK VERBAND E.V.:
  Geschäftsberichte 1995/96

SEETOURS (Hrsg.):
Katalog 1986/87
STUDIENKREIS FÜR TOURISMUS (Hrsg.):
Urlaubsreisen 1954 - 1991 - Dokumentation soziologischer Stichprobenerhebungen zum touristischen Verhalten der Bundesdeutschen, Starnberg 1992 (unveröffentlicht)
SWISSAIR (Hrsg.):
Ökobilanz 1992, Zürich 1993

TOURISTIK UNION INTERNATIONAL (Hrsg.):
- In Sachen Umwelt... TUI auf dem Prüfstand (ITB 1992), Hannover 1992
- In Sachen Umwelt... TUI auf dem Prüfstand (ITB 1993), Hannover 1993

STICHWORTVERZEICHNIS

Abenteuerkreuzfahrt, 294
ASOR, 252
Attraktionen, 7f.
Ausflugsfahrt, 243, 246
Auslastungsrisiken, 128, 178, 301

Bare Boat Charter, 305f.
Bedarfsplanung, 122, 128, 167
Bedarfsschiffahrt, 291
Bedürfnis, touristisch, 13
Beförderungsmittel, 195
Beförderungspflicht, 200, 245
Beherbergungsvertrag, 178
Behindertenfreundlichkeit, 164f.
Berechenbarkeit, 203
Beschaffungsabschluß, 123
Beschaffungsförderung, 141
Beschaffungskontrolle, 124f.
Beschaffungsmanagement, 81, 121, 135, 301f.
Beschaffungsmarketing, 134, 135, 167
Beschaffungsmarktforschung, 122, 176
Beschaffungsplanung, 123, 128, 167
Beschaffungspolitik, 174
Beschaffungsquellen, 122, 138
Beschaffungsrealisierung, 124
Beschaffungsvorbereitung, 122f.
Beschaffungsweg, 122, 137, 173ff.
Beschaffungszeitpunkt, 138, 172
Beschaffungsziele, 124
Betriebspflicht, 200, 245
Bootscharter, 291, 305f.

Camping-Fahrt, 247
Campinghotel, 146
Charterflugverkehr, 200ff.
Charterkategorien, 210ff.
Charterkonzepte, 219
Computerreservierungssystem, 176
Corporate Design, 68
CRS, 176

DB-Lufthansa-Airport-Service, 273
Denkstile, 105
Deutsche Bahn AG, 269
Deutscher Hotel- und Gaststättenverband, 143
Deutscher Reisebüro-Verband, 242
Dienstleistung, 202
Differenzierung, 79
Duty-free-Verkauf, 216, 306

Eigentümerunternehmer, 87
Eigenvertrieb, 42f.
Einkaufskooperation, 135, 175
Einkaufsmacht, 240
Einschränkungsstrategien, 78
Einzelplatz-Einbuchung, 175, 219
Erholungskreuzfahrt, 294
Erlebnismanagement, 313
Ermäßigungen, 227
Ertragssteigerung, 314
Ethnozentrismus, 108
Expeditionskreuzfahrt, 294

Ferienclub, 313
Ferienwohnung, 31, 146
Ferienzielreisen, 239, 244, 247
Filterfunktion, 48
Finanzmanagement, 83
Flexibilität, 91, 203, 254
Flottillensegeln, 305
Fluglinienverkehr, 199ff.
Flugplan, 202
Flugtarife, 224
Flußkreuzfahrt, 292
Fly-and-Cruise-Arrangement, 302
Frachtschiffsreisen, 295
Franchise, 148
Free-sale-Vertrag, 179
Freistellung, 221
Fremdenführer, 310
Fremdvertrieb, 43f.
Führung, 73f.
Fun Cruises, 295

Gästeinformation, 311
Gästekultur, 105
Gastgeberkultur, 106
Gasthof, 146
Gelegenheitsverkehr, 242ff., 250f.
Genehmigung, 248ff., 251
Gepäck-Kurier-Service, 272
Gesamtentgelt, 244
Geschäftsreise, 23
Gewerbsmäßigkeit, 199
Graumarkt, 224, 232f.
Großveranstalter, 175
Gruppen-Sondertarife, 231
Gruppenklima, 311
Gütegemeinschaft Buskomfort e. V., 255
Gütezeichen Buskomfort, 256ff.

Haftpflichtversicherung, 325ff.
Handlungstraining, interkulturelles, 115
Hochseelinienverkehr, 290
Hotel, 143
Hotel garni, 143
Hotelkette, 147
Hotelklassifikation, 151ff.
Hotelrepräsentant, 175
Hotelvermittler, 176
Hotelvetrag, 177ff.

IATA, 222
ICAO, 200, 222
ICAO-Con, 200
Image, 91, 130, 252, 292
Incentive-Reise, 24
Inclusive Tours, 229ff.
Individualismus, 105
Innovation, 96
Institutionen, 8f.

Kapazitätsplanung, 122, 167, 170, 216
Klassifikationssystem, 151ff.
Kombinierte Reise, 247
Kommunikation, 104

Kommunikationsprobleme, 109
Kompetenz, interkulturelle, 114
Konkurrenzorientierung, 105
Kontakte, interkulturelle, 105
Kontext, 104
Kontingent, 167, 180
Kontrolle, 74
Konzentration, 36, 79
Kooperation, 147, 148
Kooperation, Einkauf, 135, 175
Kooperation, Hotel, 148
Kostenführerschaft, 79
Kreuzfahrtreederei, 301
Kulturschocks, 111
Kulturstandards, 102f.
Kundenbindung, 314
Kundeninformation, 100
Kundennutzen, 67
Kurzreise, 246

Leistungsmängel, 191, 220
Liberalisierung, 222, 251f., 306f.
Linienbindung, 199
Linienverkehr, 243f.

Machtdistanz, 104
Make-or-buy, 128, 133
Management, 62ff., 64
Management, normatives, 64ff., 134
Management, operativ, 64
Management, strategisch, 64
Management, strategisches, 64
Management Audit, 72
Managementfunktion, 62f.
Managementzyklus, 66
Marketing-Management, 82
Marktmacht, 129
Marktregulierung, 209, 221
Marktseitenverhältnis, 129
Marktzutrittsschranken, 240
Mengenpolitik, 137, 170, 216
Mietomnibusverkehr, 245
Mitweltverträglichkeit, 14f.

NAC-Flüge, 210ff.

Öffentlichkeit, 199
On-request-Vertrag, 179
Option, strategisch, 95
Organisation, 73, 311
Örtlicher Ausflug, 250

Paketreiseveranstalter, 175
Parahotellerie, 146
Park & Rail, 272
Park & Ride, 272
Participants, 92
Pauschalflugreise-Bestimmungen, 221
Pauschalreise, 32f.
Pendelverkehr, 250f.
Pension, 146
Personalauswahl, 320f.
Personalentwicklung, 322
Personalmanagement, 83
Personalschulung, 321f.
Personenbeförderungsgesetz, 242
Physical Evidence, 92
Planung, 73, 123, 167
Planung, Bottom-up, 168
Planung, Top-down, 168
Planungsfeindlichkeit, 88
Preis, 138, 181, 183
Preis-Leistungs-Verhältnis, 183, 255
Preiselastizität, 197
Preisverhandlungen, 184, 261
Process, 92
Produkt-Markt-Strategien, 72
Produktanforderungen, 198f.
Produktelemente, 201
Produktionsmanagement, 82
Produktmanagement, 119
Produkttypen, 33

Qualität, 127f., 137ff., 149, 171, 202, 252ff
Qualitätskontrolle, 120
Qualitätskriterien, 162, 202, 252

Rabatte, 139
Rail & Road, 272
Rail Inclusive Tours (RIT), 283

Regelmäßigkeit, 199
Reiseanalyse, 20
Reiseintensität, 21
Reisekosten, 198
Reiseleitung, 309, 310
Reisemonitor, 20
Reisen, beruflich, 196
Reisen, privat, 196
Reiseveranstalter, Definition, 27, 29
Reiseveranstaltertypen, 36
Reiseversicherung, 272
Reservierungsvertrag, 178, 180
Reverse Marketing, 135
Rückfallsfrist, 178, 182
Rundreise, 246

Sail-and-Stay-Kreuzfahrt, 302
Saisonverlängerung, 314
Schlüsselkompetenzen, 114
Service, 207ff.
Sicherheit, 202
Situationsanalyse, 86
Situationen, interkulturelle, 102
Sitzplatzreservierung, 271
Sonderflugpreise, 227
Sondertarife, 195, 224
Special-event-Reise, 247
St.-Gallener-Management-Konzept, 64
Stabilitätsstrategien, 78
Städtereise, 246
Stopover-Programm, 207
Stornoregelung, 182
Strategietypen, 77
Studienkreuzfahrt, 294
Studienreise, 246
Systemtheorie, 17

Tarifpflicht, 200
Themenhotel, 145
Themenkreuzfahrt, 294
Time-sharing, 147, 149
Touring GmbH, 243
Tourismusdefinitionen, 1
Tourismuswachstumsmaschine, 12
Touristiksystem, 5

TouristScope, 20
Transfer, 207, 274

Umweltschutz, 94, 260
Umweltverträglichkeit, 14, 165, 255
Unternehmensführung, 68
Unternehmenskultur, 68
Unternehmenskultur, ethnozentrische, 112
Unternehmenskultur, geozentrische, 113
Unternehmenskultur, polyzentrische, 112
Unternehmenskultur, regiozentrische, 112
Unternehmensphilosophie, 68
Unternehmenspolitik, 68
Unternehmensstruktur, 84
Unternehmensverfassung, 68
Unternehmensziele, 132
Unternehmenszweck, 85

Verantwortung, soziale, 70
Verhandlungserfolg, 128
Verhandlungsführung, 140, 183
Verhandlungsstrategie, 109
Vermittlungsvertrag, 178
Vertrieb, 214
Vertriebsnetz, 240
Vision, unternehmerisch, 67
Vorauszahlung, 185

Wachstumsstrategien, 78
Wagenart, 269
Werbefahrt, 247
Werkvertrag, 260
Wertschöpfung, 13, 128
Wertschöpfungskette, 128
Wettbewerb, intern, 54
Wettbewerbssituation, 50
Wettbewerbsvorteile, 94, 201, 207, 314

Yachten mit Skipper, 305

Zahlungsbedingungen, 182, 185ff.

Ziele, ökonomisch, 74
Ziele, soziale, 75
Zielgebietsagentur, 174
Zielplanung, 74
Zuggattungen, 269
Zulieferer, 6f.
Zusatzleistungen, 139
Zusteigeverbot, 245f.

ABBILDUNGSVERZEICHNIS

1.1:	Tourismus als System	6
1.2:	"Die Tourismuswachstumsmaschine"	12
1.3:	Zielsystem des Tourismus	15
1.4:	Thesen des Bundesministers für Wirtschaft zur umweltorientierten und marktwirtschaftlichen Tourismuspolitik	16
1.5:	Anteil der Pauschalreisen/Individualreisen	21
1.6:	Klassifikaton von Reiseveranstaltern	37
1.7:	Vertriebswege in der Touristik	43
1.8:	Tätigkeitsbereiche von Reisebüros und Reisemittlern	46
1.9:	Modell zur Analyse der Wettbewerbssituation in der Touristik	51
1.10	Entwicklung der Marktanteile der Veranstaltergruppen	54
1.11	Verflechtungen in der Reisebranche	56
2.1:	Management im Überblick	62
2.2:	Management als Querschnittsfunktion	63
2.3:	Managementkriterien	65
2.4:	Phasendarstellung des Mangementprozesses	66
2.5:	Unternehmensgrundsätze am Beispiel der TUI	69
2.6:	Basiskategorien von Unternehmenszielen	76
2.7:	Zielhierarchie eines Reiseveranstalters am Beispiel Beschaffung	77
2.8:	Tendenzaussagen zu Merkmalen strategischer und operativer Entscheidungen	80
2.9:	Portfolio zur Marktchancen-Umweltrisiken-Analyse	95
2.10:	Reduzierung von Umweltbelastungen: Stärken und Schwächen	97
2.11:	Umwelt-Wertschöpfungskette am Beispiel eines Reiseveranstalters	98

2.12:	Ökologie-orientierter Marketing-Mix für Reiseveranstalter	101
2.13:	Dimensionen von Kulturstandards	103
2.14:	Touristisches Kulturmodell	106
2.15:	Beispiele potentieller Sprachprobleme	109
2.16:	Strategieansätze internationaler Unternehmenskulturen	112
2.17:	Lernziele interkulturellen Handlungstrainings	116
3.1:	Beschaffungsprozeß	121
3.2:	Einflußfaktoren des Kaufverhaltens von Unternehmen	125
3.3:	Ziele der Beschaffungspolitik	126
3.4:	Beschaffungsstrategische Optionen	131
3.5:	Instrumente des Beschaffungsmarketings	136
4.1:	Beherbergungsarten	144
4.2:	Hotelklassifikationen in Europa	152
4.3:	Das ITS-Orientierungssystem	153
4.4:	Klassifizierungsschild	156
4.5:	Muß-Kriterien für ein ***-Sterne Hotel	157
4.6	Fakultative Merkmale der Deutschen Hotelklassifizierung	158
4.7:	TUI-Umweltcheckliste 1992	166
4.8:	Beschaffungsprozeß für den Hoteleinkauf	169
4.9:	Beschaffungswege: Hoteleinkauf	174
4.10:	Ein Beispiel zur Vorauszahlung beim Hoteleinkauf	188
5.1:	Entwicklung der Urlaubsverkehrsmittel (Haupturlaubsreise) 1956 - 1995	195
5.2:	Marktsegmentierung nach dem Reiseanlaß	196
5.3:	Lufthansa-Leistungskette	200
5.4:	Produktanforderungen unterschiedlicher Nachfragergruppen	202
5.5:	Luftkreuz im Charterflugverkehr	217

5.6:	Standardbedingungen für Sondertarife	224
5.7:	Struktur der Passagetarife	226
6.1:	Anbieter von Busreisen	239
6.2:	Verkehrsformen nach dem Personenbeförderungsgesetz	242
6.3:	Image des Busses bei der Gesamtbevölkerung	252
6.4:	Transport-Energiebilanz ausgewählter Reisen pro Gast und Ferientag	253
6.5:	Typische Kostenstruktur eines Reisebusses	261
6.6:	EG-Sozialvorschriften	262
7.1:	Zuggattungen	268
7.2:	Das Produkt Bahnreise	273
7.3:	Die Preise der Deutschen Bahnen im Fernverkehr	275
7.4:	Das selektive Begünstigungssystem der DB	276
7.5:	BahnCard der Deutschen Bundesbahn	278
7.6:	Rail & Fly-Ticket der Deutschen Bundesbahn	279
7.7:	Schema Fahrpreisberechnung Gruppenreisen	280
7.8:	RIT-Stufenpreise für alle Strecken der DB AG (Stand 11/1996)	282
8.1:	Arten des Schiffsverkehrs	287
8.2:	Steckbrief MS Europa	293
8.3:	Qualitätsklassen Seetours	295
10.1:	Kreditkarten	331

TABELLENVERZEICHNIS

1.1: Reiseintensität 1954-1995   22

1.2: Entwicklung des deutschen Urlaubsreisemarktes 1991-1995   23

1.3: Hauptzielländer 1995   25

1.4: Die größten deutschen Reiseveranstalter 1996   34

1.5: Die 15 größten Reiseveranstalter in Europa 1995   35

1.6: Vertriebsstruktur der größten deutschen Reiseveranstalter 1996   47

2.1: Betriebsgrößen in der Touristikbranche   85

4.1: Unterkünfte bei längeren Urlaubsreisen   147

5.1: Verkehrsmittel der Haupturlaubsreise 1995   194

5.2: Innerdeutsche Tarife der Lufthansa   228

6.1: Buszielgebiete der Haupturlaubsreise 1995   237

6.2: Die größten Reiseveranstalter in der Bustouristik 1996   240

6.3: Die wichtigsten Kriterien für das Gütezeichen Buskomfort   256

7.1: Mindestumsätze für DB-Lizenz (alte Bundesländer)   284

7.2: Mindestumsätze für DB-Lizenz (neue Bundesländer und Berlin)   284

8.1: Die Entwicklung des deutschen Kreuzfahrtmarktes   290

8.2: Die größten deutschen Seereiseveranstalter 1995   290

8.3: Fahrgebiete Kreuzfahrten 1995   297

U. Koppelmann
Produktmarketing
Entscheidungsgrundlagen für Produktmanager

5., vollst. überarb. u. erw. Aufl. 1997. XVI, 641 S. 299 Abb. Brosch. **DM 68,-**; öS 496,40; sFr 60,- ISBN 3-540-61824-4

Produktinnovationen sind ein wichtiger Schlüssel zum Überleben von Unternehmen. Dieses Buch zeigt dem Produktmanager einen systematischen Weg, wie ein Produkt entwickelt, vermarktet, gepflegt und eliminiert werden kann. Behandelt werden insbesondere die Verhaltensanalyse als Grundlage für Produktmarketingentscheidungen, Markt-, Produktgestaltungs-, Produktvermarktungs- und Anpassungsanalyse.

U. Koppelmann
Beschaffungsmarketing

2., überarb. u. erw. Aufl. 1995. X, 416 S. 212 Abb. Brosch. **DM 55,-**; öS 401,50; sFr 48,50 ISBN 3-540-60376-X

In diesem Buch wird der Begriff Beschaffungsmarketing nicht einfach Bekanntem übergestülpt. Vielmehr wird der Beschaffungsbereich an das theoretische Niveau des Absatzes herangeführt. Dabei geht es um Strukturen, Instrumente und Methoden. Es wird ein Entscheidungsunterstützungssystem entwickelt, das auf heuristischer Grundlage und gepaart mit empirischem Sachverstand zu langfristig guten Lösungen führt.

K. Backhaus; B. Erichson; W. Plinke; R. Weiber
Multivariate Analysemethoden
Eine anwendungsorientierte Einführung

8., verb. Aufl. 1996. XXXIV, 591 S. 144 Abb. 205 Tab. Brosch. **DM 59,-**; öS 430,70; sFr 52,- ISBN 3-540-60917-2

Dieses Lehrbuch behandelt die wichtigsten multivariaten Analysemethoden, nämlich Regressionsanalyse, Varianzanalyse, Faktorenanalyse, Clusteranalyse, Diskriminanzanalyse, Kausalanalyse (LISREL), Multidimensionale Skalierung und Conjoint-Analyse.

R. Berndt
Marketing 1
Käuferverhalten, Marktforschung und Marketing-Prognosen

3. Aufl. 1996. XVI, 378 S. 176 Abb. 6 Tab. Brosch. **DM 39,80**; öS 290,60; sFr 35,50 ISBN 3-540-60812-5

Band 1 liefert die absatzwirtschaftlichen Verhaltens- und Informationsgrundlagen: das Käuferverhalten, die Marktforschung und Marketing-Prognosen. Die grundlegenden Inhalte dieser drei Bereiche werden anhand von Beispielen illustriert. Die dritte Auflage ist vollständig überarbeitet und erweitert.

Marketing 2
Marketing-Politik

3. Aufl. 1995. XIX, 594 S. 295 Abb. Brosch. **DM 49,80**; öS 363,60; sFr 44,50 ISBN 3-540-60182-1

Das Kernstück des Gesamtwerkes ist Band 2. Hier werden die Teilbereiche der Marketing-Politik umfassend und entscheidungsorientiert dargestellt. Dabei sind neue Kommunikationsinstrumente wie Product-Placement und Sponsoring aufgenommen.

Marketing 3
Marketing-Management

2. Aufl. 1995. XVI, 253 S. 100 Abb. Brosch. **DM 29,80**; öS 217,60; sFr 27,-. ISBN 3-540-58748-9

Im Band 3 werden Marketing-Planung, -Organisation und -Führung behandelt. Das methodische Instrumentarium wird durchweg anhand von Beispielen erörtert.

■ ■ ■ ■ ■ ■ ■ ■ ■ ■

Springer

W. Pompl

Touristikmanagement 2
Qualitäts-, Produkt-, Preismanagement

1996. XIV, 352 S. 67 Abb. (Springer-Lehrbuch) Brosch. **DM 55,-**; öS 401,50; sFr 48,50 ISBN 3-540-60862-1

Gegenstand von **Band 2** eines zweiteiligen Gesamtwerkes, das die wichtigsten betrieblichen Funktionen von Touristikunternehmen darstellt, sind eine Produktanalyse von Reisedienstleistungen, die Darstellung von Strategien und Instrumenten der Qualitätspolitik, die Produktpolitik einschließlich Programmplanung und Markenführung sowie kostenrechnerische und verhaltenswissenschaftliche Aspekte des Preismanagements.

W. Pompl

Luftverkehr
Eine ökonomische Einführung

3. Aufl. 1997. ca. 360 S. 27 Abb., 19 Tab. Brosch. ca. **DM 45,-** öS 332,90; sFr 41,- ISBN 3-540-62845-2

Dieses Buch gibt eine aktuelle und umfassende Darstellung der wirtschaftlichen und politischen Entwicklungen des Personenluftverkehrs. Es ist aus Sicht all derer geschrieben, die sich als Praktiker in der Touristik oder als Studenten mit dem Luftverkehr befassen. Praxisorientiert werden insbesondere die Preispolitik und der Vertrieb dargestellt.

G. Seitz

Hotelmanagement

1997. XIV, 315 S. 40 Abb., Brosch. **DM 49,80;** öS 363,60; sFr 44,50 ISBN 3-540-61746-9

Dieses Buch richtet sich an Studenten wirtschaftswissenschaftlicher Touristikstudiengänge, Hotelfachschüler und Praktiker, die sich mit Hotelmanagement befassen. Dargestellt werden die hotelrelevanten Merkmale der Dienstleistungsproduktion, weiter die Hotelformen und der Hotelmarkt in Deutschland in seiner Struktur und seinen Marktperspektiven. Zentral ist das Kapitel über Marketing. Darin nimmt die Produktpolitik eine vorrangige Stellung ein. Sie umfaßt Funktionen wie Standort, Qualitätssicherung, die Markenkomponente sowie Aspekte der Ökologie.

R. Maleri

Grundlagen der Dienstleistungsproduktion

3., vollst. überarb. u. erw. Aufl. 1994. XV, 264 S. 5 Abb., 5 Tab. (Springer-Lehrbuch) Brosch. **DM 38,-**; öS 277,40; sFr 34,- ISBN 3-540-58303-3

Das vorliegende Buch bietet erstmals eine geschlossene Darstellung betriebswirtschaftlicher Grundlagen der Dienstleistungsproduktion. Es erläutert die spezifischen Eigenarten von Dienstleistungen sowie die Besonderheiten der Dienstleistungsproduktion.

■■■■■■■■■■

Springer

H.-O. Günther, H. Tempelmeier
Produktion und Logistik
3. überarb. u. erw. Aufl. 1997. X, 316 S. 121 Abb., 61 Tab. (Springer-Lehrbuch) Brosch. **DM 36,-;** öS 262,80; sFr 32,50 ISBN 3-540-61960-7

Dieses Lehrbuch vermittelt eine anwendungsorientierte Einführung in die industrielle Produktion und Logistik. Es behandelt die wichtigsten produktionswirtschaftlichen und logistischen Planungsprobleme und stellt die zu ihrer Lösung verfügbaren grundlegenden Methoden im Überblick dar. Erfaßt werden sowohl Fragen des strategischen Produktionsmanagements als auch die Gestaltung der Infrastruktur des Produktionssystems. Den Hauptteil bildet die operative Planung und Steuerung der Produktion.

H.-O. Günther, H. Tempelmeier
Übungsbuch Produktion und Logistik
2., verb. u. erw. Aufl. 1996. XVII, 231 S. 73 Abb. (Springer-Lehrbuch) Brosch. **DM 29,80;** öS 217,60; sFr 27,- ISBN 3-540-60879-6

H.-O. Günther, H. Tempelmeier
Produktionsmanagement
Einführung mit Übungsaufgaben
2., vollst. überarb. u. erw. Aufl. 1995. XVII, 447 S. 129 Abb., 233 Tab. (Springer-Lehrbuch) Brosch. **DM 49,80;** öS 363,60; sFr 44,50 ISBN 3-540-60248-8

Dieses Lehrbuch vermittelt eine praxisorientierte Einführung in das Produktionsmanagement anhand von Übungsaufgaben, Anschauungsbeispielen, Fallstudien sowie Diskussions- und Verständnisfragen. Produktionsmanagement wird als eine entscheidungsorientierte Lehre der industriellen Produktion verstanden.

K. Neumann
Produktions- und Operations-Management
1996. XII, 368 S. 136 Abb. 46 Tab. Brosch. **DM 49,80;** öS 363,60; sFr 44,50 ISBN 3-540-60929-6

Dieses Lehrbuch ist quantitativen Methoden der Produktionsplanung, -steuerung und -kontrolle gewidmet. Neben Verfahren zur Lösung traditioneller Probleme der Produktionsplanung werden leistungsfähige Methoden zur Planung spezieller Produktionssegmente dargestellt.

Preisänderungen vorbehalten.

G. Fandel
Produktion I
Produktions- und Kostentheorie
5. Aufl. 1996. XVI, 327 S. 139 Abb., 23 Tab. (Bd. 1) Brosch. **DM 49,80;** öS 363,60; sFr 44,50
ISBN 3-540-61469-9

Nach einer einführenden Stoffübersicht und -einordnung werden aus der Aktivitätsanalyse heraus die verschiedenen Produktionsfunktionen entwickelt. Sie sind um technische, stochastische, dynamische und empirische Betrachtungen ergänzt. Darauf bauen dann die kostentheoretischen Ansätze zur Ableitung von Kostenfunktionen auf. Ein breiter Raum ist schließlich betrieblichen Anpassungsprozessen in der Produktion gewidmet.

C. Schneeweiß
Einführung in die Produktionswirtschaft
6. neubearb. und erw. Aufl. 1997. XV, 363 S. 91 Abb., 3 Tabs. (Springer-Lehrbuch) Brosch. **DM 36,-;** öS 262,80; sFr 32,50 ISBN 3-540-62585-2

Im Vordergrund dieses Buches steht die Planung der Leistungserstellung und deren organisatorische Einbindung in die Führungsebenen eines Unternehmens. Besonderes Gewicht wird auf die operative Planung gelegt. Sie wird nicht nur in die langfristige strategische Planung eingebettet, sondern es wird auch der Zusammenhang mit der kurzfristigen EDV-Steuerung des Produktionsprozesses hergestellt. Damit wird eine Brücke zu den stärker ingenieurwissenschaftlich orientierten Abhandlungen der Produktionsplanung und -steuerung geschlagen.

Springer